간신
奸臣

간신학
奸臣學

— 개정증보판 —

간신학
奸臣學
개정증보판

한국사마천학회 김영수 편저

창해

奸臣

• 이 책은 간신이란 큰 제목 아래 모두 3부로 이루어져 있다.

• 제1부 〈간신론〉은 간신의 개념 정의부터 분류, 특성, 역사, 해악과 방비책, 역대 기록 등을 살핀 '이론편'이다.

• 제2부 〈간신전〉은 역대 가장 악랄했던 간신 18명의 행적을 상세히 다룬 '인물편'이다.

• 제3부 〈간신학〉은 간신의 수법만을 따로 모은 '수법편'이다. 이와 함께 역대 간신 약 100명의 엽기 변태적인 간행을 모아 보았다.

• 3부 모두를 관통하고 있는 핵심은 간신의 간악한 행적을 통해 이들이 인류와 역사에 얼마나 큰 해악을 끼쳤는지 정확하게 인식하고, 지금 우리 사회에 횡행하고 있는 현대판 간신들과 간신현상에 대한 경각심을 높이는 것은 물론 나아가 이를 뿌리 뽑을 수 있는 방법을 마련하자는 데 있다.

• 이 책은 중국 역사상 간신에 관한 기록과 그들의 행적 및 수법을 소개하고 분석했지만 가리키고자 하는 대상은 지금 우리 사회를 좀먹고 있는 다양한 부류의 간신들임을 밝혀둔다.

• 이 책은 지난 20년 넘게 간신과 관련한 기록과 학문적 성과를 꾸준히 공부해온 마지막 결과물이다. 그사이 몇 권의 관련 대중서를 출간한 바 있고, 이번에 이 모든 자료들을 다시 검토하고 다듬어 이 세 권의 책으로 만들었다.

• 역사의 법정에는 공소시효가 없다. 간신들이 남긴 추악한 행적과 그 해악은 지금도 우리의 발목을 강하게 잡고 있다. 이 간신현상을 철저하게 청산하지 않는 한 미래가 저당 잡힌다. 최악의 간신 유형인 매국노이자 민족반역자인 이른바 '친일파'를 제대로 청산하지 못한 대가가 얼마나 큰가를 보면 이를 실감할 수 있다.

• 역사는 그 자체로 뒤끝이다. 역사와 역사의 평가를 두려워해야 하는 까닭이다. 간신에게 역사의 평가와 심판이 얼마나 무서운 것인가를 이 책을 통해 경고하고자 한다.

2023년 말에서 2024년 초까지 약 석 달에 걸쳐 필자는 간신 3부작 《간신론》, 《간신전》, 《간신학》을 서둘러 출간했다. 저자는 박근혜 탄핵 이후 2017년 《역사의 경고》를 내고 다시는 간신과 관련한 글이나 책을 쓰지 않겠다고 큰소리(?)를 쳤다. 설마 박근혜보다 못한 자를 국가 최고 권력자로 뽑을 일이 있을까 하는 순진한 판단 때문이었다. 이는 달리 말해 '간신현상'이라는 역사현상의 심각성을 절실하고 절절하게 인식하지 못한 저자의 어리석음 때문이었다.

뼈아픈 자성과 함께 지금까지 쓰고 출간한 간신 관련 모든 글을 모으고 정리하고 분류하여 간신 3부작을 집필했다. 이 3부작을 관통하는 핵심은 간신현상의 심각성과 간신현상의 대물림이다. 간신은 단 한 번도 근절되지 못한 역사현상이자 사회현상이다. 특히 우리 역사에서의 간신현상은 다른 어떤 나라의 간신현상보다 더 심각하다. 청산하지 못한 과거사가 현재의 발목을 꽉 움켜쥐고 놓지 않은 결과 매국노 짓을 했던 자들, 즉 간신들이 버젓이 사회 각계 각층의 기득권 세력이 되고, 나아가 저들끼리 카르텔을 만들어 이 기득권을 대물림하고 있기 때문이다. 필자는 이를 간신현상의 대물림이라고 표현했다.

지금 우리 사회의 간신현상은 그 마수가 미치지 않은 곳이 없다. 필자는 이를 직업별로 나누어 17종류의 간신 부류를 추출했다.(《간신론》 pp.71~84) 이 부류들이 의식적이든 무의식적이든 네트워크를 형성하고 카르텔을 만들어, 부와 권력을 독점하고 이를 대물림하고 있는 것이다. 필자는 이 현상의 본질을 역사적으로 통찰하여 이 문제의 심각성을 전달하는 데 중점을 두었다. 요컨대 간신현상은 현재 진행형이며, 지금 정권에서 그 현상이 가장 극심하고 악랄하게 진행되고 있다. 따라서 이를 청산하지 못하면 이 나라는 멸망의 길을 걸을 수밖에 없다. 모두가 우리 안의 간신현상이 갖는 문제점과 심각성을 분명히 인식하고 이의 청산을 위해 나서길 바란다.

간신 3부작을 출간한 지 1년이 다 되어 간다. 뜻있는 독자들의 관심을 받았지만 판매는 여의치 않았다. 그러던 중 올여름 들어 간신에 대한 관심이 높아지기 시작했고, 김종대 전 의원이 유튜브 곳곳에서 이 정권에 빌붙어 있는 온갖 간신들을 이야기하면서 필자

의 간신 3부작을 언급한 덕분에 이렇게 《간신전》과 《간신학》 개정
증보판을 내게 되었다. 《간신론》도 하루빨리 개정증보판을 낼 수
있길 희망해본다. 간신 3부작을 꼼꼼히 읽고 간신현상의 심각성과
필자의 인식을 널리 알려주고 계시는 김종대 전 의원께 깊은 감사
의 말씀을 전한다.

이번 개정증보판은 서둘러 내다보니 적지 않게 나온 오탈자를 바
로잡는 것은 물론 간신 관련 몇 가지 자료를 보완했다. 《간신전》에
는 미처 소개하지 못한 간신들의 '요지경 천태만상' 몇 꼭지를 보탰
다. 《간신학》에는 17종 간신 부류 중 '언간'으로 분류된 타락한 기레
기 언론들의 간행 수법을 총정리해서 부록으로 넣었다. '언간'들의
짓거리는 이 정권 들어 더욱 극성을 부리고 있다. 정권과 함께 청
산되어야 할 것이다.

끝으로 역사적 관점에서 간신현상 청산을 위한 몇 가지 방안을
제시하면서 개정증보판 서문을 마무리한다.

＊제안1 이 정권 집권기에 저질러진 비리, 부정, 불법, 매국행위 전반에 대한 조사와 처벌을 위한 특별법 제정과 특별법정 구성을 제안한다.

＊제안2 대통령을 포함한 국회의원, 고위공직자의 신체와 정신(심리)상태에 대한 정밀검진을 위한 특별 병원 설립을 제안한다. 병원은 세계적 권위의 전문가들로 구성한다.

＊제안3 '민족수난사박물관' 설립을 제안한다. 이 박물관은 '일제 36년 강제침탈 전시관' 중심이 된다.

＊제안4 기레기 언론, 즉 '언간'들을 청산하기 위한 법 제정이 시급하다. 지금 우리 언론은 대안이 없다. 대체가 답이다. 특별 기구를 만들어 법 제정에 만전을 기하길 제안한다.

2024년 10월 1일
간신현상의 청산을 갈망하면서

우리는 저 앞에서 간신의 실로 다양한 간행 수법의 종류를 나열해 보았다. 이제 그 수법의 구체적 사례를 소개하고자 한다. 기본적으로 이 사례들을 필자 나름대로 분석하고 그 의미를 짚어 보았다. 목적은 이런 수법에 당하지 않는 데 있다. 나아가 이런 수법이 시행되기 전에 방비하고, 시행되었더라도 초기에 간파하기 위한 강력한 무기 하나를 장착하기 위해서이다. 사례 하나하나를 살펴보면 알 수 있듯이 간신의 수법은 다음과 같은 몇 가지 특징과 공통점을 보여준다.

첫째, 간신의 수법은 치밀하다. 간신은 단순히 나쁜 자가 아니다. 간신은 사악할 뿐만 아니라 영악하다. 대부분의 간신이 두뇌가 남다르고 심기는 헤아리기 힘들 정도로 음흉하다. 따라서 간신이 구사하는 수법은 그 어떤 것보다 치밀하다. 철저하게 분석하지 않으면 간파하기 어렵다.

둘째, 간신의 수법은 악랄하다. 간신은 봐주지 않는다. 동정심이 없고, 심지어 공감력도 없다. 사이코패스와 소시오패스를 합친 자다. 그러다 보니 그 수법은 악독하다. 상대를 완전히 철저하게 제거할 때까지 물고 놓아주지 않는다. 간신은 봐주면 안 되는 자다.

셋째, 간신의 수법은 끈질기다. 간신은 권력과 이익을 위해서라면 포기하지 않는다. 아니 포기할 줄 모른다. 수법이 끈질길 수밖에 없다. 우리 역시 끈질기게 그 수법의 허점을 찾아내고, 물고 늘어져야 한다.

셋째, 간신의 수법은 하나에 그치지 않는다. 간신의 수법은 여러 개의 수법이 함께 구사되어 복합적이고 입체적이다. 그 수법의 진짜 모습을 파악하기란 여간 힘들지 않다. 잘 살피고 낱낱이 분석할 수 있어야 한다.

넷째, 간신의 수법은 패거리들이 한 데 달라붙어 전방위적으로 구사되기 일쑤다. 이 때문에 처음에는 막기가 힘들다. 섣불리 대응하지 말고 차분히 그 의도, 관련된 자 등을 잘 살핀 다음 대처해야 한다.

다섯째, 간신은 누구와도 손잡을 수 있는 자다. 원수는 물론 필요하다면 외적과도 손을 잡는다. 동시에 잡은 손을 언제든지 뿌리치고 배신할 수 있는 자이기도 하다. 일신의 영달과 권력만이 목적일 뿐이다. 간신이 손을 내민다고 잡아서는 안 된다. 그 손을 잘라야 한다.

이제 간신이 구사하는 수법의 이런 특징들을 사례를 통해 확실하게 인식하여 이 수법에 대처하고 나아가 간신을 제거할 수 있는 사상적으로나 학문적으로 확고한 무기로 장착하고자 한다. 그에 앞서 간신의 수법인 간사모략의 의미에 대해 알아보고 넘어간다.

제1부 ─────────────────────────

간신의 기술
- 실로 다양한 간신의 수법

제2부

간신의 엽기獵奇와
변태變態 천태만상千態萬象

간신의 수법

간신을 예방하고 박멸하기 위해서는 무엇보다 그 수법을 정확하게 인식하고 파악하고 분석하고 연구하여 대책을 마련하는 일이 중요하다. 우리는 저 앞쪽에서 간신의 수법이 얼마나 다양하고 지독한지 대략 살펴본 바 있다.

이제 여기서는 역사상 수많은 간신이 써먹었던 수법들을 하나하나 살펴보고자 한다. 꼼꼼하게 살피고 분석하면서 그에 대응하는 방법, 즉 대책을 고민해보자. 이 부분은 지금까지 필자가 출간했던 간신 관련 책들을 비롯하여 특히 《모략고(謀略庫)》, 《모략고》(속 1, 2) 이 세 권의 책에 수록되어 있는 '간사모략(奸詐謀略)' 편의 내용을 주로 참고했다. 이 중 《모략고(謀略庫)》는 《모략》이란 제목으로 필자가 번역하여 출간한 바 있다.

간신의 수법을 정리한 《모략고》의 '간사모략' 항목들은 모두 몇 글자의 성어를 제목으로 삼고 구체적인 사례를 소개한 다음, 그 의미를 분석하는 식으로 구성되어 있다. 필자는 이 구성 방식을 그대로 차용하되 제목을 간신 수법의 특징에 맞추어 우리말로 바꾸고, 필요할 경우 필자 나름의 생각과 관련한 내용을 보충했다.

소개하는 순서에 별다른 원칙은 없다. 간신의 수법 이 부분은 그 분량이 많기 때문에 읽는 데 인내가 필요하다. 달리 말해 간신의 수법이 그만큼 많다는 의미다. 순서대로 다 읽지 않고 관심이 가는 항목을 골라 읽을 수 있다는 점을 미리 알려둔다.

한 가지 더 보탤 말은 지금부터 소개하는 간신의 주요 수법들 대부분은 내 쪽에서 역이용하여 간신을 막거나 제거하는 전략 전술이 될 수도 있다는 사실이다. 따라서 단순히 수법의 내용에 주목하기보다 어떻게 이 수법을 정당하게 역이용 내지 재활용할 수 있을까를 생각하면서 읽었으면 한다.

또 소개한 사례가 전부 간신의 간행이 아니란 점도 밝혀둔다. 간신의 수법과 같거나 비슷하되 더 실질적이고 수법 분석에 필요한 사례라면 간신이 아니더라도 인용했기 때문이다.

간사모략이란?

간신이 구사하는 수법, 이를 '간사모략'으로 부르겠다. 이제 70가지 항목의 간사모략을 소개하기에 앞서 그 의미에 대해 알아본다. 필자가 여러 차례 강조했듯이 인류의 역사를 관통해보면 한 나라가 흥하는 데는 열 충신으로도 모자랐지만 나라를 망치는 데는 간신 하나면 충분했다. 이는 지금도 크게 다르지 않다. 우리의 방심과 우리 안의 간성(奸性)으로 인한 그릇된 선택 때문에 실제로 불과 얼마 전 직접 경험했고, 이 순간에도 실감하고 있기 때문이다. 이는 간신이 역사에 얼마나 심각한 존재였는가를 잘 보여준다. 이에 필자는 간신을 하나의 '역사현상', 구체적으로 '간신현상'이란 말로 규정했다. 역사상 이런 간신들치고 모략, 특히 음모를 잘 구사하지 않았던 자는 없었다. 이들이 구사한 음모가 바로 간사모략이다.

'입으로는 달콤한 말들을 내뱉지만 속에는 칼을 감추고 있다.'

'그 말은 옳은 데 마음은 그렇지 못하다.'

'양다리를 걸친 채 겉과 속이 다르다.'

'겉으로는 상대를 치켜세우는 척하면서 속으로는 그 사람을 업신여기고 나아가 해친다.'

이런 말들은 간신과 음모가들이 습관적으로 써먹는 수법으로, 음모술수와 함께 지금까지 줄곧 세상 사람들로부터 비난을 받아 온 것들이다. 그러나 복잡다단하고 넓디넓은 이 세상에서 미(美)와 추(醜), 양(陽)과 음(陰), 충(忠)과 간(奸), 정(正)과 사(邪), 시(是)와 비(非)는 늘 같은 시·공간에 존재해왔다. 간신이나 음모가는 선량한 사람들이 저주한다고 해서 멸종되지 않는다. 이 세상에서 음모와 옳지 못한 계략의 맥이 끊어질 가능성은 더욱 없다. 간신이 하나의 역사현상이듯이 음모 또한 인간 사회가 존재하는 한 사라질 수 없다. 태생적으로 인간에게 잠재되어 있는 인성의 약점이 있고, 이 약점의 정도에 따라 인간 역시 다 다른 행동을 보이기 때문이다. 간신은 이런 음모나 간사모략과 떼려야 뗄 수 없는 관계로 얽혀 있다. 음모가가 모두 간신은 아니지만 간신은 단 하나의 예외 없이 음모가다.

사회과학 기술이 발전하고, 인간들의 문화·교육 수준이 높아지고, 그에 따라 문명의 정도가 높아지면서 객관적으로 존재하고 있는 이 현실을 근본적으로 고치고 바꾸기란 더욱 불가능해졌다. 간사한 자와 음모가는 그 자신의 얼굴을 더욱 교묘하게 위장하여 사람들을 홀리고 있다. 음모와 나쁜 계략은 더욱 음흉해지고 은밀해져 엄청난 기만성을 갖추었다. 우리는 우리 사회의 이런 현상을 지적하면서 신종 간신 부류를 세세하게 분류하여 끌어냈고, 이들이 철저하게 권력과 이익을 중심으로 심각하고 사악한 카르텔을 형성하고 있음을 보았다. 이 카르텔을 깨지 않는 한 간신현상은 결코 끊어낼 수 없다.

착한 사람들이 무시무시한 암초로 가득한 이 격랑 속에서 생명의 배를 잘 몰아 뒤집히지 않게 하려면 암초를 꿰뚫어 볼 수 있는 안목과 역경을 헤쳐 나갈 수 있는 힘을 함께 갖추어야만 한다. 즉, 간사한 술책 간사모략과 음모를 잘 간파해서 노련하게 그것을 깨부실 수 있어야 한다. 옛 가르침에 "사람을 해치려는 마음을 가져서도 안 되지만, 사람을 경계하는 마음이 없어서는 절대 안 된다"라는 말은 대단히 제한적인 처세 철학이긴 하다. 그러나 적을 충분히 방어하고 음모에 걸려들지 않으면서 '그자(간신)의 방법으로 그자(간신)를 다스리면' 단번에 승리를 낚을 수 있다.

음모와 나쁜 계략, 즉 간사모략의 일반적 표현 형태와 방식 및 수법을 이해하고, 그것을 연구·간파하여 그것을 폭로하거나 그 흐름을 타고 그것을 역이용하여 제압하는 방법을 터득해야 한다. 여기에 실질적인 도움을 주기 위해 역사적으로 오래전부터 선각자들은 음모만 거론하고 그 음모를 해결하는 방법에 대해서는 무관심하거나 구체적인 방법을 제시하지 않았던 지난날 간사모략에 대한 연구의 부족한 점을 개선해왔다. 그들은 음모와 옳지 못한 간사한 계략을 다른 모략 분야와 함께 모략 연구 속으로 끌어들여 진지하게 연구하고 분석했다. 따라서 '모략의 창고'에서 나온 갖가지 음모와 나쁜 계략, 즉 간사모략을 접하다 보면 어떤 계시나 유익한 가르침을 얻을 수 있고, 또 매우 중요하고 귀중한 교훈을 얻게 될 것이다. 더 중요하게는 이를 통해 음모와 간사모략을 깨부술 수 있는 강력한 힘을 얻게 될 것이다.

이제 이런 기본적인 인식을 바탕으로 역사상 간신들이 구사했던 다양한 간사모략들을 하나하나 항목으로 나누어 그 내용을 살핀다. 그를 통해 그것이 주는 교훈과 계시를 얻어내고, 한 걸음 더 나아가 간사모략에 당하지 않을 뿐만 아니라 그에 대응하고 격파할 수 있는 확고하고 강력한 방법을 강구하고자 한다. 눈을 부릅뜨고 간신의 수법을 살피고, 나아가 이 수법을 역이용하여 간신을 퇴치하고, 나아가 간신현상이라는 이 어둡고 심각한 역사현상을 타파하는 데 작으나마 도움이 될 수 있길 희망한다.

간사한 자들의 행적과 행동양태를 분석하고 비판하고 그에 대비하는 일은 대단히 중요하다. 그런 점에서 간사모략이 갖는 역사적 의미는 결코 만만치가 않다.

사진은 음모로 충신 악비(岳飛)를 해치고 역사의 단죄를 받아 악비의 무덤 앞에 무릎 꿇고 있는 간신의 대명사 진회(秦檜)의 철상이다(항주 악비 사당).

이제 역대 간신들의 실로 다양한 수법, '간신의 기술'들을 정리해 보겠다.
독자들이 읽기 편하게 숫자를 붙이고 해당 수법의 특징을 표제어로 나타냈다.
모두 70개의 수법을 여러 역사자료와 간신에 관한 대중 역사서에서 골라 정리했다.
참고문헌은 책 끝에 한꺼번에 정리해 놓았다.

제1부

간신의 기술

- 실로 다양한 간신의 수법

001
크게 간사한 자는
충성스러워 보인다

이제 살펴보고 분석하려는 간신의 수법은 당연히 간신이란 존재를 전제로 한다. 따라서 간신의 본질을 파악하는 일이 가장 핵심이다. 한눈에 간신임을 알아볼 수 있다면 간신에게 휘둘릴 일도, 간신에게 당할 일도 없을 것이다. 간신의 정체와 본질을 그만큼 알아보기 어렵다는 말이다. 간신의 수없이 많은 수단과 방법, 즉 수법을 알아보기 전에 간신의 본질에 대한 전통적인 인식을 먼저 살펴본다.

오래전부터 '큰 간신은 충신처럼 보인다'는 인식이 있었다. 이것이 **'대간사충(大奸似忠)'**이다. '속이 아주 음험한 거간(巨奸)이 겉은 아주 충성스러워 보인다'는 뜻이다. 송나라 때 인물인 여회(呂誨)가 쓴 〈왕안석(王安石)을 논함〉이란 글에 나오는 명구로서 같은 송나라 때 사람 소박(邵博)의 《문견후록(聞見後錄)》(권23)에 수록되어 있다. 해당 대목은 이렇다.

"크게 간사한 자는 충성스러워 보이고, 겉으로 보기에 소박하고 거칠지만 속에 기교를 간직하고 있다."

관련하여 **"대간사충(大奸似忠), 대사사신(大詐似信)"**이라는 대목도 있다. "큰 간신과 큰 속임수는 마치 충성스럽고 믿음직해 보인다"는 뜻이다.

동서고금에 '대간사충'한 자들이 결코 적지 않았다. 거간의 목록에서 늘 빠지지 않는 춘추시대 제나라의 세 대신 수조(竪刁), 역아(易牙), 개방(開方)은 환공(桓公, ?~기원전 643)에게 더할 수 없이 충성스러운 모습을 보였던 간신들이었다. 수조는 스스로 궁형을 받고 환관이 되어 환공을 곁에서 모신 자였고, 역아는 어린 친아들을 삶아서 환공에게 사람 고기를 맛보라고 갖다 바친 자였으며, 개방은 위(衛)나라 영공(靈公)의 아들로 태자의 자리를 버리고 환공에게 충성을 다하며 부모가 세상을 떠났는데도 돌아가지 않은 자였다.

재상 관중(管仲, ?~기원전 645)은 세상을 떠나기 전에 환공에게 이 세 사람을 멀리하라고 경고했다. 환공은 이들의 충성심을 전혀 의심하지 않아 관중의 충언을 받아들이지 않았다. 그 결과 환공은 중병으로 병석에 누웠지만 아무도 돌보지 않아 산 채로 굶어 죽었다. 더 비참한 사실은 죽은 뒤에도 무려 70일 가까이 시신을 돌보지 않아 시신에서 구더기가 들끓어 구더기가 담장을 넘어 나오고서야 그의 죽음을 알게 되었다.

중국 항일전쟁 시기(1931~1945)에 세상을 놀라게 만든 '환남(皖南)사변'의 와중에 신사군(新四軍) 부군장 항영(項英, 1898~1941)은 잠들어 있다가 평소 지극히 신임하던 수행 부관 유후총(劉厚總, 1904~1952)에 의해 잔인하게 총살되었다. 항영은 유후총에게 태산 같은 은혜를 베풀었고, 유후총은 항영에게 한 몸처럼 착 달라붙어 충성스러운 말만 내뱉었다. 항영은 죽기 직전까지도 유후총이 돈 때문에 자신을 죽이고 적에게 투항하리라고는 꿈에도 생각하지 못했다. '(모택동) 어록을 손에서 놓지 않고 만세를 입에 달고 다니며, 보는 앞에서는 좋은 말만 하고 등 뒤에서 독수를 날린' 임표(林彪, 1907~1971)는 현대 중국의 '대간사충'을 집대성한 자라 할 수 있다.

역사상 수없이 많은 사례가 가장 무서운 적이 왕왕 자기 신변의 가장 신임하고 가장 친한 사람, 즉 '대간사충'하는 자였음을 보여주고 있다. 역사상 많은 군주가 이 '대간사충'한 자들에 의존하고 신임하여 호화사치에 빠지고 정사를 돌보지 않았다. 이런 자들에게 빠져 충직하고 선량한 사람을 해치고 나라와 백성을 잘못 이끌었다. 그 결과 몸과 이름을 망치고 나라와 백성을 멸망으로 빠뜨렸다.

'대간사충'하는 자들은 '웃음 속에 비수를 감추고(소리장도笑裏藏刀)', '입은 달콤하지만 속에는 검이 있다(구밀복검口蜜腹劍).' 이자들이 요직에 있으면 대량의 정보를 장악하여 음모의 수단, 즉 간사모

당시 수조, 역아, 개방 이 세 간신을 '삼귀(三貴)'라 불렀다. 관중은 이자들의 정체를 정확하게 간파하고 있었다. 겉으로 드러나는 그들의 언행에 홀리지 않고 그 내면을 들여다보았기 때문이다. 관중기념관 앞 광장의 관중 상이다.

략으로 전쟁으로도 이룰 수 없는 목적을 달성한다. 사실 이런 자들을 가려내고 그 짓거리를 방지하는 일은 결코 어렵지 않다.

《서유기(西遊記)》에서 손오공(孫悟空)이 요괴 백골정(白骨精)을 세 번이나 때릴 수 있었던 것은 그에게 괴물의 정체를 훤히 꿰뚫어 보는 **화안금정(火眼金睛)**이 있었기 때문이다. '대간사충'하는 자들을 식별하려면 손오공의 화안금정 같은 통찰력이 요구된다. 착하고 충성스럽고 성실해 보이는 겉모습이 비정상의 경지에 이른 사람에 대해서는 일정한 거리와 경계심을 유지하면서 시간을 들여 그 언행을 이해하고 시험해야만 한다. 모략의 대가라 할 수 있는 명나라 때의 문학가 풍몽룡(馮夢龍, 1574~1646)은 다음과 같은 절묘한 말을 남긴 바 있다.

"인정에 휘둘리지 않고 일을 할 수 있는 사람의 속은 헤아릴 수 없다."

제나라 재상 관중은 간신 수조, 역아, 개방의 거짓 선량과 가짜 충성, 그리고 그 안에 감추어져 있는 야심을 정확하게 꿰뚫고 있었다. 환공에게 이렇게 충고했다.

"자식을 사랑하는 인정은 당연합니다. 그런데도 역아는 차마 그 짓을 했으니 군주가 안중에 있겠습니까? 부모를 사랑하는 인정은 당연합니다. 그런데도 개방이란 자는 그 아비에게 차마 그 짓을 했으니 군주가 안중에 있겠습니까? 자기 몸을 아끼는 것은 당연합니다. 그런데도 수조란 자는 차마 그 짓을 자기 몸에다 했으니 군주가 안중에 있겠습니까?"

이처럼 관중은 이 세 사람의 본색을 불을 보듯 정확하게 알고 있었다.

'대간사충'하는 자들이 기용되지 않게 하려면 당사자의 감언이설(甘言利說)에 미혹되어서는 안 되고, **유언비어(流言蜚語)**에 귀를 기울여서도 안 되며, 아부(阿附)와 아첨(阿諂)의 말에 넘어가서도 안 된다. 몰래 등 뒤에서 화살을 날리는 자, **중상모략(中傷謀略)**을 일삼는 부류를 조심해야 한다. 과감하게 직언하고 충직하게 나서며, 비판과 자아비판에 용감한 사람을 가까이해야 한다. 또 비판하는 사람을 공격하지 않고, 함부로 이런저런 덫을 씌우지 않고, 잘못이 있으면 바로 고치길 힘쓰는 사람을 곁에 두어야 한다. 이런 양호한 민주적 환경이 만들어지면 '대간사충'은 생존할 여지가 없다.

간신을 가려내는 방법은 많다. 많은 경험을 통해 뛰어난 직관력을 갖춘 사람은 한 번 또는 몇 번만 보아도 알 수 있다. 하지만 이것이 결코 만능은 아니다. 아무리 직관력이 뛰어난 사람이라도 틈이나 실수가 없을 수 없고, 간신은 그 틈과 실수를 놓치지 파고들기 때문이다. 무엇보다 간신을 깔보는 관용으로 포장된 자만심이 가장 큰 틈이다. 많은 경험을 통해 길러진 직관력에 더해 깊이 있는 역사공부를 통한 투철한 역사관 확립, 간신의 수법과 본질을 가려내는 구체적으로 과학적 인식과 방법론을 터득해야 하다.

002
음모와 간사모략의 기본은
'아첨의 기술'로부터

모든 음모와 간사모략의 출발은 상대의 마음을 공략하는 '아첨의 기술', 즉 **'첨유지술(諂諛之術)'**이다. 아첨에는 교묘한 말과 알랑거리는 얼굴이 기본적으로 따른다. 그래서 공자(孔子, 기원전 551~기원전 479)는 "교언영색(巧言令色), 선의인(鮮矣仁)"이라고 잘라 말했다.(《논어》〈학이〉편) "교묘한 말과 알랑거리는 얼굴은 어질지 않다"는 뜻으로 인위적으로 또 가식적으로 꾸미는 말과 얼굴에서는 진정성을 찾기 힘들다는 말이다.

인간이 의도적으로 자신의 말과 표정을 꾸미기 시작하면서 모략은 보다 다양해졌고, 간사모략은 더욱 심각해졌다. 인성의 약점을 공략하는 아첨의 기술은 그 효과가 대단해서 멀쩡한 사람도 일없이 당하기 일쑤다. 모략의 차원에서 '첨유지술'은 충분히 경계해야 할 대상이다. 그러기 위해서는 이 기술의 본질과 핵심을 정확하게 인식하고 있어야 한다. 모든 간신의 가장 공통된 특징이자 보편적인 수법이 바로 이 '아부의 기술' '첨유지술'이기 때문이다.

물론 어느 때를 막론하고 아첨이 솔직함보다 지나치면 왕왕 그에 상응하는 효과를 보지 못한다. 상대가 눈치를 채지 않게 나름대로 어떤 표현을 전달할 수 있어야 한다. 전국시대의 유명한 유세가 장의(張儀, ?~기원전 309)가 초나라에서 식객으로 머물고 있을 때의 일이다(장의를 간신으로 간주할 수는 없지만, 그가 구사한 수법은 간신이 흔히 써먹는 간사모략과 판박이이기 때문에 사례의 하나로 소개한다).

언제부터인지는 몰라도 장의는 자신을 대하는 초나라 왕의 태도가 점점 멀어지고 있음을 느끼게 되었다. 자신에게 냉담한 것은 물론 자신의 견해에 대한 감정도 악화되어 갔고, 심지어는 시종들 사이에서도 자신에 대한 불만의 목소리가 들려올 정도였다. 장의는 생각하는 바가 있어 초왕을 만나 담판을 지었다.

"초나라에서 저를 필요로 하지 않는 것 같으니 북쪽 위(魏)나라 군주를 만날까 합니다."

"좋소! 원한다면 가시오!"

"덧붙여 한 말씀 더 드리겠습니다. 위나라에 대해 무엇인가 필요로 하시는 것이 있으면 제가 그곳에서 가져다 대왕께 바치도록 하겠습니다."

"금은보화나 상아 등 모두 우리 초나라에 흔한데, 위나라에 대해 무엇을 필요로 하겠소?"

"그렇다면 대왕께서는 여자를 좋아하시지 않는 모양이군요."

"무슨 소리요?"

"정(鄭)나라나 주(周)나라는 중원에서도 아름다운 여자로 유명해서 흔히 사람들이 선녀로 오인할 정도죠."

장의는 이 대목을 유달리 강조해 두었다. 초나라는 남방의 후진국으로 문화가 앞선 위나라 등 중원 지구에 대해 일종의 열등감 같은 것을 느끼고 있던 차였다. 초나라 왕은 쌀쌀맞게 굴던 자세를 바꾸고는 이렇게 말했다.

"초나라는 남방에 치우쳐 있는 나라요. 중원의 여자가 그렇듯 아름답다는 것은 소문으로만 들었지 아직 직접 보지는 못했소. 그러니 신경 써서……."

그리고는 장의에게 패물 등 자금을 두둑이 주었다. 왕후 남후(南后)와 초왕이 총애하는 후비 정수(鄭袖)가 이 얘기를 듣고는 속으로 매우 초조해했다. 두 사람은 약속이나 한 듯 사람을 통해 많은 황금을 장의에게 보냈다. 말로는 '여비에 보태라'는 것이었지만, 실제로는 미녀를 초나라로 데려오지 말라는 간접적인 의사표시였다. 남후와 정수는 《전국책(戰國策)》에도 기록된 바와 같이 '초나라에서는 귀한 존재'로 대단한 권세를 누리고 있었다.

장의의 꾀는 시작에 불과했다. 장의는 또 하나의 깊은 계략을 준비하고 있었다. 그는 길을 떠나기 전에 초왕에게 자신을 위해 술자리를 베풀어줄 것을 요청했다.

"요즈음 같은 난세에 길을 떠나면 언제 다시 왕을 뵐 수 있을지 기약을 할 수 없사오니 아무쪼록 술자리를 한번 마련해 주십시오."

초왕은 장의를 위해 기꺼이 송별회를 마련했다. 술자리가 거나하게 무르익을 무렵 장의가 갑자기 절을 하며 "더 이상 이런 자리는 없을 것 같사오니, 원하옵건대 왕께서 가장 아끼고 사랑하는 분들로부터 술을 한 잔씩 받았으면 합니다만……"라고 말했다. 왕은 허락하고 곧 남후와 정수를 불러 장의에게 술을 따르게 했다. 두 여자를 본 장의는 탄성을 지르며 초왕 앞에 무릎을 꿇고 또다시 넙죽 절을 했다.

"이 몸 장의, 대왕께 사죄를 드려야 할 것 같사옵니다."
"무슨 소리요?"

장의는 이 대목에서 입술에 침도 안 바르고 또 한 차례 달콤한 말을 내뱉었다.

"이 장의, 천하를 두루두루 다 돌아다녀 보았지만 이토록 아름다운 미인들은 보지 못했사옵니다. 그런데 위나라에 가서 미녀를 얻어 오겠다고 했으니 대왕을 속인 것이 아니고 무엇이겠사옵니까?"

이렇게 절세가인(絶世佳人)을 둘씩이나 거느리고 있는 초왕에게 다른 나라에서 또 다른 미녀를 데리고 오겠다고 했으니 왕을 속인 죄 죽어 마땅하다는 것이었다. 자기 후비를 극찬하는 말을 들은 초왕은 화를 내기는커녕 "개의치 마시오. 나 역시 천하에 저들처럼 아름다운 여인은 없다고 생각하고 있소"라며 장의의 말에 맞장구를 쳤다. 남후와 정수는 평범한 칭찬에는 싫증이 나던 차에 장의와 같은 비중이 있는 인물로부터 칭찬을 듣고 보니 여간 기분이 좋은

게 아니었다. 장의는 이렇게 해서 교묘한 아첨술로 초나라 궁정의 총애와 신임을 한 몸에 받게 되었다.

상대방을 기쁘게 하는 가장 좋은 방법은 상대의 필요한 부분을 만족시켜 주는 것이다. 무작정 후한 예물과 아부로만 되는 것은 결코 아니다. 다른 사례를 하나 더 보자.

진(秦)나라 왕족 중에 공손소(公孫消)라는 자가 있었다. 그는 여러 차례 대외 정벌에 나서 공도 많이 세웠다.

전국시대를 풍미했던 유세가들이 필수적으로 갖추어야 할 기술은 '아첨의 기술'이었다. 상대의 심리와 그 상황에서의 심기를 간파하여 그에 맞는 언변을 구사함으로써 원하는 바를 얻어내야 했기 때문이다. 이런 아첨의 기술은 바로 음모와 간사모략으로 발전했다. 그림은 소진과 함께 당대 최고의 유세가였던 장의의 모습이다.

그런데 어찌 된 일인지 직위가 올라가지 않았다. 진나라 왕의 생모인 황태후에게 미운털이 박혀 있었기 때문이었다. 공손소는 갖은 방법을 다 동원해 보았지만 도무지 황태후의 마음을 돌릴 수 없었다. 공개적으로 자신의 마음을 표시해 보기도 했지만 돌아오는 것은 싸늘한 반응뿐. 헌칙(獻則)이란 모사가 이런 공손소의 처지를 알고는 공손소에게 다음과 같은 꾀를 일러주었다.

"황태후의 친동생 화양군(華陽君)이 주(周)나라에서 벼슬을 하고 있는데 직책이 여의지 않아 뜻대로 일을 하지 못한답니다. 태후는 늘 이것이 마음에 걸렸는데 자신의 친동생이라 차마 직접 얘기를 꺼내지도 못하고 전전긍긍하고 있습니다. 진의 왕족이신 공께서 주에 압력을 넣어 화양군을 재상으로 삼게 하면 틀림없이 공에 대한 태후의 편견을 없앨 수 있고, 공의 계획도 실현시킬 수 있을 것입니다."

　공손소는 이를 실행에 옮겼고, 과연 황태후는 말할 수 없이 기뻐했다.(《전국책》〈진책秦策〉)

　공손소가 아무리 귀한 보물을 갖다 바쳤어도 이런 수확은 얻지 못했을 것이다. 황태후에게 그런 것은 그저 평범한 물건에 지나지 않기 때문이다. 상대가 좋아하는 것, 필요로 하는 것, 절실한 것에 맞추어야만 성공할 수 있다. 이는 간사모략뿐만 아니라 모든 모략의 구사에서 늘 염두에 두어야 할 요소이다.

　교육을 비롯하여 여러 통로를 통해 언어의 기교가 다양해질 대로 다양해진 현대 사회에서 아첨술에 능통한 사람들은 갈수록 더 많아지고 있다. 이 기술을 전문적으로 가르치기까지 한다. 그러니 자신들의 권력과 부를 위해 추켜세우며 아부하는 자들의 음흉한 심보를 잘 간파하고, 그 안에 감추어진 음모를 정확하게 밝힐 수 있어야 한다. 또 기꺼이 직언을 잘하는 사람을 인정하고 존중함으로써 아첨술로 접근하려는 자들을 사전에 차단해야 할 필요가 있다. 그래야만 간신으로 성장하는 것을 막을 수 있다.

003
사람의 입은 쇠도 녹인다

　간신의 공통된 특징들 중 또 하나는 끊임없이 거짓을 만들어내서 자신에 반대하거나 맞서는 사람을 해친다는 것이다. 이런 거짓으로는 유언비어(流言蜚語), 무고(誣告)가 대표적이고, 그 수법의 공통점 가운데 하나는 같은 거짓을 끊임없이 반복한다는 것이다. '말의 위력'이다. 관련하여 언변으로 천하를 누볐던 전국시대 불세출의 유세가 장의(張儀)가 위(魏)나라 왕에게 한 말을 한번 보자.

　"신이 듣기에 가벼운 깃털도 많이 쌓이면 배를 가라앉게 하고(적우침주積羽沈舟), 가벼운 사람도 떼를 지어 타면 수레의 축이 부러집니다(군경절축群輕折軸). **여러 사람의 입은 쇠도 녹이고**(중구삭금衆口鑠金), **여러 사람의 헐뜯음은 뼈도 깎는다**(적훼소골積毀銷骨)고 합니다."

　근거 없는 이야기라도 하고 또 하면 사실이 되어 사람들의 마음속으로 파고든다. 이것이 유언비어의 힘이고, 여론몰이의 변치 않는 고전적 방식이기도 하다. 장의가 말한 '중구삭금'은《국어(國語)》라는 책에 인용된 "여러 사람의 마음이 모이면 성(城)을 만들고, 여러 사람의 입은 쇠를 녹인다"는 속담에서 나온 것 같다.
　《전국책(戰國策)》에도 같은 성어가 보인다. 그리고 '적훼소골'은 '**중구연금**(衆口鍊金)'과 같이 쓰이는데, 거의 같은 뜻으로 '**적훼소금**(積毀銷

金, 헐뜯음이 쌓이면 쇠도 깎는다)'이나 '**적참마골(積讒磨骨, 헐뜯음이 쌓이면 뼈도 간다)**'
이란 성어도 파생시켰다. 장의는 2천 수백 년 전에 이미 유언비어
의 위력을 제대로 인식하고 있었다.

유언비어는 출처가 분명치 않고 반복되면서 의미가 변한다는 특
징도 있다. 관련하여 '유언비어가 공감을 얻다'는 '**요언공명(謠言共鳴)**'
이란 말이 있다. '공명'이란 외부 음파의 자극을 받아 그 진동으로
소리를 내는 현상을 말한다. 이런 현상을 이용해서 유언비어를 퍼
뜨려 상대에게 큰 피해를 입히는 작용을 하게 한다. 그렇게 해서
중상모략의 위력을 더욱 강화한다. 간사모략의 하나로 음모가와
간신들이 흔히 구사하는 수법의 하나다.

'요언', 흔히 하는 말로 '유언비어'에 대해서는 《사기》에 다음과 같
은 한 고사가 전한다. 효자로 이름난 증삼(曾參)이 사람들 사이에서
우스운 이야기거리가 된 적이 있다. 증삼은 높여서 증자로 불리는
공자의 고명한 제자들 중 한 사람이자 《효경(孝經)》을 지은 작자로
알려져 있다. 어느 날 증삼과 같은 이름을 가진 남자가 사람을 죽
인 일이 일어났다. 누군가가 이 얘기를 듣고는 헐레벌떡 증삼의 어
머니를 찾아와 고함을 쳤다.

"아드님이 사람을 죽였답니다!"

증삼의 어머니는 그때 마침 베를 짜고 있었는데, 전혀 미동도 않
고 베를 계속 짰다. 잠시 뒤 또 한 사람이 달려와 "아드님이 사람
을 죽였대요"라고 알렸다. 어머니는 역시 믿지 않고 짜던 베를 계

속 짰다. 잠시 후 또 한 사람이 달려와 "아드님이 사람을 죽였대요"라고 외쳤다. 증삼의 어머니는 두말 않고 담장을 넘어 밖으로 달려 나갔다. 《사기》는 이 대목에서 이렇게 말하고 있다.

"증삼이 어질고 그 어머니는 (증삼을) 믿었지만, 세 사람이 의심하자 그 어머니도 두려워했다."

증삼과 같은 뛰어난 인물에다 자신의 아들에 대해 절대적인 신뢰를 갖고 있는 어머니였지만, 세 사람이 똑같은 상황을 말하자 사실로 믿었다는 것이다. 파시스트 히틀러가 흔히 사용하던 방법 중 하나가 바로 대중에게 유언비어를 퍼뜨려 현혹시키는 것이었다. 그가 남긴 명언이 있다.

"유언비어도 1천 번만 반복하고 나면 진리가 된다!"

이것이 유언비어가 갖는 놀라운 위력이다. 유언비어를 통하면 중상모략은 공명 작용을 일으킬 수 있다. 관건은 '반복'에 있고, 여러 사람들의 입은 '무쇠'도 녹인다. 심리학자들의 실험과 분석에 따르면, 완전히 똑같은 내용을 반복하는 것보다는 조금씩 다르게 반복하는 것이 훨씬 효과가 크다고 한다.

간사하고 악한 간신은 착하고 충직한 사람들의 약한 심리를 철저하게 이용한다. 또 정확한 정보를 갖고 있지 못한 대중들을 온갖 유언비어(오늘날의 가짜 뉴스)로 선동한다. 심지어 사실을 전하고 진

히틀러는 대중 선동에 관한 한 타의 추종을 불허할 정도로 전문가였고, 이 선동에 유언비어를 한껏 이용했다.

실을 파헤쳐야 할 언론이 권력과 자본의 앞잡이, 즉 언간(言奸)이 되고 나서 온갖 가짜 뉴스를 양산하는 현실이다. 이런 유언비어를 바로바로 잡아낼 수 있는 집단지성의 시대이긴 하지만 아직도 간악한 자들의 이런 모략에 휘둘리는 사람들이 많다는 사실에 경각심을 갖고 이 간사모략에 대처해야 한다.

004

간신의 겉모습도
유심히 살펴라

간신을 가려내는 방법은 많다. 앞서 모든 간신들이 공통적으로 구사하는 '아첨술'을 소개한 바 있고, 계속 하나하나 소개될 것이다. 여기서는 간신의 또 다른 특징으로 몸짓과 표정에 대해 알아본다. 이 또한 넓은 범주에서 간사모략의 하나로 볼 수 있기 때문에 잘 살펴서 대처하지 않으면 안 된다.

공자의 이름난 제자들 중 한 사람인 증자(曾子)가 "**협견첨소(脇肩諂笑), 병우하휴(病于夏畦)**"라는 말을 한 바 있다. '협견'은 어깨는 쭈빗 세우고 목은 움츠린 모습을 말하며, '첨소'는 알랑거리며 웃는 것을 말한다. 상대에게 머리를 숙이고 허리를 굽히며, 비위를 맞추어 아첨하고, 가식으로 공손한 태도를 가장하는 것을 '협견첨소'라 한다. '하휴'는 여름날 밭에서 일하는 것을 말한다. 찌는 무더운 여름날 밭에서 일을 한다면 얼마나 힘들겠는가? '협견첨소'와 같은 비열한 태도는 정직하고 아첨하지 않는 사람이 볼 때 여름날 땀을 뻘뻘 흘리며 일하는 것보다 더 힘들어 보이기 때문에 '병우하휴', 즉 '여름날 땀 흘리며 밭에서 일하는 것처럼 고생한다'고 한 것이다.

이 말은 《맹자》에 기록된 맹자와 그의 학생 공손추(公孫丑)가 나눈 대화에서 비롯되었는데 관련 대목을 한번 보자.

공손추가 맹자에게 "문인이나 학자들이 집권자를 찾아가 접촉해야 합니까, 하지 않아야 합니까?"라고 물었다. 공손추는 제대로 배운 지식인으로서 권력자를 직접 찾아가는 것이 옳은지 어떤지를 물은 것이고, 이에 대해 맹자는 다소 장황하게 답을 했다. 좀 길지만 다 인용해보겠다.

"구체적인 상황을 보아야 한다. 고대에는 이런 습관이 있었다. (조정의) 신하가 아니면 군주를 보지 않았다. 이전에 위(魏)나라 문후(文侯)가 명사 단간목(段干木)을 찾아갔으나 단간목은 담을 넘어 도망갔다. 노(魯)나라 목공(穆公)은 현인 설류(泄柳)를 찾아갔으나 설류는 대문을 걸어 잠그고 만나 주지 않았다. 사실 이는 너무 지나친 경우들이었다. 필요하다면 당연히 만나야겠지. 당시 노나라 집권자 계손씨(季孫氏)의 총관으로 있던 양화(陽貨)가 공자를 만나려고 했지만 자신을 낮추어 공자를 방문하기가 싫어 교묘한 술수를 부렸다. 즉, 공자께서 출타했다는 소식을 듣고는 사람을 보내 삶은 돼지고기(혹자는 불에 그을린 넓적다리라고도 한다)를 보냈다. 예절에 따르면, 대부 또는 대부에 상당하는 높은 관리가 선비에게 선물을 보냈

증자는 아부가 더운 여름날 밭에서 일하는 것도 더 어렵다고 했지만 현실은 그렇지가 않다. 간사한 자들에게 '협견첨소'는 몸에 배어 있어 식은 죽 먹기보다 더 쉽다. 간사한 자들에 대한 경각심을 한시라도 늦추어서는 안 된다.

을 때, 그 선비가 집에 없어 자신이 직접 예의를 갖추어 받지 못했으면 그 뒤에라도 직접 찾아가 그 예물에 대해 답례해야 한다. 공자께서는 양화가 약은 수를 썼다는 사실을 알고는 양화가 집에 없는 틈을 타서 찾아가서 답례하고 돌아오셨다. 양화가 수를 부리지 않고 예를 제대로 갖추었더라면, 공자께서는 단간목이나 설류처럼 양화의 접견을 거절하시지는 않았을 것이다. 물론 권세 있는 자에게 아부하거나 뜻을 굽히는 것은 부끄러운 일이다. 마치 증자께서 '협견첨소(脇肩諂笑), 병우하휴(病于夏畦)'라 말하신 것과 같다⋯⋯."

'협견첨소'는 간신들의 보편적인 간사모략의 하나이다. 간신뿐만 아니라 일상생활에서도 이런 사람을 종종 본다. 조직이나 권력 주변에는 말할 필요조차 없다. 어깨를 추켜세우며 알랑거리는 사람이 다 나쁘거나 음흉한 사람은 아닐 것이다. 그러나 간신이나 나쁜 마음을 가진 자들은 거의 전부 이런 몸짓이나 표정을 한다.

특정한 몸짓이나 표정을 전문 용어로 '신체 언어' 또는 '표정 언어'라 한다. 이런 표정과 몸짓을 통해 그 사람의 의도와 의중을 파악할 줄 아는 공부와 세심한 관찰력이 필요하다. 전문적인 공부와 세심한 관찰을 통해 읽어 낼 수 있기 때문이다. 간사모략으로서 '협견첨소'하는 무리들에 대해 그 웃음 뒤에 무슨 수가 감추어져 있는지 진지하게 살펴서, 절대 허상에 현혹되거나 독을 품고 있는 선한 얼굴에 홀리지 않도록 해야 할 것이다. 거듭 말하지만 간신들치고 어리석은 자는 거의 없다. 무시했다가는 크게 당한다. 수천 년 역사가 생생하게 증언하고 있다.

005
가장 상투적이지만
가장 잘 먹히는 수법은?

역사상 간신들이 창조(?)해낸 기가 막히고 기발한 간사모략, 즉 수법들 가운데 가장 많이 사용한 것이 무엇일까? 이 간사모략은 얼핏 보아서는 전혀 씨가 먹힐 것 같지 않은 아주 상투적인 수법이지만 놀랍게도 가장 큰 효과를 본다. 지금도 여전하다. 과연 어떤 간사모략일까? 바로 '무에서 유를 만들어낸다'는 **'무중생유(無中生有)'**다. 오늘날 횡행하고 있는 '가짜 뉴스'를 떠올리면 금세 감이 잡힐 것이다. '무중생유'는 간신들이 전가의 보도처럼 휘둘러 온 간사모략의 영원한 금과옥조(金科玉條)와 같다.

간사모략으로서 '무중생유'는 《노자(老子)》의 "천하 만물은 '유(有)'에서 생겨나며 '유'는 '무(無)'에서 생겨난다"라는 대목에서 나온다. '무중생유'의 본래 뜻은 '유(有)'가 초물질적 정신에서 생겨나는 것임을 말하려는 것이 아니다. '정신'은 대뇌라는 특수 물질의 산물이기 때문이다.

그럼에도 지금까지 사람들은 '무중생유'에 포함된 뜻을 다양하게 변화시켜 가며 사용해왔다. 또 '무중생유'는 정치모략의 하나로 흔히 음모가들이 널리 활용해왔고 또 지금도 활용하고 있다. 그러다 시간이 흐를수록 간신과 같은 간사한 자들이 즐겨 쓰는 간사모략의 하나가 되었다. 송나라 때 구국의 영웅 악비(岳飛, 1103~1142)가 이른바 '날조된 죄명'인 '혹 있을 지도 모르는'이란 뜻의 **막수유(莫須有)**로 처형된 일, 청나라에 대항했던 영웅 원숭환(袁崇煥, 1584~1630)이 사람들에게 버림받고 여러 해 뒤에야 비로소 누명을 벗은 일 등이 모두 간신들이 사용한 '무중생유'의 음모 때문에 빚어진 역사의 비극이었다. 일단 전술로서의 '무중생유' 사례를 비교적 상세히 소개하여 간신들이 구사하는 이 간사모략에 대처할 수 있는 힘을 길러 보려고 한다.

먼저 《자치통감(資治通鑑)》의 사례다. 때는 756년 안사(安史)의 반란 때 반란군 장수 영호조(令狐潮)는 당 왕조의 장수 장순(張巡)을 옹구(雍丘)에서 완전 포위하여 곤경에 빠뜨렸다. 당시 영호조의 군사는 4만이었고 장순은 2천에 지나지 않았다. 세력으로는 도저히 비교가 안 되는 상황이었다. 전투가 계속됨에 따라 성을 지키고 있는 장순의 군대는 결정적인 무기인 화살을 거의 다 소모했다. 상황은 더욱 긴박해졌다. 이때 장순은 부하들에게 짚이나 풀로 1천여 개의 허수아비를 만들게 했다. 그리고는 이 허수아비에게 검은 옷을 입혀 줄에 매달아 밤을 틈타 성 담장을 타고 내려보내게 했다. 멀리서 이를 본 영호조의 군사들은 성안의 군사들이 포위를 돌파하려고 내려오는 줄 알고 일제히 활을 쏘아 허수아비를 맞추었다. 이렇게 몇 차례 반복하고 나서야 영호조는 장순에게 속았다는 사실을 깨달았다. 장순은 수십만 개의 화살을 적으로부터 얻을 수 있었다.

장순은 밤에 성 위에서 다시 허수아비를 내려보냈다. 적군은 모두 이번에는 속지 않는다며 경계하지 않았다. 상대의 방심을 확인한 다음 장순은 500여 명의 정예군으로 선발 결사대를 조직해서 허수아비와 같이 검은 옷을 입혀 성 밖으로 내려보냈다. 허수아비로 인해 감각이 무디어진 상태의 적이 채 정신을 차리기도 전에 500여 명의 결사대는 적진 깊숙이 침투해 적을 닥치는 대로 죽이고 불을 질렀다. 영호조는 미처 막지 못하고 대패했다.

장순이 '허수아비로 화살을 얻고 결사대로 적진을 짓밟은' 승리가 바로 이 '무중생유'의 구체적인 활용이다. 무중생유는 인성의 약점과 인식의 오차 구역을 철저하게 파고들어야만 효과를 볼 수 있다.

'무중생유'는 중국 역대 병법서나 전략서 가운데 가장 실용적이라는 평가를 받는 《36계》 '적전계(敵戰計)' 중 첫 번째, 전체에서 일곱 번째에 해당하는 계책으로 나온다. 그에 대한 기본 설명은 이렇다.

"가상(假相)을 이용하여 상대를 속이지만 진짜 가상은 결코 아니다. 상대로 하여금 속아 넘어갈 가상을 진짜로 믿게 하는 것이다. 크고 작은 가상들로 진상을 감춘다."

《36계》는 '무중생유'를 전술의 하나로 취급한다. 거짓이나 가짜 또는 허점을 가지고 상대에게 착각을 일으키게 하거나 속이는 것이다. 즉, "무중생유는 거짓이나 허점을 진짜로 변화시켜 적을 패배시키는 것이다."

'무중생유'에서 '무'가 가리키는 것은 '가(假)'이고 '허(虛)'이다. '유'가 가리키는 것은 '진(眞)'이요 '실(實)'이다. '무중생유'는 진짜가 진짜인지 가짜가 가짜인지, 비어 있는 것인지 차 있는 것인지, 진짜 속에 가짜가 있는 것인지, 가짜 중에 진짜가 있는 것인지 알 수 없

게 한다. 또 비어 있는 것과 차 있는 것
이 서로 변한다는 뜻이기도 하다. 이렇
게 적을 혼란스럽게 하여 적의 판단과
행동에서 실수와 착오를 일으킨다.

이 계책은 세 단계로 나눌 수 있다.
첫 단계는 가짜를 적에게 보여 진짜로
오인하게 한다. 둘째 단계는 적으로 하
여금 내 쪽의 가짜를 간파하게 하여 마
음을 놓게 한다. 셋째 단계는 내 쪽의
가짜를 진짜로 바꾸어 가짜로 오인하
게 한다. 이렇게 해서 적의 심기를 흩
어놓아 주도권을 내 쪽이 쥐는 것이다.

그런데 이 계책을 사용할 때는 두 가

'무중생유'의 모략은 상대를 철
저하게 기만하는 치밀함을 전제
로 한다. 장순의 초상화다.

지 점에 주의해야 한다. 첫째, 적의 지휘관이 의심이 많고 소심하
거나 지나치게 신중해야 주효할 수 있다. 둘째, 적의 심리가 이미
흩어진 기회를 움켜쥐고 신속하게 가짜를 진짜로, 진짜를 가짜로,
무에서 유를 만들어내서 불의에 적을 공격해야 한다.

이처럼 '무중생유'는 전술의 하나로서 내 쪽에서 얼마든지 역이용
할 수 있는 모략이라는 점도 알고 있어야 한다. 역사 사례 하나를
더 소개한 다음 설명을 보탠다.

전국 말기 일곱 개 나라가 각축을 벌였다. 이른바 전국 7웅이다.
실제로는 진(秦)나라의 국력이 가장 강했고, 땅 넓이로는 초나라가

가장 컸으며, 제나라는 지세가 가장 좋았다. 이들이 3강 체제를 구축했고, 나머지 네 나라는 이들의 상대가 될 수 없었다.

제나라와 초나라가 동맹을 맺자 진나라는 곤경에 빠졌다. 진나라는 상국(相國) 장의(張儀)에게 대책을 구했다. 당대 최고의 유세가로 명성이 높은 장의는 제나라와 초나라를 이간시켜 각개격파하자고 건의했다. 진왕은 일리가 있다고 생각하여 장의를 초나라로 보냈다.

후한 예물을 가지고 초 회왕(懷王)을 방문한 장의는 진나라는 상오(商於) 땅 600리를 초나라에 넘겨줄 의사가 있다면서 대신 제나라와의 동맹을 끊으라고 요구했다. 회왕은 잃었던 땅을 되찾고, 제나라를 약화시킬 수 있고, 강한 진나라와 동맹을 맺을 수 있으니 매우 유리하다고 판단하여 대신들의 반대에도 불구하고 즉시 그 요구를 받아들였다.

회왕은 봉후추(逢侯丑)에게 장의를 따라가 맹약을 체결하고 상오 땅을 받아오게 했다. 두 사람은 한걸음에 진나라의 수도 함양에 이르렀다. 그런데 장의는 술에 취해 수레에서 떨어져 다쳤다며 집으로 돌아갔다. 봉후추는 역관에 머무는 수밖에 없었다. 며칠이 지나도록 장의를 만나지 못하자 봉후추는 진왕에게 편지를 보냈다. 진왕은 약속대로 이행할 것인데 초나라가 제나라와 절교하지 않으니 어떻게 맹약서에 서명하겠냐고 답장을 보냈다.

봉후추는 사람을 초나라로 보내 회왕에게 보고했다. 회왕은 앞뒤 따지지 않고 바로 제나라로 사람을 보내 제나라 왕에게 욕을 퍼붓게 했다. 두 나라의 동맹은 깨졌다.

그 무렵 장의의 병도 호전되어 봉후추를 만났다. 장의는 놀란 표정으로 "아니, 아직 귀국하지 않았소?"라고 물었다. 봉후추는 "진왕을 뵙고 상오 땅 반환에 관해 논의해야 하지 않소?"라고 반문했다. 장의는 "그까짓 소소한 일은 왕께 보고할 필요가 없지요. 내가 일찌감치 내 봉지 6리를 초왕에게 드리겠다고 했으니 그걸로 된 겁니다"라고 시치미를 뗐다. 봉후추는 깜짝 놀라며 "상오 땅 600리라고 하지 않았습니까?"라고 비명을 질렀다. 장의도 놀란 듯 "무슨 그런 말씀을! 진나라 땅은 모두가 힘겹게 싸워 얻은 것인데 어찌 제 마음대로 줄 수 있겠습니까? 잘못 들으신 것입니다"라고 능청을 떨었다.

낭패가 된 봉후추는 빈손으로 돌아가 회왕에게 보고했고, 회왕은 벼락같이 화를 내며 바로 군대를 동원하여 진을 공격했다. 진작 제나라로 사람을 보내 동맹을 맺은 진나라는 제나라와 함께 초나라를 협공했다. 초나라 군대는 대패했고, 진나라는 요지인 한중(漢中) 땅 600리를 손에 넣었다. 회왕은 하는 수 없이 땅을 떼어주며 강화를 구걸하는 수밖에 없었다.

초 회왕은 장의의 '무중생유(無中生有)' 계책에 걸려 이익을 얻기는커녕 많은 땅까지 잃는 처참한 실패를 맛보았다. 앞뒤 따져 보지 않고 헛된 이익에 눈이 멀어 장의의 계략에 넘어간 결과였다.

어느 쪽에서 사용하든 '무중생유' 모략의 관건은 진짜와 가짜에 변화를 주는 데 있다. 또 허와 실을 결합할 줄도 알아야 한다. 오로지 가짜로만 일관하면 적에게 간파당해 적을 제압하기 어렵거나 역공을 당할 수 있다. 먼저 가짜로 현혹시킨 다음 진짜로 또 어지럽히고, 먼저 비웠다가 채우기를 능수능란하게 구사해야 '무중생유'할 수 있다. 이때 이 모략을 주도하는 자는 반드시 적이 현혹

된 유리한 시기를 단단히 움켜쥐고 재빨리 '진짜' '채움' '있음'으로, 다시 말해 '빠르게 기습적으로 적을 제압한다'는 **출기제승**(出奇制勝)의 속도로 적을 공격하여 적이 정신을 차리기 전에 궤멸시켜야 한다. 간사한 자들이 구사하는 간사모략 '무중생유'를 대처하는 방법 또한 '무중생유'일 수 있다는 점에도 유의하자.

오늘날 '무중생유'라는 이 간사모략을 가장 선호하는 자들은 '기레기'로 조롱당하고 있는 사이비 언론 '언간'과 적폐 정치인 '정간', 수구 정당, 곡학아세에 찌든 지식인 '학간', 법을 농단하는 검찰 '검간'과 법관 '판간', 악질 유튜버 등등이다. 즉, 《간신 : 간신론》에서 분류했던 신종 간신 부류들 대부분이다. 이자들은 자신들이 누리고 있는 기득권을 지키고, 권세에 아부하여 일신의 영달을 꾀하기 위해 서슴없이 '무중생유'를 일삼는다. 가짜 뉴스는 기본이고, 수단과 방법을 가리지 않고 거짓 선동, 언론에 가짜 정보 흘리기 등등 추악하기 이를 데 없다. 자신의 사리사욕을 위해, 부와 권력 그리고 명성을 위해 남을 해치고 국민을 이간질한다.

이런 신종 간신들이 대거 출현했다. 정보력과 의식의 한계 때문에 과거에는 이런 자들의 농간에 쉽게 당했지만 정보가 거의 무한대로 공개되고 집단지성이 활발하게 작동하고 있는 지금은 결코 당하지 않는다. 아니 당해서는 안 된다. 과거에는 소수의 정직한 사람들이 이런 자들과 싸웠다면 지금은 수많은 깨어 있는 집단지성이 이자들의 가소로운 짓거리를 가차 없이 단죄한다.

006

간사모략은
간신의 전유물이 아니다

간신이나 음모가의 공통된 특징들의 하나로 '**곡의봉영(曲意逢迎)**'이란 것이 있다. '자신의 뜻을 굽혀 남에 뜻에 영합한다'는 뜻이다. '곡의(曲意)'란 자기의 뜻을 굽힌다는 뜻이고, '봉영(逢迎)'은 영합한다, 즉 남에게 맞춘다는 뜻이다. 아부나 아첨 따위로 상대의 뜻에 맞추는 것을 가리킨다. 좀 더 부연하자면, 남의 비위를 맞추거나 아부 따위와 같은 거짓 수단으로 다른 사람의 호감과 신임을 얻는 방식으로 자신의 목적을 달성하려는 간사모략이다.

'곡의봉영'은 남송 중기 때의 시인이자 문인인 엽소송(葉紹翁)의 《사조문견록(四朝聞見錄)》이란 책에 보이고, 《삼국연의(三國演義)》에도 등장한다.

'곡의봉영'의 모략 수단은 아주 폭넓은 사회적 기초를 가지고 있다. 정객은 출세와 영달을 위해 상사의 환심을 사고 상사의 심리에 영합하기 위해 수단과 방법을 가리지 않고 아첨한다. 장사꾼들은 상품을 팔기 위해 과장과 허풍, 그리고 비굴한 웃음으로 고객의 비위를 맞춘다. 심지어 가정생활에서도 '곡의봉영'의 예는 곳곳에 보인다. 물론 가정 구성원 사이의 '곡의봉영'과 정객의 정치적 목적 사이에는 본질적인 차이가 있으며, 또 함께 거론하기에 알맞지 않다. 그러나 그 속에서 우리는 많은 사람들에 의해 운용되고 있는

'곡의봉영'의 보편성을 확인할 수 있다.

정직한 사람들은 '곡의봉영'을 비열한 행위로 생각한다. 그러나 인류 문명사에서 정직한 사람들이 '곡의봉영'이란 간접 수단으로 자신의 정치·경제·군사 목적을 달성한 예도 많다. 간신의 간행을 막기 위한 방법의 하나로 충분히 역이용할 수 있기 때문이다.

《좌전》에 나오는 경우를 보자. 진(晉)나라 영공(靈公, 기원전 624~기원전 607)은 포악하고 음탕한 군주였다. 그는 성 위에서 탄환을 던져 놀란 사람들이 탄환을 피해 이리저리 도망 다니는 모습을 보고 즐거워하는 그런 인간이었다.

한번은 곰 발바닥을 덜 익혔다고 요리사의 목을 잘라 그 머리를 삼태기에 담고 궁녀로 하여금 조정을 돌게 했다. 조돈(趙盾, 기원전 655~기원전 601)이란 신하가 여러 차례 충고했으나 영공은 화를 냈다. 게다가 간신 도안고(屠岸賈)의 부추김에 넘어가 저예(鉏麑)라는 자객을 보내 조돈을 죽이라고 했다. 저예는 정의감이 있는 인물이

〈조씨고아(趙氏孤兒)〉라는 희곡으로도 유명한 조돈 일가의 이야기는 간신 도안고가 엮여 있다. 조천이 고의로 영공의 비위를 맞추는 모략으로 영공과 간신을 제거했다. 도면은 사나운 개를 풀어 조돈을 죽이려는 영공을 나타낸 벽돌 그림이다.

라 차마 조돈을 죽이지 못하고 나무에 자신의 머리를 부딪혀 자결했다. 조돈은 가신 제미영(提彌明)의 보호를 받고 망명길에 올랐다. 황급히 성을 빠져나가다 사냥 갔다 돌아오는 조천(趙穿)을 만났다. 조천은 영공의 매형이고, 조돈과는 집안 친척이었다. 조천은 조돈으로부터 저간의 자초지종을 듣고 조돈을 잠시 피신시켰다. 그런 다음 '곡의봉영'의 계책으로 영공의 신임을 얻은 다음 틈을 타 영공을 살해했다.

조천은 영공에게 거짓으로 조돈의 일을 거론하며 조씨 집안이 죄를 지었으니 자신의 관직을 박탈하고 벌을 내려 달라고 요청했다. 영공은 조천의 이런 태도를 곧이곧대로 믿고는, 조돈의 일은 조천과는 무관하다며 조천에게 아무런 조치를 취하지 않았다. 조천은 다시 영공의 비위를 맞추고자 영공이 놀러 갈 때를 택해 미녀를 선발하자고 부추겼다. 영공은 아주 기뻐하며 미녀 선발의 일을 누가 맡는 게 좋으냐고 물었다. 조천은 주저 없이 간신 도안고를 추천했다.

도안고를 보내고 난 뒤 조천은 영공에게 복숭아밭으로 놀러 가자고 꼬드겼다. 그러면서 안전을 위해 무사를 선발하는 게 좋다고 했다. 영공은 아무것도 모르고 그저 좋아했다. 조천은 무사를 선발하여 영공이 술에 취한 틈을 타서 찔러 죽였다. 얼마 후 조돈이 돌아와 국정을 주도했다.

일상생활에서 정직하고 선량한 사람들은 '곡의봉영' 같은 기술을 배우려 하지 않는다. 그러다 흔히 자신이 '곡의봉영'을 강요당하는 곤란한 상황에 직면하기도 하며, 심지어는 '곡의봉영'하는 무리들에게 화를 당하기도 한다.

착한 사람들은 "달콤한 말 뒤에는 악의가 감추어져 있고, 사탕 속에 독이 묻어 있다"는 말을 귀담아들어야 하며, 또 "좋은 약은 입에 쓰지만 병에 좋고, 충언은 귀에 거슬리지만 행동에 유익하다"는 오랜 격언도 아울러 기억해야 할 것이다.

'곡의봉영'은 누가 뭐라 해도 간신을 비롯한 음모가들이 거의 공통적으로 사용하는 간사모략이다. 그러나 조천의 경우에서 보았다시피 올바른 일을 위해서라면 정직하고 착한 사람도 사용할 수 있다는 점을 알아야 한다. 착하고 정직한 사람들이 나쁘고 악한 자들에게 일쑤 당하는 까닭은 이런 모략을 한사코 꺼려 하기 때문이다. 전략적 차원에서 사악한 자들에 대응하고 꺾으려면 때로는 이런 모략을 전략전술의 차원에서 제대로 구사할 수 있어야 한다.

007

철저하게 인간의 본능을 공략하는
간사모략 '투기소호(投其所好)'

인간은 본능적으로 몸의 편안함을 추구하고, 입은 맛난 것을 찾는다. 눈과 귀는 아름다운 모습과 듣기 좋은 소리를 좇는다. 마음은 권세와 명예를 추구한다. 사마천은 저주 받은 걸작 〈화식열전(貨殖列傳)〉에서 이 본능과 욕망은 가르친다고 어찌할 수 있는 것이 아니라는 점을 분명히 했다.

모략은 인간의 이런 욕망과 본능에 초점을 맞추어 심리를 공략한다. 간신이 늘 구사하는 음모와 간사모략은 특히 그렇다. 이 때문에 '상대가 좋아하는 것을 던져준다'는 **투기소호(投其所好)**를 간사모략의 중요한 항목으로 내세우고 있다. '투기소호'는《장자》〈경상초(庚桑楚)〉편이 그 출전이다.

'남이 좋아하는 것을 던져 주거나 그 비위를 맞춘다'는 뜻의 '투기소호'는 겉으로 드러나는 양모(陽謀)와 드러나지 않는 은밀한 음모(陰謀) 모두를 포함하는 이중성을 갖고 있다. 상대가 좋아하는 것을 파악해 거기에 영합하는 것이다. 간신이라면 그 사람이 좋아하는 것에 맞추어 간사함을 팔아먹는 전형적인 수법의 하나이다. 역사 사례를 통해 이 수법의 위력을 알아보자.

기원전 658년 진(晉)나라 대부 순식(荀息, ?~기원전 651)은 굴지(屈地)에서 나는 좋은 말과 유명한 수극(垂棘)의 옥을 우공(虞公)에게 뇌물로 주고 우나라의 길을 빌어 괵(虢)을 멸망시킨 다음 돌아오는 길에 우나라까지 멸망시켰다. '투기소호'의 모략을 성공적으로 활용한 좋은 본보기다. **'가도벌괵(假道伐虢)'**이란 고사성어는 여기서 나왔다.

순식은 우공이 재물을 탐내고 이득이 생기는 일이라면 의리쯤은 헌신짝처럼 버리는 인물이라는 사실을 정확하게 간파하고는, 그에게 뇌물을 먹이는 한편 감언이설로 그를 칭송했다. 이 때문에 우공은 진나라가 친구의 나라이지 다른 야심을 가진 적이라는 사실을 알아채지 못했다. 우공은 궁지기(宮之奇)의 충고에도 귀를 기울이지 않았다. 그 결과 나라는 망하고 그 자신은 포로로 잡혀 진나라 헌공(獻公)의 딸이 시집갈 때 딸려가는 혼수품 신세가 되고 말았다.

기원전 494년 월나라 왕 구천(勾踐, ?~기원전 464)은 오나라와의 싸움에서 패한 후 와신상담(臥薪嘗膽), 복수심을 깊이 감춘 채 오왕 부차(夫差)의 비위를 맞추기 위해 재물과 여자를 바치는 등 부차를 방탕 속으로 깊이 빠져들게 만들었다. 월나라에 대한 오나라의 경계심은 서서히 풀어져만 갔다. 구천은 패전 후 무려 20여 년이 지난 기원전 473년 마침내 오나라를 멸망시키는 데 성공했다.

춘추시대 최초의 패주였던 제나라 환공(桓公, ?~기원전 643)의 측근으로 수조(竪刁), 역아(易牙), 개방(開方) 이 세 사람이 있었다. 이들은 모두 남에게는 차마 말할 수 없는 음흉한 정치적 목적을 숨기고 갖은 궁리를 다해 권력을 잡으려 했던 인물들이었다. 세 사람 모두 아부, 뇌물, 부추김, 감언이설 등 온갖 수단과 방법으로 '상대의 비위를 맞추는' '투기소호'의 모략으로 환공의 환심과 신임을 얻었다.

제나라 환공은 만년에 이 세 사람에게 홀려 혼탁한 생활에 빠졌고, 결국은 굶어 죽는 비극적인 화를 자초했다. 죽기 직전에 깨달았지만 때는 이미 늦었다. 굶어 죽은 환공의 시신을 70일 가까이 지나도록 아무도 돌보지 않아 시체에서 구더기가 기어 나오고서야 환공의 죽음을 알게 되었다(이 세 사람의 간행에 대해서는 부록에서 따로 살펴보았다).

봉건사회에서 군주는 독재권을 마구 휘둘렀고, 신하는 오로지 그 명령에만 따랐다. 민주란 근본적으로 존재할 수 없었다. 간신배나 소인배들 치고 아부와 음모 등 갖

자기 자식까지 삶아 갖다 바친 역아는 간신이 얼마나 무서운 존재인가를 잘 보여준다. 자신들의 목적을 위해서라면 못할 짓이 없다. 권력자에게 아부하는 것 정도는 아무것도 아니다.

은 수단과 방법으로 군주의 비위를 맞춤으로써 권력이란 마술 지팡이를 쥔 통치자의 신임을 얻으려 하지 않은 자는 없었다.

'투기소호'가 음모로 사용될 때는 더욱 보편적인 모습을 띠고 등장한다. 이 모략은 동서고금을 막론하고 모든 간신을 비롯한 음모가와 투기꾼의 뛰어난 장기였다. 이런 음모가 자라날 수 있는 음습한 토양만 존재한다면 언제든지 활용될 여지가 있었다. 선량한 사람들이 이의 근절을 희망한다고 사라지거나 바뀔 수 있는 성질의 것이 결코 아니다. 이 점에 특히 유의해야 할 것이다.

008
절묘한 아부의 기술

음모가나 간신들의 몸에는 아부가 배어 있다. 마치 그런 기술을 가지고 태어난 것처럼 착각을 불러일으킬 정도로 이들의 아부술은 절묘하다. 아부의 기술은 당연히 그들이 구사하는 언어가 기본이다. 이것이 다가 아니다. 표정과 몸짓 같은 이른바 신체언어도 크게 작용한다. 손짓 눈짓 하나하나, 팔색조 뺨치는 다양한 얼굴 표정 등이 교묘한 말과 어울려 사람의 마음을 흔들어 놓는다. 이런 간사모략의 정체를 제대로 간파해야 당하지 않는다.

간사모략의 하나로 '손짓으로 위아래를 가리킨다'는 뜻을 가진 **'상하기수(上下其手)'**라는 아주 흥미로운 모략이자 수법이 있다. 전문가들은 이 모략을 음모로 분류하는데 춘추시대 역사서 《좌전(左傳)》에 그 자초지종이 나온다. 먼저 간략하게 그 내용을 요약해보면 이렇다.

춘추시대 초(楚)와 진(秦)이 오(吳)를 침입하여 운루(雲婁)에 이르렀는데, 오나라가 단단히 대비를 하고 있다는 말을 듣고는 철수했다. 그리고는 방향을 바꾸어 정(鄭)을 공격했다. 5월에 성균(城麇)에 이르렀다. 정나라 쪽에서는 황힐(皇頡)이 성을 지키고 있다가 나와 초나라 군대와 싸웠으나 패했다. 천봉수(穿封戌)가 황힐을 포로로 잡았으나 공자 위(圍)가 공을 가로채려 했다. 이때 백주리(伯州犁)가 "포로에게 물어봅시다"라고 제안했다. 포로를 데려다 놓고 "이번

분쟁은 군자들 간의 분쟁이니 그대도 잘 알 것이다"라고 말했다. 이어서 백주리는 손을 들어 올리며 "이분은 왕자 위이시며 우리 임금의 귀하신 동생분이시다"라고 공자 위를 소개했다. 그리고 이번에는 손을 내리며 "이 사람은 천봉수로 방성(方城) 밖의 현윤(縣尹)이다"라고 천봉수를 소개한 다음, "누가 그대를 포로로 잡았는가"라고 물었다. 포로는 "나 황힐은 공자에게 패했다"라고 답했다. 천봉수는 화가 치밀어 창을 공자 위에게 던졌으나 맞추지 못했다. 공자 위는 포로를 데리고 돌아갔다.

이 고사는 백주리가 공자 위와 천봉수가 공을 서로 다툴 때 써먹은 음모를 전하고 있다. 간사모략의 차원에서 그 내용과 의미를 좀 더 분석해보기로 하자.

이 사건은 기원전 547년, 초나라 강왕(康王) 3년에 발생했다. 강왕의 동생 공자 위는 건(虔)이라고도 하는데, 초나라 공왕(共王)의 아들이었다. 형 강왕이 죽자 그 아들, 즉 조카 정오균(鄭敖麋)이 뒤를 이었다. 공자 위는 영윤(令尹)이 되었고, 4년 뒤 조카를 살해하고 스스로 초나라 영왕(零王)이 되어 12년간 재위했다. 당시 공자 위는 진나라 군대와 함께 오나라를 공격하게 되었다. 지금의 하남성 상성현(商城縣) 동북쪽에 해당하는 운루에 이르러 오나라가 이미 단단히 방어를 하고 있다는 소식을 듣고는 공격 대상을 정나라로 바꾸었다.

정나라 장수 황힐이 초나라 군대와 싸우다가 천봉수에게 포로로 잡혔다. 공자 위가 황힐은 자신의 포로라며 억지를 부리고 나와 두 사람 사이에 다툼이 벌어졌다. 도저히 결론이 나지 않자 태재(太宰) 백주리에게 가서 판결을 받게 되었다. 백주리는 원래 진(晉)나라 대부 백종(伯宗)의 아들로, 초나라로 도망쳐 와 태재 벼슬을 하고 있는 인물이었다. 태재는 황실의 일을 맡아보는 황실 집안의 신하였다. 공자 위와 천봉수의 공로 싸움은 이제 백주리의 판결을 받게 된 것이다.

백주리는 초왕의 동생인 위의 비위를 맞추려고 아주 교묘한 수를 부렸다. 그는 먼저 포로에게 물어보자고 제안했다. 그리고는 포로를 두 사람 앞에 데려다 놓고 이렇게 말했다.

"두 사람은 모두 신분이 있고 체면이 있는 분들이다. 따라서 이 다툼은 군자의 다툼이다. 황힐 그대가 모를 리 없을 테니 일은 쉽게 밝혀질 것이다."

백주리는 황힐의 앞으로 다가가 먼저 공자 위를 소개하면서 손을 높이 치켜들고는 이렇게 말한다.

"이분은 귀하신 공자 위이시다. 초나라 왕께서 총애하시는 동생이시지."

다음에는 손을 아래로 내리면서 천봉수를 소개한다.

"이 사람은 천봉수로 초나라 방성 밖의 현윤이다."

백주리는 손짓으로 공자 위와 천봉수의 신분상의 차이를 표시했고, 또 사용한 말로도 두 사람을 구분했다. 즉, 공자 위를 소개하면서는 '이분', '귀하신', '총애' 등과 같은 단어를 구사했고, 반면에 천봉수를 소개할 때는 '이 사람', '방성 밖'과 같은 표현을 썼다. 이렇게 소개한 다음 다시 황힐에게 "자, 누구에게 포로로 잡혔는가"라고 묻는다. 황힐은 백주리의 암시를 알아챘고, 그래서 "나는 공자 위에게 패했소"라고 답했다. 천봉수는 이 상황에 분노하며 창을 공자 위에게 던졌으나 명중시키지 못했다. 공자 위는 포로를 데리고 초나라 서울로 돌아갔다.

이 고사처럼 권력이 있고 신분이나 계급이 높은 사람에게 잘 보이기 위해 윗사람을 속이고 아랫사람을 억누르는 소인배의 행동을 '상하기수'라는 말로 비유한다.

예로부터 현명한 군주와 신하는 나라의 생존과 번영을 위해 이런 부류의 소인배를 경계하고 멀리 했다. 《구당서(舊唐書)》〈위징열전(魏徵列傳)〉에도 위징이 이 백주리의 고사를 인용하면서 당 태종에게 상소를 올렸다는 기록이 있다. 역사상 이런 음모 수단으로 일시에 세력을 얻은 간신은 적지 않았다. 앞으로 등장하겠지만 춘추시대의 도안고(屠岸賈), 진(秦)나라의 조고(趙高), 당나라

백주리는 역사상 간신의 목록에서 빠지지 않는 백비(伯嚭)의 아버지다. 역시 그 아버지에 그 아들인 모양이다. 그림은 어린 백주리와 그 어머니를 그린 것이다.

때의 이의부(李義府) 등이 모두 이런 종류의 음모를 교묘하게 구사했던 간신배들이었다.

현실 사회에서도 이런 음모를 꾀하는 자들은 언제 어디서나 볼 수 있다. 시대가 달라졌을 뿐, 이런 음모에 대한 사람들의 인식은 역사를 지내 오면서 더욱 심각해졌고, 음모의 시행 방식, 즉 수법도 더욱 교묘하고 교활해졌다. 지금도 계속 교활해지고 있다.

음모가나 간신들의 행위는 보통 사람으로는 정확하게 간파하기 어렵다. 이들의 음흉한 의도를 간파하는 가장 기본적인 방법으로 '교차검증(爻又檢證)'이란 것이 있다. 영어로 '크로스체크(Crosscheck)'라 한다. 역사 연구의 한 방법인데, 하나의 문제 또는 사건 등을 서로 다른 시각과 여러 자료를 토대로 서로 비교하여 정확하게 알아내는 것이다. 간신의 언행을 면밀히 분석해서 다른 사례들과 비교하여 그것이 간사한 음모이자 모략인지를 가려내는 것을 말한다. 오늘날처럼 집단지성의 힘이 언제 어디서든 발휘되는 시대에서는 간신들의 이런 음모와 모략을 어렵지 않게 간파할 수 있다. 물론 이들의 모략은 더욱 간교해지고 정교해지고 사악해지겠지만, 그것을 막고 반격할 수 있는 집단지성의 힘 또한 막강하기 때문에 얼마든지 대적할 수 있다. 관건은 듣기 좋은 말에 약한 인성의 약점을 어떻게 얼마나 극복하느냐에 달려 있다.

009
보이는 게 전부가 아니다

'웃는 낯에 침 뱉으랴'는 속담이 있다. 웃음은 사람의 마음을 약하게 만든다. 때로는 약을 올리기 위한 수단이 되기도 한다. 웃는 얼굴과 듣기 좋은 소리를 마다할 사람은 별로 없다. 간사한 자치고 인상 쓰고 다니는 자 거의 없다. 늘 웃는 얼굴에 입에 발린 소리로 사람의 마음을 녹이고 사로잡는다. 사기꾼을 생각해보라. 간신은 이보다 더하면 더 했지 결코 못지않다.

간사한 자, 간신의 이런 특징을 아주 잘 나타내는 사자성어가 **구밀복검(口蜜腹劍)**'이다. '달콤한 입술, 칼을 숨긴 뱃속', '말은 꿀 발린 것처럼 달콤하지만 뱃속에는 검을 감추고 있다'란 뜻이다. 이 네 글자는 간사모략을 대표하는 항목의 하나이다. '구밀복검'은 《자치통감》에 나오는 표현으로 당나라 때의 이름난 간신 이임보(李林甫, 683~753)를 가리킨다. 이임보는 당나라 현종(玄宗) 때 병부상서(兵部尚書) 겸 중서령(中書令)이란 재상의 직위에 있었고, 또 황제와 같은 집안이라 그 권세가 정말로 하늘을 찌를 정도였다. 글도 잘하고, 그림도 잘 그렸다. 재능과 기예도 상당했다. 특히 아첨하는 재주가 뛰어나 종종 이 수법으로 현종과 현종의 심복 환관 및 총애하는 왕비들의 비위를 맞추곤 했다. 이임보는 이런 특별한 재능으로 무려 19년 이상 조정 최고 자리인 재상 자리를 지켰다.

이임보는 일반 사람과 접촉할 때도 늘 쉽게 친해질 수 있는 태도를 보이고, 말도 듣기 좋은 말만 골라 했기 때문에 사람들은 정말 그가 참으로 보기 드문 충신이자 훌륭한 재상이라고 착각했다. 실상은 정말 음험하고 교활하기 짝이 없는 인물이었다(이임보에 대해서는《간신 : 간신전》- '인물편'에서 상세히 다룬 바 있다).

당 현종 천보(天寶) 원년인 742년의《자치통감》기록을 보면 이렇게 되어 있다. 이임보는 재능이나 공이 자기보다 높거나 황상에게 총애를 받는 사람으로 자신에게 위협이 된다고 판단하면 갖은 방법으로 그를 제거했다. 겉으로는 그와 친하게 지내며 달콤한 말만 하지만 뒤에 가서는 그를 모함했다. 세상 사람들은 이임보를 두고 '구유밀(口有蜜), 복유검(腹有劍)', 즉 '말은 달콤하지만 뱃속에는 칼을 숨기고 있다'고 쑤군거렸다. 이는 옛날 관료 사회의 권력 암투에서 흔히 볼 수 있었지만 지금이라고 그 본질이 달라지지 않았다. 정직한 사람들은 이런 모략을 쓰지 않지만 방비를 게을리해서는 안 될 것이다.

앞으로 더 살펴보겠지만 '구밀복검'과 유사한 간사모략으로는 **양면삼도(兩面三刀)**, **소리장도(笑裏藏刀)** 등이 있다. 전자는 '두 얼굴에 세 개의 칼'이란 뜻으로 다양한 얼굴로 사람을 홀리지만 실은 속에 여러 개의 칼을 감추고 있는 자를 가리킨다. 후자는 '웃음 속에 칼을 감추고 있다'는 뜻으로 '구밀복검'과 같다.

'앞에서는 좋은 말만 골라 하다가 등 뒤에서 독수를 쓰는' 이런 일은 현대 사회에서도 비일비재하다. 흔히 '뒤통수를 친다'고 한다. 간신의 수법 가운데 중요한 것으로 언급한 '치기'의 하나이다. 간신은 무방비 상태에 있는 상대의 '뒤통수를 치는' 데 고수이다. 중국

공산당 초기의 임표(林彪, 1907~1971) 같은 인물도 입으로는 달콤한 말을 하면서 가슴에 칼을 품고 있었던 음모가이자 야심가였다. 이런 바르지 못한 간사모략이나 간신은 일이 커지기 전에 정확하게 간파해서 막아야 한다. 그 후유증이 만만치 않을 뿐만 아니라 자칫 방치했다가는 조직 전체를 해칠 수 있기 때문이다.

전설시대 성군의 한 사람인 요(堯)임금은 신하들에게 '면유퇴방(面諛退謗)'하지 말라고 경고했다(《사기》〈오제본기〉). '면유퇴방'이란 '앞에서는 아첨하고 뒤에서 비방한다'는 뜻이다. 이런 간신 같은 자들의 역사가 전설시대로까지 거슬러 올라갈 정도로 일반적이었다. 아무리 경계해도 모자라지 않는 경고다. 정말이지 사람은 '보이는 게 전부가 아니다.'

010
인간관계의 불가피한(?)
'중상모략'

누군가를 음모와 모함으로 해치는 언행을 우리는 흔히 **'중상모략** (中傷謀略)'이라 부른다. 나쁜 의도로 누군가를 해치는 것을 '중상'이라 하고, 그를 위해 동원한 방법과 수단이 모략이다. 이를 통해 상대를 제압하고 통제하려는 것이다. '중상으로 상대를 제압한다'는 **'중상제인**(中傷制人)'이라 한다. 전형적인 간사모략의 하나다.

이 모략은 궁중에서 많이 생겨났는데, 권력이 있고 부가 있고 명예가 걸려 있는 곳이라면 이런 간사모략이 없을 수 없었다. 부, 권력, 명예에 대한 갈망은 인간의 본능에 가깝고, 그것들이 존재하는 한 본능의 충돌은 불가피하기 때문이다. 정도의 차이만 있을 뿐이지 인간관계가 이루어지는 모든 곳에 '중상모략' '중상제인'이 작동하고 있다고 보면 된다. 전국시대의 사례를 통해 이 모략의 수단을 음미해보자.

치열한 경쟁시대였던 전국시대에는 많은 사람들을 죽게 만든 유언비어와 중상모략의 수단이 널리 활용되었다. 중상모략은 많은 돈이나 큰 힘이 드는 것이 아니었기 때문이었다. 상대가 반격하려 해도 목표를 찾을 수 없는 경우가 대부분이다. 효과와 효력은 놀랍다. 《전국책》 등에는 중상모략에 관한 역사적 고사가 많이 기록되어 있다. 다음은 초나라에서 일어난 일화다.

이웃 나라 임금이 초나라 왕에게 미녀를 선물했다. 초나라 왕은 바로 그녀에게 빠졌다. 초나라 왕의 애첩들 중에 정수(鄭袖)라는 여자가 있었는데, 새로 온 미녀에게 특별한 관심을 가지고 옷, 장식품, 가구, 이불 등을 아낌없이 주었다. 그 관심의 정도는 왕보다 더하면 더했지 결코 뒤지지 않았다. 그녀의 이런 행동은 왕을 감동시켰다.

"여자는 미모로 남자를 휘어잡으려 하고 시기심과 질투심이 강한 것이 일반적인데, 정수는 내가 그녀를 잘 대해 주고 있다는 사실을 알면서도 나보다 더 그녀를 잘 보살피는구나. 마치 효자가 부모를 공경하듯 충신이 임금을 섬기듯, 사사로운 욕심을 버리고 나를 위해 그렇게 해주다니 좋은 여자로고!"

왕이 정수를 칭찬하고 있을 때, 정수는 조용히 그 미녀를 찾아가 이런 말을 하고 있었다.

"왕께서 너를 무척이나 아끼시지만 오직 한 가지, 네 코가 다소 마음에 들지 않으신 모양이다. 다음부터는 천으로 가리고 왕을 뵙는 게 좋을 것이야."

미녀는 정수의 충고에 감격해했다. 그 뒤로 미녀는 왕을 만날 때면 늘 천으로 코를 가렸다. 왕은 아주 의아해하다가 어느 날 정수에게 그 까닭을 물었다.

"어째서 나를 볼 때 천으로 코를 가리는지 그 이유를 아는가?"

"저는 잘 모릅니다만, 다만……."

"괜찮으니 말해 보라."

"대왕의 몸에서 나는 냄새를 싫어하는 것 같습니다만……."

"뭐야! 이런 발칙한 것 같으니!"

초나라 왕은 즉시 그 미녀의 코를 베어 버리라고 명령했다. '중상모략'이나 '중상제인'의 이런 고사는《전국책》과《한비자》등에 실려 있다.

권력자의 신임을 잃게 만드는 데 흔히 사용하는 수단이 바로 중상모략이긴 하지만 상대가 알아채면 그 작용과 효과는 사라진다. 때로는 역효과를 내거나 상대가 역이용하여 반격을 가할 수도 있다.

중상모략은 간신의 전매특허다. 이 사람에게는 이 말 하고, 저 사람에게는 저 말 하며 자신과 대립하는 사람을 헐뜯고 해친다. 그 수법이 결코 단순하지 않을 뿐만 아니라 아주 교묘하고 치밀하다. 또 자기 패거리를 이용하여 중상모략이 설득력을 가질 수 있게 꼼꼼하게 안배한다. 앞서 말한 바 있는 **'교차검증'**을 비롯하여 다양한 방법으로 그 진위를 가려서 철저히 대비해야 한다.

중상모략과 관련된 예화를 풍부하게 제공하고 있는 《전국책》은 시대상의 반영이며, 간신의 다양한 수법과 관련한 좋은 참고 자료이기도 했다.

011

앞보다 뒤, 밝음보다
어둠을 좋아하는 자를 경계하라

수천 년 역사를 통해 간악한 간신들이 충성스럽고 선량한 사람들을 해치는 현상은 동서양을 막론하고 보편적인 현상이었다. 이 책에서 우리는 이를 '간신현상'이라 부르고 있다. 이런 간사한 자들의 특징과 음모술수는 제대로 간파하고 대처해야 당하지 않는다. 여기서는 '겉으로는 떠받드는 척, 속으로는 배신하다'는 **양봉음위(陽奉陰違)**라는 간사모략 수법에 대해 알아본다.

이 모략은 간신의 보편적 특징 몇 가지를 암시하고 있다. 첫째, 간신은 앞보다는 뒤쪽을 선호한다. 둘째, 밝은 곳, 즉 공개된 곳보다는 어두운 비공개 장소를 좋아한다. 셋째, 겉보다는 속을 좋아한다. '양봉음위'는 두 번째 특징과 비슷하다. 무슨 일이든 드러내놓고 하기보다 은밀히 몰래 꾸미길 선호한다는 뜻이다.

정치 영역이건 군사·경제·외교 영역이건 '양봉음위' 모략이 구사된 사례는 상당히 많이 전한다. 상대와 싸워 이기기 위해서는 먼저 상대의 경계심을 늦추어야 한다. 표면적으로는 순종하는 것 같지만 속으로는 배신의 마음을 품고 있으며, '눈앞 따로 등 뒤 따로', '입 따로 마음 따로' 등의 뜻을 가진 이 모략은 한 번 활용되었다 하면 그 극단까지 활용되는 것이 대부분이었다.

동진(東晉) 석륵(石勒, 274~333)의 군대가 왕준(王浚)을 속수무책으로 만들며 무기에 피를 묻히지 않고 계성(薊城)을 점령했을 때 사용한 모략이 바로 이 '양봉음위'였다.

313년 왕준은 황제가 되고 싶어 했지만 부하들의 마음이 흩어진 상태였다. 석륵은 이 기회를 틈타 왕준을 습격하고자 참모 장빈(張賓)에게 계략을 물었다. 장빈은 다음과 같은 방책을 올렸다.

"왕준이 지금은 진 왕조의 신하이긴 하나 여태껏 진을 없애고 자신이 왕이 되고 싶어 했습니다. 다만 천하의 영웅들이 자신에게 복종하지 않을까 주저하고 있을 따름입니다. 지금 그가 장군의 지지를 얻고자 하는 마음은 그 옛날 유방이 한신을 얻고자 한 마음 못지않다고 할 수 있습니다. 그러니 아무 걱정 마시고 후한 예물로 그를 섬기는 척하십시오. 그런 다음 다시 기회를 틈타 그를 치는 것이 좋을 것입니다."

석륵은 후한 예물과 함께 사람을 보내 왕준은 명문 귀족으로 천하가 주목하고 있으며, 지금 중원에 주인이 없는 상황에서 왕준이 황제 자리에 오르는 것은 당연하다는 뜻도 전했다. 왕준을 천지의 부모와도 같이 기꺼이 천자로 모시겠다는 뜻과 다름없었다. 왕준은 뛸 듯이 기뻤다. 그는 석륵이 정말 자기 쪽으로 돌아선 것으로 확신했다.

석륵은 표면적으로는 왕준을 떠받들면서 몰래 왕준을 제거할 준비에 착수했다. 314년 3월 석륵의 군대는 역수(易水)에 이르렀다. 왕준의 부하 장수들은 석륵의 군대가 역수에 주둔한 것은 분명 무슨 꿍꿍이가 있기 때문이라며 왕준에게 출격을 요청했다. 왕준은 석륵을 철석같이 믿고 있던 터라 도리어 화를 내며 "석륵은 나를 황제로 옹립하려는 사람이다. 두 번 다시 출격 얘기를 꺼내는 자는 목을 베겠다"라고까지 말했다. 그리고는 성대한 잔치를 준비시켜 귀하신 손님 석륵을 맞을 준비를 하게 했다.

석륵은 '양봉음위'가 간사한 자들만 구사하는 나쁜 모략이 아니라는 점을 잘 보여주었다. 사실 그 자체로 나쁜 모략은 거의 없다. 목적과 수단, 그리고 방법이 정당하지 못하거나, 모략을 구사하는 자의 질이 나쁠 뿐이다.

4월 4일, 석륵은 왕준이 주둔하고 있는 계성에 도착했다. 성문을 지키던 군사는 석륵의 군대를 보고는 즉시 성문을 열고 다리를 내렸다. 석륵은 이렇듯 순순히 자신들을 맞이하는 것을 보고는 혹 성 안에 복병이 있지 않을까 의심이 들었다. 그래서 기회를 엿보다 성문을 점거한 다음, 성의 군관들을 향해 잔치를 축하하기 위해 소와 양을 가져왔다며 먼저 소와 양을 성안으로 몰아넣게 했다. 수천 마리의 소와 양이 길을 가득 메우는 통에 행인들은 움직이기조차 불편할 지경이었다. 이렇게 되면 복병이 있다 해도 어쩔 수가 없었다. 석륵은 군사를 끌고 입성하여 마구 노략질을 시작했다. 왕준의 측근들이 재차 출격을 요구했으나 왕준은 여전히 망설이며 결단을 내리지 못했다. 그러는 사이 석륵은 왕준을 사로잡아 본국으로 보내 목을 베게 하는 한편, 그 부하 만여 명을 살상했다.

반듯하게 사고하는 정직한 사람이라면 겉과 속이 다르지 않다. 겉으로는 받드는 척하면서 속으로는 어기고, 입 따로 마음 따로 노는 것을 부끄러운 행동이라고 생각한다. 그렇다고 이런 저열한 행위에 대해서는 경계심을 늦추면 안 된다. 한 가지 덧붙일 것은 이모략이 간사한 자들의 전유물이라고 착각해서는 안 된다는 점이다. 필요하면, 다시 말해 간악한 자들을 상대할 때 필요하다면 얼마든지 역이용할 수도 있어야 한다.

'양봉음위'는 간신의 전형적인 특징이자 간사모략의 상투적인 수법이다. 그럼에도 이 모략에 당한 사례는 수를 헤아리기 힘들 정도로 많다. 인간이 이런 모략에 취약하다는 반증이다. 듣기 좋은 말에 쉽게 넘어가는, 그리고 그런 말만 듣고 싶어 하는 인성의 약점이기도 하다. 따라서 이런 간사모략 앞에서는 냉철한 이성적 판단이 필수다. 물론 일상에서 가볍게 던지는 이른바 립서비스(lip service) 같은 듣기 좋은 말과는 구별해야 한다. 자칫 이런 립서비스에 너무 진지하고 쌀쌀맞게 대하다가는 인간관계에 금이 갈 수 있기 때문이다.

012
인간의 모습은 하나가 아니다

독일어에 '도플갱어(Doppelgänger)'가 있다. 이 단어를 그대로 제목으로 딴 영화도 있었다. 그 어원과 변천을 살피자면 복잡하고, 간단하게 말해 '자신과 똑같이 생긴 생물체'란 뜻이다. 나와 똑 닮은 생물체가 현실에서 돌아다닌다는 것인데, 생김새만 그렇다는 말이다. 때로는 내 안에 나와 똑같은, 하지만 성격이나 특징은 전혀 다른 존재가 여럿 존재할 때도 도플갱어란 용어로 표현하기도 한다. 한 얼굴을 하고 있지만 겉으로 드러나는 그 행동은 하나가 아닌 전혀 다른 다양한 모습으로 나타날 경우에도 이 용어를 쓸 수 있겠다. 인간의 복잡하고 복합적인 내면에 대한 표현이라고 보면 되지 않을까 한다.

'도플갱어'를 연상시키는 중국 표현으로 **양면삼도(兩面三刀)**'란 것이 있다. '두 얼굴에 세 개의 칼'이란 뜻이다. 이 말은 원나라 때의 희곡(戱曲, 소설의 전신)에 보인다. '양면삼도'를 하나의 모략으로 볼 수 있느냐 없느냐에 대해서는 많은 사람들이 부정적인 태도를 취한다. 왜냐하면 너무 악랄하여 정직한 사람들이라면 치를 떨기 때문이다. 그래서 '양면삼도'는 간악한 자들, 특히 간신의 지독한 '간사모략'으로 따로 분류한다.

소설 《홍루몽(紅樓夢)》 제65회를 보면 흥아(興兒)가 왕희봉(王熙鳳)을 두고 "입으로는 달콤한 말을 하지만 속마음은 독한, 두 얼굴에 세 개의 칼을 품고 있는 년", "위쪽으로는 웃고 있지만 아래쪽은 올가미다", "겉은 불같이 밝지만 속은 칼을 감추고 있는 것 같다" 등등의 말로 평가하고 있다. 실제 역사 사례를 한번 보자.

춘추시대 정(鄭)나라의 대부 신후(申侯)와 진(陳)나라 대부 원도도(轅濤涂)가 일찍이 이 모략을 사용한 대표적인 인물들이었다. 기원전 656년 노(魯)나라 희공(僖公) 4년 여름, 당시의 패주 제나라 환공은 노(魯)·송(宋)·진(陳)·위(衛)·정(鄭)·조(曹)·허(許) 8국의 군대를 연합하여 채(蔡)나라를 총공격하는 한편, 남방의 강국 초(楚)나라와는 평화 협정을 맺기로 하고 소릉(召陵)에서 동맹 의식을 열었다. 제나라 환공은 철군을 시작했다. 이때 진나라 대부 원도도는 정나라 대부 신후에게 제나라 환공의 철군과 관련하여 이런 의견을 내놓았다.

연합군이 오면 진나라와 정나라를 거치게 될 터인데, 그렇게 되면 연합군의 먹고 자는 것을 우리 두 나라가 모두 제공해야 될 것이고, 철군 때에도 마찬가지일 것이니 부담이 엄청나게 클 것이다. 그러나 해안을 끼고 동방의 거(莒)·서(徐) 등과 같은 동이(東夷) 쪽을 통해 철군한다면, 연합군의 위세도 과시할 수 있고 우리의 부담도 줄일 수 있다.

신후는 원래 초나라 문왕(文王)에게 총애를 받던 신하였는데, 문왕이 죽자 정나라로 도망쳐 와 여공(厲公)의 신임을 얻어 중용된 인물이었다. 욕심이 많고 출세지향적인 신후는 정나라의 이익을 위해 제나라 환공의 비위를 맞추려 했다. 원도도의 말을 들은 신후는 좋은 생각이라고 부추긴 뒤 원도도를 제나라 환공에게 보내 건의하게 했고, 제나라 환공은 진짜로 원도도의 건의를 받아들였다.

그러자 신후는 바로 환공에게로 달려가서는 다음과 같이 딴소리를 늘어놓았다.

군대가 오래 비바람을 맞으며 행군했기 때문에 만에 하나 동방의 국가들로부터 공격을 받으면 큰일이니 해안을 따라 돌아가는 방법은 좋지 않다. 원도도의 건의는 순전히 자기 나라만 위한 것이지 결코 좋은 의견이 될 수 없다. 대체로 이런 식이었다.

이 말을 들은 제나라 환공은 신후의 말이 더 일리가 있다고 생각하고는 원도도를 괘씸하게 여겨 즉시 원도도를 잡아들이게 했다. 그리고는 패주의 신분으로 정나라의 험준한 요새 호뢰(虎牢) 지역을 신후에게 상으로 내렸다. 정나라 국군은 제나라 환공의 조치가 못마땅했지만 복종하는 수밖에 없었다. 신후는 '양면삼도'의 술책으로 원도도에게 해를 입히고 제나라 환공에게 잘 보여 상까지 받았다.

그로부터 얼마 후 이번에는 원도도가 같은 방법으로 신후를 죽음으로 몰아넣었다. 원도도는 석방된 뒤 신후를 찾아가 제나라 환공이 신후에게 상으로 준 호뢰에다 아름다운 성을 세우는 한편, 제후들에게도 그에 따른 각종 도움을 요청하라고 권했다. 욕심 많은 신후는 이참에 자신의 위세를 뻐겨보고 싶어 원도도의 제안을 받아들였다. 호뢰성이 완성되자 원도도는 정나라 국군을 찾아가 신후가 성을 세운 것은 딴생각이 있기 때문이라고 넌지시 일러주었다. 그렇지 않아도 신후를 못마땅해 하던 정나라 국군에게 원도도의 이 말은 타오르는 불에 기름을 끼얹는 꼴이 되었다. 정나라 국군은 신후를 죽였다.

'양면삼도'의 술책은 상대방의 면전과 등 뒤에서 각기 다른 수단으로 상대를 교란하는 방법이다. 신후는 먼저 표면적으로 원도도를 지지하며 원도도와 친한 친구인 척했다. 그러나 제나라 환공 앞에서는 더욱 '충성'을 표시하며, 자신의 말은 진정으로 환공 당신을 위한 것이고, 원도도는 환공을 해치려는 나쁜 놈이라며 원도도를 함정에 몰아넣고 자신은 신임과 상을 동시에 거머쥐었다.

'양면삼도'라는 술책이 성공할 수 있는 것은 남의 의견을 듣지 않으려는 정책 결정자의 외고집, 사리사욕, 이기심, 독단 등과 밀접한 관련을 갖는다. 제나라 환공은 두 가지 의견에 대해 누가 옳고 그른 지 따져 보지 않았다. 신후는 제나라 환공의 이런 심리를 잘 헤아렸고, 그에 따라 듣기 좋은 소리를 골라 함으로써 음모를 성공적으로 실현했다.

역사상 '양면삼도' 술책을 잘 팔아먹은 간신들이 적지 않았다.《사기》〈이사열전(李斯列傳)〉에 보이는 조고(趙高, ?~기원전 207) 같은 인물은 이 술책을 밥 먹듯 써먹은 간신이었다. 그는 정적 이사를 제거

간신들은 간사모략의 대가들이다. 이들은 '양면삼도'는 물론 '다면다도(多面多刀)'의 모략도 능수능란하게 구사한다. 조고는 그저 한 예에 지나지 않는다. 사진은 유명한 '지록위마(指鹿爲馬)' 기만술을 연출하는 조고의 모습이다.

하기 위해 고의로 이사의 면전에서는 이사를 떠받들며, 진(秦) 2세 황제 호해(胡亥)에게 가서 충고하라고 부추겼다. 당시 호해는 이미 주색에 완전히 빠져 있어 자신을 통제하기란 불가능했다. 이사는 사직을 위해 조고의 말대로 호해에게 충고하는 데 동의했다. 조고는 호해가 미모의 여자들을 좌우에 끼고 미친 듯 술과 쾌락에 빠져 있는 때만 골라, 황제가 이사를 만나고 싶어 한다고 속였다. 이사가 호해를 찾아갔으나 호해는 면담을 거절했다. 이사는 몇 차례 계속 요청했고, 호해는 격분하여 이사에게 욕을 퍼부었다. 조고는 이때 불에 기름을 붓는 식으로 이사를 모함했다. 호해는 화가 머리끝까지 뻗쳐 즉각 이사를 잡아다 함양에서 허리를 절단 내서 죽였다(조고의 간행에 대해서는 《간신 : 간신전》 - '인물편'에서 따로 상세히 분석했다).

　무엇이 모략인가? 모략은 계략·책략이다. 《오자병법(吳子兵法)》에 보면 "모(謀)는 해(害)를 멀리하고 이(利)를 취하는 것이다"라고 했다. 이런 정의대로라면 정직한 사람에게 '양면삼도'는 운용하기 어려운 모략이다. 정치 영역이 되었건 군사 영역이 되었건 아니면 사회관계에서 '양면삼도'하는 자는 모두 자기 이익의 입장에서 이런저런 기만적 수법으로 상대방을 홀려 함정에 빠뜨린다. 그리고 자신은 아주 쉽게 힘 안 들이고 손해를 멀리하고 이익을 취함으로써 자신이 뜻한 바를 달성한다. 이런 의미에서 보면 '양면삼도'는 확실히 모략의 일종이다. 따라서 정도(定度)는 다르지만 거의 모든 인간에게 내재되어 있는 '양면삼도'의 실체를 간파하는 것이 관건이다. 단, 정도를 깊이 살펴야 한다. 조금 다르다 해서 그 사람을 무턱대고 간악하다고 단정하는 것은 경솔하기 때문이다.

013
무엇을 감추고 있는지를
간파하라

사람은 정도의 차이는 있어도 대부분 무엇인가를 감추고 있다. 감추고 싶어 하는 것이 있기 때문이다. 대개 자신의 부끄러운 과거, 약점, 사생활 등을 감추려 한다. 나쁜 자들, 특히 간신은 그런 것조차 교묘하게 이용할 뿐만 아니라 상대를 공격하기 위한 치명적인 무기를 감추고 있다. 먼저 옛 전설 하나를 소개한다.

전설에 따르면 오랜 옛날에 사람을 해치는 생물이 있었는데, 그 이름을 '역(蜮, 물여우라는 뜻)' 또는 '단호(短狐)'라고 했다. 이 생물은 그 형상이 아주 괴상해서 흡사 '자라' 같았지만 다리가 셋뿐이었다. 가장 오래된 한자 사전인 《설문해자(說文解字)》에서는 "역은 단호다. 자라 같은데 발이 셋이다"라고 했다. 역사서인 《한서》〈오행지(五行志)〉에서는 "역은…물가에 살면서 사람을 쏘는데 남방에서는 단호라고 부른다"라 했다.

또 《경전석문(經典釋文)》이나 《박물지(博物志)》와 같은 책에서는 "역은 속칭 '수노(水弩)'라고도 하는데, 입에 활과 같은 모양의 살덩이가 붙어 있다"고 한다. 주로 남방의 물에서 사는데 물가나 물 위를 지나가는 사람 소리를 듣고는 입에 '모래를 품었다가 사람을 향해 쏘거나 사람 그림자를 향해 쏜다'. 이것에 맞은 사람은 등창이 나며, 그림자를 맞아도 병이 난다. 그래서 그놈을 '사공(射工)' 또는

'사영(射影)'이라 불렀다. 일설에 역은 '물로 사람을 쏜다'거나 '기를 쏘아 사람을 해친다'고 했다. 아무튼 이 전설에서 '모래를 품었다가 그림자를 쏜다'는 뜻을 가진 **'함사사영(含沙射影)'**이란 사자성어가 나왔고, 이것이 훗날 간사모략의 하나가 되었다.

이 전설은 무슨 과학적인 근거가 있는 것은 아니지만, 전설 속의 '모래를 품었다가 (사람) 그림자를 쏜다'는 말이 점차 생동감 넘치는 고사성어로 변해, 마음 씀씀이가 악하고 몰래 사람을 해치는 행위에 대한 비유로 사용되기에 이르렀다.

지금은 간접적인 비방이나 우회적인 모욕을 형용할 때, 표면상으로는 다른 얘기를 하는 것 같지만 실제로는 악의에 찬 공격을 가하는 떳떳하지 못한 수법을 '모래를 품었다가 그림자를 향해 쏜다'는 뜻의 '함사사영'이라고 한다. 당나라 때의 시인 백거이는 〈독사(讀史)〉라는 시에서 다음과 같이 읊었다.

함사사인영(含沙射人影), 수병인부지(雖病人不知) ;
교언구인죄(巧言構人罪), 지사인불의(至死人不疑).

대체적인 뜻은 이렇다.

모래를 품었다가 사람 그림자를 향해 쏘면
병이 나도 그 원인을 잘 모르며,
교묘한 말로 사람에게 죄를 뒤집어씌우면
죽으면서도 의심조차 못한다.

단도직입적으로 분명히 말하지 않고 갑을 가지고 을을 가리키는 식의 암시를 '영사(影射)'라 한다. 사실 옛날 사람들도 이 세상에 정말로 '역'이란 생물이 있다고는 믿지 않았을 것이다. 《시경》에 보면 "위귀위역(爲鬼爲蜮), 즉불가득(則不可得)"이란 구절이 있다. "역은 귀신과 같아 볼 수 없는 것"이라는 말이다. 《자화자(子華子)》라는 책에는 "극기회사(極其回邪), 여귀여역(如鬼如蜮)"이란 구절이 보인다. "귀신이나 역처럼 사악하기 짝이 없는 인간이나 그런 경우"를 가리키는 표현이다.

대체로 옛사람들이 역과 귀신을 함께 거론하면서, 그것을 귀신처럼 몰래 재앙을 몰고 오는 나쁜 것으로 여겼음을 알 수 있다. 그래서 귀신 '귀(鬼)' 자와 '역(蜮)' 자를 한 데 붙여 '귀역'이란 단어로 사용하곤 했다. 예를 들어 남당(南唐) 진도(陳陶)의 "풍년이 들어 귀역이 몸을 숨겼구나"라는 구절이나, 원나라 방회(方回)의 "어중이떠중이들이 귀역에 달라붙다"라는 시 구절이나, 청나라 황준헌(黃遵憲)의 시 "귀역은 실로 헤아리기 어렵다" 등이 그런 보기들이다. 여기서 음모로 몰래 해를 가하는 비열한 수단을 형용하는 **'귀역기량(鬼蜮技倆)'**이라는 표현도 나왔다.

문화대혁명(文化大革命) 때 사인방(四人幇)은 주은래(周恩來) 총리를 공격하기 위해 '공자를 비판한다'는 '비공(批孔)'의 구호를 앞세워 여러 가지 방법으로 주은래를 '영사'함으로써 전국에 걸쳐 아주 나쁜 영향을 조성했다.

1970년 가을, 중국공산당 중앙회의가 여산(廬山)에서 개최되었다. 이 자리에서 진백달(陳伯達)이란 자는 당권을 탈취하려는 임표(林彪)

등의 여론 조성에 앞장서서 '칭천재(稱天才, 천재라 부른다)' 라는 어록을 넉살 좋게 공포 했다가 모택동(毛澤東) 주석 의 호된 비판을 받았다. 임 표의 일당 황영승(黃永勝)도 1차 군사 위원회에서 불만 을 토로했는데, 이자는 당나

권력투쟁에는 '함사사영'이란 간사모략이 일쑤 등장한다. 상대의 의도를 정확하게 간파하여 대처하는 능력을 평소에 기르지 않으면 당해내 기 어렵다. 사진은 재판장에 선 '사인방'이다.

라 때의 시인 장갈(章碣)의 〈분서갱(焚書坑)〉이란 시를 인용하여 모 택동을 진시황에 비유하는 '함사사영'의 방식으로 공격을 가했다.

'함사사영'은 정치 영역에서 문화 영역에 이르기까지, 또 관료 사 회의 투쟁에서 사회 교제에 이르기까지 떳떳하지 못한 '귀역기량' 의 하나로 널리 퍼져 있다. 역사상 많은 간신들을 귀신에 비유한 것도 이 때문이다.

이 간사모략은 사회의 기풍을 흐리게 하고 정직하고 선량한 사 람을 부패하게 만든다. 날로 발전·진보하고 있는 현대 문명사회에 서 이 고상하지 못한 '귀역기량'은 사람들에 의해 비판을 받고 있지 만, 갈수록 교묘하고 아주 사악하게 활용되고 있는 것 또한 현실이 다. 거듭 강조하지만 내놓고 이런 간사모략을 써서는 안 되지만, 이 모략의 실체와 그 방법 등에 대해서는 정확하게 알고 있어야 한 다. 간신은 이 모략을 서슴지 않고 써먹기 때문이다. 당할 수는 없 지 않은가?

014
어느 경우든 공략의 대상이
정확해야 한다

상대를 공격하기 위한 여러 방법 중 하나로 빗대어 말하는 것이
있다. 갑을 두고 말하는 것 같지만 사실은 을을 나무라거나 욕하는
식이다. 간사한 자들이 이런 방법을 즐겨 사용해왔고, 간사모략의
하나로 정착했다. 최근에는 간사모략은 물론 경제경영에서도 활용
되는 등 그 적용 범위가 한결 넓어졌다. 관련한 모략의 출처에 대
해 먼저 살펴보자.

《홍루몽》제12회를 보면 가련(賈璉)이 외출 나갔다 돌아와서는 봉
저(鳳姐)에게 힘든 일이 무엇이냐 묻자, 봉저가 이렇게 말하는 대목
이 있다.

"우리 집안의 모든 일들은 그 할망구들이 사사건건 간섭하는데
뭐가 좋겠어? 조금만 잘못해도 '빗대어 욕하는' 잔소리란……."

제59회에도 앵아(鶯兒)가 황급히 "그것은 내가 한 일이야. 그러니
빗대어 욕하지 말란 말이야"라는 말이 보인다. 여기서 말하는 '빗대
어 욕한다'는 대목은 간사모략의 하나인 '뽕나무를 가리키며 느티
나무를 욕하다'는 **'지상매괴(指桑罵槐)'**다. '지상매괴'는 표면상 이 사람
또는 이 일을 나무라는 것 같지만 사실은 다른 사람 또는 다른 일

을 욕하는 것을 말한다.

고대 병법서인 《36계》에서는 이 모략을 아예 제26계에 갖다 놓았는데, 관련하여 이런 내용이 보인다. 강한 자가 약한 자를 굴복시키려면 경고 따위와 같은 방법으로 은근히 압력을 가한다. 강경한 태도로 적절하게 부하를 관리하면 호응과 지지를 얻을 수 있다. 위기가 코앞에 닥친 상황에서 용감하고 결단력 있는 태도를 보이면 부하들은 복종하고 존경을 표하게 된다.

이에 대한 주석을 보면 이렇다. 자기에게 복종하지 않는 부대를 통솔하여 적과 싸울 때는 이동을 명령해도 잘 듣지 않고, 상 따위로 매수하려 해도 괜한 의심만 사게 되는 경우가 있다. 이런 상황에서는 고의로 잘못을 저지르게 하는 방법을 써서, 잘못을 저지른 사람에게 벌을 줌으로써 은근히 그들에게 경고한다. 경고는 방향을 다른 쪽으로 유도하는 것으로, 강경하고 결단력 있는 수단으로 복종시키는 방법이자 군대를 기동시키는 방법이기도 하다. 암시의 수단으로 부하를 통솔하고 권위를 수립하는 모략이다.

이 모략의 운용은 영화나 TV는 물론 연극 또는 민간의 일상생활에서도 수시로 볼 수 있다. 세상 사람들에게 가장 깊은 인상을 남긴 문화대혁명 때 '4인방'들이 이 음모를 운용한 전형적인 예에 속할 것이다. 이들은 임표(林彪)와 공자를 비판한다는 '비림비공(批林批孔)'에서 이 '지상매괴'의 방식으로 '비주공(批周公)'으로까지 확대하는, 즉 간접적으로 주은래(周恩來) 총리를 지목했던 것이다. 이런 떳떳하지 못한 정치 수완은 세상 사람들 누구나가 혐오한다. 좀 더 오랜 전형적이고 비슷한 역사 사례 하나를 들어보겠다.

춘추시대 제나라 경공(景公)은 서자 출신인 사마양저(司馬穰苴)를 장수에 임명하여 진(晉)·연(燕) 연합군을 공격하게 했다. 경공은 자신이 아끼는 장고(莊賈)를 군을 감시하는 감군(監軍)에 임명하여 사마양저를 따르게 했다. 사마양저와 장고는 다음 날 정오까지 군영의 문 앞에 집합하기로 약속했다.

이튿날 사마양저는 일찌감치 군영에 도착하여 해시계와 물시계를 준비했다. 약속한 시간이 되자 사마양저는 군영에 군령을 선포하고 부대를 일사불란하게 정돈시켰다. 장고는 오지 않았다. 사마양저가 사람을 보내 몇 차례 재촉했으나 장고는 해가 질 무렵에야 어슬렁어슬렁 군영에 나타났다. 어제 하루 종일 송별회를 열어 퍼마신 탓이었다. 경공의 총애만 믿고 약속 시간 따위는 깡그리 잊었던 것이다. 아니 무시했던 것이다.

어두워져서야 나타난 장고에게 사마양저는 불같이 화를 내며 나라의 대신으로 감군이란 중책을 맡고도 친인척에 대한 사사로운 감정에 매여 국가 대사를 무시했다고 나무랐다. 장고는 전혀 뉘우치는 기색이 없었다. 사마양저는 전군의 장병들이 보는 앞에서 큰소리로 법관을 불러 "이유 없이 시간을 어기는 자를 군법은 어떻게 처리하는가?"라고 물었다. 법관은 "목을 벱니다"라고 답했다. 사마양저는 즉각 장고를 체포하도록 했다. 깜짝 놀란 장고는 바들바들 떨었다. 장고의 수행원들은 바람 같이 경공에게 달려가 이 상황을 알렸다. 경공은 바로 사람을 보내 형 집행을 중지시키게 했다. 사마양저는 사신이 오기도 전에 장고의 목을 베어 조리를 돌렸다.

전군의 장병들은 나라의 막강한 대신의 목을 가차 없이 베어 군

령의 엄중함을 보이며, "장수
가 군영에 있을 때는 임금의
명이라도 받지 않는다"고 당
당하게 대처하는 사마양저에
게 감탄과 존경의 마음을 금할
수 없었다. 사마양저는 이렇게
'지상매괴'의 계책으로 전군의
군기를 확실하게 다잡았다.

자신에게 잘 복종하지 않는
부대나 부하들을 제대로 움직
이지 못한다고 해서 상 따위로
그들을 유혹하려 해서는 도리
어 역효과가 난다. 이럴 때는

명장 사마양저는 '지상매괴'의 모략을 잘 이
용하여 군기를 단번에 휘어잡았다. 그림은
사마양저가 장고를 묶고 목을 베게 하는 장
면이다.

'지상매괴'의 방법이 효과적이다. 단, 리더는 늘 단호함과 부드러
움, 사나움과 너그러움을 함께 구사할 줄 알아야 한다. 군기가 흐
트러진 오합지졸로 어떻게 승리할 수 있겠는가? 물론 맞는 말이다.
하지만 오로지 엄격하고 사납고 심지어 잔인해서는 부하들의 마음
을 굴복시키기 어렵다.

군령이 분명치 않아 부하들에게 제대로 전달되지 못하는 것은 장
수의 책임이라는 것은 군에 있어서 군령의 엄중함을 강조한 말이
다. 장수는 이와 동시에 병사를 제 몸처럼 아껴서 병사들이 기꺼이
함께 죽을 수 있다는 마음을 갖게 만들 줄도 알아야 한다.

오늘날 '지상매괴'는 어떤 의도·의견·견해를 직접적으로 표현하

는 것이 아닌, 빙 돌려서 측면을 공격하거나 동쪽에서 소리치면서 서쪽을 치는 '성동격서(聲東擊西)'와 비슷한 것으로 활용되고 있다.

'지상매괴'는 대개 강한 자가 약한 자를 압박할 때 사용하지만, 경영에서는 이보다는 강경한 태도와 확고한 결단력이 중요하다는 점을 강조하면서 약자가 강자를 상대로 얼마든지 구사할 수 있는 전략이다. 물론 '지상'의 대상을 잘못 선택하면 경쟁자로부터 역공을 당하기 쉽다. 또 이 전략은 상황이 불안할 때 고의로 활용하기도 한다. 단, 그 효과에 대한 확고한 자신이 전제되어야 하며, 자주 사용해서는 효력이 없어진다는 점도 염두에 두어야 할 것이다.

'지상매괴'라는 모략을 인지했건 그렇지 않았건 간신의 간행에는 늘 이 수법이 등장한다. 권력자의 눈과 귀를 가리고, 진상을 숨기기 위해 이것을 가리키는 척하면서 저것을 비난하는 짓은 간신들의 몸에 밴 수법과도 같다. 마찬가지로 간신의 이런 수법을 간파하기 위해 이 수법을 역이용할 수 있어야 한다. 물론 간신의 수법보다 더 정교하고 정확하고 철저해야 한다.

015
다 같은 웃음이 아니다

'달콤한 입술, 칼을 숨긴 뱃속'이란 뜻의 '구밀복검'에서도 말했듯이 '웃는 얼굴에 침 뱉으랴'는 우리 속담이 있다. 정말 그렇다. 인간관계에서 웃음만큼 활력소가 되는 것도 없다. 정신건강에도 좋다. 웃음은 인간의 심리상태를 느슨하게 만든다. 경계심을 빼앗기도 한다. 이 때문에 역대로 모략가, 특히 음모가들은 웃음을 이용한 모략을 구사하는 데 신경을 많이 썼다. 웃음은 간신들이 공통적으로 갖춘 특기이기도 하다.

웃음이라 해서 다 같은 웃음이 아니다. 당연한 말이다. 은근한 미소(微笑)부터 박장대소(拍掌大笑)까지 여러 가지 웃음이 있기 때문이다. 특히 음흉한 웃음은 경계해야 할 대상이다. 문제는 그런 웃음을 어떻게 가려내느냐다. 참 어려운 일이다.

'웃음 속에 비수를 감추다'는 **소리장도(笑里藏刀)**는 음흉하고 간사한 자의 웃음과 그 안에 감추어진 무기를 함께 가리키는 사자성어이자 간사모략의 한 항목이다. 이 말은 북송시대의 구양수(歐陽修)와 송기(宋祁) 등이 편찬한 《신당서》에서 한 인물에 대해 내린 다음과 같은 평가에서 비롯되었다.

"이의부(李義府)는 생김새가 부드럽고 공손하여 사람과 얘기할 때는 늘 웃는 얼굴이다. 그러나 음흉스러운 도적 같은 심보가 감추어져 있었다. 자기의 뜻에 어긋나는 자는 모조리 중상모략으로 해를 입혔다. 당시 사람들은 그에게 '웃음 속에 비수를 감추고 있다'는 뜻에서 '소중도(笑中刀)'라는 별명을 붙였다. 또 부드러움으로 사람에게 해를 가한다 해서 '인간 삵쾡이' '인묘(人猫)'라고도 했다."

이의부는 당나라 태종 때 정책을 제안하여 문하성(門下省) 전의(典儀)라는 벼슬에 발탁되었다. 고종 때는 중서사인(中書舍人)으로 승진했고, 측천무후 때 오면 중서시랑참지정사(中書侍郞參知政事)라는 고위 관직에 올랐다. 657년에는 중서령(中書令)·우재상(右宰相)이 되어 허경종(許敬宗) 등과 함께 정국을 주도했고, 여재(呂才) 등에게 위임하여 《민족지(民族志)》를 다시 개정케 함으로써 기득권 귀족을 억압하기도 한 인물이었다.

《신당서》의 이의부에 대한 평가를 좀 더 살펴보면 대체로 이렇다. 이의부는 겉으로는 온순하고 선해 보이며, 사람과 얘기를 나눌 때는 얼굴에서 미소가 떠나지 않았다. 그러나 내심은 음흉하고 악랄하여, 자기 마음에 차지 않는 사람은 모두 무슨 수를 써서라도 중상모략해서 해를 입혔다. 사람들은 점차 그의 이런 가면을 알아차리게 되었고, 그래서 그를 '소중도'라 불렀다. 또 부드러움으로 상대를 해치는 데 능한 자라 해서 '인묘'라는 별명도 붙였다.

이런 일도 있었다. 감옥에 아주 예쁜 여자가 갇혀 있다는 소문을 들은 이의부는 감옥을 관장하는 관리 필정의(畢正義)를 감언이설로 꼬드겨 그 여자를 석방하게 하고는 그 여자를 자신이 차지해 버렸다. 그 뒤 누군가가 이 일로 필정의를 고발하자, 안면을 싹 바꾸어 필정의에게 자살하도록 압박했으며, 고발한 사람도 모함하여 변방으로 좌천시켰다. 그래서 당나라 때의 시인 백거이(白居易)는 '성난 눈 속에 불이 타오르고, 조용히 웃는 웃음 속에 칼이 숨겨져 있다'는 시도 남겼다(이의부의 간행에 대해서는《간신 : 간신전》 - '인물편'에서 따로 분석했다).

고대의 실용적 병법서인《36계》에서는 '소리장도'를 적과 싸우는 네 번째 계략으로 꼽고 있다. 적으로 하여금 나를 믿게 해놓고, 나는 몰래 계획에 따라 충분히 준비를 갖춘 다음 다시 행동한다. 이것이 안으로는 살기를 감추고 겉으로는 부드러움을 보이는 책략이다.《손자병법》〈행군(行軍)〉편에서는 "(적이) 말로는 저자세를 취하면서 뒤로 준비를 증가하는 것은 공격하려는 것이다. …… 서로 약속이 없었는데 갑자기 강화를 요청하는 것은 적에게 모종의 계략이 있다는 것이다"라고 말하고 있다. 적이 웃는 얼굴을 하거나 듣기 좋은 말을 하는 것은 모두 살기를 간접적으로 드러내는 것이라 할 수 있다.

삼국시대 때 동오(東吳)의 여몽(呂蒙)은 관우(關羽)가 위(魏)나라 번성(樊城)을 공격하려 한다는 사실을 알고는, 그 틈을 타 형주(荊州)를 빼앗고자 했다. 여몽은 중병을 핑계로 건업(建業)으로 되돌아온 다음 무명의 육손(陸遜)을 우도독(右都督)으로 삼아 자신을 대신해서 육구(陸口)를 지키게 했다. 육손은 한 걸음 더 나아가 관우의 세력을 마비시키기 위해 겉으로는 화해를 청하면서 뒤로는 싸움을 준비하는 두 가지 수를 활용했다. 그는 우도독에 부임하자마자 관우에게 편지를 보내 관우의 명성과 권위를 한껏 치켜세웠다. 그러면

서 자신은 이런 자리를 맡을 능력이 없는 서생으로 모든 것을 관우의 명성에 의지하겠다는 등, 갖은 방법으로 관우의 주의력을 조조 쪽으로 돌리게 했다.

육손의 전략과 동시에 동오는 위나라의 조조(曹操)와도 몰래 관계를 가짐으로써 양면 전투를 피했다. 여기에 넘어간 관우가 동오를 안중에도 두지 않고 오로지 번성 공격에만 힘을 집중하는 사이에 여몽은 전함을 장사꾼들의 배로 가장하여 서서히 대군을 이끌고 강을 따라 북상한 다음, 기습적으로 형주를 빼앗았다.

'소리장도'는 대체로 겉모습은 부드럽지만 속은 음흉한 것을 비유하는 말이다. 음모가나 간신들이 흔히 쓰는 수법이다. 정상적인 인간교제에서 사람들은 직선적이고 솔직한 사람을 오해하거나 심지어 미워하기까지 한다. 흔히 그 말이 너무 '공격적'이어서 싫다고 한다. 반면에 '부드러운 말과 얼굴에 미소를 띤' 사람에게 호감을 갖는다. 정상적인 심리상태라 할 수 있다.

인간의 교육 수준이 발전하고 문명화 정도가 높아지면서 거칠고 투박한 사람은 갈수록 줄어들고, 웃는 얼굴에 매너 좋은 사람들이

천하의 맹장 관우는 무명의 육손이 구사한 '소리장도'라는 모략에 걸려 결정적인 패배를 당했다. 겉과 속이 완벽하게 일치하는 인간도 없거니와 그런 모략도 없다. 정도의 차이만 있을 뿐이지 모략은 모두 표리의 차이를 갖고 있다. 그것을 파악하는 사람이 모략을 제대로 구사할 수 있고, 동시에 모략에 걸려들지 않을 수 있다. 육손의 상이다.

많아지고 있다. 이와 동시에 그 웃음 뒤에 비수를 감추고 있는 사람도 많아지고 있다는 사실을 잊지 말아야 한다. 표면적 현상에 홀려 경계심을 상실해서는 안 될 말이다. '소리장도'는 간사모략으로 분류되었지만 지금은 모든 분야에 적용할 수 있는 보편적인 모략이 되었다. 웃음 뒤에 감추어진 속마음을 간파하는 일은 이제 그냥 지나칠 수 없는 필수 요소가 되었기 때문이다.

다시 강조하지만 간신이 사용하는 수법들에 대해서는 철저한 분석이 필요하다. 그리고 그 수법을 역이용하는 전략·전술적 두뇌도 함께 장착해야 한다. 당하지 않으려면 대비해야 하고, 대비하려면 상대를 알아야 하며, 상대를 알려면 상대에 관한 정보, 특히 상대가 쓰는 수법을 잘 알아야 한다. 물론 내 전력에 대한 냉정하고 정확한 진단은 두말할 것도 없다.

016
간신의 수법조차 빌려라

"남의 칼을 빌려 상대를 제거한다. 적은 이미 분명해졌고 친구(동맹)가 정해지지 않았다면 그를 끌어들여 적을 죽이면 내 힘을 내지 않아도 된다. 《역(易)》의 '손(損)'이란 괘의 이치이다."

위 대목은 실용적 병법서 《36계》 승전계 제3계인 **'차도살인(借刀殺人)'**에 대한 개요다. '남의 칼을 빌려 상대를 죽인다'는 '차도살인'은 자신의 실력을 보존하기 위해 상호모순과 갈등을 교묘하게 이용하는 전략이다. 적의 움직임이 분명해졌다면 애매한 태도를 취하고 있는 제3자, 즉 잠재적 동맹자를 갖은 방법으로 유인하여 한시라도 빨리 적을 공격하게 한다. 그러면 자신의 주력은 손실을 피할 수 있다.

'차도살인'은 자신은 표면에 나서지 않고 다른 사람의 입을 빌려 타인에게 해를 가하거나, 다른 사람의 손을 빌어 상대를 제거하는 수단을 비유하는 말이다. 이 모략은 서로 속고 속이는 술수로 지난날 부패한 관료 사회 내지는 민간의 거의 모든 분야에서 보편적으로 볼 수 있었던 모략이다. 간신들은 이 모략을 더욱 정교하고 잔인하게 만들어 활용했다.

조설근(曹雪芹)의 소설 《홍루몽(紅樓夢)》 제16회에서 "우리 집안의 모든 일들은 그 할망구가 사사건건 간섭하는 데 뭐가 좋겠어? 조

금만 잘못해도 '빗대어 욕하는'
잔소리란 …… '산에 앉아서 호
랑이가 싸우는 구경이나 하고',
'남의 칼을 빌어 사람을 죽이
고', '바람을 빌어 불을 끄고',
'남의 어려움은 강 건너 불구경
하듯 하고', '잘못을 저질러 놓
고도 모른 척하고', 이 모두가
전괘자(全掛子)의 수완이지"라
고 말한 대목이 좋은 예다.

'차도살인'의 성공적인 사례
는 보는 사람의 무릎을 치게

남의 손을 빌어 상대를 제거하는 '차도살
인'의 모략은 일반적으로 간사모략으로 분
류되지만 어느 쪽에도 두루 활용되는 기본
적인 모략의 하나다. 주유는 적벽대전에서
이 모략을 한껏 활용했다. 사진은 영화 〈적
벽대전〉 주유의 모습이다.

할 정도로 기가 막히다. 삼국시대 주유(周瑜)가 채모(蔡瑁)와 장윤(張
允)을 죽인 사건은 이 모략의 대표적인 사례다. 적벽대전에서 조조
의 군대는 수전에 익숙하지 못해 수전에 경험이 풍부한 형주의 패
장 채모와 장윤을 기용, 하룻밤 사이에 수군을 훈련시켜 수전 능력
을 크게 향상시켜 놓았다. 장강 방어를 책임지고 있던 주유에게 이
는 커다란 위협이 아닐 수 없었다. 주유는 궁리 끝에 조조의 참모
이자 자신의 오랜 친구인 장간(蔣干)이 자신을 찾아온 것을 이용하
여, 술자리를 마련하고 위조된 채모와 장윤의 투항서를 교묘하게
장간에게 노출시켰다.

장간은 이 거짓 정보를 얻어서는 그날 밤으로 조조의 군영으로
달려왔다. 투항서를 눈으로 확인한 조조는 앞뒤 볼 것 없이 채모

와 장윤을 처형해버렸다. 조조는 크게 후회했지만 엎질러진 물이었다. 주유는 교묘하게 장간과 조조의 손을 빌어 수전에 익숙한 두 맹장을 제거했다. '차도살인'의 모략을 성공시킨 주유는 수전에서의 우세를 확보했고, 이는 적벽대전을 승리로 이끄는 기초가 되었다.

'차도살인'은 모략과 관련된 많은 저서에 그 이론과 실천 사례가 기록되어 있다. 게훤(揭暄)이 지은 병법서《병경백자(兵經百字)》〈차자(借字)〉 편을 보면 이렇게 되어 있다.

"힘이 달리면 적의 힘을 빌리고, 죽이기가 힘들면 적의 칼을 빌려라. 재물이 부족하면 적의 재물을 빌려라. 장군이 부족하면 적장을 빌리고, 지혜와 모략으로 안 되면 적의 모략을 빌려라."

내가 하고자 하는 것을 적을 꼬드겨 대신하게 하는, 즉 적의 힘을 빌리라는 요지다. 내가 죽이고자 하는 자를 적을 속여 처치하게 하는, 즉 적의 칼을 빌리는 것이다. 적이 가지고 있거나 저장하고 있는 재물을 빼앗는, 즉 적의 재물을 빌리는 것이다. 적을 서로 싸우게 하는, 즉 적장을 빌리는 것이다. 저쪽의 계략을 뒤집어 나의 계략으로 삼는, 즉 적의 지혜와 계략을 빌리는 것이다.

내가 하기 어려운 것은 남의 손을 빌리면 된다. 굳이 손수 행할 필요 없이 앉아서 이득을 누리면 된다. 적으로 적을 빌리고, 적이 빌린 것을 다시 빌리고 해서 적으로 하여금 끝까지 빌린 것을 모르게 하고, 적이 알았다 할지라도 어쩔 수 없이 자신을 위해 빌린 것으로 알게 하는 것, 이것이 빌리는 법의 오묘함이다.

《한비자》에는 이런 얘기가 실려 있다. 정(鄭)나라 환공(桓公)이 회 (鄶)나라를 공격하기에 앞서 먼저 회나라의 영웅호걸, 충신, 명장, 지혜가 뛰어난 자, 전투에 용감한 자들을 조사해서 명단을 작성했 다. 그런 다음 회나라를 쓰러뜨리면 이들에게 그 나라의 좋은 땅 과 벼슬을 나누어주겠노라 내외에 공포했다. 환공은 다시 회나라 국경 근처에다 제단을 차려 작성한 명단을 땅에 묻은 뒤 닭과 돼지 의 피로 제사를 올리며 영원히 약속을 어기지 않겠노라 맹세했다. 회나라 임금이 이 얘기를 듣고는 국내에서 누군가가 반란을 일으 키려 하는 게 아닌가 의심해서 정 환공이 작성한 명단에 들어 있는 인물들을 모조리 죽였다. 환공은 이 틈에 회나라를 공격하여 힘 안 들이고 회나라를 빼앗았다.

1936년 겨울 어느 날, 파시스트의 괴수 히틀러는 정보부 우두머 리 하이드리히로부터 급한 보고를 받았다. 소련의 원수 두브체브 스키가 정변을 일으킬 가능성이 엿보인다는 것이었다. 히틀러는 증거 부족인 이 정보를 나름대로 검토한 끝에 '차도살인'의 모략으 로 두브체브스키를 제거하기로 결정했다. 두브체브스키는 당시 소 련군 내에서 중요한 지휘관들 중 하나이자 명성 있는 국방위원회 부인민위원이기도 했다.

히틀러는 그를 소련 당국에 팔아넘길 수만 있다면, 장차 전쟁에 서 중요한 적 하나를 제거하는 것이 되고, 또 독일에 대한 소련의 신뢰도를 회복하여 소련을 다독거려 놓음으로써 서방 국가를 공격 하는 데 배후의 후환을 해소할 수 있으리라 판단했다. 히틀러는 하 이드리히에게 극비로 두브체브스키와 그 동료들이 독일의 고급 장교들과 주고받은 편지를 위조하도록 명령했다. 편지의 내용은 주로 두브체브스키의 정변 계획이 이미 독일 국방군 일부 인사들의 지지를 얻었다는 것과 정변이 일어났을 때 독일의 지원을 요청하는 구체적인 방안을 암시하는 것들이었다. 또 두브체브스키 등이 독일에 팔아넘긴 정보 상황과 그 대가로 받은 거액의 돈의 출처 및 독일 정보기관이 두브체브스키에게 보낸 답장의 복사본 등도 위조했다. 이 위조문서들은 빈틈이 없을 정도로 완벽했다.

히틀러는 이 위조된 자료들을 특정한 경로를 통해 소련 정보원의 손에 흘러 들어가게 했다. 오래지 않아 소련은 300만 루블이라는 거액으로 이 정보를 사 갔다. 두브체브스키 등 8명의 고급 장성들이 즉각 체포되었고, 엄청난 '증거' 앞에서 뭐라고 제대로 변명도 하지 못한 채 단 몇십 분만에 사형이 선고되었고, 그로부터 12시간 내에 사형이 집행되었다. 소련은 전투에 능한 장성 몇 명을 이렇게 해서 잃었고, 군 내부는 혼란에 빠졌다.

'차도살인'은 당초 군사와 정치 영역의 전유물이었으나 지금은 비즈니스에서 화려한 꽃을 피우고 있는 전략이다. 1960년대 미국의 대형 은행 몇이 조직을 만들어 홍콩 금융계를 점령하고, 나아가 동남아 경제권을 통제하려는 비밀 프로젝트를 기획했다.

이들은 우선 홍콩의 중앙은행이나 마찬가지인 회풍(匯豊)은행(HSBC)을 목표물로 삼아 이 은행의 주식을 대량 사들이기 시작했다. 주가가 폭등했다. 주가가 상한선을 치자 미국의 은행들은 회풍은행에 대한 악성 루머와 함께 주식을 마구 내다 팔았다. 주가는 폭락에 폭락을 거듭했고, 회풍은행은 절체절명의 위기에 내몰렸다.

미국 은행들은 회심의 미소를 흘리며 인수합병 카드를 꺼내들었다. 회풍의 경영진들은 고민에 고민을 거듭한 끝에 대륙의 국책은행인 인민은행을 끌어들여 협상을 유리하게 이끌었다. 주가는 안정을 되찾았고, 미국 은행들은 별다른 성과를 얻지 못한 채 홍콩에서 철수했다. 회풍은 인민은행을 끌어들여 미국 은행들을 상대하는 '차도살인'의 전략을 시기적절하게 구사하여 위기를 넘겼다.

최근 경영에서는 고객의 입을 빌려 홍보하는 마케팅 전략이 일반화되고 있다. 잠재적 표적(구매자)은 무궁무진하기 때문에 상호관계를 정확하게 간파하여 활용하는 것이 관건이다. 내 자원을 직접 투입하기 전에 제3자를 빌릴 수 있는지를 먼저 탐색하라! 빌리되 잘, 제대로 빌려야 한다.

'차도살인'은 간신이 선호하는 수법이다. 간신 역시 자기 손에 피를 묻히길 싫어한다. 그래서 패거리를 짓고, 패거리를 이용하여 정적을 해친다. 패거리 중에는 틀림없이 심복(들)이 있고, 이 심복을 한껏 이용하여 자신의 간행을 감추고 상대를 제거한다. 나아가 상대의 내부에 자기 사람을 심어 첩자로 활용한다. 먹히기만 한다면 '차도살인'만한 수법도 없다. 간신의 이런 속성과 '차도살인'이란 수법을 제대로 인식하고 간파할 수 있으면 이를 얼마든지 역이용하여 간신으로 하여금 간신을 제거하게 할 수 있다. 이때 함께 구사해야 할 모략은 **'이간(離間)'**과 **'연환계(連環計)'**이다. 거듭 강조하지만 간신에게 당하지 않으려면 역사 공부를 기초로 병법 공부도 철저히 해야 한다.

017
남의 손도 손이다

앞서 살펴본 '차도살인'과 거의 비슷한 모략으로 '남의 손을 빌리다'는 뜻의 **'가수우인(假手于人)'**이 있다. 일상에서 남의 손을 빌려야 할 때가 적지 않다. 내가 할 수 없거나 하기 어려운 일을 남의 손을 빌려 해결하거나, 굳이 내 손을 쓸 필요가 없을 때도 남의 손을 빌린다. 남의 손도 어디까지나 손이다. 타인의 힘을 잘 빌리는 사람이 성공한다. 역사적으로도 인재를 잘 쓰는 사람이 승리하고 성공했다. 바뀔 수 없는 사실이다. 다만 '가수우인' 역시 간신이 선호하는 수법인 만큼 역으로 이 수법을 이용하여 간신을 제거할 수 있다는 점도 알고 넘어가자.

《병경백자》에 보면 "내가 하기 어려운 것은 남의 손을 빌리면 된다. 굳이 손수 나설 필요 없이 앉아서 이득을 누리면 된다"라는 대목이 있다. 상대의 힘을 이용하거나 타인의 힘을 사용하여 상대를 물리치며, 자신의 병력은 움직이지 않고 '(자신의) 병력을 무디게 하지 않으면서 이익을 완전히 보전한다'는 목적을 달성하는 것이다.

춘추시대 위(衛)나라의 주우(周吁)는 계모에게서 태어난 형 장공(莊公)을 죽이고 왕위를 빼앗았다. 주우는 백성들이 따르지 않을까 겁이 나서 자신의 친한 친구 석후(石厚)로 하여금 석후의 아버지 석작(石碏)을 찾아가 대책을 강구하도록 했다. 석작은 위나라의 원로 신하로 퇴직하여 집에 있다가 이 사건의 전모를 전해 들은 다음,

다른 사람의 손을 빌어 이 반역자들을 제거하리라 마음먹었다. 석작은 이렇게 일렀다.

"군주의 자리를 안정시키는 일은 그리 어렵지 않다. 주우가 주(周) 천자에게 인사를 드리고 합법적 지위를 인정받기만 한다면 백성들도 아무 소리 못할 것이다."

아들 석후는 아버지의 이 같은 말에 어떻게 하면 천자를 만날 수 있는가 물었다.

"진(陳)나라 군주 환공(桓公)이 주 천자의 총애를 받고 있다. 진과 위 두 나라는 아주 화목한 사이이니 만치, 먼저 진나라 환공을 찾아가 환공이 나서서 일을 처리해 달라고 부탁하면 틀림없이 성사될 것이다."

그런 다음 석작은 편지를 써서 몰래 진나라 환공에게 보내 주우가 왕을 죽이고 자리를 탈취하였으며, 아들 석후가 폭군을 도와 악행을 일삼은 죄상을 낱낱이 고했다. 그러면서 자신은 이미 늙고 힘이 없으니 환공이 이 기회에 그들을 제거하길 원한다고 했다. 편지를 받은 진나라 환공은 깊은 공감을 표시했다. 주우와 석후가 환공을 찾아오자, 환공은 즉각 그들을 잡아들이고 위나라로 소식을 전했다. 위나라에서는 사람을 보내 주우와 석후를 처형했다. 뒷날 위나라 선공(宣公)은 석작이 대의를 위해 자신의 친자식마저도 희생한

송나라 구국의 영웅 악비는 남의 손을 빌려 원하는 상대를 제거하는 '가수우인'의 모략을 구사했다. 확실성만 담보된다면 이보다 더 효과적인 모략도 드물 것이다.

정신을 높이 사서 그를 국로(國老)로 떠받들었다. 그로부터 위나라의 정치는 순조로웠다.

송나라 고종 건염(建炎) 2년인 1128년 제남지부(齊南知府) 벼슬에 있던 유예(劉豫)는 금(金)나라에 대항해 싸우던 장수 관승(關勝)을 살해하고 금나라에 투항했다. 2년 뒤인 1130년, 유예는 금나라로부터 '대제황제(大齊皇帝)'에 책봉되기에 이르렀다. 송나라 입장에서 보면 꼭두각시이긴 했지만 유예란 존재가 금나라와의 싸움에 있어 최대의 장애물이었다.

명장 악비(岳飛)는 유예가 금나라 장군 점한(粘罕)과 아주 절친한 반면, 금나라 군부의 우부원수 김올술(金兀術)이 이 둘의 관계를 매우 질투하고 있음을 알아냈다. 악비는 적의 손을 이용해 유예를 제거하기로 했다. 때마침 악비 군영에 김올술의 첩자 하나가 사로잡혀 왔다. 악비는 짐짓 사람을 잘못 본 것처럼 꾸미며, 다짜고짜 이자를 나무라기 시작했다.

"네 놈은 우리 군중의 장빈(張斌)이 아니더냐? 대제(大齊)로 가서 유예에게 함께 4태자를 유인하자는 약속을 전하고 답장을 받아 오라고 했는데, 돌아오지 않아 다시 사람을 보내 올 겨울 연합해서 장강을 친다는 구실로 4태자를 청하(淸河)로 유인하자는 작전에 이미 승낙을 받았단 말이다. 그런데 네 놈은 편지를 제대로 전달하지 못했으니, 어찌하여 내 명령을 어겼단 말이냐?"

첩자는 죽음이 두려워 자기가 장빈이고 명령을 어긴 죄를 시인했다. 악비는 다시 유예와 함께 모의해서 김올술을 살해한다는 계획이 적힌 편지를 써서 밀랍으로 봉한 다음, 첩자에게 주면서 이렇게 덧붙였다.

"이번 한 번은 용서할 테니 다시 유예에게 가서 거사 날짜를 받아 오도록 해라."

그런 다음 그자의 허벅지 살을 도려내고 그 안에 편지를 넣은 밀랍덩이를 넣어 꿰맸다. 그리고는 "절대 이 기밀이 새어나가지 않도록 해야 한다"며 단단히 일렀다.

첩자는 물론 금나라로 되돌아가 편지를 바로 김올술에게 갖다 바쳤다. 편지를 본 김올술은 대경실색 즉시 금나라 태조에게 이 사실을 보고했고, 유예는 '대제황제' 자리에서 쫓겨났다.

상황에 따라 자신이 직접 나설 수 없거나, 나설 필요가 없거나, 나서서는 안 되는 경우가 적지 않다. 이럴 때 다른 손, 즉 타인의 도움이 없으면 상황 타개가 힘들다. 따라서 모든 상황을 점검할 때 직접 나설 것인가, 아니면 타인의 손을 빌릴 일인가를 점검해야 한다.

남의 손도 엄연히 손이고, 경우에 따라서는 내 손보다 훨씬 쓸모가 있기 때문이다. '가수우인'이 간사모략으로 분류되어 있긴 하지만 지금은 보편적인 의미를 가지는 아주 유용한 모략이기도 하다.

간신은 쓸 수 있으면 모든 모략을 다 동원한다. 그 술수의 많음과 음흉함은 상상을 초월한다. 남의 손을 빌리는 '가수우인'은 간신이 가장 선호하는 모략의 하나다. 따라서 잘만 하면 얼마든지 역이용할 수 있다. 간신과의 싸움은 다른 싸움에 비해 몇 배 더 힘들다. 그런 만큼 더 치밀하고 독해야 한다. 모두의 지혜를 다 동원해야 할 필요가 있다.

018

구실과 핑계

'절외생지(節外生枝)'라는 성어가 있다. '마디 밖에서 가지가 자라난 다'는 뜻이다. 한 사건으로부터 의외의 사건이 또 발생하는 것을 비유한다. 대나무처럼 마디에서 가지가 나오고 그 가지의 마디에서 다시 작은 가지가 나듯이 단순했던 사건이 복잡해지는 것을 말한다. 원래의 사건이 다른 사건으로 파급되거나 의외의 사건이 발생하는 것을 '지절(枝節)'이라 한다.

《주자대전(朱子大全)》(송나라 때의 성리학자 주희朱熹의 문집과 어록) 중 '독서법'에 관한 대목에 "독서란 본문의 뜻에 따라 보아야 하는 것이지, 또 다른 '지절'이 생겨나서는 안 된다"라고 했는데, 여기에 '지절'이란 단어가 처음 보인다.

주희의 또 다른 책인 《주자어록》에도 독서법을 얘기하면서 '마디에서 가지가 나온다'는 뜻의 **절상생지(節上生枝)**를 거론하고 있다. 주희는 이렇게 말하고 있다. "말(본래의 뜻)을 따라 해석해야지, '절상생지'하면 만 권의 책을 읽었다 하더라도 다 쓸모가 없어진다." '절상생지'는 뒷날 '절외생지'와 같은 뜻으로 사용되었다. 원나라 때 양현지(楊顯之)가 지은 《임강역소상추우야(臨江驛瀟湘秋雨夜)》라는 잡극(雜劇)에도 '절외생지'란 말이 나온다.

양현지는 이 극 중에서 선량한 아녀자 장취앵(張翠鶯)을 묘사하고 있는데, 그녀는 천 리 먼 길 현령 벼슬을 하고 있는 낭군 최전사(崔

甸士)를 찾아온다. 그런데 최전사는 이미 다른 여자를 아내로 맞아들인 상태였다. 장취앵이 관가의 문 안으로 들어가려 하자 문지기가 그녀를 가로막으며 "이 여자가 감히 어딜 들어가려는 거야! 엄상공(俺相公, 최전사)께는 어엿한 부인이 계시는데!"라고 모욕을 주었다. 장취앵은 뜻밖의 일이 벌어졌음을 직감했다. 슬프고도 분한 심정으로 이런 노래를 불렀다고 한다.

'이 여자'가 웬 말인가? 무슨 뜻이란 말인가?
그가 어떻게 감히 '절외생지'할 수 있단 말인가….'

'절외생지'가 모략으로 운용될 때는 그 영역이 꽤 넓다. 크게는 국가의 외교·전쟁으로부터 작게는 사람 간의 교제에 이르기까지 어디서나 볼 수 있다. 간신이 즐겨 구사하는 수법임은 말할 필요도 없다.

일본 제국주의가 중국에 대해 일으킨 침략전쟁 1937년 '노구교(盧溝橋)사건'은 일본군 한 명의 실종 사건이 구실이 되었다. 외교 무대 또는 쌍방이 논쟁을 벌이는 과정에서 한쪽이 주제와 일정하게 관련이 있거나 자기에게 유리한 사건을 찾아, 즉 어떤 일을 구실 삼아 트집을 잡는 식으로 도리어 큰소리를 침으로써 사리에 어긋나는 사실을 감추고 다른 사람의 시선을 어지럽혀 수동적인 자세에서 벗어나 주도권을 쥐려는 것이다.

경제활동에서 흔히 볼 수 있듯이, 약은 구매자들이 상품의 가격을 깎으려고 고의로 '터럭을 불어 헤쳐서 하자를 찾는' **취모구자(吹毛**

求疵)'의 방식으로 억지로 결점을 찾거나, 심지어는 상품의 성능과는 무관하거나 직접 관계가 없는 문제를 트집 잡는 행위가 바로 '절외생지'의 모략을 운용한 것이라 할 수 있다.

전통적인 습관과 도덕 규범에서는 '절외생지'는 좋지 않은 것으로 받아들인다. 정상적인 인간교제와 사회·경제 활동에서 '절외생지'를 사용하는 것은 부도덕한 것으로 평가되어 왔다. 따라서 가능하면 사용하지 않는 것이 옳다. 하지만 간신에게 이런 것들은 전혀 문제가 되지 않는다.

'절외생지'는 구실이나 핑계에 비유할 수 있다. 간신은 어떤 일이 발생하면 그 일이 자신에게 유리한 지 불리한 지를 계산한 다음, 필요하다면 온갖 구실을 붙여 일을 확대시키고 복잡하게 만든다. 검간(檢奸)들이 흔히 써먹는 수법 중의 '별건수사'가 바로 '절외생지'와 비슷하다. 역사상 간신이나 검간들은 일부러 가지를 치거나 억지로 가지를 치려 한다는 점에서 판박이다. 또 간신들은 자신에게 불리하면 반대로 갖은 핑계를 대며 그 일을 덮으려고도 한다. 따라서 그 일의 본질을 정확하게 움켜쥐어야만 '가지치기'가 불가능해진다.

019
떠벌리고 사칭(詐稱)하기

간신은 약한 사람 앞에서는 자신의 위세를 떠벌리는 것은 물론 남의 힘과 명성을 빌어 자신을 높이는 이른바 '사칭(詐稱)'으로 목적을 달성한다. 이 역시 간신이 거의 습관적으로 구사하는 수법이다. 중국 관용어에서는 이를 '납대기작호피(拉大旗作虎皮)'라 한다. '큰 깃발을 꺾어 호랑이 가죽처럼 삼는다'는 뜻이다. 깃발을 호랑이 가죽이라고 속이는 것이다. 관련 사례를 한번 보자.

《전국책》과 《한비자》〈설림(說林)〉 편에 실린 내용이다. 주조(周躁)란 인물이 제나라를 찾아가 벼슬을 하나 얻고 싶어 했다. 주조는 제나라에서 관직 생활을 하고 있는 친구 궁타(宮他)에게 이렇게 부탁했다.

"자네가 나를 위해 제나라 왕께 이 몸이 외교를 담당하는 신하가 되고 싶어 한다고 말을 좀 해주게나. 제나라가 나에게 힘을 빌려주면 위(魏)나라로 가겠네."

친구 궁타는 이렇게 말했다.

"그건 안 될 말이네. 그렇게 되면 제나라는 자네를 가볍게 여기게 되지. 그러니 자네는 위나라에서 중요시하는 인물이라는 것을 보여주어야 하네. 자네는 제나라 왕에게 '왕께서 위나라에 대해 바라는 것을 위나라로 하여금 들어주도록 하겠습니다'라고 말해야 되는 것이야. 그러면 제나라는 필시 자네에게 힘을 줄 것이고, 자네가 제나라로부터 힘을 얻으면 그것으로 위나라를 움직이는 것이지."

위 이야기를 좀 더 설명하자면 이렇다. 주조의 뜻인 즉, 제나라의 특사로 위나라를 방문하고 싶다는 것이다. 제나라 왕이 자신을 지지한다면 위나라로 하여금 제나라와 친하게 만들어 보겠다. 친구 궁타는 그 생각에 반대를 표시하면서 이렇게 말한 것이다. 그건 안 된다. 그렇게 말하는 것은 네가 위나라에서 환영을 못 받는 사람이라고 말하는 것이나 마찬가지다. 그런 사람을 제나라 왕이 임용하겠는가.

주조는 그럼 어떻게 말해야 되는 것인지 물었을 것이다. 궁타는 다음과 같이 요령을 일러준다. 자신감 넘치게 제나라 왕에게 가서 '위나라에 대해 무엇을 바라십니까? 제가 위나라의 힘을 기울여 왕의 바램을 만족시켜 드리겠습니다'라고 말하는 것이다. 그러면 제나라 왕은 자네가 위나라에서 영향력이 있는 인물이라 여길 것이고, 좋은 대우로 자네를 임용할 것이다. 그런 다음 자네가 그 힘으로 위나라로 가면, 위나라 왕도 자네가 제나라에서 권세가 있다는 것을 인정하고 자네를 깔보지 않을 것이다. 이렇게 하면 자네는 제나라 왕도 움직일 수 있고, 위나라 왕도 움직일 수 있게 된다.

주조는 원래 무명의 인물로 제나라에서 벼슬을 얻는다는 것이 쉽지 않으리라 생각했는데, 친구 궁타가 그를 위해 좋은 방법을 강구해주었다. 즉, 일부러 위나라의 이름을 빌어 자신을 높여 제나라에서 벼슬을 얻는 목적을 달성하고, 다시 제나라의 이름으로 자신의 위세를 높인 다음 위나라로 하여금 자신을 소홀히 할 수 없도록 만든다는 것이다.

오늘날 우리 사회에서 이런 방법으로 자신의 진면목을 숨기고 사회에 끼어들거나 남의 눈을 끌기 위해 이러저리 설치고 다니며 명성을 얻는 자들과 그런 일들이 적지 않다. 예를 들어 신문지상에 매일 실리는 사기 사건을 보면 사기꾼들이 하나같이 사용하는 수법의 하나가 '큰 깃발을 꺾어 호랑이 가죽처럼 만드는' 식의 '겉모양으로 사람들을 놀라게' 하는 것이다. 그렇게 자신을 감추고, 자기가 모 인사와 관련이 있다거나 모 부처와 연관이 있다거나 해서 상대의 신임을 얻는다.

'큰 깃발을 꺾어 호랑이 가죽처럼 만드는' 것은 간신들이 수도 없이 써먹은 간사모략으로, 권력과 재물이 있는 사람은 물론 심지어는 선량한 사람들도 이 모략에 숱하게 당해 왔다. 물론 인류 문명이 점차 발전함에 따라 이 모략이 성공할 확률은 갈수록 떨어지고 있기는 하지만 여전히 우리 주위에서 수시로 벌어지고 있다. 이는 우리의 불량한 풍토 때문이다. 풍토가 불량하면 이런 간신들이 판을 친다.

간신은 스스로를 하찮은 존재로 만드는 것은 물론 자신을 대단한 사람으로 위장한다. 수시로 변신한다. 권력을 얻으면 돌변하여 사람들을 찍어 누른다. 간신이 권력을 얻는 과정을 잘 살피면 '큰 깃발을 꺾어 호랑이 가죽처럼 만드는' '납대기작호피', 즉 떠벌리고 사칭하는 수법을 어렵지 않게 발견할 수 있다. 간신이 큰 자리나 권력으로 다가가기 위한 주요한 수법으로 보면 된다.

020
진주와 물고기 눈알,
가짜가 진짜를 비웃다

물고기 눈알은 그 모양이 마치 진주 같아 보일 때가 있다. 그래서 가짜로 진짜를 충당하거나, 값싼 것을 비싼 것으로 바꿔치거나, 또 열등한 것으로 우수한 것을 충당하는 것을 '**어목혼주(魚目混珠)**'라 한다. '물고기 눈알과 진주를 뒤섞다'는 뜻이다.

《한시외전(韓詩外傳)》에 "코끼리 상아 같은 해골과 진주알 같은 물고기 눈알"이라는 구절이 보인다. '어목혼주'는 '**어목혼진(魚目混珍)**'이라고도 말한다. 같은 뜻이다. 당나라 때의 위대한 시인 이태백의 시에도 "벽에 그려진 벽호(壁虎)가 (진짜) 호랑이를 비웃고, 물고기 눈알과 진주를 구분키 어렵다"라는 구절이 보인다. 《옥청경(玉淸經)》에도 '어목혼주'와 관련한 다음과 같은 이야기가 나온다.

옛날 옛날에 만원(滿愿)이란 이름을 가진 사람이 있었다. 어느 날 길이가 한 치가량이나 되는 큰 진주를 구입했다. 그는 이것을 애지중지 깊숙이 숨겨 놓고 아무에게도 보여주지 않았다. 이웃에 사는 수량(壽量)이란 자가 제법 큰 물고기 눈알을 얻었는데 보기에 진주 같아 진짜 진주라 착각하고는 만원과 마찬가지로 깊숙이 감춰 놓고 아무에게도 보여주지 않았다. 그러면서 수량은 "만원의 진주가 뭐 그리 희한하단 말인가? 나도 있는데"라며 떠벌리고 다녔다.

얼마 뒤 두 사람 모두 병이 났다. 의사가 진찰해 보니 두 사람 모두 같은 병으로 진주를 가루로 만들어 약에 섞어 먹어야만 낫는 병이었다. 두 사람이 각자 감추어 둔 진주를 꺼냈고, 그제야 하나는 진짜고, 다른 하나는 '어목혼주'임을 발견했다.

'어목혼주'는 하나의 모략으로 음모가들에 의해 비교적 널리 활용되어왔다. 중국 문화대혁명 시기 4인방이 날뛰던 때 '어목혼주'의 사회현상은 도처에서 나타났다. 그들은 본래 마르크스주의에 대해 제대로 아는 바가 없음에도 마르크스주의 이론의 권위의 틀에서 벗어나 형형색색의 기회주의 등과 같은 잡동사니를 마르크스주의의 신이론이니 신관점이니 하면서 간사함을 파는 데 열을 올렸다.

'어목혼주'의 모략은 경제 영역에서 더욱 보편적으로 운용되고 있는데, 수많은 유명 '상표도용'은 이 모략의 현대판이라 할 수 있겠다. 넓게 보아 '양머리를 내걸고 개고기를 판다'는 **양두구육(羊頭狗肉)**도 '어목혼주'와 비슷한 모략이라 하겠다. '양두구육'에 대해서는 따로 알아본다.

우리 사회의 신종 간신 부류들 역시 '어목혼주' 수법을 줄곧 사용해왔다. 툭하면 꺼내 드는 좌익 빨갱이이니 반공이니 하는 구호는 자신들의 무능과 간사함, 즉 진짜 정체를 감추기 위한 위장용 카드다. 수법이란 면에서 '어목혼주'와 맞아떨어진다. 문제는 이런 가짜 카드에 길들여진 많은 사람들이 속아 넘어간다는 사실이다. 가면을 벗겨 그 정체를 완전히 드러내게 해야 하는데, 이때 '어목혼주' 모략을 역으로 이용할 수도 있다. 가짜임을 환히 드러낼 수 있다면 얼마든지 활용해도 좋은 모략이다.

021

미인계(美人計)

'영웅도 미인의 관문을 넘지 못한다'는 말이 있다. 역사상 정치와 통치를 비롯한 모든 방면에서 미인이란 존재는 늘 심각한 논란거리의 하나였다. 망국의 책임을 미인에게 뒤집어씌우는 일도 '비일비재(非一非再)'했다. 나아가 '미인계'는 전술의 하나로까지 정착했다. 대개는 약자가 강자와 정면으로 맞붙어 싸워 이기기 어려울 때 종종 구사하는 모략이다. 물론 강한 쪽에서 약한 쪽을 철저히 깨부수기 위해 구사하기도 한다.

간신과 관련하여 미인계는 간신과 그 패거리를 흔들거나 더욱더 타락시키기 위한 수법으로 활용할 수 있다. 간신의 공통된 특성들 가운데 하나로 '탐색(貪色)'이 있기 때문에 이 수법이 주효하다면 상당히 큰 작용을 할 수 있다. 이런 점에서 본다면 '미인계'는 간신이 권력자를 사로잡기 위해 많이 써먹는 수법이기도 하지만, 역으로 간신을 통제하고 무너뜨리기 위한 방법으로도 활용할 수 있다. 이에 역사상 미인계와 관련한 기록들을 검토하고, 이와 함께 다양한 사례들을 소개한다. 또 참고삼아 경영에서의 사례도 모아 보았다.

주(周)나라 때 강태공(姜太公)이 지었다고 하는 《육도(六韜)》를 보면 "나라를 어지럽히는 신하를 길러서 (군주를) 홀리고, 미녀와 음탕한 소리를 바쳐 유혹하며……"라는 구절이 보인다. 이 이야기는 〈문벌(文伐)〉 편에 나오는데, '문벌'이란 무력을 쓰지 않고 적을 공격하는,

즉 모략으로 작전을 전개하는 것을 말한다. 실용적 병법서 《36계》에서는 '미인계'를 패전계(敗戰計)의 으뜸으로 꼽고 있는데 관련 대목은 이렇다.

"병력이 강하면 그 장수를 공격할 것이며, 장수가 지혜로우면 그 감정을 헤아릴 것이다. 장수가 약하고 군사가 쇠퇴해 있으면 그 위세는 절로 위축된다. (상대를) 이용해 통제하면 순리대로 보존할 수 있다."

이 내용을 좀 더 풀이해 보면 이렇다. 병력이 강대한 적에 대해서는 그 장수를 제거하거나 굴복시켜 그의 전투 의지를 꺾어 놓도록 한다. 장수의 투지가 약하고 병졸의 사기가 가라앉아 있으면 그 부대는 이미 전투력을 잃은 상태이다. 적의 약점을 이용해 상대를 통제하고 와해하는 공작을 진행시키면 대세에 따라 실력을 보존할 수 있다. 《36계》에는 또 이런 대목도 있다.

"병력이 강하고 장수가 지혜로우면 맞상대할 수 없고 대세에 따라 섬겨야 하는데 …… 미인계로 상대를 홀려 의지를 꺾고 몸을 약하게 하면서 나의 원한을 키워 간다. 이는 마치 월나라 구천이 오나라 부차를 섬기면서 끝내 패배를 승리로 바꾼 것과 같다."

미인계가 정치·군사 투쟁에 활용될 때는 미모와 성(性)으로 적장이나 지휘관을 유혹하는 것인데, 역사상 이런 예는 적지 않았다.

초선을 이용한 미인계를 나타낸 풍속화이다.

약자 쪽에서 사용했음은 물론 강자 쪽에서도 널리 써먹었다. 여자
가 남성의 부속물처럼 취급되던 역사에서 여성은 일종의 '물건'으
로 취급되었다. 현대 사회에서는 여성뿐만 아니라 남성도 '미인계
의 도구로' 활용될 수 있다. '미인'이 어떻게 도구가 될 수 있는가에
대해 전면적으로 거론하자면, 역사·사회·심리 등 각 방면에서 설
명해야 하지만, 여기서는 이미 존재했던 모략 사례 몇 가지를 거론
하는 선에서 그친다.

　청나라 때 주봉갑(朱逢甲)의 《간서(間書)》는 1855년(咸豊 5년) 무렵
편찬된 간첩 관련 전문서이다. 이 책에는 미인계의 사례로 일찍이
하(夏)나라(기원전 21세기~기원전 16세기) 소강(少康)시대에 '여애(女艾)'
를 시켜 요(澆)를 '엿보게 했다'고 기록하고 있는데, 시기를 계산해
보면 적어도 약 4천 년 전의 일이다.

　기원전 약 660년 진(晉)나라 헌공(獻公)이 고대 섬서성 임강(臨江)
일대의 부락이었던 여융(驪戎)을 무찌르자 여융에서는 미녀 여희(驪

姬)를 진 헌공에게 바쳤다. 여희는 젊고 아름다운 데다가 애교가 넘쳐 헌공은 곧 부인으로 삼았고, 얼마 되지 않아 해제(奚齊)라는 아들을 낳았다. 그러자 여희는 자신의 몸에 꿀을 발라 벌을 유인한 다음 곁에 있던 태자 신생(申生)이 벌을 쫓으려 자신의 몸을 건드리자 이를 자신을 희롱한 것이라고 거짓말하는 '밀봉계(密蜂計)'로 태자를 헌공에게 일러바쳐 아버지와 아들 사이를 갈라놓았다.

여희는 또 다른 거짓말로 태자 신생의 생모가 자신의 꿈에 나타났다며 신생으로 하여금 지금의 산서성 문희현(聞喜縣) 동쪽인 곡옥(曲沃)에서 생모를 위해 제사를 지내게 하고, 제사 때 사용한 고기를 헌공에게 갖다 바치게 했다. 여희는 사전에 몰래 그 고기에다 독을 넣어 놓았고, 시식을 핑계로 동물과 시종에게 먼저 먹게 하여 죽였다. 그리고는 태자가 헌공을 해치려 한다고 모함하여 태자를 자살로 내몰았다. 헌공이 죽자 여희의 아들 해제가 그 뒤를 이었고, 진나라는 쇠약해졌다.

《한비자》의 기록을 한번 보자. 공자는 노나라 애공(哀公)을 도와 나라를 다스렸는데, 백성이 풍족하게 살고 도가 제대로 시행되었다. 경쟁국인 제나라 경공(景公)이 공자를 제거하고자 했다. 제나라 대신 여차(黎且)가 꾀를 내어 제나라 경공에게 이렇게 말했다.

"중니(공자의 이름)를 제거하려면 쉽게는 안 됩니다. 음악과 가무에 능한 미녀를 노나라 애공에게 바쳐 애공의 교만하고 허영에 들뜬 심리를 부추기면 주색에 빠져 분명 정사를 게을리할 것입니다. 중니는 분명 애공에게 충고를 할 것이고, 애공은 그 말을 듣기 싫어할 것입니다. 그러면 중니는 두말 않고 노나라를 떠날 것입니다."

제나라 경공은 이 말에 따라 여차를 파견해 16명의 노래 잘하는 미녀를 애공에게 딸려 보냈다. 과연 애공은 그로부터 정사를 게을리했고, 공자가 수차 충고했으나 듣지 않았다. 공자는 노나라를 떠나 초나라로 가 버렸다.

기원전 491년, 구천은 오나라에서 치욕적인 3년을 보낸 뒤 조국 월나라로 되돌아왔다. 그리고는 국내 전역에서 미녀 수천 명을 선발한 다음 그중에서 다시 가장 예쁜 여자 서시(西施)와 정단(鄭旦)을 뽑아 가무를 익히게 했다. 3년 뒤 미모와 재능을 완벽하게 겸비한 두 미녀는 오나라 부차에게 보내졌다. 오왕 부차는 아주 기뻐했다. 허구한 날 두 미녀를 옆에 끼고 희희낙락하며 정사를 돌보지 않았다. 오나라의 충직한 대신 오자서(伍子胥)는 월왕 구천의 의도를 간파하고 여러 차례 충고했다. 오왕 부차는 미색에 홀려 오자서의 충고를 들으려 하지 않았다. 구천은 오왕이 북쪽으로 정벌에 나서고 국내에 큰 가뭄이 들어 힘의 공백이 생긴 틈을 타 일거에 오나라를 쳐서 멸망시키고 오왕 부차를 자살케 했다.

189년, 한나라 영제(靈帝)가 병으로 죽자 소제(少帝) 유변(劉辯)이 뒤를 이었다. 동탁(董卓)과 여포(呂布)가 반역을 도모했다. 왕윤(王允)은 동탁을 제거하기 위해서는 먼저 동탁과 여포 사이를 갈라놓을 필요성을 절감했다. 관찰과 정보를 통해 왕윤은 두 사람 모두가 호색가들임을 발견했다. 마침 왕윤의 집에 초선(貂蟬)이라는 용모가 출중한 시녀가 있었다. 왕윤은 초선을 자기 딸이라 속여 그녀를 먼저 여포에게 주기로 해놓고는 동탁에게 보냈다. 하루는 여포가 동탁의 집을 방문했다가 초선이 그곳에 있는 것을 발견했다. 초선은 손짓 몸짓으로 자신의 마음은 여포 당신에게 있다고 표시했다. 일이 공교롭게 되려고 했는지 이 장면이 동탁에게 들키고 말았다. 동탁은 여포가 자신의 애첩을 희롱한다고 여겨 벼락같이 화를 내면서 들고 있던 창을 여포에게 던졌다. 여포는 걸음아 날 살려라 도망쳐 나왔다. 그러다 길에서 왕윤과 마주쳤는데, 왕윤은 불에 기름을 붓는 격으로 여포를 자극하여, 마침내 여포의 손을 빌어 동탁을 죽이는 데 성공했다.

1917년 7월, 손중산(孫中山)은 '호법(護法)'의 기치를 내세우며 8월 '비상 국회'를 소집하여 정부를 세우고 북벌에 나섰다. 광동성의 우두머리 주경란(朱慶瀾)은 직위를 이용하여 단기서(段祺瑞)를 간첩으로 보내는 등 눈엣가시와 같은 존재로 떠오르고 있었다. 손중산은 그를 파면하려 했으나 적절한 구실을 찾지 못해 고심하고 있었다. 마땅한 대책이 없어 전전긍긍하고 있던 차에 주경란이 여자를 아주 밝히는 '색마' 끼가 다분하다는 정보를 입수했다. 이에 몰래 사람을 배치하여 기생 소금령(小金鈴)으로 하여금 주경란에게 접근하도록 했다. 당시 주경란은 한 여학교에 강연을 나가고 있었는데, 예쁜 여학생만 보면 온갖 방법으로 유혹했다. 소금령은 명령에 따라 그 여학교에서 공부를 하게 되었고, 두 사람은 이내 눈이 맞았다. 며칠 후 이제 연인(?) 사이가 된 두 사람이 주강(珠江)의 서호(西濠) 주점에서 밀회를 나누다 기자들에게 현장을 들켰다. 주경란은 자신의 명예를 지키기 위해 아낌없이 돈을 뿌리며 기자들의 입을 막으려 했고, 또 광동성 의회에서 탄핵당하는 것이 두려워 즉각 사퇴서를 내고 광주를 떠났다.

1978년 소련의 KGB는 그리스의 선박 여왕 크리스티나(유명한 선박왕 오나시스의 딸)의 10억 달러에 달하는 재산과 500만 톤에 이르는 유조선, 그리고 지중해 북단에 위치한 중요한 군사적 가치를 가진 스콜피오스 섬을 가로채려는 허황된 시도를 했다. KGB는 코제프라는 인물을 밀파하여 주도면밀한 작전 아래 코제프와 크리스티나가 사랑에 빠지도록 했다. 1978년 8월 1일 두 사람은 마침내 결혼식을 올렸다. 결혼 2년 뒤 코제프는 정체를 드러내기 시작했고, 크리스티나는 이 놀라운 현실에 직면해서 '사랑'이란 달콤한 꿈에서 깨어났다. 1980년 5월 두 사람은 이혼했고, KGB의 음모는 수포로 돌아갔다.

예로부터 '미인계'가 모략의 하나로 활용된 예는 적지 않았다. 다만 그 방식이 끊임없이 새롭게 바뀌고 운용의 영역도 더욱 넓어졌으며 수단도 더욱 교묘해져 왔다. 현대 경영에서 '미인계'는 광고에서 주로 구현되고 있다. 아름다운 모델이나 배우 등을 광고에 등장시켜 기업 홍보나 상품 광고의 효과를 높이는 것이 그것이다. 이 전략의 선두 주자로는 맥도날드를 꼽을 수 있다.

맥도날드는 1965년부터 TV 광고에 캐릭터를 등장시키기 시작했다. 처음에는 로널드 맥도날드를 등장시켰고, 이어 주변에서 흔히 볼 수 있는 친근한 인물들을 캐릭터로 활용했다. 이 전략은 엄청난 성공을 거두어 로널드 맥도날드는 산타클로스 다음으로 유명해졌다. 나아가 아동 패스트푸드 시장의 40% 이상을 차지하는 기염까

로널드 맥도날드 캐릭터의 변천사를 보여주는 사진이다.

지 토해냈다. 모르긴 해도 '미인계' 전략을 활용하여 가장 큰 성공을 거둔 사례가 아닐까 한다.

소비자의 기호에 맞춘 다양한 스토리텔링과 그에 어울리는 캐릭터 창출은 현대 기업광고의 가장 중요한 전략으로 자리 잡았다. 여전히 여성과 남성의 외모에만 집착하는 광고들의 구태의연함은 이제 서서히 그 위력을 잃어가고 있음을 직시해야 할 것이다.

'미인계'는 말했다시피 전통적으로 약자가 강자에 대해 활용한 전략이었고, 여성의 미색을 도구로 삼은 반인륜적 행태이기도 했다. 현대 경영에서도 이 같은 봉건적이고 퇴행적 요소가 여전히 잔존하고 있는 것도 현실이다.

'미인계'에 포함된 이와 같은 독소들을 제대로 인식했다면 이제 '미인계'는 반면교사로서 남겨두고 보다 독창적이고 의미 있는 캐릭터를 개발하거나, 메시지에 충실한 광고나 홍보를 위한 전략 창출로 눈을 돌려야 할 것이다. 맥도날드의 사례는 그런 점에서 충분히 참고할 만하다고 하겠다.

간신은 모든 모략을 다 구사한다. 아무리 반인륜적이라도 서슴없다. '미인계'는 인간, 특히 남성의 원초적 본능을 이용한 모략이다. 아주 단순하고 천박한 모략이지만 그 위력은 예나 지금이나 여전하다. 지금도 수시로 터져 나오는 성 관련 스캔들이 이를 잘 보여준다. 역대로 권력과 자리를 가진 간신은 대체로 '탐색(貪色)'의 성향을 갖고 있었다. 이런 성향을 비롯하여 간신 개개인의 개성과 특성을 치밀하게 살펴서 그에 맞는 계책으로 간행을 분쇄할 수 있어야 한다.

022
상황의 본질을 흐리고 '갈라치기'한다

간신의 전형적인 수법 중 하나로 일과 상황의 본질을 흐려서 관심을 딴 방향으로 돌리거나 책임과 잘못을 남에게 떠넘긴다. 이것이 **혼수모어(渾水摸魚)**다. '물을 흐려 물고기를 잡는다'는 뜻이다. 물고기를 잡아 본 사람이라면 물고기가 흐린 물속에서 방향을 잘 분간을 못 할 때 물고기를 쉽게 잡을 수 있다는 것을 안다. 그래서 물고기를 잡는 사람은 먼저 물을 휘저어 흐리게 만든 다음 물속에서 두 손의 감각으로 물고기를 잡는다. '물을 흐려 물고기를 잡는다'는 뜻의 '혼수모어'는 혼란한 틈을 타 한몫을 보려는 것을 비유한다.

'혼수모어'도 《36계》 제20계에 배치되어 있다. 그에 대한 설명으로 "혼란한 틈을 타 그 허점과 주관이 없는 것을 이용하라. 그리고 때가 되어 휴식을 취하듯 순종케 하라"는 대목이 보인다. 좀 더 쉽게 설명하자면 이렇다. 적에게 혼란이 발생한 틈을 타 그 힘이 허약하고 주관이 없는 것을 이용해서 마치 사람이 때가 되면 휴식을 취하는 습관처럼 자연스럽게 나에게 순종하도록 하라는 것이다.

전국시대 막바지인 기원전 284년, 연나라 소왕(昭王)은 악의(樂毅)를 상장군으로 삼아 연·진·조·위·한 5국 연합군을 이끌고 제나라를 공격하여 70여 성을 단숨에 점령했다. 제나라는 도성까지 빼앗기고 단 두 개의 성만 남는 멸망의 위기에 몰렸다.

이때 연나라 소왕이 죽고 그 아들 혜왕(惠王)이 즉위하는 돌발 상황이 터졌다. 평소 악의를 탐탁지 않게 여기던 혜왕에 대한 정보를 입수한 제나라 장수 전단(田單)은 첩자들을 연나라 내부로 잠입시켜 악의가 두 마음을 품고 있다는 유언비어를 퍼트리게 했다.

그렇지 않아도 악의를 의심하고 있던 혜왕은 전단의 도발에 넘어가 악의의 직무를 박탈하고 기겁(騎劫)이란 장수를 보내 상장군을 맡도록 했다. 연나라 장병들은 모두 불평을 토로했고 군심은 빠르게 무너져 내렸다.

전단은 연나라를 물리칠 수 있다는 믿음을 강화하기 위해 당시 사람들의 미신을 이용하여 신이 제나라를 돕고 있다는 가상을 만들어냈다. 이어 연나라 군대가 포로로 잡은 제나라 병사의 코를 베고, 제나라 사람들 조상 무덤을 파내 시신을 훼손하게 만드는 책략을 구사하여 제나라 군민들의 마음을 독하게 무장시켰다.

심리를 공략하는 전단의 공심술(攻心術)에 넋이 나간 연나라 군대는 궁지에 몰리고 경계심은 크게 흩어졌다. 전단은 천여 마리의 소를 끌어와 오색의 용을 그린 옷을 입히고 뿔에다 날카로운 칼을 묶은 다음 꼬리에 기름을 잔뜩 적신 풀에다 불을 붙여 적진을 향해 돌진하

'혼수모어' 모략을 절묘하고 치밀하게 구사한 사례를 남긴 제나라 장수 전단(田單).

게 했다. 동시에 성 아래로 수십 개의 개구멍을 파고 5천여 명의 용감한 병사들을 선발하여 소의 뒤를 따르게 했다. 한밤에 꼬리에 불이 붙은 용처럼 생긴 소들이 사납게 연나라 진영을 향해 돌진하고 성안의 군민들은 일제히 천지가 떠날 듯한 고함을 지르며 응원했다. 아닌 밤중에 홍두깨라고 화들짝 놀란 연나라 장병들은 공포에 질려 대응조차 못한 채 무너져 내렸다. 기겁은 피살되고, 제나라는 일거에 빼앗긴 땅을 전부 되찾았다.

전단은 연나라 장수가 교체되는 시기에 맞추어 군심을 흔들어 놓는 '혼수모어'의 전략을 기가 막히게 구사했다. 특히, 전단은 한 번으로 끝내지 않고 계속 적의 군심을 흔드는 **'연환계(連環計)'**를 동원하여 성공도를 절대적으로 높이는 고도의 전략을 보여주었다.

제2차 세계대전이 막바지로 치닫고 있을 무렵 히틀러는 패색이 짙은 전세를 만회하고 군의 사기를 고무시키기 위해 수십만 명의 잔병과 2,000여 대의 탱크를 규합하여 1944년 12월 아덴전투에 나섰다. 이 전투에서 독일의 한 군관은 2,000여 명의 영어를 할 줄 아는 사병을 선발하여 미군 군복을 입히고 노획한 미군 탱크를 몰거나 미제 트럭과 지프에 탑승시킨 다음, 주력부대가 미군 방어선의 취약 지점을 돌파한 틈을 타 미군 후방에 침투시켰다. 그들은 미군의 방어선 한가운데로 침투해 도로를 차단하고 전선을 끊는 등 전혀 무방비 상태의 미군 일부를 공격했다. 일부는 피살된 미군 사병복장으로 갈아입고 교통 요지를 통과하는 미군을 딴 방향으로 인도하여 미군의 운송 체계를 일대 혼란에 몰아넣었다. 또 일부는 마스 강까지 깊숙이 침투하여 교량을 탈취, 주력부대와 합류할 준비를 갖추었다. 그러나 독일군 주력부대가 마스 강에서 저지당하는 바람에 당초 전투 목표 지점이었던 안트베르펜(Antwerpen)까지는 이르지 못했다.

'혼수모어'는 당하기 쉬운 모략이다. 협상이나 거래에 임하기 전부터 침착과 평정을 유지하면서 상대의 정보, 관련 기업 간의 정보 등을 확실하게 파악하여 주도권을 쥐고 있어야 한다. 모든 경쟁에는 무궁무진하고 복잡한 관계가 존재한다. 거미줄처럼 얽힌 이런 관계를 누가 얼마나 잘 파악하고 활용하느냐에 따라 '혼수모어' 전략은 충분한 효과를 낼 수 있고, 나아가 '어부지리(漁父之利)'도 가능하다.

'혼수모어'는 여전히 끊임없이 사용되고 있는 부가가치가 높은 모략이다. 시대만 다를 뿐 사람들의 이 모략에 대한 인식은 역사적으로 더욱 심각해진 것 같고, 그 시행도 더욱 교묘해지고 교활해지고 있다. 물론 간사모략으로서 '혼수모어'도 진화를 거듭하고 있다.

《간신 : 간신전》 - '인물편'에서 우리는 간신의 주요한 수법으로 '갈라치기' 또는 '쪼개기'가 있다고 했다. 이것이 '혼수모어'에 해당한다. 상대 진영을 쪼개 어지럽히는 것이다. '갈라치기'에는 주로 돈과 자리, 때로는 여성이 그 수단으로 이용된다. 즉, 인간의 탐욕을 자극하는 수법이다. 이는 바꾸어 말해 탐욕의 덩어리인 간신과 그 패거리도 이런 수단과 방법으로 '갈라치기'할 수 있다는 것이다. 인간의 심리에 대한 깊이 있는 공부가 필요하다.

023
간신은 소굴(巢窟)을
여럿 파 둔다

《전국책》에 '**교토삼굴(狡兎三窟)**'이란 유명한 성어가 나온다. '약은 토끼는 굴을 세 개 파 둔다'는 뜻이다. 해당 내용은 이렇다.

"교활한 토끼는 굴을 세 군데 마련하여 죽음으로부터 피합니다. 지금 공께서는 하나의 굴밖에 없기 때문에 발 뻗고 편히 주무시지 못하는 것입니다. 두 개의 굴을 더 파십시오."

교활한 토끼는 맹수나 사람으로부터의 해를 피하기 위해 예비로 자신의 몸을 숨길 수 있는 굴을 세 개 만든다고 한다. '교토삼굴'은 제나라 사람 풍훤(馮諼)이 맹상군(孟嘗君)의 정치적 지위를 다지기 위해 마련한 책략이었다. 실제로 이 책략은 권세와 지위를 가지고 있는 통치자에게 스스로 훗날을 준비하라는 의미로 이해되어 왔다. 말하자면 정치 술책의 일종이었다.

맹상군은 성이 전(田)이고 이름은 문(文)으로 전국시대 제나라 귀족이었다. 지금의 산동성 등현(滕縣) 동남쪽의 설(薛) 지방을 봉지로 받았고, 맹상군은 그의 봉호(封號)였다. 조나라의 평원군(平原君), 초나라의 춘신군(春申君), 위나라의 신릉군(信陵君)과 함께 4공자 또는 4군 중 하나로 이름을 날린 인물이었다. 그의 집안에는 늘 수천 명의 식객들이 북적댈 정도로 명성이 대단했다.

풍훤은 원래 몸에 보검 한 자루만 지닌 궁색하기 짝이 없는 부랑자와 같은 존재였다. 그는 사람을 중간에 내세워 맹상군의 식객이 되고자 했다. 맹상군이 그를 면담하는 자리에서 무얼 좋아하는가라고 묻자, 그는 좋아하는 것이 없다고 대답했고, 또 잘하는 것이 무엇이냐고 묻자, 잘하는 것도 없다고 대답했다. 맹상군은 싱긋이 웃으며 식객이 되려는 그의 청을 허락했다고 한다.

풍훤에게는 별다른 재주가 없었기 때문에 주위 사람들은 모두 그를 무시하며 가장 등급이 낮은 식객으로 취급하면서 형편없는 음식만 주었다. 풍훤은 분을 못 이겨 여러 차례 검을 휘두르며 소란을 피우기도 했다. 맹상군은 그런 그를 하등 식객에서 중등 식객으로 올려 주었고, 얼마 되지 않아 다시 상등 식객으로 우대해 주었다. 맹상군으로부터 신임을 얻은 풍훤은 맹상군에 대해 보답을 해야겠다고 결심했고, 그에 대한 나름대로의 준비를 해 나갔다.

한번은 풍훤이 자청해서 맹상군의 봉지인 설성(薛城)에 가서 맹상군이 백성들에게 빌려준 빚을 모두 받아 오겠다고 나섰다. 떠나기에 앞서 풍훤은 맹상군에게 빚을 다 받으면 무엇을 사 가지고 돌아올까 물었다. 맹상군은 별다른 생각 없이 "그대가 보기에 내 집에 가장 부족하다고 생각되는 것을 사 가지고 오게나"라고 말했다. 설성에 도착한 풍훤은 백성들에게 빚을 독촉하기는커녕 그들이 보는 앞에서 맹상군의 이름으로 가지고 온 채권을 모조리 불살라 버렸다. 백성들은 일제히 만세를 부르며 환호성을 질렀다. 풍훤은 일찌감치 빈손으로 돌아와 맹상군에게 보고를 올렸다. 맹상군은 이렇게 빨리 돌아온 것에 고개를 갸우뚱거리며 무엇을 사 가지고 왔냐고 물었다. 풍훤의 대답은 이랬다.

"말씀하시길, '내 집에 가장 부족하다고 생각되는 것을 사 가지고 오게나'라고 하셔서, 제가 부족한 것이 무엇인가 고민한 끝에 부족한 것이라곤 오로지 '의리(義理)'라고 생각되어 그 '의리'를 사 가지고 왔습니다."

맹상군은 속으로는 언짢았지만 자기가 한 말도 있고 해서 그냥 넘어갔다. 그로부터 1년 뒤, 제나라 민왕(閔王)은 헛소문을 믿고 맹상군을 상국(相國)의 직위에서 파면시켰다. 맹상군은 자신의 봉지인 설 땅으로 돌아오는 수밖에 없었다. 그런데 이게 웬일인가? 설성의 백성들이 남녀노소 할 것 없이 길에 나와 설성으로 돌아오는 그를 열렬히 환영하는 것이 아닌가? 그제야 맹상군은 크게 깨달은 바가 있어 풍훤에게 "선생이 나를 위해 '의리'를 샀다고 한 그 진정한 의미를 이제야 두 눈으로 확인했구려"라며 감격해했다. 여기서 풍훤은 "교활한 토끼는 굴을 세 군데 마련하여 죽음을 면합니다. 지금 공께서는 하나의 굴밖에 없기 때문에 발 뻗고 편히 주무시지 못하는 것입니다. 두 개의 굴을 더 파십시오"라는 얘기를 들려준다.

당시 맹상군은 여러 나라를 통해 매우 두터운 신망을 얻고 있던 인물이었고, 각국은 천하를 손에 넣기 위해 인재를 목마르게 찾고 있는 상황이었다. 풍훤은 수레 50승과 금 500근을 가지고 위(魏)나라 수도인 대량(大梁)으로 가서 혜왕(惠王)을 설득했다. 누구든지 먼저 맹상군을 얻기만 한다면 부국강병을 이루어 천하의 주인이 될 것이라며. 양혜왕은 즉시 원래의 재상 조거(調去)를 대장군에 임명하는 한편, 황금 1천 근과 수레 100승을 보내 맹상군을 재상의 직으로 초빙했다.

풍훤은 양혜왕의 사신이 도착하기 전에 돌아와 이 사실을 맹상군에게 알렸다. 그러면서 양혜왕이 보낼 예물들은 아주 귀중하며 사신도 높은 직책에 있는 인물인지라 이 사실을 제나라 민왕에게도 알려야 한다고 했다. 양혜왕의 사신은 세 차례나 맹상군을 찾아왔으나 맹상군은 풍훤의 꾀에 따라 한사코 초빙을 거절했다. 제나라 민왕도 이러한 사실을 알게 되었고, 혹 맹상군이 다른 사람을 위해 일하면 어쩌나 하는 걱정이 들어 서둘러 많은 재물과 함께 맹상군을 중용했다.

풍훤은 다시 맹상군을 위해 또 하나의 예비 조치를 건의했다. 즉, 제나라 민왕으로 하여금 선왕 때부터 전해 오는 제기를 설 지방에 종묘를 세워 모시도록 하게 한 것이다. 맹상군의 정치적 지위는 더욱 굳어졌다. 종묘가 완성되자 풍훤은 비로소 맹상군에게 이제 세 개의 토끼 굴이 모두 완성되었으니 발 뻗고 편히 주무시라고 했다. 쓸쓸하고 고단한 신세에 처했던 맹상군이 풍훤의 꾀로 정치적으로 보다 안정된 지위를 확보할 수 있었다.

'교토삼굴'은 풍훤이 맹상군의 정치적 지위를 공고히 하기 위해 구사한 권모술수였다. 역사라는 긴 강물의 흐름 속에서 이 모략은 많은 고관이나 귀한 지위에 있는 사람들에 의해 중시되어 왔다. 그 본질은 어떤 일이든 뿌리째 잘라서는 안 되며 뒷길을 여러 갈래 남

맹상군에게 '교토삼굴'을 권한 풍훤은 맹상군을 위해 봉지의 백성들의 빚인 '채권을 불태우고 백성들의 마음을 산' 이른바 '분권시의(焚券市義)'의 고사도 남겼다. 그림은 이를 나타낸 것이다.

겨 놓아야 한다는 것이다.

풍훤이 맹상군을 위해 마련한 첫 번째 굴이 정치적인 원대한 식견에서 나온 것으로, 맹상군이 쫓겨난 뒤 돌아갈 곳이 없을 때를 대비해 준비한 것이라면, 나중에 마련한 나머지 두 개의 굴은 순전히 수완을 활용한 것이었다. 이 정치모략은 당시 모든 부패한 정치판에서 분명히 중시되었다. 그렇다고 전혀 참고할 만한 점이 없다는 말은 아니다. 예를 들어 첫 번째 판 굴은 민심을 얻는 자가 천하를 얻는다는 정치적 기본 원리를 잘 반영하고 있기 때문이다. 아무리 권세가 높다 해도 민중에 기초를 두지 않으면 버티지 못하고 쓰러진다.

'교토삼굴'은 원래 토끼라는 연약한 동물이 자연계의 천적에 대항하여 생존을 위해 마련한 본능적인 행동이었지만 이것이 점차 인간사회에 차용되었다. 그렇다고 이 말이 토끼처럼 그렇게 여러 군데 편안한 집을 만들어 놓으라는 뜻이 결코 아니다. 어떤 일을 도모하거나 정책을 결정할 때 여러 수를 준비해서 예측 불가능한 의외의 사태에 대비하라는 뜻이지, 노름꾼처럼 밑천까지 홀랑 다 걸고 마지막 단판 승부를 걸거나 오로지 한 가지 길만을 사수해서는 안 된다는 것이다.

'교토삼굴'은 맹상군 이전에도 이미 활용되었다. 춘추시대 제나라 관중(管仲), 포숙(鮑叔), 소홀(召忽) 이 세 사람은 서로 사이가 좋아 힘을 합쳐 제나라를 다스리고자 했다. 당시 제나라 왕에게는 아들이 둘 있었는데 큰아들이 공자 규(糾), 작은아들이 공자 소백(小白)이었다. 소홀은 공자 규가 왕위를 계승할 것이라 확신하고 관중과 포숙에게 이렇게 말했다.

"제나라로 말하자면 우리 세 사람은 큰 솥의 세 다리와 같아 하나라도 없어서는 안 된다. 공자 소백이 이미 왕위를 계승할 수 없음이 분명해지고 있으니만치, 우리 세 사람 모두가 아예 공자 규를 보좌하자!"

이에 대해 관중은 이런 의견을 제기했다.

"그건 안 된다. 나라의 백성들은 모두 공자 규의 어머니와 공자 규를 싫어하고 있다. 소백은 어머니가 없어 사람들은 그를 동정하고 있다. 따라서 누가 왕위를 계승할지는 현재로서는 말하기 어렵다. 우리 중 누구 하나는 공자 소백을 지지하지 않으면 안 된다. 장차 제나라가 두 사람 중 하나에 의해 통치될 것은 분명하니까. 우리는 앞뒤 두 길을 모두 준비해야 한다. 그래야 일이 순조롭다."

그들은 포숙이 공자 소백을, 관중과 소홀이 공자 규를 보좌하기로 결정했다. 사태는 관중이 예상한 대로였다. 공자 소백은 공자 규를 죽이고 왕위를 계승했으며, 자신을 지지하지 않았던 관중을 제거하려 했다. 공자 소백의 중요한 참모 역할을 했던 포숙이 중간에서 알선함으로써 관중은 해를 당하지 않았음은 물론 오히려 제나라의 재상으로 발탁되었다. 우리가 너무도 잘 아는 관중과 포숙의 우정을 말하는 '관포지교(管鮑之交)'의 고사는 이 과정에서 나왔다. 관중의 '교토삼굴'의 꾀는 두고두고 미담으로 전해져 내려온다.

이와는 반대로 눈앞의 이익만 쫓다가 불리한 상황이 조성될 수 있는 가능성을 보지 못하는 사람은, 오로지 자기 생각만 하고 객관적 상황이나 조건은 고려하지 않고 일을 처리하다 흔히 된서리를 맞곤 한다.

1차 세계대전 때 독일군의 전력은 결코 열세가 아니었음에도 결과적으로는 패망했다. 원인이야 여러 가지가 있겠지만 다방면에 대한 준비가 소홀했던 것이 가장 컸다. 독일군 참모 본부에서 계획한 '슐리펜 계획'은 독일군 소규모 병력으로 러시아군을 견제하는 것이었다. 당시 러시아군은 힘이 비교적 약해 공격력이 그다지 두려운 것이 아니었다. 그래서 독일은 전력을 프랑스군과 싸우는 데 집중하여 프랑스군을 단숨에 전멸시킨 다음 다시 러시아 쪽으로 신경을 쓰는 데 주력하기로 한 것이다.

사실 이런 각개격파 전략은 그저 뜻대로 되기만을 바라는 것이나 마찬가지였다. 전쟁 초반에 러시아군이 힘들이지 않고 독일 국경까지 들어오게 내버려두고, 프랑스를 물리친 다음 그때 대규모 반격을 가한다는 것이었지만 실제 상황은 전혀 딴 방향으로 발전해 나갔다. 러시아군은 독일 국경을 단숨에 넘어선 뒤 진격 속도를 훨씬 빨리해서 단시간 내에 동프로이센(Prussia)까지 쳐들어왔다. 즉, 독일과 프랑스가 교전하고 있는 후방을 공격하기 시작한 것이다. 복잡하고 다급한 위기 상황에서 독일은 속수무책, 대비책을 세우지 못한 채 수동적으로 수세에 몰리다 끝내 버티지 못하고 철저하게 패배했다.

간신은 무슨 일이 발생하던 피하거나 도망칠 수 있는 소굴을 여럿 마련한다. 그 소굴은 비자금을 감춘 금고가 있는 장소일 수도 있고, 패거리들과 몰래 음모를 꾸미는 안가일 수도 있고, 쾌락을 위한 유흥업소일 수도 있다. 간신의 일거수일투족을 놓치지 말아야 하는 까닭이다. 선현들은 과거의 성공적인 경험과 실패의 교훈을 본받아 '어디서나 **유비무환**(有備無患)하라', '미연에 방지하라', '여러 경우에 대비하라', '여지를 남겨놓아라' 등과 같은 경고와 권고를 남겼다. 이를 가슴에 새겨 언제든지 간신의 간행에 대비할 수 있어야 한다.

024
자기 패거리의
수법조차 이용한다

간신은 수가 틀리거나 자신의 마음에 들지 않으면 자기편이라 해서 봐주지 않는다. 간신에게 자비(慈悲)를 기대하는 것은 우물에서 숭늉 찾는 격이다. 먼저 역사 사례를 보자.

내준신(來俊臣)과 주흥(周興)은 당나라 무측천(武則天, 624~705) 집권기의 잔인한 간신들이었다. 이들은 온갖 잔혹한 형벌로 무고한 사람을 수도 없이 죽음으로 몰아넣은 악명 높은 자들이었다. 《자치통감》에 따르면 주흥은 역설적으로 자신이 고안해 낸 고문법에 의해 최후를 마쳤다고 한다.

주흥이 누군가와 반란을 도모하고 있다는 밀고가 들어왔고, 그를 체포하여 심문하는 일을 내준신이 맡게 되었다. 주흥은 이런 일에는 도가 통한 노련한 고수였기 때문에 그냥 잡아 족쳐서는 사실대로 자백하지 않을 것이 뻔했다. 내준신은 주흥을 초대해 술을 대접하는 꾀를 냈다. 그때까지만 해도 주흥은 자신이 고발당한 줄 모르고 있었다. 술을 주고받다가 내준신은 가르침을 청한다는 정중한 태도로 주흥에게 말했다.

"죄수 하나가 아주 교활하기 짝이 없어 어떤 고문에도 자백을 하지 않습니다. 노형께 무슨 묘수라도 없는지요?"

자신의 전공(?)을 화젯거리로 들고나오자 주흥은 신이 나서 이렇게 일러주었다.

"내가 기막힌 방법을 하나 일러주리라. 먼저 큰 항아리를 준비한 다음 사방에서 불을 지펴 항아리 안팎을 뜨겁게 달굽니다. 그런 다음 죄수를 항아리 속으로 집어넣으면 자백하지 않고는 못 배길걸요!"

내준신은 간사한 미소를 흘리며 말했다.

"오! 그거 좋은 방법이군요!"

내준신은 곧장 사람을 시켜 항아리를 준비시킨 다음 주흥의 말대로 불을 때서 항아리를 달구었다. 그런 다음 항아리를 가리키며 어리둥절해 하고 있는 주흥에게 이렇게 말했다.

"당신이 옳지 못한 일을 꾀하고 있다는 사실이 이미 발각되었고, 나는 밀명에 따라 당신을 잡아서 진상을 자백 받아야겠소. 자, 항아리로 드시지요!"

주흥은 기절초풍, 엎드려 싹싹 빌면서 죄를 시인했다. 훗날 사람들은 이 사건을 '항아리로 드시지요'라는 뜻의 '청군입옹(請君入甕)'이란 성어로 묘사했다. 그리고 이를 간사모략의 하나로 삼아 상대의 방법으로 상대를 다스린다는 뜻을 부여했다.

이 간사모략은 지난날 관료사회에서 서로 속고 속이는 투쟁에 기원을 둔 것으로, '독으로 독을 공격한다'는 **'이독공독(以毒攻毒)'**의 한 방법으로 활용되었다. 오늘날 정직한 사람들은 일반적으로 이런 방법을 사용하지 않는다. 물론 생사를 건 적과의 투쟁에서는 이런 모략을 사용하는 경우가 적지 않다. 이 모략은 그 이중성과 성질로 보아 어디까지나 음모로 분류된다. 문제는 간신은 이런 모략조차 서슴지 않는다는 사실이다. 따라서 간신의 표정 하나, 몸짓 하나, 말 한마디를 잘 살펴서 이런 수법에 당하지 않도록 조심해야 한다.

025

술자리를 경계하라

영화로도 만들어진 '홍문연(鴻門宴)'은 홍문에서 일어난 사건으로, 《사기》〈항우본기〉에 나오는 중국 역사상 가장 유명한 술자리의 하나이다. 기원전 206년, 유방은 먼저 진을 멸망시키고 함양(咸陽)에 주둔한 다음 함곡관(函谷關)으로 병사를 파견하여 서쪽으로 진격하고 있는 항우를 막도록 했다. 항우가 이끄는 대군은 함곡관을 돌파하고 지금의 섬서성 임풍(臨灃) 동북쪽 홍문에 이르러 유방에 대한 대대적인 공격을 준비했다. 당시 유방의 병력은 10만이 채 안 되고, 항우의 병력은 40만으로 실력에서 현격한 차이가 났다. 유방은 하는 수 없이 정면충돌을 피하고 장량(張良)의 꾀에 따라 몸소 홍문으로 나가 자신을 굽혀 항우에게 사죄했다.

연회석상에서 항우의 모사 범증(范增)은 항장(項莊)에게 칼춤을 추다가 틈을 봐서 유방을 찔러 죽이라고 명령했다. 이 낌새를 챈 장량은 유방의 호위무사 번쾌(樊噲)에게 검과 방패를 들고 연회석상으로 뛰어들어 유방을 보호하도록 했다. 당시 유방이 홍문으로 나갔던 것은 정치·군사 투쟁을 위한 1차 외교 활동이라 할 수 있었다. 이런 연회에 상대의 요인을 초청해 놓고 살해하거나 납치하는 음모는 고대 외교 투쟁에서 낯설지 않게 볼 수 있다.

기원전 340년 진(秦)나라 상앙(商鞅)은 효공(孝公)에게 위(魏)나라가 제(齊)나라에 패해 국력이 크게 떨어진 틈을 타 위나라를 치자고 건의했다. 위나라에서는 공자 앙(卬)을 보내 진나라를 맞아 싸우게 했다. 상앙은 편지 한 통을 공자 앙에게 보내 자신은 지금까지 공자 앙 당신과 잘 지내 왔는데 지금 두 사람이 각기 다른 두 나라의 장군으로 갈라져 싸우게 되었지만 차마 서로 죽고 죽일 수 없다고 전했다. 그러면서 공자 앙 당신과 내가 마주 앉아 서로 동맹을 맺어 진나라와 위나라가 평화스럽게 지낼 수 있도록 해보자는 뜻도 함께 전달했다.

공자 앙은 상앙의 말을 곧이곧대로 믿고 회담에 응했다. 쌍방이 회담을 끝내고 막 축배를 들려는 찰라 미리 매복해 있던 상앙의 군사가 돌연 공자 앙을 납치한 다음, 즉시 군사를 일으켜 위나라를 공격하기 시작했다. 지휘관을 잃은 위나라 군대는 모조리 투항했다. 위나라 혜왕(惠王)은 계속해서 제나라와 진나라에게 패하는 바람에 국력에 허점이 생기고 병력이 딸려 더 이상 싸울 수 없다고 판단, 강화를 요청하는 한편 하서(河西) 땅을 진나라에 떼어 주고

항우가 유방을 초대하여 죽이려 했던 홍문연이 벌어졌던 역사적 장소인 항왕성 내 당시 이 연회에 참석했던 인물들의 상들이다.

대량(大梁)으로 수도를 옮겼다. 겉으로는 평화를 얘기하면서 내면으로는 몰래 칼을 가는 외교적 수단으로, 고대 정치·군사·외교에서 흔히 볼 수 있었던 경우였다.

사회가 발전한 오늘날 이런 외교 수단은 활용 가치가 많이 떨어졌다. 현대 외교투쟁의 복잡성과 기묘함 때문에 한두 사람의 목숨으로 한 국가의 정치적 대세를 일시에 바꾸어 놓을 수는 없다. 또 중요 인물에 대한 암살과 납치로도 정치·군사적 목적을 달성할 가능성이 그다지 크지 않다. 이 때문에 각국의 외교 예술은 모두 이런 비문명적인 외교 방식을 포기하고 있다. 다만 민간에서는 모종의 작은 목표를 달성하는 수단으로 종종 사용되고 있으며, 때로는 사람들의 '입에 발린 말'과 같은 위협 수단이 되기도 한다.

홍문연은 초한쟁패라는 특정한 과정에서 있었던 사건으로 굳이 나누자면 군사외교의 하나로 볼 수 있다. 따라서 그 자체로는 간사모략이라 할 수 없다. 그러나 이 수법은 상황에 따라 얼마든지 간사모략으로 바뀔 수 있다. 특히 간신들은 수시로 호화 술자리를 만들어 자기 패거리의 단합을 꾀하는 것은 물론 정적들을 유인한다. 이런 술자리에서 간신은 상대를 회유하고, 필요하면 자신의 위세를 한껏 이용하여 협박과 공갈을 서슴지 않는다. 따라서 간신이 술자리나 식사 자리 등 누구나 혹할 수 있는 아주 특별한 자리를 만들어 초대한다면 여러 경로를 통해 그 의도를 정확하게 파악해야 한다. 그래야만 어쩔 수 없이 참석하더라도 만반의 대비를 갖추어 간신의 술수에 넘어가지 않을 뿐만 아니라 나아가 그 자리를 역이용할 수 있기 때문이다.

026
틈타기

간신의 다양한 수법들 중 하나로 '틈타기'가 있다. 간신은 상대가 곤경에 처한 틈을 타서 상대를 치거나 바라는 목적을 달성하는 데 일가견을 가진 자들이다. 모략에서는 이를 **'진화타겁(趁火打劫)'**이라 한다. '불난 틈에 물건 따위를 훔친다'는 뜻이다. 화재가 발생하여 혼란스럽고 이것저것 돌볼 수 없는 상황을 틈타 무엇인가를 훔친다는 것이다.

'진화타겁'은 모략가들에 의해 흔히 전투에서 기회를 선택할 때 활용하는 모략으로 받아들여졌다. 《손자병법》〈시계편(始計篇)〉에서는 "혼란스러울 때 취하라"라고 했고, 《십이가주손자(十二家注孫子)》에서 두목(杜牧)은 한결 명확하게 "적에 혼란이 생기면 놓치지 말고 (원하는 것을) 취해라"라고 했다. 모두 적의 위기를 틈타 승리를 낚아채라는 뜻이다. 《36계》에서 '진화타겁'은 〈승전계〉 다섯 번째에 배열되어 있다.

전략의 전체적인 국면으로 볼 때 상대에게 위기상황이 초래되는 원인은 일반적으로 내우(內憂)와 외환(外患) 두 방면이다. 내우로 초래되는 위기는 자연재해로 조성되는 경제적 곤란이나 민심이 도탄에 빠지는 것 등과 같은 것이 있다. 또는 간신이 정권을 휘둘러 국가의 기강이 어지러워지거나, 내란이 일어나는 경우를 가리키기도 한다. 외환은 적의 침입이다. 봉건 체제의 역사를 통해 볼 때, 상대를 아우르기 위한 전쟁에서 활용되는 일부 모략들은 적에게 내우가 발생하면 출병하여 그 토지를 점령하고, 외환이 발생하면 민중 또는 재물을 탈취할 것이며, 내우외환이 함께 겹치면 그 나라를 집어삼키라고 주장한다. 모두 '진화타겁'의 구체적 운용이다.

춘추시대 월왕 구천(句踐)은 오나라에 패배한 다음 와신상담(臥薪嘗膽), "10년간 인구를 늘리고 10년간 백성을 가르치고 군사를 훈련시켜" 몰래 오나라 정벌을 준비했다. 기원전 484년 오나라의 명장 오자서(伍子胥)가 간신 백비(伯嚭)의 모함으로 죽임을 당했다. 기원전 482년 오나라 왕 부차(夫差)는 오나라의 전체 병력을 이끌고 북상해서 중원의 여러 제후들과 지금의 하남성 봉구현(封丘縣) 서남쪽의 황지(黃池)에서 회맹했다. 국내에는 늙고 약한 잔병들만 남아 있는 무방비 상태나 다름없었다. 기원전 478년, 오나라에 큰 가뭄이 들어 논게들과 벼들이 모두 말라죽고 나라의 식량 창고는 텅 비고

월왕 구천은 오왕 부차가 황지 회맹에 참석한 빈틈을 타서 오나라를 공격했다. 전형적인 '진화타겁' 모략이었다. 사진은 터만 남은 황지 회맹지이다.

말았다. 월왕 구천은 이 틈을 타 대거 다시 오나라를 공격하여 오나라를 멸망시켰다.(〈미인계〉 항목 참고)

'진화타겁'은 일종의 모략으로, '남의 위기에 편승하여', '우물에 빠진 사람에게 돌을 던지는' 부도덕한 면이 있어 정상적인 인간관계 내지 국가·사회단체간의 관계에서는 사용하기 적절하지 않다. 그러나 쌍방이 이익이란 점에서 근본적으로 영원히 조화할 수 없는 모순이나 갈등에 놓여 있을 때는 활용한 예가 적지 않다. 무엇보다 간신들은 언제든지 '진화타겁' 수법을 사용한다는 점을 명심해야 한다. 간신들과 생사를 건 투쟁을 벌이고 있을 때는 내 쪽도 수단과 방법을 가리지 말아야 한다. '진화타겁' 역시 그중 하나인데, 대개는 '**이간책(離間策)**'을 비롯한 다른 수법들을 함께 구사하면 그 효과는 더욱 커진다. 단, 그 과정에서 무고한 사람이 희생되어서는 안 된다.

027
떠넘기기와 미루기

간신은 자신의 실수와 잘못을 다른 사람에게 떠넘기고 상대에게 미루는 기술이 남다르다. '떠넘기기'와 '미루기'다. 이를 '**가화우인(嫁 禍于人)**'이라 한다. '화를 남에게 떠넘긴다'는 뜻이다. '가화우인'은 자신에게 돌아올 피해나 화를 다른 사람에게 전가시키는 음모이자 간사모략이다.

관련 사례를 《사기》를 통해 한번 보자. 조(趙)나라 효성왕(孝成王) 4년인 기원전 262년. 한(韓)나라 상당(上黨) 군수 풍정(馮亭)은 조나라 효성왕에게 사신을 보내, 한나라는 상당을 지탱할 수 없으니 진(秦)나라로 귀순할 생각이었는데 관리들과 백성들은 오히려 조나라로 귀순하길 원한다며, 그래서 17개의 성을 조나라에게 바치길 원한다는 의사를 전해 왔다. 조나라 효성왕은 매우 기뻐하며 그 청을 받아들이려 했다. 그때 평원군(平原君)이 극구 말리고 나섰다.

평원군이 반대한 까닭은 대체로 이랬다. 진나라가 한나라 땅을 야금야금 먹어 들어가며 교통로를 끊는 것은 가만히 앉아서 상당의 땅을 차지하려는 것이다. 한나라가 상당을 지키지 못할 것은 틀림없는 사실이다. 그렇다고 상당 땅을 들고 진나라로 귀순할 형편도 못된다. 그래서 차라리 우리 조나라에게 주려는 것이다. 진짜목적은 '자기들에게 닥칠 화를 우리나라에 전가하려는' 데 있다. 진나라가 우리 조나라로 하여금 가만히 앉아서 상당 땅을 취하도록 그냥 놔두겠는가? 하물며 진나라는 한나라의 상당을 공격하기 위해 위수(渭水)에서 하락(河洛)으로 식량을 운반하고 있고 조만간 수확이 있을 터인데 말이다. 진나라는 일찌감치 상당을 자기 땅으로 여겨 왔다. 그런데 약소한 우리 조나라가 한나라의 17성을 받아먹었다가 무슨 화를 당할지 모르지 않은가?

평원군은 대체로 이런 식으로 효성왕을 설득했다. 눈앞의 이익에 눈이 멀어버린 효성왕은 평원군의 말을 듣지 않고 풍정의 10성을 접수하게 했다. 그 결과는 평원군이 염려했던 대로 장평(長平)의 재앙을 불러들이고 말았다. 진나라 군대는 무려 40만에 달하는 조나라 군사를 땅에 산 채로 파묻어 죽였다. 전국시대 가장 비극적인 장평전투였다.

《한비자》〈내저설(內儲說)〉에는 이런 일이 실려 있다. 언젠가 제나라의 중대부 이사(夷射)가 왕궁의 술자리에 참석했다가 술에 많이 취해 복도 문에 기대어 있었다. 노복 월궤(刖跪)가 먹다 남은 술을 자기에게도 조금 나눠 달라고 했다. 이사는 "썩 꺼지지 못할까! 어디서 천한 것이 감히 귀하신 몸에게 술을 달라고 해!"라고 호통을 쳤다. 월궤는 혼비백산 도망쳤다.

이사가 집으로 돌아간 뒤 월궤는 복도 문 앞에다 술을 몇 방울 떨어뜨려 놓았다. 마치 누군가가 오줌을 누어 놓은 것처럼. 다음 날, 제나라 왕이 그 문을 넘다가 그것을 보고는 누가 여기다 오줌을 쌌냐고 물었다. 월궤는 어제 중대부 이사가 이곳에 잠시 서 있었다고 대답했다. 당시 궁내에서 이런 불미스러운 행위를 하면 큰 벌을 받게 되어 있었다. 제나라 왕은 이사를 사형에 처했다.

월궤는 이사가 자신에게 술을 나눠주지 않았다고 그를 해쳤다. 일을 만들어 그 화를 이사에게 전가시키는 수법이었다. 참으로 악랄한 수법이었다. 모르긴 해도 이사는 영문도 제대로 모른 채 죽어갔을 것이다.

'떠넘기기'와 '미루기'를 뜻하는 '가화우인'이란 간사모략은 간신의 전매특허와 같다. 그 심리와 수법은 월궤의 그것과 거의 같다. 간신에게 당한 사람들 상당수가 누가 왜 어떻게 자신을 해쳤는지 모른 채 죽어갔다. 간신이란 존재가 무서운 까닭이다.

028
등 뒤에서 몰래 쏘기

간신은 '뒤통수치기'의 명수다. 수시로 등 뒤에서 화살을 날리거나 칼을 꽂는다. 이것이 **'암전상인**(暗箭傷人)'이다. '몰래 화살을 날려 사람을 해친다'는 뜻이다. 간신은 겉으로는 동정하는 척하고, 착한 척 굴지만 등 뒤에서는 무서운 살기를 내뿜는다. 표면적으로는 관심을 나타내지만, 등 뒤에서는 죄를 조작해서 죽음으로 몰아넣는다. 겉으로는 충성스럽지만, 내심으로는 속인다. 이런 것들이 간신의 공통된 특성들이고, 또 모두 '암전상인'과 같은 수법이기도 하다. 역사상 이런 예는 수도 없이 많았다. 《좌전》에 기록된 공손자도 (公孫子都)가 영고숙(穎考叔)을 '암전상인'한 예를 한번 보자.

춘추시대 정나라의 장공(莊公)은 노나라와 제나라의 지지를 얻어 허(許)나라 정벌을 계획했다. 기원전 712년 5월, 장공은 출병에 앞서 궁전 앞에서 열병식을 가졌다. 그런데 노장 영고숙과 청년 장군 공손자도가 병권을 서로 차지하기 위해 다투었다. 영고숙은 늙은 나이에도 불구하고 전차를 끌며 달려 나갔다. 공손자도는 줄곧 영고숙을 깔보며 그에게 한 치도 양보할 수 없다며 긴 창을 높이 치켜들고 쏜살같이 대로까지 영고숙을 추적했으나 영고숙은 이미 사라지고 보이지 않았다. 공손자도는 분해 어쩔 줄 몰라 하며 영고숙에게 깊은 원한을 품었다.

그해 7월 장공은 허나라 정벌을 명령했다. 정나라 군대는 허나라의 도성 부근까지 진격해서 도성 공격을 눈앞에 두고 있었다. 영고숙은 용감하게 앞장서 깃발을 높이 치켜들고 성을 기어오르기 시작했다. 공손자도는 영고숙이 앞장서서 큰 공을 세우려는 모습을 보자 질투심이 불같이 일었다. 그는 화살을 뽑아 들고 영고숙을 향해 당겼다. 등 뒤에서 화살을 맞은 용감무쌍한 이 노장은 순식간에 거꾸러졌다. 또 다른 장군 하숙영(瑕叔盈)은 영고숙이 적군에게 사살된 줄 알고 서둘러 깃발을 집어 들고 사병을 지휘하여 계속 전투에 임했고 마침내 성을 돌파, 입성했다. 허나라 왕은 위(衛)나라로 도주했다. 허나라 땅은 정나라 판도로 편입되었다.

공손자도처럼 상대가 준비를 갖추지 않은 틈을 타서 등 뒤에서 몰래 화살을 날리는 것을 '암전상인' 또는 '**냉전상인(冷箭傷人)**'이라 한다. '암전상인'이 모략으로 취급될 때 그것은 떳떳하지 못한 수단으로 몰래 틈을 엿보다 사람을 해치는 것을 가리킨다. 사례 하나를 더 보자.

당나라 현종(玄宗, 685~762) 때의 간신 이임보(李林甫)는 누구보다도 '암전상인'에 능수능란한 간신이었다. '말은 달콤하지만 뱃속에 검을 품고 있다'는 '**구밀복검(口蜜腹劍)**'은 '암전상인'과 함께 간신 이임보의 특징을 잘 나타내고 있다.

당시 이임보와 함께 임명된 또 다른 두 명의 재상 배요경(裴耀卿)과 장구령(張九齡)은 모두 '학문이 깊었으며' 그릇된 일이 있으면 서슴지 않고 직언을 하는 재상들이었다. 이임보는 이에 비하면 턱없이 모자라고 속이 빈 보잘것없는 그런 인물이었다. 이임보는 이들에 대해 강렬한 질투심과 증오심을 품었다. 그러나 겉으로는 굽실거리며 꼬리를 쳤다. 이임보는 한편으로는 황상에게 아첨하면서 한편으로는 몰래 두 재상을 제거할 방법을 모색했다.

　그때 황제의 총애를 독차지하고 싶은 욕망에 사로잡혀 있던 혜비(惠妃)가 태자를 모함하기 시작했다. 혜비는 현종 앞에서 "태자가 무리를 모아 신첩의 모자를 해치고 황상마저도 노리고 있사옵니다"라고 모함했다. 현종은 노기충천해서 태자를 폐위시키려고 했다. 장구령은 극구 반대했다. 이 상황에서 이임보는 자신의 의견을 말하지 않고 배후에서 현종의 측근 환관에게 이번 일은 황가의 일이니 다른 사람이 관여할 일이 아니라는 말을 흘리고 다녔다. 그러면서 또 은근히 장구령이 황상을 가로막고 있다는 뜻도 내 비쳤다. 현종은 이 때문에 더 화가 났다. 이임보는 이 기회를 틈타 현종의 면전에서 장구령의 단점을 늘어놓기 시작했다.

　736년 현종이 우선객(牛仙客)에게 더 높은 벼슬을 주려 하자 장구령이 반대하고 나섰다. 이임보도 장구령과 뜻을 같이하기로 약속했으나, 막상 현종의 면전에서는 꿀 먹은 벙어리처럼 입을 다물었다. 그러면서 몰래 이 일을 우선객에게 알렸다. 현종은 우선객에게 큰일을 맡기려 했으나, 장구령은 우선객 같은 글도 모르는 자에게 큰일을 맡기면 사람들이 비웃을까 두렵다며 반대했다. 이임보는 은근히 현종에게 "인물의 기용은 천자의 고유한 권한이거늘 무엇이 걸린단 말입니까"라고 부추겼고, 또 "장구령은 문인으로 너무 낡은 방식에만 매여 있어 전체적인 국면을 보지 못한다"며 장구령을 헐뜯었다. 현종은 장구령을 멀리하기 시작했고, 심지어는 장구령이 무리를 규합하고 있다고 의심하여 재상 자리를 박탈했다.

송나라 때의 유반(劉攽)이란 인물은 문장에 재주가 있고, 특히 역사 연구에 정통해서 일찍이 사마광(司馬光)이 주도한 《자치통감》의 편찬에도 참여했다. 같은 송나라 때 사람 소박(邵博)이 편찬한 《문견후록(聞見後錄)》에는 그와 관련하여 다음과 같은 이야기가 기록되어 있다.

언젠가 탄핵을 담당하고 있는 중사(中司) 자리에 있는 사람이 동료를 부추겨서 모 인사를 탄핵하려 했다. 누군가 유반에게 그 사람이 정말로 중사가 공개적으로 죄상을 공개하며 탄핵할 만한 짓을 했냐고 물었다. 유반은 싸늘한 웃음을 흘리며 이렇게 대답했다.

"중사는 공개적으로 탄핵하는 자리 아닌가. 나는 그런 **'암전자(暗箭子)'**에는 당할 수 없지."

여기서 말하는 '암전자'란 몰래 사람을 해치는 앞서 말한 '냉전'을 말한다. 유반은 몰래 사람을 해치는 음모에 가담하고 싶지 않았다. 그래서 그는 '암전자'에는 당할 수 없다고 말했다.

'암전상인'은 악명 높은 간사한 계략의 하나로, 떳떳한 마음을 가진 사람들에게는 통하지 않는 것이다. 그러나 이런 음모를 구사하는 '소인배'나 '암전상인'의 모략을 서슴지 않고 사용하는 간신에 대해 방비하지 않을 수 없다. 우리 사회의 신종 간신 부류, 특히 검간을 비롯한 법간과 이들의 앞잡이 노릇을 하고 있는 언간은 자신이 가진 권력과 도구를 악용하여 이 '암전상인'을 거리낌 없이 사용하기 때문에 특별히 경계하지 않을 수 없다.

옛말에 '정면으로 공격해 들어오는 창은 피할 수 있지만, 등 뒤에서 쏘는 화살은 방어하기 어렵다', '사람을 해치는 마음을 가져서도 안 되지만, 사람을 경계하는 마음이 없어서도 안 된다'라고 한 것처럼, 방어와 경계심은 매우 중요하다. 등 뒤에서 날아오는 '싸늘한 화살'까지 제대로 방어할 수 있어야 한다. 아니 이런 화살을 쏘지 못하게 해야 한다.

029
호가호위(狐假虎威)

우리에게도 익숙한 이 유명한 성어는 《전국책》에 전한다. '호가호위'는 '여우가 호랑이 위세를 빌린다'는 뜻으로, 강한 자의 위세를 빙자하여 설치는 것을 비유한다. 먼저 역사 사례를 보자.

기원전 369년 초나라 숙왕(肅王)의 형제인 선왕(宣王)이 즉위했다. 어느 날 선왕은 군신들을 모아 놓고 이렇게 물었다.

"듣자 하니 북방의 여러 제후국들이 우리 초나라의 대장 소해휼(昭奚恤)을 그렇게 두려워한다는 데, 대체 어찌된 일이오?"

신하들은 아무도 대답하지 못했다. 이때 강을(江乙, 위나라 출신으로 지모가 뛰어났다)이란 대신이 다음과 같은 이야기를 들려주었다.

"호랑이가 배가 고파 짐승을 잡아먹으려다 여우를 잡았습니다. 여우는 '너는 감히 나를 잡아먹을 수 없어! 하느님께서 나를 백수의 우두머리로 삼으셨단 말이다. 지금 네가 나를 잡아먹으면 하느님의 명을 어기는 것이 되지. 내 말을 못 믿겠다면 내가 몸소 보여 줄 테니 내 뒤를 따르면서 백수들이 나를 보고 감히 도망가지 않는 놈이 있는가 보라고'라고 말했답니다. 호랑이는 그럴듯하다며 여우를 따라나섰습니다. 동물들이 모두 도망쳤습니다. 호랑이는 동물들이

자기 때문에 도망친 줄 모르고 그저 여우를 무서워하는구나 라고 생각했답니다. 지금 왕의 땅은 사방 5천 리에 백만 군대를 자랑하고 있으며, 소해휼은 그 일부분일 뿐입니다. 북방 제후들이 소해휼을 두려워하는 것은 실은 왕의 군대를 두려워하는 것입니다. 마치 백수가 호랑이를 두려워하듯이 말입니다."

사람들은 여우가 호랑이의 위세를 빌어 백수를 겁주었다는 고사를 '**호가호위**(狐假虎威)'라는 성어로 개괄했다. '가(假)' 자는 빌린다는 뜻으로, 다른 사람의 권세를 빌어 남을 억누르는 것을 비유하는 말이다.

강을이 이 고사를 인용하여, 각 제후국들이 두려워하는 것은 대장 소해휼이 아니라 초나라 선왕이라고 한 아첨은 아주 적절했다. 당시의 사회적 조건에서 보면 전쟁이 빈번했기 때문에 정치·군사·외교 영역에서 이러한 '호가호위'의 모략으로 생존을 도모하는 것도 작은 제후국들에게는 유용한 책략이었다. 외교상 대국이나 강국에 의지하지 않는다면 언제고 남에게 먹힐 위험이 따르기 때문이었다. 하나를 더 보자.

기원전 549년, 초나라는 진나라와 연합하여 정나라를 공격했다. 진나라는 정나라에 비해 약소국이었기 때문에 감히 정나라를 감당하지 못하고 완전히 초나라에 의존할 수밖에 없었다. 역사상 이와 비슷한 사례들이 적지 않았다.

'호가호위'는 외교상 결코 고상한 방법이 아니다. 왜냐하면 대국 사이에서는 왕왕 자기의 이익을 전제로 그에 상응하는 외교 정책을 채택하는데, 대국의 권력에 의존하고 있는 소국으로서는 때때로 자신을 보존하기조차 힘들기 때문이다. 앞서 예로 든 진나라는 그로부터 2년 뒤 정나라의 보복을 받지 않으면 안 되었다. 정나라 장공(莊公)이 주나라 천자의 명을 빌어 제나라와 노나라를 끼고 송나라를 공격한 것이나, 조조(曹操)가 천자를 끼고 제후를 호령한 것 모두가 '호가호위'의 모략을 사용한 유명한 사례들이다.

간신은 자신의 위세를 떠벌려 상대를 기죽이기 위해 힘센 사람, 특히 권력자를 앞세운다. 끊임없이 유력한 사람들과의 관계를 강조하면서 자신을 과시한다. 그렇게 해서 상대를 굴복시키거나 패거리를 짓는다. 간신은 최고 권력을 자기 손에 넣을 때까지 '호가호위'를 멈추질 않는다. 따라서 한 사람의 언행을 잘 살피고 분석하면 그가 간신인지 아닌지를 가릴 수 있고, 간신으로서 '호가호위'하는 간행을 정확하게 파악하면 간신을 제어할 수 있다. 물론 보통 사람들도 '호가호위'하는 경우가 적지 않기 때문에 함부로 간신으로 규정하는 잘못을 범해서는 안 된다.

'호가호위'에서 하나 더 주의해야 할 것이 있다. 흔히 '호가호위'의 핵심과 문제는 여우이지만 그 뒤에 있는 호랑이가 더 큰 문제일 수도 있다는 점이다. 다시 말해 여우의 꾐에 넘어간 호랑이의 어리석음을 놓치지 말아야 한다.

'호가호위'를 우리 사회의 신종 간신 부류 중 검간에 적용해보자. 지금 검간은 무소불위(無所不爲)의 권력을 휘두르고 있다. 여우, 즉 검간이 이런 권력을 갖게 된 데는 호랑이, 즉 역대 정권과 권력자 및 정치가들의 비호(庇護)가 있었기 때문이다. 일개 청이자 공무원에 불과한 검찰이 나라 전체를 흔들고, 급기야 그 출신이 최고 권력의 권좌에 앉을 수 있었던 것도 '호가호위'가 극대화되었기 때문이다. 그렇다면 우리 사회 신종 간신 부류를 청산하는 첫 대상은 당연히 검간이 되어야 할 것이다. 지금 검간의 실상은 간신이 흔히 쓰는 '호가호위'라는 수법이 초래하는 결과가 얼마나 심각한가를 절절하게 보여주고 있다.

030

불 난 집에 기름 붓기

앞서 간신이 흔히 쓰는 수법의 하나로 '**진화타겁**'을 소개했다. '불 난 틈에 물건을 훔친다'는 뜻이다. 남이 어렵고 힘든 틈에 자신의 이익을 챙기거나 목적을 이루는 간사모략의 하나다. 이와 비슷한 수법을 뜻하는 '**화상요유(火上澆油)**'란 것이 있다. 타오르는 '불 위에 기름을 붓는다'는 뜻이다. 우리 속담의 '불난 집에 부채질'과 같다. 타오르는 불에 기름을 부으면 더 활활 타오른다. '화상요유'는 사태를 확대시켜 어부지리(漁父之利)를 얻거나 파란을 일으키고, 이것저것을 보태서 천하에 난리가 난 것처럼 공포감을 조성하여 그 와중에 이익을 챙기는 것을 가리키는 모략이다.

역사 사례를 보자. 폭군이자 간군(奸君)의 대표적인 인물인 수(隋)나라 양제(煬帝) 양광(楊廣, 569~618)은 개국 군주 문제(文帝) 양견(楊堅)의 둘째 아들이었다. 그는 수나라가 진(陳)나라를 멸망시키고 전국을 통일하는 전쟁에서 대원수로 활약했다. 진나라를 토벌하면서 수나라 군대가 가는 곳마다 백성들의 털끝 하나 건드리지 못하게 했고, 진나라 창고의 재물에도 손끝 하나 대지 못하게 했다. 이 공으로 양광의 명성은 크게 높아졌다.

당시 수나라 태자는 양광의 형인 양용(楊勇)이었다. 양용은 성격이 화통하고 문장을 잘했다. 여자도 밝히고 놀이를 좋아했다. 이 때문에 아버지 문제는 태자가 정치와 나라를 그르칠까 늘 마음을 놓지 못했다. 평소 야심을 갖고 있었던 양광이 이 틈을 타서 자신을 위장하고 속임수로 아버지 문제의 신임을 얻어냈다. 양광은 많은 시녀와 첩을 거느리고 있었지만 아버지 문제가 방문할라치면 늙은 시녀 몇 명만 곁에 두고 줄 끊어진 거문고를 눈에 잘 띄는 곳에 두어 여색과 놀이에는 관심이 없음을 보였다. 양광은 또 관리들과 관상쟁이를 매수하여 문제 앞에서 자신에 대해 '복을 타고난 상'이니 '인자하고 효성스럽다'느니 하는 칭찬의 말을 늘어놓게 했다.

양광은 또 부재상이자 간신 양소(楊素) 등과 결탁하여 양용과 문제의 관계를 이간질했다. 단순한 양용은 병사를 이끌고 후궁으로 쳐들어가겠다는 등 경솔한 말을 많이 늘어놓았다. 문제는 그렇지 않아도 양용에게 불만이 많았는데, 여기에 양광의 '화상요유'의 모략까지 더해지니 마침내 양용이 '후계자를 감당할 수 없다'고 판단하여 600년 끝내 그를 폐위시키고 양광을 태자로 삼았다. 이로써 양광이 황제 자리를 물려받을 수 있는 길이 닦였다.

수 양제 양광이 태자 자리를 빼앗고 황제에 오르는 과정을 보면 정말 치밀하기 짝이 없다. 간악한 자들의 수단과 방법을 철저히 경계하고 대비해야 한다는 교훈을 너무 잘 보여주는 사례다. 그림은 황제 자리에 오른 뒤의 양광의 초상화이다.

'화상요유'의 관건은 불을 붙이는 데 있다. 불이 타지도 않는데 기름을 부어봐야 쓸모가 없기 때문이다. 불이 타오르게 하려면 장작과 불쏘시개가 필요하다. 다시 말해 과정이 필요하다. 요컨대 간신의 '화상요유'의 수법을 제대로 간파하려면 이 과정을 잘 살펴야 한다. 특히 의도와 동기를 헤아려야 한다. 이 과정이 정확하게 파악되면 '화상요유'가 간신의 수법인지 아닌지도 제대로 판단할 수 있기 때문이다. 간신의 수법과 정체를 간파하는 일은 과학적이어야 한다.

031
창을 거꾸로 돌려 공격하다

창끝을 돌려 적이 아닌 자기 진영 사람과 맞서 싸운다는 말이 있다. 이것이 '창끝을 돌려 공격한다'는 **'반과일격(反戈一擊)'**이다. 이 역시 '뒤통수치기'의 일종이다. 간신들은 늘 이를 정치·군사투쟁에서 간사한 수법으로 이용했다. 나쁜 놈이 아닌 척하며 정직한 사람을 공격하는 것이다. 간사한 소인배나 간신은 더 높은 벼슬, 더 편한 벼슬살이를 위해, 또 투쟁에서 실패하여 자리가 날아가고 목이 잘리는 액운을 피하기 위해 양심, 도덕, 신의 따위는 내팽개치고 이길 수 있는 쪽으로 붙어 동료와 친구를 내다 판다. 신의 없는 '반과일격'은 간사한 자들이 모순과 갈등을 이용하여 다른 사람을 해치고 자신의 이익을 차지하기 위해 끊임없이 사용하는 간악한 수법이자 모략이다. 우리 현대사에서도 여러 차례 벌어졌고, 또 얼마 전에도 요란을 떨었던 이른바 '프락치'[1] 소동이 바로 이것이다.

중국 현대사에 강생(康生, 1898~1975)이라는 아주 간사한 소인배가 있었다. 그는 늘 자신의 남다른 정치적 후각을 이용하여 진지 앞에

---

[1] 프락치는 러시아어로 원래 당파, 파벌, 파벌 싸움 등과 같은 뜻이다. 그러나 우리는 목적을 위해 신분과 정체를 숨기고 어떤 단체에 들어가 활동하는 밀정(密偵)과 비슷한 뜻으로 사용한다. 또 조직체의 지령을 받고 다른 조직에 침투하여 공작을 벌이는 자를 가리키는 용어이기도 하다. 대개 반대 조직 중 사람을 포섭하여 갖은 방법으로 회유한 다음 반대 조직 안으로 침투시켜 관련 정보를 빼내게 하여 그 조직을 무너뜨리거나 조직원을 제거한다.

서 창을 거꾸로 돌리고 친구를 팔아넘겼다. 문화대혁명 전에 강생은 실제로 일을 열심히 했다. 지도자 유소기(劉少奇)를 대단히 존경했을 뿐만 아니라 여러 차례 유소기에 대한 높은 평가를 보고서로 제출하기까지 했다. 1962년 강생은 자진해서 《유소기선집(劉少奇選集)》의 편찬을 주도했다. 그는 또 유소기의 《공산당원의 수양을 논한다》는 책을 다시 발표하고 출판하기까지 했다. 강생의 주도 아래 《유소기선집》의 편집은 1965년 1월 기본적으로 완성되었다. 강생은 유소기에 직접 달려가 "당신의 선집은 우리가 이미 다 끝냈고, 당신의 말 한마디만 떨어지면 바로 인쇄에 들어갈 것입니다"라고 설레발을 떨었다.

1966년 정치국 확대회의에서 강생은 팽진(彭眞), 나서경(羅瑞卿), 육정일(陸定一), 양상곤(楊尙昆)에 대한 타도가 이미 굳어졌다는 것을 감지하고는 회의에서 세차게 이들을 공격했다. 심지어 주덕(朱德) 총사령관에 대해서도 나이가 많아 속일 수 있다고 여겨 비판을 날렸다. 그러나 유소기에 대해서만큼은 여전히 공경의 태도를 보였다. 이어 팽진 등을 크게 욕한 다음 갑자기 얼굴을 바꿔 과거 좌경 모험주의와 한패가 되어 유소기 동지를 반대한 잘못을 참회한다며 대회의의 분위기를 바꾸었다. 그의 말은 침통했고, 지극히 경건한 표정으로 주석 자리의 유소기를 올려다보았는데, 그 표정은 정말 후회하고 참회하다는 기운이 역력했다.

1966년 6월 3일, 강생은 유소기와 등소평(鄧小平)이 소집한 각 부처 책임자 회의에 출석했다. 그는 아주 긴장된 자세로 유소기의 주장을 적극 지지했다. 1966년 8월 5일, 모택동(毛澤東)은 〈사령부에

포고한다 - 나의 대자보〉라는 글을 발표했다. 강생은 유소기에 대한 모 주석의 관점을 즉각 알아챘다. 그는 유소기에 대한 타도가 그리 멀지 않았음을 직감하고 바로 얼굴을 바꿔 대회의에서 쉴 새 없이 유소기에게 세찬 비판을 퍼부었다. 그다음에는 유소기의 문제점을 캐기 위한 전담 조직을 직접 조종하며 유소기를 '반역도(反逆徒)', '내간(內奸)', '공적(公敵)'으로 몰아붙였다. 순간 창끝을 돌려 공격을 가하는 강생의 정치적 임기응변 능력은 확실히 한 시기를 풍미하긴 했다.

거물급 한간(漢奸)[2] 왕정위(汪精衛, 1883~1944)도 정치 투기에 능하여 이곳저곳을 오가며 '젖 주는 자가 내 어미다'는 신조로 살았던 정치 사기꾼이었다. 특히 창끝을 돌려 공격하는 '반과일격'은 그가 정치집단에 투신한 이래 정치적 자본을 갈취하고 속임수로 높은 자리와 막대한 부를 긁어모으는 데 이용한 가장 중요한 모략이었다.

청나라 말기 프롤레타리아 민주혁명의 불길이 활활 타오르고 청 왕조의 멸망이 필연적 추세가 되자 왕정위는 혁명의 지도자 손중산(孫中山, 1866~1925) 밑으로 잽싸게 들어갔다. 얼마 뒤 손중산을 중심으로 수립된 민국 정권을 도적 원세개(袁世凱, 1859~1916)가 탈취하자 왕정위는 바로 원세개와 의기투합했다. 북벌전쟁 전후로 노동자 농민의 역량이 점점 커지자 왕정위는 다시 태도를 바꾸어 공산당과 연합했다.

1927년 상해에서 장개석(蔣介石, 1887~1975)이 반혁명 쿠데타를 일

2] '한간'은 나라를 팔아먹은 매국노급 간신에게 붙이는 중국식 용어다.

으켜 노동자 농민을 마구 죽이고 권력을 장악하자 영국과 미국 등 제국주의 국가들이 장개석을 지지하고 나섰다. 그러자 왕정위는 장개석과 손을 잡고 공산당에 대해 대대적인 살육에 나섰다. 항일전쟁 초기 일본이 왕성한 기세로 장개석을 쓰러뜨리고 중국을 합병할 가능성이 보이자 왕정위는 항일구국의 입장을 버리고 일본 군벌에 투항하여 일본 제국주의의 앞잡이

간신들은 자신에게 이익이 되면 언제 어디서든 어느 누구에게든 몸과 마음을 팔 준비가 된 자들이다. 이런 자들에 대한 경계를 소홀히 하면 작게는 나 한 사람, 크게는 나라 전체가 절단 난다. 중국 근현대사에서 나라를 판 한간(매국노) 왕정위는 철두철미 '반과일격'의 모략으로 나라와 인민을 희생시켰다.

개가 되었다. 참으로 부끄럽기 짝이 없는 천하에 둘도 없는 '한간'이 아닐 수 없다.

간신은 언제 어디서든 얼굴을 바꾼다. 이른바 '바꾸기' 수법이다. 간신에게 지조(志操)란 아예 없다. 이런 점에서 누구든 과거 행각이야말로 간신 여부를 가리는 유력한 자료가 된다는 사실을 잊지 말아야 한다.

한 번 변절(變節)하면 두 번 세 번은 식은 죽 먹기다. 그런데 변절보다 더 무서운 것이 바로 '반과일격'이다. 자신의 변절과 타락을 감추기 위해, 또 바뀐 주인에게 충성을 보이기 위해 얼마 전까지 자기 편이었던 사람을 무자비하게 공격하기 때문이다. 그 간신이 가지고 나가거나 가지고 있는 정보의 양과 질이 클수록 희생도 커진다.

032

'이이제이(以夷制夷)'의 변형
'이화제화(以華制華)'

'오랑캐로 오랑캐를 통제한다'는 '이이제이(以夷制夷)'는 너무 잘 알려진 중국의 전통적인 외교책략의 하나이다. 그런데 '이이제이'와 반대되는 뜻의 '이화제화(以華制華)'도 있다. '중국인으로 중국인을 통제한다'는 것으로, 제국주의 침략자들이 중국에서 흔히 써먹던 음모이자 악독한 계략의 하나이다. 이 계략은 간신도 차용하는 간사모략이 되었다.

관련하여 모택동은 〈새로운 국제정세에 대한 신화사 기자와의 대화〉에서 이렇게 말한 바 있다.

"일본은 중국에 대해 대규모 군사 공격을 가할 가능성이 있다. 물론 가능성이 아주 크지 않을 수도 있다. 하지만 더 지독하게 '이화제화'의 정치적 공세와 '싸우면서 전투력을 기르는' '이전양전(以戰養戰)'의 경제적 침략을 진행할 것이다. 점령 지역에서는 계속 미친 군사적 '소탕(掃蕩)'을 저지르며 영국을 통해 중국의 투항을 압박하려 할 것이다."

지난 100여 년 동안 제국주의는 늘 중국 내부에다 그들이 이용할 역량을 심어서 중국 내부를 분열시킴으로써 침략의 목적을 달성하려 했다. 1840년 이후 제국주의는 일련의 중국 침략전쟁을 통해 청 정부에 주권 포기라는 치욕적인 불평등 조약을 압박하여 정치·외교에서 점차 청 정부를 통제하는 한편 청 정부의 손을 빌려 중국을 통제하고 중국 인민을 부리면서 중국의 재부를 약탈했다. 청 정부의 이리와 같은 자들, 간신들은 외세와 결탁하여 반제국주의 반봉건주의 투쟁에 나서는 중국 인민을 진압했고, 중국은 반(半)봉건, 반(半)식민이라는 깊은 수렁 속으로 빠졌다.

9·18사변[3] 이후 일본 제국주의는 중국 동북에다 괴뢰 만주국을 세워 동북 인민의 항일운동을 진압했다. 7·7사변[4] 이후에는 공개적으로 친일을 내세운 국민당 왕정위(汪精衛)를 이용하여 가짜 정권을 수립했다. 가짜 군대를 조직하여 항일전쟁을 파괴하는 한편, 장개석 일파의 힘을 이용하여 결사적으로 항일에 나선 공산당을 견제했다. 1939년 일본은 장개석 군대에 대한 공격을 멈추고 먼저 항복한 다음 평화를 논의하자면서 정치적으로 반공 활동을 부추겨서 끝내 '환남사변(皖南事變)'[5]이라는 역사적 참극을 저질렀다. 공산당이 항전에서 승리하자 미 제국주의는 장개석 국민당 반동분자를

3】9·18 사변은 1938년 9월 18일 일본 제국주의가 중국 동북지구에 주둔하고 있던 중국 관동군을 기습하여 동북을 점령한 사건으로 중국 침략의 발단이었다. 이후 14년 동안 동북은 일제의 식민통치를 받았다. 심양의 옛 이름인 봉천(奉天)을 따서 봉천사변이라고도 한다.
4】7·7 사변은 노구교(盧溝橋)사건으로 더 잘 알려져 있다. 1937년 7월 7일 노구교의 일본군이 통보도 없이 군사훈련을 하다가 실종된 병사를 찾는다는 핑계로 북평(북경) 서남의 노구교를 수색하려다 거부당하자 공격을 가한 사건이다. 중국에 대한 본격적인 침략을 알리는 사건이었다.
5】환남사변은 1941년 장개석의 국민당 군대가 안휘성 남쪽에 주둔하고 있던 신사군(新四軍)을 기습한 사건을 말한다.

'이이제이'나 '이화제화' 모두 제국주의가 약소국들을 침략하기 위해 활용한 전형적인 모략이었다. 사진은 일제가 '이화제화'의 모략으로 세운 만주 괴뢰국의 꼭두각시 부의(溥儀, 1906~1967)의 모습이다.

지지하며 내전을 부추겨 공산당 지도부의 혁명적 역량을 없애려 했다.

모략으로서 '이화제화'는 전통적인 '이이제이(以夷制夷)'와 일치한다. 즉, 한 집단 내부에다 자신을 지지하는 세력을 심어 자신이 조종하고 통제할 수 있는 힘으로 길러 이 집단 내부의 반대 세력을 공격하게 함으로써 집단 전체에 대한 통제와 조종이라는 목적을 이루는 것이다.

'이화제화'는 앞서 살펴보았던 '반과일격' 등과 연계되어 간신이 수시로 사용하는 수법이 되었다. 간신은 끊임없이 내부분열을 획책하여 득을 보는 자들이기 때문이다. 물론 간신 떼거리에 빈틈이 보이면 내 쪽에서 '이이제이'나 '이화제화'의 수법으로 저들을 와해시킬 수 있다.

033

교묘하고 황당하지만
먹히는 수법

'교묘하고 황당한 말'이란 뜻의 **교설황화(巧說謊話)**라는 성어가 있다. 외교적 언어에 늘 남용되는 간사모략의 하나를 가리키기도 한다. 기본적으로 수준 차이가 많이 나는 말을 황당한 말이라 한다. 자국의 이익을 위해 어떤 외교관들은 외교언어를 이런 황당한 말과 동등하게 취급하여 수단을 가리지 않고 구사한다.

서방의 근대의 이른바 '전통외교' 시기에 외교관들의 이런 황당한 말들은 거의 당연한 일로 여겨졌다. 17세기 영국 대사 헨리 워턴(Henry Wotton, 1568~1639)은 아예 대놓고 "대사(외교관)란 국외에 파견되어 본국의 이익을 위해 황당한 이야기를 하는 성실한 사람"이라고 했다. 19세기 오스트리아의 외교대신 메테르니히(Metternich, 1773~1859)는 심지어 "책략이란 면에서 말하자면 진실한 말은 나에 대한 불충이다"라고까지 했다.

현대 외교에서 일부 외교관들은 이런 황당한 말의 전통을 계승하고, 나아가 그 기교까지 발전시켰다. 오늘날은 '직접적인 황당한 말'은 가급적 피하는, 말하자면 '기술상의 황당한 말'을 정교하게 강구하는 자들로 변신했다. 1961년 4월 말, 즉 미국이 용병들을 고용하여 쿠바를 침공하기 5일 전에 케네디는 공개적으로 다음과 같이 보증했다.

"어떤 상황에서도 미국은 결코 카스트로의 퇴진을 촉구하는 일에 손을 쓰거나 간여하지 않을 것이다."

그러면서 케네디는 "미국인이 쿠바 주위의 반(反)카스트로 행동에 결코 말려들지 않을" 것이며, 동시에 '미국으로부터'의 반카스트로 공세에도 반대한다고 했다. 케네디의 이와 같은 말들은 아주 묘했다. 표면적으로 그는 결코 황당한 말을 하지 않았다. 4월 18일까지 지론(Giron)에서 상륙한 미국인은 없었고, 이 공세도 미국이 아니라 니카라과 연안의 섬에서 발동한 것이었기 때문이다. 그러나 본질적으로 케네디의 말은 황당한 소리였다. 이 반카스트로의 침공 행위는 미국의 지지와 책동으로 진행되었기 때문이다.

1961년 4월 17일부터 4월 20일 사이에 벌어진 미국 용병 1,400명의 쿠바 침공은 카스트로 정부를 전복시키기 위한 미국의 책동이었다. 미국 정부는 1960년부터 이 침공을 계획하고 자금을 제공했다. 그러나 대외적으로는 결코 이 일에 개입하지 않는다는 '교설황화'로 일관했다. 사진은 당시 미국 정부의 대통령이었던 케네디다.

'교설황화'에서 교묘한 말을 가리키는 '교설'과 황당한 말을 뜻하는 '황화'는 뗄 수 없는 관계에 있다. 그래서 이 모략은 외교는 물론 간신들이 누군가를 속이기 위해 가장 많이 구사하는 간사모략의 하나이기도 하다. 간신은 이 '교설'과 '황화' 모두에 능숙한 자이다. 특히 권력을 쥔 상황이라면 간신은 '교설'보다 '황화'를 더 많이 구사한다. 힘으로 밀어붙여 황당한 말조차 받아들이게 압박하는 것이다. 따라서 논리와 언변에서 간신에게 밀리거나 굴복하면 안 된다. 간신의 '교설황화'에 말리면 빠져나오기가 아주 힘들기 때문이다. 냉철하게 논리의 허점과 파탄을 움켜쥐고 집요하게 공략하여 확실하게 굴복시켜야 한다. 간신을 상대하고 척결하려면 확고한 논리와 그 논리를 정확하고 날카롭게 전달하는 언변 능력이 필수다.

034
자리를 위해서라면
아내까지 죽인다

　간신은 못할 짓이 없는 자이다. 역사는 이를 너무 생생하게 보여
준다. 앞서 언급한 춘추시대 제나라 환공 때 '삼귀(三貴)'로 불린 세
간신, 역아·수조·개방의 간행을 소개한 바 있다. 역아는 자기 아
들을 삶아 그 고기를 환공에게 바쳤고, 수조는 권력자의 귀여움을
얻기 위해 자신의 성기를 잘랐으며, 개방은 부모와 자기 나라까지
버렸다.

　간신은 필요하면 자기 아내까지 죽이길 서슴지 않았다. 간신으로
분류할 수는 없지만 장수 자리를 얻기 위해 아내까지 죽인 사례를
소개한다.

　《사기》〈손자오기열전〉에는 전국시대의 명장 오기(吳起, ?~기원
전 381)가 자신의 아내를 죽여 가면서까지 장군 자리를 구한 **'살처구
장(殺妻求將)'**이란 고사가 나온다. 오기는 전국시대 군사 전문가로 위
(衛)나라 좌씨(左氏, 지금의 산동성 조현 북쪽) 사람이다. 처음 노(魯)나라
의 장수가 되어 제나라의 군대를 대파했으나 모함을 받고 위(魏)나
라로 가서 이괴(李悝)의 개혁정치를 보좌하면서 군비를 정돈하여 문
후(文侯, 기원전 472~기원전 396)에 의해 중용되었다. 서하(西河, 지금의
섬서성 합양 일대) 군수를 거치면서 명성을 크게 떨쳤다.

　문후의 아들 무후(武侯) 때 구세력 왕조(王錯) 등에게 배척되어 초

(楚)나라로 망명했다. 초나라 도왕(悼王)은 오기를 완(宛, 지금의 하남성 남양南陽)의 군수에 임명했고, 얼마 되지 않아 영윤(令尹)으로 발탁되었다. 초나라를 돕는 동안 그는 법령을 분명하게 집행하여 무능하고 남아도는 관리들을 줄이고 낡은 귀족들이 변경에다 개간한 땅에서 세금을 거두어 그것으로 전투병을 훈련시키도록 했다. 남으로 양(揚)·월(越)을 수습하고, 북으로 진(陳)·채(蔡)·삼진(三晉, 한·조·위)을 물리쳤으며, 서쪽으로 진(秦)을 정벌하는 등 시들어가던 초나라의 국력을 강화시켰다.

그러나 도왕이 죽은 뒤 종실 대신들이 난을 일으키자 죽음을 직감한 오기는 왕궁으로 들어와 죽은 도왕의 시체에 엎드려 종실 대신들이 보낸 자객들이 쏘는 무수히 많은 화살에 맞아 죽었다. 오기의 죽음과 함께 도왕의 시체도 수많은 화살에 손상이 될 수밖에 없었고, 새로 즉위한 왕은 이에 관련된 자들을 잡아들여 모두 처형했다. 그는 죽으면서도 자신을 해치고자 한 정적들을 제거하는 절묘한 기지를 발휘하여 후세 사람들을 감탄시켰다.

《한서》〈예문지〉에 따르면 병법서《오기(吳起)》48편이 있었다 하나 일찌감치 없어졌다. 지금《오자(吳子)》6편이 남아 있는데 그나마 후대 사람이 그의 이름을 빌린 것으로 본다.

이상이 오기의 간략한 생애였다. 오기는 춘추시대의 손무(손자)와 더불어 전국시대를 대표하는 군사 전문가로 꼽힌다. 여러 나라를 돌면서 각국의 개혁정치를 도왔지만 수구파의 장애물을 끝내 넘지 못했던 비운의 개혁정치가였다.

오기는 당초 고국 위나라에서 자신을 모욕하는 자들을 죽인 죄로 수배를 받아 노나라로 도망을 갔다. 제나라 출신 여자와 결혼한 오기는 노나라 군대에 줄을 대려 애를 썼으나 노나라의 수구 세력들은 오기의 능력을 시샘하여 오기를 기용해봤자 제나라 출신의 아내 때문에 도움이 안 될 것이라고 트집을 잡았다. 당시 노나라의 주요 상대는 제나라였다. 오기는 아내를 죽여 자신의 의지를 확인시켰다. 여기서 '살처구장'이란 악명 높은 고사성어가 나왔다(다른 기록들을 면밀히 검토해 보면 '살처구장'은 사실이 아니라 오기를 시기하고 질투한 자들이 꾸며낸 것일 가능성이 큰 것으로 보인다).

노나라는 오기를 장수로 기용하여 제나라와의 전투에서 승리를 거두었다. 그러자 이번에는 오기가 아내를 죽이면서까지 장수 자리를 탐냈으니 무슨 짓이든 못하겠냐며 다시 오기를 헐뜯었다. 오기는 비참한 심경으로 서쪽 위나라로 떠났다.

개혁 군주 위나라 문후는 오기의 단점보다는 장점에 주목하여 그에게 당시 위나라의 경쟁국이었던 진(秦)나라를 방어하는 중책을 맡겼다. 오기는 진나라의 동진을 완벽하게 막아냈다. 60차례가 넘는 전투에서 오기는 단 한 번도 패하지 않았다. 이로써 그에게는 '늘 이기는 장군'이란 뜻의 '상승장군(常勝將軍)'이란 명예로운 별명이 따랐다.

하지만 문후가 죽고 무후가 집권하면서 오기는 다시 수구세력의 견제에 시달리다 결국 초나라로 다시 거처를 옮겼다. 초나라 도왕(悼王)은 그의 개혁정치를 지지했지만 도왕이 죽자 오기는 다시 수구세력의 공격을 받아 암살당했다.

사실을 두고 논란이 있긴 하지만 그런 것을 떠나 '살처구장'은 간사모략의 하나로 분류할 수 있다. 간신은 자신의 권력과 돈을 위해서 심하면 자신의 처자식까지 희생시키길 주저하지 않는다. 권력과 돈만 있으면 아내와 자식은 얼마든지 또 얻을 수 있다고 생각하기 때문이다.

현실생활에서도 이런 간신 소인배들이 적지 않다. 지금은 사회적 조건이 변했기 때문에 이들이 감히 드러내놓고 자식과 아내를 죽이지는 못하지만 자신의 출세나 허물을 덮기 위해서 처자식을 어떤 식으로든 희생시키는 일은 얼마든지 볼 수 있다. 또 이 과정에서 간신은 자신의 목적을 달성하기 위해 힘 있는 사람 앞에 비굴하게 무릎을 꿇고 죽은 척 비위를 맞추고 알랑거린다. 하지만 일단 목적을 이루고 나면 '강을 건넌 다음 다리를 부수어 버리는' 식으로 얼굴을 싹 바꾼다. 이 때문에 '살처구장'과 같은 간사한 모략을 구사하는 간신 소인배를 제대로 가려내서 조심하고 멀리해야 하는 것이다.

035
강을 건넌 다음
다리를 부순다

간신은 자신의 목적을 이루고 나면 언제 그랬냐는 듯이 얼굴을 바꾼다. 자신을 도운 사람도 가차 없이 제거한다. 비유하자면 '강을 건넌 다음 다리를 부수는' 식이다. 이를 '**과하탁교(過河拆橋)**'라 한다. 또는 '**과하추판('過河抽板')**'이라고 하는데 '강을 건넌 뒤 다리의 발판을 없애버린다'는 뜻이다. 《원사(元史)》〈철리첩목아전(徹里帖木兒傳)〉에 보이는 표현이다. 이 밖에 원나라 때의 희곡작가 강진지(康進之, 생졸 미상)의 《이규부형(李逵負荊)》, 청나라 말기 석옥곤(石玉昆, 생졸 미상)의 장편 백화소설 《삼협오의(三俠五義)》, 역시 청나라 말기 이백원(李伯元, 1867~1906)의 견책소설 《관장현형기(官場現形紀)》 등에도 같은 표현이 보인다.

'과하탁교'가 뜻하는 바를 비유하자면, 누군가 사업에서 성공한 다음 승리의 과실을 독식하기 위해 과거 동고동락했던 전우들을 모두 걷어찬다는 것이다.

유방(劉邦, 기원전 256~기원전 195)은 진나라 말기 혼란한 천하 정세에서 패권을 차지하기 위해 부귀영화를 누리게 해주겠다고 큰소리를 쳤다. 그는 '서한삼걸'로 불리는 장량(張良), 한신(韓信), 소하(蕭何)와 많은 인재들을 얻어 잘 활용함으로써 천하를 얻었다. 그러나 황제가 되자 안면을 바꾸어 능력 있는 인재들을 시기하고 질투했으며, 심지어 공신들을 죽였다. 첫 희생양은 일찍이 '한나라(유방)를 배반하지 않으면, 한나라도 한신을 배반하지 않는다'는 맹서와 함께 유씨 강산을 세우기 위해 목숨을 바쳐 경쟁 상대였던 군웅들을 물리친 한신이었다. 이어 팽월(彭越)의 목을 베어 육젓을 담갔고, 영포(英布, 경포鯨布)를 구강(九江)에서 죽였으며, 소하를 감옥에 가두었고, 진희(陳豨)의 모반을 압박했다. 장량은 이런 환란을 미리 막기 위해 관직은 물론 모든 것을 버리고 산으로 들어가 수양함으로써 죽음을 면했다.

명 태조 주원장(朱元璋, 1328~1398)은 황제가 된 다음 왕년에 함께 강산을 차지하는 데 공을 세운 공신들을 문·무관 가리지 않고 마구 죽였다. 오늘 벼슬을 내렸다가 내일 잡아 죽였다. 심지어 9족을 없애기까지 했다. 주원장의 '과하탁교'가 얼마나 철저했으며, 그 수단은 또 얼마나 잔인했는지 유방은 전혀 상대가 되지 못한다.

'과하탁교'라는 간사모략을 사용하는 사람은 대부분 공명을 성취한 권력자였다. 득세하는 순간 아랫사람들에게 칼을 휘둘렀다. 모략은 쉽게 실시되었지만 그 결과는 비참했다. 저 유명한 '날던 새가 다 잡히면 좋은 활은 감추고, 약은 토끼가 잡히면 사냥개는 삶긴다. 적국

주원장의 공신 살해는 전 세계적으로 유례가 없을 정도로 잔혹했다. 그는 무려 수만 명을 죽였다. '과하탁교'는 오늘날에도 정치는 물론 사업 등 여러 분야에서 수시로 발생하고 있다. 사진은 주원장의 진짜 모습으로 전하는 초상화이다.

을 깨고 나면 함께했던 신하는 죽는다'는 '토사구팽(兎死狗烹)'은 '과 하탁교'라는 이 모략의 진상을 아주 적절하게 반영하고 있다.

춘추시대 월나라의 공신 범려(范蠡, 기원전 536~기원전 448)는 함께 고생했던 또 다른 공신 문종(文種)에게 남긴 편지 속에서 월왕 구천(句踐)을 이렇게 평가한 바 있다.

"이 사람은 어려움은 함께할 수 있어도 안락함을 함께 누리지 못한다."

범려의 이 말은 정말이지 '침 한 방으로 피를 보는' '일침견혈(一針見血)'이자 정곡(正鵠)을 찌르는 통찰이었다. 범려는 정치판의 '과하탁교'라는 어두운 면을 정확하게 간파했고, 그래서 월왕을 도와 오나라를 멸망시킨 다음 아낌없이 부귀영화를 내던지고 떠났다. 그는 이름까지 도주공(陶朱公)으로 바꾸어 장사에 뛰어들었다. 그는 여러 차례 거금을 벌어 이웃에 나누어줌으로써 후세에 좋은 명성을 남겼을 뿐만 아니라 편안하게 남은 삶을 마무리했다.

범려의 친구 문종은 일찍이 미인계를 비롯한 남다른 계책으로 오나라의 국력을 소모시키고, 오나라의 충신이자 명장 오자서(伍子胥)와 오왕 부차(夫差) 사이를 이간질하여 오자서를 죽음으로 몰았다. 그리고는 마침내 월왕 구천의 치욕을 씻고 오나라를 멸망시켰다. 그러나 문종은 구천의 시기와 의심을 샀고, 끝내 구천의 압박을 받아 자결함으로써 원귀(冤鬼)가 되고 말았다.

'과하탁교'은 역사상 봉건 제왕들이 상습적으로 사용한 기술이 되었다. 제왕들은 오로지 나 한 사람만 존귀하니 나 혼자만 누리겠다는 지극히 강력한 욕망에 사로잡혀 공신들이 권력에 접근하는 것조차 두려워 그들을 잔인하게 해쳤다.

간신의 심리도 이와 다르지 않다. 제왕은 절대 권력으로 공신들을 숙청하지만, 간신은 권력뿐만 아니라 간교한 수법까지 함께 동원하여 아주 치밀하고 잔인하게 사람을 해치기 때문에 더욱 위험하고 피해가 크다. 특히 다리를 건너기 전까지는 간과 쓸개까지 빼줄 것처럼 알랑거리며 자신의 정체를 철저하게 위장하기 때문에 여기에 홀려 넘어가는 일이 많다. 주의하고 경계해야 한다.

036
'방울을 흔들고 북을 치며'
요란을 떤다

간신은 작은 일을 부풀리는 데 고수다. 심지어 하찮은 일조차 어마어마하게 키우는 남다른 재주를 부린다. '부풀리기'와 '키우기' 수법이다. 이와 관련한 성어로 **양령타고(揚鈴打鼓)**가 있다. '방울을 흔들고 북을 친다', 즉 요란을 떤다는 뜻을 가진 성어로 《홍루몽》(62회)의 "아주 작은 일을 가지고 방울을 흔들고 북을 치며 난리법석을 떠는 것은 옳지 않다"는 대목에서 나왔다.

'양령타고'는 일부러 일을 키워 모두가 알게 하는 것이다. 간신은 말할 것 없고 정치와 군사, 심지어 일상생활에서도 이 수단을 이용하여 속이려는 목적을 이룬다. 관련한 역사 사례를 보자.

기원전 717년 춘추시대 초기 정(鄭)나라 장공(莊公, 기원전 757~기원전 701)과 대신 제족(祭足, 또는 제중祭仲)은 줄곧 주 왕실을 보좌해왔다. 그러나 주 환왕(桓王)은 장공을 무례하다며 마음에 들어 하지 않았다. 그래서 하사품으로 품질이 안 좋은 기장 10수레를 내렸다. 장공이 전에 주 왕실의 보리를 함부로 베어간 것에 대한 보복으로 환왕은 이런 식으로 장공에게 모욕을 주려 한 것이다. 장공은 받으려 하지 않았지만 제족은 이렇게 말했다.

"이것은 주왕께서 내리신 물건입니다. 무엇이 되었건 천자의 은

총입니다.”

주공(周公) 흑견(黑肩)은 환왕이 너무하다고 생각하여 몰래 비단 두 수레를 장공에게 보냈다. 장공은 이 비단으로 기장을 실은 수레 열 대를 근사하게 포장하게 한 다음 그 위에 무기를 올려놓고는 돌아가는 길에 주 천자께서 내리신 하사품이라고 외쳤다. 그러면서 이런 거짓말을 퍼뜨렸다.

“송나라가 조공을 드리러 오지 않아 정나라 장공이 직접 왕명을 받들어 토벌에 나선다!”

이 말을 들은 사람들은 모두 사실로 믿었고, 정나라는 ‘천명을 받들어 죄를 묻는다’는 명분을 앞세워 송나라를 토벌했다. 나아가 제나라와 노나라의 지원까지 얻어냈다. 정나라는 크게 나발을 불고 떠드는 ‘양령타고’의 방법으로 왕명을 빌렸고, 그 효과는 가만히 있는 것보다 훨씬 컸다.

명나라 말기의 명장 원숭환(袁崇煥, 1584~1630)은 요녕(遼寧)을 지키면서 대포를 쏘아 후금(後金)의 황

정나라 장공은 자신을 욕보이려 내린 기장을 역이용하여 ‘양령타고’의 모략으로 명분과 실리 모두를 챙겼다.

제 누루하치를 죽게 만들었다. 후금은 큰 타격을 입었고, 갖은 방법으로 원숭환을 제거하고자 했다. 누루하치의 아들 홍타이지(황태극皇太極)는 몸소 군사들을 이끌고 북경성 턱밑까지 쳐들어갔다. 이 무렵 원숭환은 요동지구 총사령관으로 승진해 있었는데, 이 소식을 접하고는 바로 기병 5천을 이끌고 밤낮으로 400km를 달려 구원에 나섰다. 북경에 도착할 무렵 사람과 말 모두가 피로를 견딜 수 없을 정도였지만 광거문(廣渠門, 북경성 성문의 하나) 밖에서 후금 군대의 공세를 물리쳤다.

그런데 집안싸움에는 도가 튼 명나라의 썩은 관리들은 원숭환에게 고마워하기는커녕 적의 장성 격파를 막지 못한 책임까지 원숭환에게 뒤집어씌우려 했다. 격파당한 희봉구(喜峰口)는 다른 군사구역인 계주(薊州) 지역에 속했기 때문이다. 홍타이지는 몇 차례 자신의 공격을 저지하고 아버지까지 죽인 원숭환에 대해 뼛속까지 사무치는 원한을 품고 있었다. 《삼국연의》를 숙독했던 홍타이지는 '주유(周瑜)가 간첩 장간(蔣干)을 역이용했던' '반간계'로 원숭환에 대해 음모를 꾸몄다.

이 음모에서 장간과 같은 중요한 역할을 연기한 두 포로는 바로 명나라의 환관들이었다. 포로로 잡혀 있던 이들은 잠결인지 꿈결인지 그들을 지키는 후금의 호위병들이 귓속말로 하는 말을 어렴풋이 들었다. 한 사람이 "오늘 왜 갑자기 싸우다 중지했지?"라고 묻자, 다른 한 병사가 "내가 보니까 우리 칸께서 탄 말이 적의 진지를 향해 달려가는데 두 사람이 맞이하러 나와 꽤 오랫동안 밀담을 나누던걸. 원숭환으로부터 무슨 비밀스러운 정보가 있는지 상황이 빨리 해결될 것 같았어"라고 대답했다.

두 환관은 얼마 뒤 재수 좋게(?) 탈출에 성공하여 북경으로 되돌아왔다. 이들이 숭정(崇禎) 황제에게 이 사실을 보고했음은 말할 것도 없었다. 숭정은 노발대발했고, 거의 모든 관리들이 역적의 음모를 간파했기 때문에 북경은 함락되지 않을 것이라며 손에 손을 잡고 서로 축하했다. 원숭환은 체포되었고, 들끓는 여론 속에서 온몸이 찢기는 형벌을 받고 죽었다.

홍타이지가 구사한 모략은 《36계》에서 말하는 '남의 칼을 빌려 사람을 죽이는' **'차도살인(借刀殺人)'** 계책이자, 비밀(?)을 공개적으로 떠들어 새어나가게 한 '양령타고'의 모략이자, 명나라의 환관을 역이용한 **'반간계'**이기도 했다.

간신은 '양령타고' 수법을 수시로 사용한다. '양령타고' 수법에는 크게 두 가지 장치가 내포되어 있다. 하나는 겉으로 드러나는 요란함으로 사람들의 주의를 다른 쪽으로 돌리는 것이고, 또 하나는 그 요란함에 감추어져 있는 은밀한 또 다른 장치들이다. 사실 '양령타고'의 핵심은 방울과 북소리에 숨겨져 있는 간신의 또 다른 은밀하고 악랄한 수법들에 있다. 따라서 방울과 북소리에 홀리지 말고 그 안에 감추어져 있는 진짜 의도와 동기 및 목적을 정확하게 간파해내야 한다.

037
사사롭고 소소한 은혜를
크게(?) 베풀다

간신은 누군가를 포섭 회유할 때 일쑤 개인적으로 사소한 은혜를 베푸는 척한다. 이를 '**사은소혜(私恩小惠)**'라 한다. 《동주열국지》 68회에 보면 "신하는 사사롭고 소소한 은혜를 빌려 백성의 마음과 귀를 묶는다"는 대목이 나온다. '사은소혜'라는 모략은 인심을 농락하기 위해 사람들에게 소소한 은혜를 베풀어 주위 사람들의 지지를 얻고 자신의 권력과 지위를 다지는 것이다. 이 모략을 '**시혜계(施惠計)**'라 부르기도 한다.

춘추시대 송나라 공자 포(鮑, 훗날 문공文公)는 국군이 되고 싶어 모든 재물을 털어 백성들에게 나누어 주면서 민심을 얻었다. 그는 70살 이상의 노인들에게는 매월 옷감을 나누어 주었다. 누구든 전문적 장기가 있는 사람이면 중용했다. 가뭄이 들면 창고를 열어 굶주린 사람들을 구제했다. 그의 어머니는 자신이 저축했던 것까지 내놓으며 그를 도왔다. 송나라 백성들은 모두 입이 마르고 닳도록 그를 칭찬하며 그가 국군이 되길 원했다.

기원전 609년, 송 소공(昭公)이 사냥을 나간 틈에 공자 포는 궁정 쿠데타를 일으켜 국군 자리를 탈취했다. 제후국의 패주인 진(晉)나라는 이것이 예법에 어긋난다며 군대를 내어 그를 토벌하러 나섰다. 그러나 전국의 백성이 공자 포를 옹립했기 때문에 진나라도 하는 수 없이 그의 국군 지위를 인정했다.

이 사례에서 보듯이 공자 포의 사사롭고 소소한 은혜가 민심을 농락했고, 동시에 백성의 지지로 자신의 군주 자리를 다졌음을 알 수 있다.

한나라 문제(文帝, 기원전 203~기원전 157)가 즉위할 당시 조정에는 그의 심복이라 할 만한 대신은 한 사람도 없었다. 군대를 거느리는 믿을 만한 측근도 없었다. 그는 자신의 외로운 상황을 너무 잘 알았다. 누구든 자신의 황제 자리를 노릴 수 있을 정도로 불안정했다. 문제는 백성들의 지지를 얻어 지위를 단단히 다지기 위해 백성들에게 많은 은혜를 베풀었다.

문제는 먼저 연좌제(連坐制)를 폐지했다. 불과 얼마 전까지만 해도 가족들 중 누구든 죄를 지를 지으면 가족들이 모두 함께 처벌을 받았지만 이제 그것이 폐지된 것이다. 모두들 문제의 은혜에 놀라고 감격했다.

다음으로 문제는 각지의 혼자 사는 과부와 홀아비, 노인과 가난한 사람을 구제했다. 아울러 지방의 장관들은 때마다 노인들을 위문하도록 했다. 전국 각지의 과부와 홀아비, 노인과 가난한 사람들이 황제가 진심으로 자신을 위한다고 생각하여 감동해마지 않았다.

그 뒤 문제는 또 전국의 토지에 부과하는 세금을 반으로 줄였다. 천하의 백성들은 문제가 이렇게 자신들을 자식처럼 여기며 아낀다는 사실에 즐거운 마음으로 생업에 종사하며 그를 명군으로 칭송했다. 문제는 백성의 지지를 얻어 자신의 지위를 다졌고, 이후 안정되게 20년 넘게 황제 자리를 지키며 좋은 정책을 많이 시행했다.

작은 은혜를 사사롭게 베푸는 '사은소혜'의 모략은 역대 통치자들 대부분이 활용했고, 문제는 이 방면에서 가장 모범적이고 훌륭한 사례를 남겼다. 물론 간사한 자들 역시 이 모략을 한껏 이용했다. 그림은 한 문제의 초상화이다.

한나라 문제의 '사은소혜'는 간사모략이 결코 아니다. '사은소혜'의 핵심이 사람의 마음을 얻고 잡는 데 있기 때문에 관련 사례로 소개했을 뿐이다. 간신이 '사은소혜' 수법을 구사할 때는 대개 앞서 소개한 '방울을 흔들고 북을 치는' '양령타고'를 한데 섞어 구사하는 경우가 많다. 즉, 하잘것없는 사소한 은혜를 마치 엄청난 특혜를 베푸는 것처럼 요란을 떨어 상대의 마음을 홀리려는 것이다. '사은소혜'의 의도가 어디에 있느냐가 관건이다.

사람의 마음은 선물이나 재물 및 자리의 유혹에 흔들리기 쉽다. 인성(人性)의 약점 때문이다. 이 약점을 극복할 수 있느냐 여부가 간신에게 당하지 않는 관건이다. 간신을 막고 대비하려면 '이성(理性)의 목소리에 굴복할 줄 알아야 한다.'

038
겉으로 돕고
몰래 손해를 끼치다

간신은 겉으로는 돕는 것처럼 하지만 실제로는 몰래 손해를 입히고 해치기를 밥 먹듯이 한다. 이를 '**명조암손(明助暗損)**'이라 한다. '겉으로 돕고 뒤로 손해나게 한다'는 뜻이다. 대표적인 사례가 저 앞쪽에서 소개한《전국책》의 정수라는 여자가 초왕의 귀여움을 받고 있는 후궁의 코를 베게 할 때 구사한 '중상모략' 사례이다. 여기서는 다른 사례 하나를 들어보자.

《자치통감(資治通鑑)》에 이런 기록이 있다. 한나라 경제(景帝) 유계(劉啓, 기원전 188~기원전 141)의 누이 유표(劉嫖)는 자신의 딸을 태자 유영(劉榮)에게 시집을 보내고자 했다. 태자 유영의 생모 율희(栗姬)는 유표를 싫어했기 때문에 바로 혼사를 거절했다. 유표는 하는 수 없이 차선책을 강구하여 딸을 유철(劉徹)에게 시집보내고자 했다. 유철의 생모 왕씨는 바로 이 혼사를 받아들였다. 유표는 이 일로 율희를 공격하기 시작했다. 자신의 동생인 경제 앞에서 밤낮으로 율희를 헐뜯는가 하면 유철의 총명함을 칭찬했다. 유계도 유철을 몹시 사랑하고 있던 터라 태자를 바꿀 마음까지 있었지만 결심을 못하고 있었다.

유표는 경제가 율희에게 서운한 마음을 갖고 있다는 사실을 알고는 경제의 마음이 바뀌기 전에 은밀히 대신 한 사람을 시켜 경제에

율희는 생각과 판단력이 단순했다. 그저 평소 싫어하는 유표의 제안을 거절하면 유표에게 보복하는 것인 줄만 알았기 때문이다. 사진은 드라마 속의 율희.

게 율희를 황후로 책봉하라는 글을 올리게 했다. 이 글을 본 경제는 벼락같이 화를 내며 "어떤 자가 이런 헛소리를 지껄이냐"며 화를 냈다. 그리고는 그 대신을 죽이고 유영의 태자 자리를 박탈했다. 이 때문에 율희는 울화병으로 죽었다. 왕씨가 황후 자리에 올랐고, 당연히 유철이 태자가 되었다. 이가 한 무제이다.

유표는 대신의 입을 빌려 겉으로는 율희를 위하는 척했지만 실제로는 경제를 화나게 만들어 율희를 해쳤다. 몇 마디 말도 던지지 않았지만 형세는 급전직하하여 상대를 해치는 그녀의 목적은 달성되었다.

오늘날에는 적 외에 친구 사이에도 이런 음모가 아무렇지 않게 벌어지고 있다. 실로 험악한 음모이자 나쁜 계책이 아닐 수 없다.

누군가를 음모와 모함으로 해치는 언행을 우리는 흔히 '중상모략(中傷謀略)'이라 부른다고 했다. 나쁜 의도를 가지고 누군가를 해치는 것을 '중상'이라 하고, 그를 위해 동원한 방법과 수단이 '모략'이다. 이를 통해 상대를 제압하고 통제하려는 것이다. 이를 '중상으로 상대를 제압한다'는 '중상제인(中傷制人)'이라 한다. 전형적인 간사모략의 하나다. 이 모략은 궁중에서 많이 생겨났는데, 권력이 있고 부가 있고 명예가 걸려 있는 곳이라면 이런 간사모략이 없을 수 없었다. 부, 권력, 명예에 대한 갈망은 인간의 본능에 가깝고, 그것들이 존재하는 한 본능의 충돌은 불가피하기 때문이다. 정도의 차이만 있을 뿐이지 인간관계가 이루어지는 모든 곳에 '중상모략' '중상제인'이 작동하고 있다고 보면 된다. 이런 점에서 '명조암손(明助暗損)'은 '중상모략'의 구체적인 방법의 하나라 할 수 있다. 별 까닭 없이, 또 어떤 대가도 없이 돕겠다고 다가오는 자는 특히 조심해야 한다. 세상에 조건없고 대가없는 공짜란 없다.

039
아래에 달라붙어
위를 속이다

간신이 즐겨 쓰는 수법 중에 '달라붙기' 또는 '빌붙기'가 있다. 달라붙고 빌붙어야 기어오를 수 있기 때문이다. 간신은 어디든 누구든 필요하면 달라붙거나 빌붙는다. 윗사람이건 아랫사람이건 가리지 않는다. 자기에게 유리하다면 나무나 돌에도 달라붙을 자들이다. 이런 '달라붙기' '빌붙기' 수법의 하나로 '아래에 달라붙어 위를 속이다'는 **부하망상(附下罔上)**이란 것이 있다.

'부하망상'에서 '하'는 신하를, '상'은 군주를 가리킨다. '부하망상'은 권세를 가진 신하에게 달라붙어 군주를 속이는 간사한 무리들이 즐겨 사용하는 음모 수법의 하나다. 역대로 정직한 사람들은 이런 수법을 원수처럼 증오해왔다. 예를 들어 한나라 때 학자 유향(劉向)은 《설원(說苑)》〈신술(臣術)〉 편에서 "(권세 있는) 신하에 달라붙어 군주를 속이는 '부하망상'하는 자는 죽인다"고까지 했다.

중국 역사상 '부하망상'한 간신은 결코 적지 않았다. 지록위마(指鹿爲馬)로 진 2세 호해(胡亥)를 기만한 조고(趙高)와 그 추종자들, 한나라 때 팽선(彭宣)에게 탄핵당한 주박(朱博), 조현(趙玄), 부안(付晏) 등과 같은 자들이 대표적이었다. 당대 중국에서 '부하망상'은 '사인방(四人幇)'이 흔히 사용한 기술이기도 하다.

1975년 9월 11일, 등소평(鄧小平, 1904~1997)은 중앙의 일상 업무를 이끌면서 어지러워진 상황을 제대로 바로잡아 나갔다. 사인방은 이를 뼈에 사무치게 증오하여 갖은 유언비어와 비방을 지어냈다. 당시 모택동(毛澤東, 1893~1976)의 연락원을 맡고 있던 모원신(毛遠新)은 사인방의 뜻에 따라 여러 경로로 모택동에게 등소평을 공격하는 보고를 올렸다. 그는 당시 모택동에게 이렇게 말했다.

"(등소평은) 문화대혁명에 대해 불만이 많습니다. 72년 극좌를 비판할 때보다 더 지독한 것 같습니다."

"제가 등소평 동지의 강연을 아주 주목하고 있는데 문화대혁명의 성과에 대해 거의 말하지 않으며, 유소기(劉少奇)의 수정주의 노선에 대해서도 거의 언급하지 않습니다."

당시 만년에 접어든 모택동은 건강이 좋지 않아 실제 상황을 제대로 접촉할 수가 없었다. 당연히 문화대혁명을 되돌아볼 기회도 없었다. 모택동은 모원신의 보고만 믿고 의심을 가질 수밖에 없었다. 이 때문에 사인방에 이용당해 등소평 비판과 우경화 반격으로 상황을 뒤엎으려는 움직임이 일어났다.

역사의 경험은 충분히 주목할 가치가 있다. '부하망상'과 같은 정치적 속임수를 간파하고 물리치는 일은 사업의 실패를 막는 중요한 일이다. 그렇다면 어떻게 이런 간사모략을 간파할 수 있는가? 역사의 경험을 반추해보면 다음 세 가지 점에 주의할 필요가 있다.

첫째, 위가 현명하지 못하면 아래가 기만한다. 조고는 2세 호해를 다음과 같은 말로 기만했다.

"지금 폐하께서는 아직 젊으신 데다 이제 막 즉위하셨거늘 조정에서 공경들과 나랏일을 결정하셔야 할 이유가 어디 있습니까? 일이 잘못되면 신하들에게 단점만 보이게 될 뿐입니다. 천자가 '짐'이라고 하는 것은 본래 그 소리를 직접 듣지 못하게 하기 위함입니다."

2세 호해는 늘 깊은 궁중에 거처하면서 조고와 더불어 모든 일을 결정했다. 모택동은 당대의 위인이었다. 그러나 만년에는 평소 자신이 주장했던 조사와 연구라는 자세를 견지하지 못했다. 게다가 몸이 쇠약해지자 나서지 않고 은둔하다시피 함으로써 사인방 투기꾼들에게 '위를 속이는' 기회를 주었다. 이렇게 보면 '위'가 기만당하지 않으려면 반드시 조사하고 연구하는 자세로 시비를 바르게 가릴 줄 알아야 한다. 그렇지 않으면 바로 기만당한다.

둘째, 아래에 권세가 있으면 사람이 달라붙는다. 간신 소인배들이 감히 위를 속이려는 까닭은 위가 현명치 못한 것 외에 권세를 가진 아래가 패거리를 지어 조정을 좌우하는 세력을 형성하기 때문이다. 조고가 2세 호해 앞에서 감히 '지록위마'를 연출할 수 있었던 것은 그가 조정을 쥐고 있었기 때문이다. 1975년 모원신이 감히 모택동 면전에서 등소평을 비방할 수 있었던 것도 사인방이 이미 세력을 형성했다고 판단했기 때문이다. 이런 사실들은 '위가 기만당하지 않으려면 반드시 간신이 패거리를 짓지 못하게 막아야 한다는 점을 알려준다. 간신이 날개를 달면 꼬리를 떼어낼 수 없을뿐더러 잘라내기는 더 힘들어진다.

셋째, 권세에 빌붙은 소인배를 기용하면 안 된다. 위를 기만하는 자들은 예외 없이 권세에 꼬리치는 소인들이다. 그들은 아부, 꼬리치기, 줄 대기 또는 한패가 아니면 나설 길이 없다. 이런 소인배를 멀리하려면 사람을 쓸 때 반드시 신중하게 능력 있는 사람을 기용한다는 노선을 견지하고 덕과 재능을 겸비한 인재에 주목해야 한다. 그렇지 않으면 소인배가 틈을 비집고 들어와 패거리를 지어 권력을 훔친다. 이때가 되면 기만당하지 않으려 해도 그럴 수가 없어진다.

요컨대 간신의 '달라붙기'와 '빌붙기' 수법을 정확하게 파악하고 대처해야 한다. 그 사람의 관심과 언행이 어디를 향해 있으며, 그 정도가 어느 정도인지를 잘 헤아리면 그 언행과 관심이 간신의 '달라붙기' 내지 '빌붙기'에 해당하는지 충분히 간파할 수 있다. 간신의 이런 '달라붙기'와 '빌붙기'는 결코 정상일 수 없고, 어디에선가 파탄을 보일 수밖에 없기 때문이다. 거듭 강조하지만 작은 것 하나라도 놓치지 말고 꼼꼼하게 잘 살펴야 한다.

040

위에 달라붙어
아래를 속이다

간신의 '달라붙기'와 '빌붙기'는 하나의 수법이자 특기라고 말했다. 앞서 소개한 '부하망상'과 반대되는 뜻의 '위에 달라붙어 아래를 속인다'는 **'부상망하(附上罔下)'** 역시 간사한 음모의 하나로 간신 소인배가 흔히 사용한다. 달라붙는 대상이 군왕, 즉 권력자이기 때문에 속이는 대상은 군중이 된다. '부하망상'에 비해 '위'에서 받아들이기기 더 쉽고, 그에 반비례하여 그 위험과 피해는 더 크다. 이를 거울삼아 유향은 《설원》 〈신술〉 편에서 '부상망하'하는 자 역시 죽인다고 했다. 이 간사 음모의 주요한 특징은 대체로 다음 두 가지다.

첫째, 군왕과 친하고 그래서 달라붙어 기어오르려는 자는 늘 '위'가 잘 알고 믿는 측근이다.

둘째, 달라붙어 기어오른 자는 예외 없이 **'호가호위'**하며 군중을 속이고 나쁜 짓을 저지른다.

이런 특징을 가진 자들로는 역대 간신은 말할 것 없고, 중국 문화대혁명 때 사인방의 한 사람이었던 왕홍문(王洪文, 1935~1992)이 그 전형이다. 1966년 문화대혁명이 막 시작되었을 때 왕홍문은 역시 사인방의 하나인 장춘교(張春橋, 1917~2005) 무리를 통해 아주 빠르게 모택동 주석의 신임을 얻었고, 이어 파격적으로 당 중앙의 지도부 자리에 올라 노인네(모택동)의 상객이 되었다. '위(모택동)'에 달라붙은 뒤로 왕훙문은 거짓으로 '위'의 뜻이라며 '위대한 지도자(모택동)에 무한한 충성을 바치는 홍위병 소장'들을 속이고 선동하여 듣기만 해도 놀라운 난동 사건을 조작했다.

더 심각한 일은 1974년 왕훙문은 모 주석에 접근할 수 있는 편의를 이용하여 비밀리에 장사(長沙)로 내려가 어떤 일을 고발한 것이다. 그 "목적은 모 주석 앞에서 등소평을 비난하여 그가 제1 부총리가 되지 못하게 하려는" 것이었다(왕훙문의 1980년 6월 27일 자필 진술서). 그때까지만 해도 판단력이 살아 있던 모 주석이 제때에 그 음모를 간파함으로써 사인방의 음흉한 계략은 뜻을 이루지 못했다.

왕훙문과 사인방은 법으로 처벌을 받았지만 '부상망하'의 교훈은 기록할 가치가 있다. 실제 생활에서도 '부상망하'하는 자들이 어디에나 암약하며 조직과 나라에 손해를 끼치고 있기 때문이다. '부상망하'하는 간신 부류를 효과적으로 근절하는 관건은 '위'에 있다. 각 조직의 리더들이 대중과 더 가까이하고, 시비 앞에서 연구와 조사를 중점을 두고 실사구시(實事求是)해야 한다. 심복과 측근의 알랑거림이나 속삭임을 들을 것이 아니

간신들의 음모는 과거의 전유물이 결코 아니다. 간신의 달라붙기, 빌붙기, 기어오르기 수법과 그 행각은 지금도 우리 주위 곳곳에서 벌어지고 있는 엄연한 역사현상임을 확실하게 인식하고 있어야 한다. 사진은 법정으로 들어서는 왕훙문이다.

라 정책과 원칙에 따라 확고하게 일을 처리하여 '위'에 달라붙어 남다른 대우를 받지 못하게 해야 기어올라 달라붙으려는 자가 '아래(대중)를 속이는' 일 자체가 생겨나지 않는다.

041
말 궁둥이를
두드리는 기술

중국어에서 '**타마비**(打馬屁, 따마피)'와 '**박마비**(拍馬屁, 파이마피)'는 모두 말 엉덩이를 두드린다는 뜻인데, 거기에는 비위를 맞춘다는 의미가 내포되어 있다. 이런 기술을 '**타마비술**(打馬屁術)' 또는 '**박마비술**(拍馬屁術)'이라 한다. 이 기술은 주인 또는 상사의 환심을 사서 자신의 승진이나 자신에게 좋은 어떤 일을 이루기 위해 상사나 주인이 좋아하는 것에 맞추어 아양을 떠는 처세모략이다. 이것이 지나치거나 몸에 배어 있다면 이 모략은 단순히 처세모략을 넘어 간사모략이 된다.

간신은 '말 궁둥이를 적당히 두드리는' 이런 '타마비술'이 몸에 밴 자들이다. 속된 말로 '알랑방귀'를 뀌는 데 선수들이다. 앞에서 살펴본 입에 꿀을 바른 듯 말은 달콤하지만 뱃속에 검을 감추고 있다는 '**구밀복검**(口蜜腹劍)'이나 '웃음 속에 칼을 감추고 있다'는 '**소리장도**(笑裏藏刀)'의 수법도 다 같은 범주에 속하는 간사한 수법들이다.

명나라 때의 문학가 해진(解縉, 1369~1415)은 재능이 넘치고 문장력이 뛰어난 인재였지만 동시에 '박마비술'도 남다른 자였다. 이런 이야기가 전한다. 하루는 황제가 해진에게 "어젯밤 황후가 아이를 낳았다네"라고 하자 해진은 그 즉시 "군왕께서 용의 아들을 낳으셨군요"라며 아부했다. 황제가 "딸이라네"라고 하자 "여신 항아(嫦娥)

해진은 간신은 아니었지만 그런 말재주는 간신에게는 일상적인 기술이라는 사실을 경계하지 않으면 안 된다.

가 구중궁궐에 내려온 모양입니다"라고 맞받았다. 황제가 그 아이가 이미 죽었다고 하자 해진은 "세간에 머물 수 없었던 것 같습니다"라고 둘러댔다. 황제가 또 이미 강에다 갖다버렸다고 하자 해진은 "몸을 돌려 수정궁(水晶宮, 용궁)으로 돌아가셨군요"라고 했다. 애당초 황후는 딸을 낳지 않았다. 황제가 농으로 해진을 놀렸던 것인데, 해진의 현란한 말재주에 황제는 넋이 나가 칭찬을 아끼지 않았다고 한다.

《송사》에 이런 기록이 있다. 북송 때의 간신 정위(丁謂, 966~1037)가 참지정사(參知政事) 벼슬을 받자 재상 구준(寇準)에게 달라붙으려고 갖은 아부를 떨었다. 하루는 재상부에서 연회가 벌어졌다. 그런데 구준의 수염이 국물에 젖는 일이 있었다. 이를 본 정위는 바로 구준 옆으로 달려가 아주 공손한 태도로 구준의 수염에 묻은 국물을 닦아냈다. 구준이 참지 못하고 정위에게 "그대가 나 때문 참지정사로 승진했다고는 하지만 이렇게까지 할 필요가 있겠소"라며 면박을 주었다.

'박마비'에는 기술이 필요하다. 이 기술을 모르면 말 엉덩이가 아닌 말 다리를 두드려 자칫 말의 발에 채일 수도 있다. 반면 비위 맞추기가 적절하면 출세 가도를 달릴 수 있다. 사회에 '박마비술'에 능숙한 이런 자들이 적지 않다. 간신은 특히 더하다. 가마가 있으면 먼저 이 가마에 앉을 사람이 필요한 법이다.

권력을 가진 자는 대개 누군가 아부를 떨고 비위를 맞추면 좋아한다. 위에서 무엇인가를 좋아하면 아래는 더하면 더했지 덜하지 않다. 나쁜 기풍이 사라지지 않는 중요한 원인이기도 하다. 간신은 이런 권력자의 약점을 정확하게 파고들어 '말 엉덩이를 두드릴' 줄 아는 자들이다. 그 말에 홀리지 말고 냉철하게 의중(意中)을 파악해야 한다.

042

'무대랑(武大郎)'이
가게를 열다

무대(武大)는 소설 《금병매(金瓶梅)》에 나오는 주인공의 한 사람인 무송(武松)의 형이다. 이 소설을 바탕으로 유명한 만화가 방성(方成, 1918~2018)은 〈무대랑개점(武大郎開店)〉이란 제목의 만화를 한 폭 그린 바 있다. '무대랑이 가게를 열다'는 뜻의 제목이다. 알다시피 무대는 키가 아주 작은 캐릭터다. 그래서 그가 가게를 열고 고용한 직원들은 모두 키가 작은 난쟁이들이었다. 직원들은 "우리 주인은 성질이 더러워 자기보다 키가 큰 사람은 고용하지 않는다"고 했다. 여기서 '무대랑개점'은 무대랑이 가게를 열었는데 '자기보다 키가 큰 사람은 기용하지 않는다'는 뜻이 파생되었고, 능력이 있고 자기보다 수준이 높은 사람에 대한 시기와 질투를 비유하기에 이르렀다. 즉, 그런 사람이 자기 것(밥그릇, 가게, 권력)을 빼앗을까 두려워한다는 뜻이 담겼다.

이 때문에 '무대랑개점'은 천하를 얻은 황제가 큰 공을 세운 개국 공신들에 대해 갖은 방법으로 공신들의 권력을 제한하고 빼앗는가 하면 심지어 그들을 살해하는 음모를 비유하는 용어가 되었다. 권력자가 사용하는 수법이라 할 수 있다. 간신의 직접적인 수법은 아니지만 간신이 권력을 잡아 권력자가 되면 이 수법을 얼마든지 써먹기 때문에 알아두면 도움이 될 것이다.

봉건시대 제왕들은 자신의 강산을 오래도록 지키기 위해 제왕 자리와 국가통일에 위협이 될 수 있는 모든 군대, 모든 권력을 철저하게 통제하기 위해 '공이 군주를 떨게 하는', 즉 '공고진주(功高震主)'의 큰 공을 세운 공신들의 권력을 제한하고 빼앗았다.

북송 건국 후 태조 조광윤(趙匡胤, 927~976)은 조보(趙普)의 건의를 받아들여 석수신(石守信) 등 대신들을 불러 함께 술을 마셨다. 술자리가 무르익자 그는 대신들에게 이렇게 말했다.

"내가 그대들이 없었으면 이 자리에 없었을 것이다. 그대들의 덕을 생각하노라면 끝이 없다. 그런데 천자 노릇하기가 여간 힘들지 않다. 절도사 때의 즐거움만 못하니. 내가 하루 종일 마음이 편치 않고 잠도 제대로 자지 못한다."

석수신 등이 그 까닭을 물었고, 조광윤은 "그걸 몰라서 그러는가? 이 자리를 누군들 욕심내지 않겠는가?"라고 반문했다. 그러면서 이렇게 덧붙였다.

"인생이란 흰 망아지가 좁은 틈을 지나가는 것과 마찬가지로 덧없이 빨리 지나가는 법이오. 부귀영화란 그저 금전이 넉넉하여 스스로 인생을 즐기면서 자손들이 가난하게 살지 않으면 그만이오. 당신들은 병권을 놓고 나가서 변경을 지키면서 좋은 저택을 마련하고 자손들에게 영구히 물려줄 재산을 남겨놓고서 가무를 즐기면서 날마다 맛난 음식과 술을 마시면서 한평생을 보내면 좋지 않겠소! 또 짐이 그대들과 사돈 관계를 맺으면 상하 군신 간에 서로가 의심할 것도 없이 편안할 터이니 이 역시 좋지 않겠소!"

석수신 등은 그 다음 날로 병을 핑계로 병권을 내놓았다. 이상이 저 유명한 '배주석병권(杯酒釋兵權)'이다. 술잔을 돌리며 병권을 내놓게 했다는 것이다. 조광윤은 공신들을 살해하고 박해한, 특히 큰 공을 세운 공신들을 무자비하게 죽인 다른 제왕에 비한다면 아주 이례적이고 현명한 군주였다.

초한쟁패 과정에서 유방(劉邦)은 항우(項羽)를 꺾고 천하 패권을 차지하기 위해 군대를 거느리고 있던 장수 한신(韓信), 영포(英布), 팽월(彭越), 장오(張敖) 등을 왕에 봉했다. 항우를 없애자 이들은 황제 자리를 위협하는 잠재적 경쟁자가 되었다. 유방은 여러 방법으로 이들 잠재적 경쟁자들을 제거했다. 한신의 경우를 보면 병권을 빼앗은 다음 회음후로 강등시키고 결국은 반역으로 몰아 죽였다. 한신은 죽기에 앞서 "약은 토끼가 잡히니 사냥개는 삶기고, 날던 새가 다 잡히니 좋은 활은 숨기며, 적국을 무찌르니 공신은 죽는다고 했지.

대부분의 권력자는 권력의 분점(分占)을 원치 않는다. 이 때문에 자신보다 큰 공을 세운 공신들을 늘 경계하고 제거했다. 주원장은 그 중에서도 가장 잔인한 경우였다. 그림은 방성이 그린 〈무대랑개점〉 그림이다.

천하가 평정되었으니 나는 삶기는 수밖에"라며 탄식했다.

명 태조 주원장(朱元璋)의 공신 살해는 더 악명 높다. 그 규모는 중국 역사상 전례가 없었다. 1380년부터 1390년까지 10년 사이에 승상 호유용(胡惟庸)이 숙청되었고, 그에 연루되어 살해된 공신과 관료가 무려 3만 명에 이르렀다. 공로가 가장 컸던 태사(太師) 한국 공(韓國公) 이선장(李善長)은 호유용과 인척관계라는 이유 때문에 그 자신을 포함하여 가족 70여 명이 모두 피살되었다.

천하를 얻은 다음 군주들은 '무대랑개점'을 실행하여 남다른 공을 세운 공신들을 용납하지 않았다. 이 때문에 일부 공신들은 공을 성취한 다음 바로 용퇴하기도 했다.

월왕 구천(句踐)은 오나라를 멸망시킨 다음 대대적인 논공행상을 단행했지만 1등 공신 범려(范蠡)는 그 명단에서 빠져 있었다. 범려는 이름을 바꾸고 배를 타고는 자신의 행방을 숨긴 채 은퇴했기 때문이다. 장량(張良)은 유방이 천하를 얻자 도가의 신선인 '적송자(赤松子)를 따라 노닐겠다'며 정계를 떠났다. 교묘하게 화를 피한 방법이었다. 소하(蕭何)는 힘들게 유방을 보좌했지만 늘 어리숙하게 처신할 수밖에 없었다. 진평(陳平)은 여태후에게 살 집과 땅을 요구하고, 술과 오락에 빠져 사는 방식으로 숙청을 피했다. 조조(曹操)의 모사 가후(賈詡)는 조조의 신하가 아니라며 의심을 피하고, 문을 걸어 잠가 스스로를 지켰다.

잘못 알고, 제대로 모르고 간사한 자를 권력자로 만들었다면 그 간군(奸君) 밑에서 취할 수 있는 행동은 크게 세 가지다. 하나는 같은 생각을 가진 사람들과 연합하여 간군을 내치는 것이다. 둘째는 모른 척 그 밑에서 부귀영화를 누리는 것이다. 함께 간신의 길을 걷는다. 셋째는 서둘러 그곳을 빠져나온다. 범려나 장량처럼. 하지만 이 모든 것에 앞서 그런 자를 선택하지 않도록 제대로 보는 안목과 판단력을 기르는 일이 중요하다. 간군에게 개인적으로 숙청당하는 것이 문제가 아니라 그 과정에서 백성들이 큰 피해를 입기 때문이다. 누구든 역사에 책임이 있다.

043

세 걸음 물러났다
한 걸음 나아가다

신문 등 매체의 보도를 늘 장식하는 뉴스의 하나가 직업과 관련한 사기다. 이런 사기의 수법은 다양할 뿐만 아니라 아주 교묘한데, 그중 가장 많이 사용하는 수법의 하나가 '퇴삼진일(退三進一)'이라는 것이다. '세 걸음 물러났다 한 걸음 나아간다'는 뜻이다.

사기꾼은 상대의 신임을 얻기 위해 오랫동안 교제하면서 늘 약속을 지키며 대범하고 정의로운 사람처럼 꾸민다. 때로는 상대에게 실제로 이익이 되는 것을 아낌없이 주어 점점 자신에 대한 호감과 믿음이 생겨나도록 만든다. 드디어 상대가 확실하게 걸려들었다 싶으면 바로 사정없이 상대에게 칼을 휘두른다. 깨달았을 때는 이미 늦었다.

이런 사기꾼이 있었다. 그는 한 도매상의 신임을 얻기 위해 1년에 걸친 거래에서 늘 물건을 받는 즉시 돈을 지불했다. 물건의 주문과 지불 날짜를 한 번도 어기지 않았다. 이후 업무관계가 발전하면서 그는 물건의 질과 주문 수량을 높였다. 자금 부족 때문에 일쑤 지불 대금이 밀리는 현상이 발생했지만 다소 늦게라도 반드시 지불했다. 이렇게 그는 성실하게 약속을 지키는 상인으로 도매상 주인의 눈에 들었다. 이와 동시에 이 사기꾼은 작은 호의를 베푸는 방법으로 도매상의 직원과 긴밀한 인간관계를 맺었다. 이 때문에 한 직원은 자신이 나서서 그를 도와 구매의 어려움을 해결해주기까지 했다.

이렇게 오랜 시간 업무상 왕래를 거치면서 모든 사람이 그를 철저하게 믿었고, 결제가 조금 늦어져도 전혀 마음에 두지 않기에 이르렀다. 한 번은 이 사기꾼이 컬러TV와 냉장고를 대량으로 판매할 통로가 있는데 지금 회전이 여의치 않다면서 물건을 먼저 자신에게 주면 한 달 뒤 반드시 갚겠다는 제안을 해왔다. 그러면서 약속을 어길 경우는 어찌어찌하겠다며 하늘에 대고 맹서까지 했다. 또 도매상 직원들에게는 자신을 도우면 반드시 후하게 보답하겠다고 제안했다. 이왕의 신용도 쌓여 있고, 또 이 좋은 거래를 놓칠 수 없어 도매점은 그에게 수만 위안에 달하는 컬러TV와 냉장고 등을 넘겨주었다. 물건을 받은 사기꾼은 '한 번 날아간 황학은 돌아오지 않는다'고 그날로 줄행랑을 쳤다.

직업 사기꾼들이 사기를 성공시키는 까닭은 장기 작전과 위장에 능하기 때문이다. 특히 상대에게 좋은 인상을 주어 확고부동한 신용관계를 구축하기 때문이다. 일반적으로 이런 상황이 되면 그 사기꾼의 사기를 방지하기란 결코 쉽지 않다. 여러 차례 내지 수십 차례의 크고 작은 비즈니스 관계를 통해 속이지 않고 성실하다는 것을 보여주어 상대의 심리에 큰 거래도 마찬가지로 신용을 지킬 것이라는 착각이 단단히 뿌리 내렸기 때문이다.

이를 통해 우리는 다음과 같은 교훈을 얻을 수 있다. 다른 사람에 대한 신뢰는 그 범위와 한계를 정해야 한다(이 범위는 당연히 내가 손해를 보지 않는 한도 안이어야 한다). 상대가 이 범위를 넘어서면 경계심을 갖고 가볍게 믿어서는 안 된다. 원래 정해 놓은 범위를 넘어서는 비즈니스가 꼭 필요하다면 상대방에 대해 엄격한 조건과 보상 조치, 예를 들어 재산압류 등과 같은 조건을 건 공증된 계약서 작성과 실제 담보를 잡아 만약에 대비해야 한다.

물론 모략으로서 '퇴삼진일'은 '물러남으로써 나아간다'는 '**이퇴위진**(以退爲進)', '갖고 싶으면 반드시 먼저 주어라'는 '**장욕취지**(將欲取之), **필선여지**(必先與之)' 등과 비교적 가까워 정치와 군사 등과 같은 영역에도 응용될 수 있다. 참고로 '이퇴위진'은 양웅(揚雄)의 《법언(法言)》〈군자(君子)〉 편에, '장욕취지, 필선여지'는 《노자》 제36장에 관련 대목이 보인다. 또 한 가지 지적해둘 것은 이 모략에는 부정적인 뜻이 포함되어 있지 않다는 사실이다. 이것이 간사모략으로 분류되는 경우는 이를 이용하는 자의 동기와 심보 및 그것이 실현된 사례 때문이다.

'퇴삼진일'을 간신이 사용하면 당연히 간사모략이 된다. 그리고 '퇴삼'은 속임수가 된다. 모든 부류의 간신에게서 나타나는 가장 큰 공통점은 '사기(詐欺)', 즉 '속임수'와 '거짓말'이다. 속이려면 거짓말을 해야 하기 때문에 이 둘은 일란성쌍생아의 관계다. 그 거짓말 안에 속임수가 숨어 있고, 그 속임수 안에 거짓말이 웅크리고 있음을 명심해야 한다.

한 가지 더 알아두어야 할 점은 간신은 '퇴삼진일'의 수법을 주로 사용하지만 때에 따라서는 '**일퇴삼진**(一退三進)'의 수법도 과감하게 사용한다는 사실이다. 상대에게 빈틈이 보이거나 필요하다고 판단되면 '한 걸음 물러났다가 세 걸음 전진하는' '일퇴삼진'도 얼마든지 사용한다. 물론 '퇴삼진일'과 '일퇴삼진'을 섞어서 사용하기도 한다. 간신의 수법은 상황에 따라 그 변화가 무상하다.

044
간신의 처세는
노회(老獪)하고 교활(狡猾)하다

간신의 처세를 두고 '원활세고(圓滑世故)'라는 표현을 많이 쓴다. 세상사에 노련하고 무슨 일이든 매끄럽고 약삭빠르게 잘 빠져나간다는 뜻이다. '원활세고'는 예나 지금이나 정객들의 정치에서의 생존 책략, 특히 간신의 전매특허와 같은 수법의 하나이다. 또 사회에서 이것저것 두루 잘 주선하여 환영 받는 처세의 법칙이기도 하다.

중국사를 두루 살펴보면 권세를 가졌던 간사한 정객이나 간신들 중 이처럼 노회하고 교활한 자가 적지 않았다. 풍도(馮道), 엄숭(嚴嵩), 화신(和珅), 이연영(李蓮英), 장군(張群) 등이 대표적 인물이다. 이들의 관료 생애, 즉 간행을 전체적으로 살펴보면 그 처세책략은 대체로 다음 몇 가지 방면으로 정리할 수 있다.

첫째, 상대의 마음을 잘 쓰다듬고 역린(逆鱗)을 건드리지 않는다. 백양(柏楊, 1920~2008) 선생은 《중국인사강(中國人史綱)》에서 명나라 때의 거간 엄숭에 대해 이렇게 썼다.

"엄숭이 유일하게 하는 일이라곤 나랏일이 아니라 주후총(朱后熜, 세종世宗 가정제嘉靖帝)의 성격과 기질을 연구하는 것이었다. 이렇게 해서 그는 주후총의 머릿속에 퍼져 있는 신경 한 줄까지 손바닥 들여다보듯 훤하게 꿸 수 있게 되었다."

"가정제는 죽어도 자신의 잘못을 인정하지 않았고, 엄숭은 어떤 상황에서도 주후총의 잘못이 드러나지 않도록 했다. 엄숭은 황제를 불쾌하게 만드는 말은 단 한마디 하지 않았다."

둘째, 머리는 숙이고 귀는 쫑긋 세운 채 오로지 명령에만 따른다. 백양 선생은 옛날 중국에서 "벼슬을 지키는 방법은 머리는 숙이고 귀는 쫑긋 세우기만 하면 되었지 시비를 가리는 것이 아니었다"라고 꼬집었다. 그러면서 청대의 거간 화신(和珅)의 예를 들어 이렇게 말했다.

"화신은 16세기 명나라의 엄숭 같은 부류로, 서로 같은 유형의 특수한 기연과 관료사회의 기교인 아부와 공순한 외모로 자신이 누구보다 총명하다고 생각하는 황제를 손바닥 위에 올려놓고 가지고 놀았다."

엄숭과 화신의 생애는 오로지 매 순간 황제의 뜻에 따르는 것이었다. 건설적인 건의는 단 하나도 없었다. 이렇게 해서 황제로 하여금 이자들이 스스로 무릎을 꿇고 충성하는 노예처럼 여기게 했다.

셋째, 바람을 살펴 방향타를 조종하고 염치를 모른다. 풍도는 5대 10국시대를 통해 8개 성씨(왕조) 11인의 서로 다른 종족(사타족, 거란족, 한족) 출신의 황제를 받들었다. 그가 이렇게 많은 황제의 총애를

풍도에 대해서는 역대로 논란이 많았지만 그의 언행은 간신의 그것과 하나 다를 것 없다.

얻을 수 있었던 것은 '엉덩이를 두드리는' 재주 때문이었다. 그는 매번 새로운 황제가 올 때마다 먼 길을 마다하지 않고 직접 나가 무릎을 꿇고 맞이했다. 일단 기용되면 극도로 공순한 태도로 일관했다. 대만의 장한종(莊漢宗)이 지은 《강자의 처세술》이란 책에서 "풍도의 뛰어난 점 중 하나는 처음부터 끝까지 '조롱받는 것과 스스로를 낮추는 것을 겁내지 않았다'는 것이다"라고 했다.

넷째, 처세가 노회하고 교활하며, 위아래의 비위를 잘 맞춘다. 국민당 원로 장군(張群)은 장학량(張學良)과 장개석(蔣介石)의 관계 등을 처리할 때 늘 수완이 매끄럽고 서로의 비위를 잘 맞추었다. 《이연영 무덤의 수수께끼》라는 책에는 이런 내용이 소개되어 있다.

청나라 말기의 환관 이연영이 황제와 황후가 투쟁할 때 시종일관 자희태후(慈禧太后) 편에 서서 태후 일당의 이익을 지켰다. 표면적으로는 광서제(光緖帝)를 동정하는 것처럼 가장했다. 광서제가 영대에 구금되어 있을 때 자희태후는 사람을 시켜 먹을 것을 보냈는데 거의 쉬어 빠진 것들이었다. 이연영은 광서제에게 문안을 드릴 때마다 늘 옷소매에다 빵 따위를 몰래 숨겨 갔다 바쳤고, 광서제는 이 때문에 이연영에게 몹시 감사함을 느꼈다.

8국 연합군이 북경에 쳐들어오자 자희태후와 황실은 서안으로 피난했다. 도중에 얇고 허름한 옷을 입은 광서제를 본 이연영은 바로 여러 사람이 보는 앞에서 자신의 외투를 벗어 광서제에게 입혔다. 그러면서 가는 길에 수시로 있는 힘을 다해 광서제의 안부를 돌보았다.

이연영은 주인과 대신들에게 아주 공손했을 뿐만 아니라 아랫사람인 노비들도 잘 돌봐주었다. 이런 일이 있었다. 자희태후의 60세 생일이 이화원(頤和園) 놀이터에서 열렸다. 당시 이화원 건설이 다 끝나지 않은 상황이라 공사가 긴박했다. 이연영은 자희태후의 성질을 건드리지 않기 위해 공사를 하고 있는 곳을 피해 길을 돌아갔다. 어쩌다 길이 다 깔리지 않은 곳이 나오면 이연영이 얼른 달려가 그 바닥 위에 서서 긴 두루마리로 감추어 자희태후의 시선을 막았다. 이렇게 이연영은 아랫사람의 실수를 막아줌으로써 인심을 매수했다.

다섯째, 거짓과 속임수로 일을 처리하고, 마음 씀씀이가 교묘하다. 풍도는 집권하는 동안 겸손한 태도를 절묘하게 이용하여 세상과 다투지 않았다. 그는 황제와 대신들의 의견이 들어오면 여러 의견을 다 받아들여 헤아린 다음 철저하게 조정하거나 절충했다. 이것이 안 되면 입을 다물거나 슬며시 빠져나갔다. 일 처리도 온갖 잔꾀를 동원했다. 이런 일이 있었다. 풍도가 명을 받고 거란에 사신으로 갔다가 뜻밖의 환대를 받았다. 거란의 왕은 풍도를 거란에 머물게 하고 싶었다. 풍도는 그럴 마음이 없었지만 감히 거절할 수도 없었다. 풍도는 거란의 왕에게 이런 글을 올렸다.

"요와 후진은 부자관계로 자식을 섬기는 것이 아버지를 섬기는 것과 같습니다. 이렇게 보면 저는 지금 실제로는 두 왕조에서 벼슬하고 있는 것과 마찬가지입니다."

그는 이런 식으로 거란 왕의 호감을 사는 한편, 부하에게 석탄과 장작을 사서 추운 겨울 날씨에 대비하라고 명령함으로써 감히 거란 왕의 명을 어기고 귀국할 생각이 없음을 나타냈다. 거란 왕은 그가 얻기 힘든 충성스러운 사람이라고 생각하는 한편 풍도가 차마 자신의 마음을 말로 나타내지 못하고 있음을 가엾게 여겨 귀국을 허락했다. 여기서 풍도는 귀국하지 않겠다는 모습을 일부러 연출했고, 거란 왕이 몇 차례 더 귀국을 재촉하자 마지못해 짐을 꾸렸다. 풍도는 귀국하는 길에 여러 차례 행차를 멈추고는 아쉬운 마음을 보였고, 이 때문에 국경에 도착할 때까지 한 달이 넘어 걸렸다. 풍도의 이런 행동을 이해하지 못한 수행원은 한시라도 빨리 귀국하고 싶을 텐데 연로한 몸으로 왜 이렇게 늦게 가냐고 물었다. 풍도는 이렇게 답했다.

"이것이 나의 '물러났다 나아가는 계책'이다. 낸들 빨리 귀국하고 싶지 않겠느냐? 생각해봐라. 우리가 아무리 빨리 간다 해도 거란이 말을 달려 뒤쫓으면 하루 만에 우리를 따라잡을 수 있다. 그래서 내가 일부러 요를 떠나고 싶지 않다는 마음을 위장하여 우리에 대한 의심을 피한 것이다."

귀국한 다음 풍도는 요가 제안한 높은 벼슬에 연연해하지 않고 귀국했다고 하여 후진 황제의 칭찬과 신임을 얻었다.

노회한 처세술을 장착한 교활한 간신은 풍도에서 보았다시피 온갖 술수로 윗사람의 총애를 얻고 아랫사람의 인심을 매수한다. 이런 방법으로 자신들의 불법과 농간을 가린다. 엄숭과 화신의 엄청난 뇌물죄가 온 천하에 드러난 다음에도 황제들은 여전히 이들을 '충성'스러운 자들이라며 바로 용서하거나 진상을 감추었다.

간신의 처세는 이처럼 권력자의 눈을 가리는 것은 물론 세상마저 속일 정도로 무섭다. 이는 지금 우리가 쓰라린 심정으로 겪고 있는 현실이기도 하다. 이런 역사의 비극이 우리에게 또다시 일어나지 않게 하려면 이런 자들을 더욱더 조심하고 유심히 살펴서 득세하지 못하도록 처음부터 씨를 말려야 한다.

045
이간질은 간신의 본질

근거 없는 모함이나 거짓말을 뜻하는 '참언(讒言)'으로 상대를 이간하는 행위나 그런 짓을 하는 자를 '**참간(讒間)**'이라 한다. 이 '참간'은 간첩의 한 종류이기도 하다. 간신은 필요하면 '참간'의 이런 짓도 서슴지 않는다. 《진서(晉書)》〈유원해재기(劉元海載記)〉에 '참간'이란 단어가 보인다.

'참간'은 비방이나 유언비어 등을 조작하여 이간질하는 것을 가리킨다. '참간'은 말로 이간질하거나 그런 간첩을 뜻하는 '언간(言間)'의 일종으로 '쟁간(諍間)'과 상대된다('쟁간'에 대해서는 따로 알아보기로 하겠다).

'참간'의 말은 일반적으로 아무것도 없는 데서 무엇인가를 만들어내는 '**무중생유(無中生有)**', 사실이 아닌 것을 거짓으로 꾸미는 '**날조(捏造)**', 중상모략과 비방이다. 때로는 사실을 기반으로 과장하거나 깎아내려 왜곡하기도 한다.

'참간'은 외교에서 많이 활용되기 때문에 여기에 초점을 맞추어 좀 더 살펴보자. 외교투쟁의 역사를 보면 모략가들이 왕왕 상대방의 내부 모순 및 상대 우두머리의 변덕스러운 성격을 이용하여 충직하고 청렴하게 백성의 신뢰를 깊이 받고 있는 정치가나 문무를 겸비한 장수에게 '참간'이란 간사한 모략을 구사한다. 대개는 '남의 손을 빌려 사람을 죽이는' '**차도살인(借刀殺人)**'으로 이런 사람들을 제거함으로써 상대의 군심과 민심을 흔들어 내부단결을 깨고, 투지를 흩어놓고, 리더십을 약화시켜 군사 수단만으로는 실현하기 어려운 군사와 정치적 목적을 달성한다.

겉으로 보기에는 명장 이목이 '참간'의 모략에 당한 것 같지만 실제로는 조왕 천이 '참간'의 모략에 당한 것이다. 이 간사모략에 당하면 자신뿐만 아니라 자신에게 중요한 사람까지 잃는다는 점에 유의해야 한다. 이목의 초상화이다.

역사상 상당수의 간신들 역시 '참간'을 이용하여 자신의 정적을 중상함으로써 그 사람의 자리를 대신 차지하거나 대권을 독차지하는 야심을 실현시켰다. 직접적인 간신의 사례는 아니지만 그 수법이란 면에서 동일한 역사적 사례를 하나 보자.

전국시대 진왕 정(政, 훗날 진시황)은 조나라를 멸망시키고자 두 차례 조나라를 사납게 공격했으나 조나라의 명장 이목(李牧)에게 막혀 승리를 거두지 못했다. 이에 진나라는 은밀히 사람을 시켜 거금을 들고 조나라 수도 한단(邯鄲)으로 가서 조왕 천(遷)이 총애하는 곽개(郭開)에게 뇌물로 주었다. 곽개는 진나라를 위해 "이목과 사마상(司馬尙)이 반역을 꾀한다"는 유언비어를 퍼뜨렸다. 조왕은 이 말을 그대로 믿고는 조총(趙蔥)과 제나라 장수 안취(顔聚)를 보내 이목의 자리를 대신하게 했다. 이목은 이 명령을 받지 않았다. 조왕은 다시 사람을 보내 이목을 잡아 목을 베고 사마상을 파면했다.

그로부터 석 달 뒤 진나라 장수 왕전(王翦)이 조나라를 공격하여 조총을 대파했다. 조왕과 안취는 포로로 잡혔다. 그해가 기원전 228년이었고, 조나라는 이름만 남은 허수아비로 전락했다(조나라는 그로 부터 6년 뒤인 기원전 222년에 멸망했다). '이목과 사마상이 반역을 꾀한다'는 말은 순전히 날조된 '참간'이었다. 진왕 정은 정면으로 이목과 싸워서는 이기지 못하자 '참간'의 모략으로 **차도살인**했다. '참간'이란 모략을 아주 성공적으로 운용한 사례였다.

거듭 강조하지만 간신이 사용하지 못하는 수법이란 없다. 보통 사람으로는 절대 생각할 수 없는 수법까지 서슴없이 쓴다. 그중에서도 이간질은 아주 보편적이고 기본적인 간신의 수법으로 간신의 본질을 규정한다. 내 앞에서 누군가를 별 근거 없이 헐뜯거나, 다른 사람의 입을 빌려 누군가를 험담하는 자가 있다면 일단 의심해야 한다. 그런 자는 간신일 가능성이 크다.

046
족제비가 닭에게 절하다

간신의 여러 특성 중 '굽실거리기'는 거의 전매특허나 마찬가지다. 간신의 '굽실거리기'는 신분 고하를 따지지 않는다. 나이와 성별도 따지지 않는다. 오로지 자신에게 유리하다면 누구에게든 얼마든지 '굽실거린다.' 웃는 얼굴에 침 뱉지 못한다고 간신의 '굽실거림'을 단호히 물리치거나 면박을 주지 않고 그냥 받아들이는 순간이 곧 간신에게 틈을 보이는 순간이다. 이 '굽실거림'에 당한 사람은 그 수를 헤아리기 힘들 정도로 많다. 엄연한 역사적 사실이다.

중국에 '족제비가 닭에게 절하다'는 속담이 있다(중국어로는 '황서랑급계배년黃鼠狼給鷄拜年'이라 한다). 닭 잡아먹기를 좋아하는 족제비가 닭을 홀리기 위한 수법을 가리키는 말이다. '나쁜 마음을 품고 있지만 선량함을 가장한다'는 뜻이다. 모략으로서 이 속담이 갖는 의미는 이렇다. 자신의 목적을 달성하기 위해 두 번 세 번 머리를 조아리거나 뇌물을 먹이는 방식으로 진상을 가린 다음, 차마 공개적으로 말할 수 없는 목적을 이룬다는 것이다. 역사상 이 모략은 떳떳한 군자가 되었건 소인배가 되었건 모두 운용했다.

춘추시대 형(荊)나라 왕의 동생 공자 오(午)가 진(秦)나라에 왔다. 그런데 진나라를 그를 붙잡아 두고 돌려보내지 않고 인질로 삼으려 했다. 형왕의 가신 하나가 "저에게 백금을 주시면 왕의 동생을 진나라에서 모셔오겠습니다"라고 했다. 가신은 백금을 들고 공자

가 잡혀 있는 진(秦)나라가 아닌 북방의 진(晉)나라로 가서 대신 숙
향(叔向)을 만나 돈을 건네며 이렇게 말했다.

"형왕의 동생이 진나라에 있는데 진나라가 돌려 보내지 않고 있습
니다. 여기 백금이 있으니 모든 일을 당신에게 부탁드리겠습니다."

숙향은 돈을 받은 다음 자기 군주인 평공(平公)을 찾아 "진나라와
의 국경 호구(壺丘)에다 성루를 쌓으십시오"라고 건의했다. 평공이
까닭을 묻자 숙향은 이렇게 말했다.

"형왕의 동생이 진나라에 있는데 돌아가지 못하고 있어 두 나라
의 관계가 악화되기 시작했습니다. 따라서 우리가 호구에다 성루
를 쌓아도 아무런 지장이 없을 겁니다. 진나라가 우리를 막고 나선
다면 우리는 형왕의 동생을 돌려보내는 것을 조건을 내겁니다. 진
나라가 형왕의 동생을 돌려보내면 형왕은 우리에게 감사할 것입니
다. 진나라가 돌려보내지 않는다면 두 나라의 관계는 더욱 악화됩
니다. 이러면 진나라는 호구에다 성루를 쌓는 우리 일을 막을 겨를
이 없을 겁니다."

숙향의 계책은 대단히 절묘했다. 그러나 형왕의 뇌물인 백금을
받지 않았다면 이루어지지 못했을 것이다. 형왕은 백금을 보내는,
즉 '족제비가 닭에게 절을 하는' 모략으로 자신의 목적을 달성했다.
이 모략은 이런 상황에서 이용할 수 있을 뿐만 아니라 마지막에 가

서는 닭을 잡아먹을 수 있음도 알아야 한다.

기원전 202년 흉노의 우두머리 선우(單于)가 군대를 이끌고 진양(晉陽)을 공격해왔다. 한 고조 유방은 유경(劉敬)의 만류에도 불구하고 30만 대군으로 흉노를 맞다 싸우다 평성(平城) 백등산(白登山)에 7일 밤낮을 포위당했다. 주력부대와 완전히 연락이 끊어져 사지에 몰렸다. 이때 진평(陳平)이 나서 선우 아내 알씨(閼氏)에게 뇌물을 보내자는 건의를 올려 위기를 벗어났다. 유방

진평의 계책이 구체적으로 어떤 것이었는지는 알려져 있지 않다. 그러나 분명한 사실은 선우의 아내에게 머리를 숙이고 여러 가지 뇌물 공세를 퍼부었다. 사진은 진평의 상이다.

은 진평이 제안한 '닭에게 절을 하는' 계책으로 자신의 생존을 얻어냈을 뿐만 아니라 흉노에게 반격을 가해 대승을 거둘 수 있었다.

'길이 아무리 힘들어도 돈 있으면 말을 구할 수 있다'고 했다. 예로부터 지금까지 뇌물이 없었던 적은 없다. 심지어 당당하게 행사하기도 했다. '족제비가 닭에게 절한다'는 이 모략은 떳떳한 군자들이라면 꺼린다. 하지만 급할 때는 사용할 수밖에 없으며 확실히 효과가 있다. 오늘날에도 이 모략은 여전히 위력을 발휘하고 있다. 오히려 어떤 면에서는 더욱더 교묘해지고 있다. 간신과 간신현상이 끊이지 않는 것이 이를 잘 증명하고 있다.

047

간신은 속죄양(贖罪羊)을 찾는 데 주저함이 없다

'꽃을 옮겨 나무에 접을 붙인다'는 말이 있다. 이를 '**이화접목(移花接木)**'이라 하는데, 청나라 때의 장편소설《호구전(好逑傳)》제4회에 나오는 사자성어다. 모략으로서 '이화접목'은 정치와 군사 방면에서 주로 사용되는 간사모략의 하나이다. 몰래 각종 수단을 사용하여 모두를 가리고, 자신이 저지른 악행을 다른 사람에게 미룬다. 이렇게 해서 다른 사람은 여러 사람으로부터 화살을 맞게 하는 대신 자신은 죄와 책임을 씻어 명예, 지위, 권력을 지키는 것이다. 속죄양을 만들어 다른 사람을 해치는 악랄한 간계는 늘 마음 나쁜 간사한 자에 의해 채용되었고, 또 여전히 사용되고 있다.

198년, 원술(袁術)이 군대를 동원하여 진(陳)을 공격하자 조조(曹操)는 몸소 대군을 이끌고 구원에 나섰다. 쌍방은 수춘(壽春) 일대에서 몇 달을 대치했다. 원술의 군대는 수비만 하고 나가 싸우지 않았다. 시간이 흐르고 조조의 군량은 바닥이 나기 시작했다. 조조는 사람을 보내 원술을 자극했지만 반응이 없었다. 군심이 흔들리는 것을 막기 위해 조조는 정보를 봉쇄하고 왕후(王垕)에게 식량 배급을 줄이게 했다. 이것도 잠시, 먹을 것이 줄어들자 병사들의 원성이 높아졌다.

조조는 왕후를 불러 "지금 군영에서 이런저런 말들이 많다. 내가 네 것을 빌려 군심을 안정시켰으면 한다"라고 했다. 왕후가 무슨 뜻인 줄 몰라 "승상께서는 무엇을 빌리려 하십니까?"라고 물었다. 조조는 "네 머리다"라고 했다. 왕후는 조조가 농담하는 줄 알고는 "승상께서 어찌 이 소인과 농담을 하십니까?"라고 했다. 그러자 조조는 "군중에서는 농담이란 없다"며 얼굴색을 바꾼 뒤 바로 왕후의 머리를 잘라 군중에 보이며 왕후가 고의로 군량을 줄여서 바로 목을 베었다고 알렸다. 전군의 병사들은 승상이 공평무사하게 '양식을 훔친 쥐'의 목을 베었다며 환호했다. 불만은 완전히 가라앉았다. 불쌍하게 왕후는 영문도 모른 채 귀신이 되었다.

1641년, 명나라는 금주(錦州) 전역에서 패배했다. 이로써 산해관(山海關) 밖에는 영원성(寧遠城) 하나만 남았다. 청나라 군대는 계속 산해관을 공격했고, 도성 북경이 위급해졌다. 중원 지역 곳곳에서 약탈이 벌어졌고, 숭정제(崇禎帝)는 초조하고 다급했지만 다른 방도가 없었다. 숭정제는 청의 홍타이지(황태극)과 협상하려고 병부상서 진신갑(陳新甲)에게 비밀리에 권한을 주었다. 그러나 뜻하지 않게 일이 새어나갔고, 청의 문무대신들 사이에 논란이 일었다. 숭정제는 난감한

조조를 간웅(奸雄)이라 부르는 까닭도 다 이런 사례를 적지 않게 남겼기 때문이다.

처지가 되었고, 책임을 떠넘기기 위해 진신갑을 속죄양으로 삼아 죽였다.

'이화접목'은 속죄양을 찾아 모든 책임을 그 사람에게 떠넘기고 자신은 위급한 상황에서 빠져나오는 모략이다. 조조의 사례에서 보았다시피 '이화접목'을 위해 왕후에게 일부러 식량 배급을 줄이라고 명령하여 병사들의 불만을 노골적으로 끌어올렸다. 그런 다음 이를 잠재우기 위해 왕후를 서슴없이 희생시켰다. 조조의 악랄한 심성이 유감없이 드러난 장면이다. 간신들 또한 조조보다 더하면 더했지 결코 못하지 않다. 자신에게 불리하다 싶거나 자신이 위기에 몰렸다 싶으면 주저 없이 속죄양을 찾아 그를 희생시킨다. 자기편이라도 필요하다면 결코 망설이지 않는다. 간신의 속성이다.

048
간신은 인심을 농락하는
술수에 능하다

예로부터 인심을 얻어 자신에게 끌어들이는 것을 '농락인심(籠絡人心)'이라 했다. 우리는 '농락'을 대개 부정적으로 쓰지만 원래는 '새장에 가두거나 고삐를 맨다'는 뜻이다. '농락인심'하면 인심을 확실하게 자신의 울타리에 가두어 둔다는 뜻이 된다.

'농락인심'이 간사모략의 수법으로 쓰일 경우는 다른 사람으로 하여금 나를 보호하게 하고, 자신의 목숨을 구걸하기 위해 돈, 권세, 미녀 등이 포함된 모든 수단으로 인심을 매수한 다음 자신이 목적하는 바를 달성하는 것이다.

역사적으로 볼 때 인심을 농락하는, 즉 인심을 끌어안는 기술과 수법은 온갖 사람들이 다 사용했다. 그리고 그들이 사업을 성취하는데 중요한 작용을 해냈다. 간사모략은 아니지만 워낙 대표적인 사례라 한번 소개해보겠다.

한나라를 재건한 동한의 광무제(光武帝) 유수(劉秀, 기원전 5~기원후 57)는 이 방면의 고수였다. 당시 군웅들이 일어나고 제후들이 여기저기를 나누어 차지하고 있던 시기에 많은 장수들이 목숨을 바쳐가며 그를 도와 천하통일을 이룩했는데, 가장 중요한 까닭은 그가 인심을 잘 끌어안았기 때문이다. 남양(南陽) 관군(冠軍, 하남성 등현鄧縣) 출신의 가복(賈復)은 하북에서 유수에게 몸을 맡겼고, 유수는 그 자

인심을 끌어안는 방면에서 남다른 능력과 술수를 보여주었던 동한의 창건자 광무제 유수.

리에서 그를 파로장군(破虜將軍)에 임명했다. 가복이 타는 말이 약해 보이자 유수는 자신의 말을 가복에게 주었다.

가복은 유수를 따라 사견(射犬, 하북성 심양沁陽 동북)에서 청복(靑犢)을 공격했다. 공격은 한나절을 지나 어두워질 때까지 계속되었으나 청복은 굳건히 버텼다. 유수는 가복에게 굶고 있는 병사들에게 먼저 아침을 먹인 다음 다시 공격하라고 했으나 가복은 이를 따르지 않고 먼저 적을 격파한 다음 밥을 먹겠다고 했다. 가복은 직접 붉은 기를 들고 앞장서서 해자로 돌격하여 끝내 승리를 거두었다. 장수들은 모두 가복의 용감에 감탄했다.

가복은 계속 북상하여 진정(眞定)에서 오교(五校)와 싸워 대파했으나 중상을 입어 위급한 상황에 처했다. 이 소식을 들은 유수는 깜짝 놀라며 "내가 가복을 별장으로 삼지 않았던 까닭은 그가 적을 가볍게 여기고 지나치게 용감하게 싸우기 때문이었는데, 정말 나의 호랑이 장수가 부상을 당했구나"라며 애석해했다.

유수는 가복의 부인이 임신 중이라는 사실을 알고는 딸을 낳으면 자신의 아들과, 아들을 낳으면 자신의 딸과 결혼시키겠다고 약속하며 가족 걱정을 하지 말라고 가복을 위로했다. 가복은 감격했고, 부상이 낫자 바로 말을 타고 군대로 달려가 더 용감하게 싸웠다.

인심을 끌어안는 기술, 특히 말 못할 목적이 있는 인심 농락술은 위아래가 모두 한마음 한뜻이 되어 투쟁하거나 일을 추진할 때 사람들의 마음을 끌어안는 것과는 근본적으로 구별되어야 한다. 간신이 구사하는 간사모략으로서 인심 농락술은 차마 드러내놓고 말할 수 없는 자신의 목적을 달성하기 위한 것이다. 그 수법은 교묘하지만 목적이 정당하지 않기 때문에 분명 그 수법 안에 허점과 파탄이 들어 있다. 이런 자에 대해서는 당연히 식별하고 경계하고 폭로하여 자리를 깔 수 없게 해야 한다.

인심은 모든 일의 향방과 결과를 예측하는 지표와 같다. 이 때문에 동서고금을 막론하고 너나 할 것 없이 인심을 얻는 방법을 강구했다. 오죽했으면 '인심을 얻는 자가 천하를 얻는다'는 말까지 나왔겠는가? 간신들 역시 인심을 얻기 위한 많은 방법과 수단을 사용했다. 인심은 하나가 아니라 각양각색이기 때문에 보다 치밀한 방법을 써야 한다. 간신은 필요하면 간과 쓸개까지 내줄 듯이 접근하여 사람의 마음을 농락한다. 간신의 이런 언행의 진실성을 정확하게 헤아릴 수 있는 철저한 관찰과 통찰력이 요구된다 하겠다.

049
은밀히 영합하여
구차하게 자리를 구한다

상대, 특히 권력자의 심기에 은밀히 영합하여 총애나 자리를 구하는 간신의 술수와 모략을 '**투합구용(偸合苟容)**'이라 한다. '투합구용'은 간사하고 은밀하게 권력자의 뜻에 맞추어 구차하게 권력자에 의해 기용되는 모략이다. 출처는 《순자》 〈신도(臣道)〉 편의 다음 대목이다.

"군주의 영예나 치욕은 거들떠보지 않고, 나라가 잘되고 못 되는 것도 거들떠보지 않고, 간사하게 영합하여 구차하게 받아들여져 녹봉을 지키고 교제 범위만 넓히려는 이런 자들을 '**국적(國賊)**'이라 한다."

'투합구용'은 간신들이 상투적으로 써먹는 간사모략이다. 순자는 이런 자를 '나라의 도적'이란 뜻의 '국적'으로 규정했다. 간신은 벼슬과 녹봉을 탐하고 구차하게 목숨을 부지하기 위해 지조를 헌신짝처럼 버린다. 특히 권력자의 뜻과 마음에 맞추기 위해 수단과 방법을 가리지 않는다. 이렇게 자기 한 몸 출세하면 그만이다. 이런 자들은 대부분 도덕이나 의리를 거들떠보지 않을뿐더러 서슴없이 신의를 배신한다. 도적을 아비처럼 여기는 탐욕으로 가득 찬 자들이다. 목숨이 아까워 자신의 몸과 마음을 한껏 구부려 벌벌 긴다. 중국 관료 사회의 역사에서 이런 모략을 이용하여 자기 몸 하나 보전하는데 급급했던 자들은 헤아릴 수 없이 많았다. 물론 이런 자들의 최후는 비참했으며, 이들의 인격은 역사의 수치였다.

기원전 210년 진시황이 사구(沙丘, 하북성 형대시邢台市 광종廣宗)라는 곳에서 급사했다. 앞서 죽음을 예감한 진시황은 환관 조고(趙高)에게 유언을 쓰게 하고, 그 유언을 전할 전령을 불러들였다. 그러나 전령의 도착을 기다리지 못하고 진시황은 숨을 거두었다. 유언을 전해들은 인물은 조고 단 한 사람뿐이었다. 유언장은 조고가 감추었다.

역사의 운명은 약삭빠른 환관 조고의 손에 넘어갔다. 조고는 진시황의 후계자로 유언장에 올라 있는, 그리고 자신과 껄끄러운 관계에 있는 큰아들 부소(扶蘇) 대신 만만한 상대인 작은아들 호해(胡亥)를 선택했다. 자신의 영달에 눈이 먼 조고로서는 당연한 선택이었다. 그는 호해를 찾아 설득했다. 이어 조고는 승상 이사(李斯, ?~기원전 208)를 찾아 이사를 설득하기 시작했다. 조고는 이사에게 돌아가는 상황에 주목하라고 충고하면서 이렇게 말한다.

"듣기에 성인은 항상 사물에 매이지 않고 변화에 따르고 때를 쫓으며, 끝을 보고 근본을 알고, 나아가는 방향을 보고 돌아갈 곳을 안다고 했습니다. 사물의 이치가 본래 이런 것입니다. 어찌 고정불변의 법칙이 있을 수 있겠습니까? 이제 천하의 권력은 호해에게 달려 있습니다. 그리고 이 조고는 호해의 뜻을 잘 알고 있습니다. 대체로 밖에서 안을 제압하는 것을 미혹(迷惑)이라 하고, 아래에서 위를 제어하는 것을 적(賊)이라 합니다. 가을에 서리가 내리면 풀잎과 꽃잎이 떨어지고, 얼음이 녹아 물이 흐르면 만물이 일어납니다. 이것은 필연적 결과입니다. 그대는 어찌 그리 눈치가 느립니까?"

이사는 끝내 조고의 입을 당해내지 못하고 조고와 호해 편을 들어 이른바 '사구의 정변'에 동참했다. 큰아들에게 황제 자리를 물려주라는 절대 권력자 진시황의 유언이 일개 환관 출신의 간신 손아귀에서 완전히 농락당한 것은 물론 천하마저도 돌이킬 수 없는 소용돌이 속으로 빠져들었다. 조고, 호해, 이사 세 사람은 진시황의 유서를 조작하여 장자 부소와 부소의 후견인인 명장 몽염(蒙恬)에게 죽음을 명령하는 조서를 보내 자결하게 만들었다. 호해가 2세 황제로 즉위했다.

이사는 '투합구용'으로 권력을 찬탈하고자 하는 조고와 호해의 욕망을 만족시키고 잠시 자신의 명성과 이익, 그리고 지위를 보전했다. 그러니 이것이 자신의 최후를 알리는 화근이 될 줄 어찌 알았겠는가? 간사한 야심은 끝난 데를 모르지만 '투합구용'의 모략만으로는 명리, 지위, 목숨을 100% 보전할 수 없다. 아니나 다를까, 조고는 권력을 혼자 움켜쥐고 조정을 독점하기 위해 이사를 죽였다. 그렇게 이사의 '투합구용' 일생은 막을 내렸다.

진나라 말기에서 한나라 초기에 활동한 박사 숙손통(叔孫通, 기원전 약 245~기원전 약 190)도 전형적인 '투합구용'하는 인물이었다. 그는 상대(주로 황제)의 안색을 잘 살피고, 심리를 파악하고, 자기 뜻을 굽

숙손통은 유생으로서 '투합구용'의 전형적인 행태를 보여주고 있다. 말하자면 약아빠진 지식인의 전형이었다.

혀 상대에게 맞추어 총애를 얻었을 뿐만 아니라 임기응변에 아주 능하여 대세에 따라 주인을 바로바로 바꾸었다. '투합구용'이란 면에서 그는 같은 시대의 이사보다 한 수 위였다.

기원전 208년, 진나라 말기 진승(陳勝)과 오광(吳廣)이 진나라에 반기를 들고일어났다. 소식이 도성에 전해지자 진 2세는 박사와 여러 유생들을 조정에 불러놓고 대책을 물었다. 박사와 유생들이 나서서 말하였다.

"군주의 신하로서 반역의 마음을 품는 것은 가당치 않습니다. 만약 있다면 그것은 역모이니 백번 죽어 마땅합니다. 폐하께서는 서둘러 군사를 출동시켜 그들을 징벌하옵소서."

진 2세는 자신의 통치에서 신하가 반역을 꾀하는 일이 일어났다고는 믿고 싶지 않았다. 평소 황제의 공적과 은덕을 찬양하는 말이나 어둡고 혼란한 상황을 감추고 태평한 것처럼 꾸민 좋은 말만 들다가 박사와 유생들의 솔직한 말을 듣자 귀에 거슬리고 울화가 치밀어 얼굴색이 변했다. 조정의 분위기가 갑자기 싸늘해졌다. 이때 숙손통이 급히 앞으로 나서며 이렇게 말했다.

"이자들의 말은 모두 맞지 않습니다. 지금은 천하가 한집안으로서 군현의 성곽은 이미 허물어지고 병기도 녹여버렸기에 천하에 전쟁이란 없습니다. 더욱이 현명한 황제가 조정에 계시고, 잘 갖추어진 법령이 민간에 보급되어 관리마다 직무에 충실하고 사방이 모두 중앙에 집중되었는데 어찌 역모를 꾀하는 자가 있을 수 있겠습니까? 이는 그저 무리를 지은 강도들로서 쥐새끼나 개 같은 좀도적들이기에 입에 담을 만한 것이 못됩니다. 군의 수위가 그들을 붙잡아 죄를 다스리고 목을 베어 내면 되니 심려치 마시옵소서."

이 말을 들은 2세는 매우 기뻐하며 유생들에게 또 한 사람씩 물었다. 어떤 유생은 여전히 그들을 역모라 하였고, 어떤 유생은 그들이 숙손통의 말처럼 작은 강도일 뿐이라고 하였다. 2세는 어사에게 역모라 말한 유생들을 옥에 가두고 죄를 묻게 했다. 강도라고 말한 유생들은 집으로 돌려보냈다. 2세는 숙손통에게 비단 20필과 의복 한 벌을 상으로 주고 정식으로 박사에 임명했다.

숙손통이 궁전에서 나와 집으로 돌아가려는데 유생들이 몰려와 "당신은 어찌 그토록 수치를 모르고 아부할 수 있습니까"라며 그를 나무랐다. 숙손통은 "그대들은 나를 이해하지 못할 것이야. 오늘 우리는 자칫하면 호랑이 입에 들어갈 뻔했네"라고 했다. 그리고는 함양(咸陽)을 가만히 빠져나와 자기 고향인 설성(薛城)에 돌아갔다. 설성은 이미 농민 봉기군에 함락되어 있었다. 숙손통은 항량(項梁)이 설성에 오기를 기다렸다가 그의 휘하로 들어갔다. 항량의 군대가 정도(定陶)에서 패하자 숙손통은 항량의 조카 항우(項羽)의 휘하로 들어갔다.

한 고조 2년(기원전 205년)에 유방(劉邦)은 항우가 제(齊)나라를 평정하러 나간 빈 기회를 타서 다섯 갈래의 제후들이 병사들을 거느리고 일거에 항우의 근거지인 팽성(彭城)을 함락시켰다. 숙손통은 다시 유방에게 투항했다. 유방은 이전부터 유생들을 싫어했다. 그는 유생들의 모자를 벗겨내어 오줌을 누는 것과 같은 행동으로 유생들을 모욕하곤 하였다. 숙손통은 박사로서 처음 유방을 만날 때 높은 관과 넓은 띠를 한 유생 복장 차림이었기에 유방은 매우 불쾌해했다. 눈치 빠른 숙손통은 바로 짧은 옷으로 갈아입고 초나라 차림새로 유방을 만났다. 유방은 그의 이런 차림새를 보고 매우 기뻐했다.

숙손통은 이처럼 세상 돌아가는 형세를 바로 알아채는 능력을 갖추었기 때문에 한나라 조정에서 예절과 의식 및 제사를 관장하는 고위직 관리인 태상(太常)이 될 수 있었다. 숙손통은 '투합구용'이란 수법을 누구보다 잘 활용했던 자였다.

이사와 숙손통이 간신 부류에 속하느냐에 대해서는 논쟁이 있다. 그러나 그 행위 자체는 간행과 크게 다르지 않다. 간신의 전유물과 같은 '투합구용'으로 자리와 목숨을 보전한 행동은 간신의 특성 그 자체다. 이사와 숙손통이 이 정도였다면, 진짜 간신은 어떠했을지는 긴말이 필요 없을 것이다.

050
작은 실수와 잘못을 바로 시인할 때 다시 살펴라

단순한 결점으로 거대한 죄악을 덮는 것을 나타낼 경우 **'취경피중 (就輕避重)'**이라는 표현을 쓴다. '가벼운 것으로 무거운 것을 피한다' 는 뜻이고, 간사한 자들이 습관적으로 쓰는 수법이다. 간사모략이 시대를 불문하고 통하는 까닭은 간사한 자들이 자신을 교묘하게 위장하여 알아채기가 쉽지 않기 때문이다. 동시에 그 수단과 방법 은 확실히 보통 사람보다 몇 수 위다. 이들은 흔히 눈에 보이는 정 상적인 수단과 방법으로 착수하여, 그것으로 정직하고 뜻 있는 사 람들을 자기 죄악의 올가미 안으로 끌어들인다. '취경피중'은 이럴 때 써먹은 간사모략이다. 이 수법은 급할 때 전차를 버리고 장수를 보호하는 것처럼, 두 가지 피해가 상충할 때 가벼운 쪽을 취하는 것이다.

중국에 이런 일이 있었다. 어느 골동품 수집가가 골동품 상점에 서 2만 위안에 골동품 하나를 샀다. 돌아와 잘 살펴보니 그 정도 값 은 안 나갈 것 같았다. 그는 화가 나서 그 골동품 상인에게 따졌다. 그 상인은 바로 물어주지 않고 웃으면서 "미안합니다. 제가 잘못 감정했습니다. 3,000위안 정도 값어치가 나가니 나머지는 돌려드 리겠습니다"라고 했다. 수집가는 상인의 솔직함에 놀라기도 하고 3,000위안에 골동품을 구입했다는 기쁨에 그 골동품을 가지고 되돌아왔다. 그로부터 몇 달 뒤 수집가는 이 골동품이 잘해야 900위안이면 충분히 살 수 있다는 사실을 알게 되었다. 너무 화가 난 수집가는 다시 그 상점을 찾았으나 상점은 이미 텅 비어 있었다. 골동품 상인은 일부러 쉽게 찾아낼 수 있는 결점을 남겨 상대로 하여금 더 큰 결점에 신경을 쓰지 않게 함으로써 가볍게 사기극을 완성시켰다.

탈세에 능숙한 자들은 흔히 장부에 찾아내기 쉬운 작은 실수를 일부러 남긴다. 세무 조사원들이 이를 지적하면 그 자리에서 솔직하게 잘못을 인정한다. 조사원은 탈세를 찾아냈다는 만족감에 들떠 더 큰 탈세를 못 보고 그냥 넘어간다.

'취경피중'은 사람의 약점을 교묘하게 이용하는 수법이다. 누구든 하나의 일이나 임무를 완성하면 마음이 느슨해진다. 교만한 군대가 궁지에 몰린 적을 뒤쫓지 않아 패배하듯이. 또 한편 사람은 흔히 눈앞의 임무를 완성하면 자신이 왜 이 일을 했는가를 잊거나 심하면 자신의 사명조차 잊는다. 말하자면 물고기를 잡았으니 그물을 팽개치는 것이다.

'취경피중'은 음모가, 사기꾼, 간신들의 상투적인 수법이다. 이런 자들은 작은 잘못을 방패로 삼아 아주 큰 잘못이나 죄악을 가려서 그 죄악의 목적을 달성한다. 이런 자들에 대한 경계와 방비는 아무리 철저해도 모자람이 없다.

예상 밖으로 작은 실수나 잘못을 바로 인정할 때 그 까닭을 꼼꼼하게 살펴보아야 한다. 그 실수나 잘못 뒤에 또 다른 무엇이 없는지를 따져보라는 말이다. 간신들은 자신의 큰 잘못과 죄악을 사소한 실수 안에 감추는 데 고수이기 때문이다. 작은 실수나 잘못을 잡아냈다고 좋아라 하다가는 큰코다친다. 간신의 전형적인 수법 가운데 하나가 '덮기'와 '가리기'라는 사실을 잊지 말라. 작은 실수로 큰 잘못을 덮고, 큰 잘못을 가리기 위해 일부러 작은 실수는 노출하는 것이다.

051

위는 속이고
아래는 누른다

간신은 권력을 오로지하거나 자신의 목적을 달성하기 위해 달콤한 말로 권력자를 홀리고 속인다. 이렇게 해서 권력을 손아귀에 넣으면 자신과 생각이 다르거나 자신을 반대하는 사람들을 공격한다. 이때 동원하는 수법이 '**기상압하(欺上壓下)**'다. '위를 속이고 아래를 억누른다'는 뜻이다.

최초의 통일 제국 진나라에서 이 '기상압하'의 모략을 잘 써먹었던 자가 조고(趙高)이다. 진시황 재위 27년째인 기원전 210년 7월, 시황제는 순행 도중 사구(沙丘)라는 곳에서 갑자기 쓰러져 일어나지 못했다. 시황은 죽기 전에 변방에 있는 큰아들이자 태자인 부소(扶蘇)를 불러 장례식을 치르게 하라는 유서를 남겼었다. 그러나 이 유서를 보관하고 있던 조고가 작은아들 호해(胡亥)와 승상 이사(李斯)를 회유와 협박으로 설득하여 유서를 조작했다. 이들은 진시황의 죽음을 비밀에 붙이고 서울인 함양(咸陽)으로 들어오자 거짓 조서를 발표하여 부소를 죽이고 호해를 황제 자리에 앉혔다. 바로 진의 2세 황제이다.

조고는 2세를 정치에서 멀어지게 만들고 방해자인 이사를 죽인 다음 자신이 승상이 되어 권력을 한 손에 쥐고 흔들었다. 조고의 야심은 갈수록 커져 황제 자리까지 넘보기에 이르렀다. 그러나 신하들이 자신을 따를 지 확신이 없었다. 조고는 이를 확인하기 위해 한 가지 꼼수를 냈다.

하루는 조고가 사슴을 한 마리 끌고 와서는 2세에게 바치면서 "말입니다"라고 했다. 2세는 웃으며 "승상이 이상한 말을 하는군. 사슴을 가리켜 묘한 말을 하는구려. 사슴을 보고 말이라고 하다니" 라고 했지만, 조고는 계속 말이라고 우겼다. 주위 신하들에게 물었더니 말이라고 하는 자, 사슴이라고 하는 자, 말하지 않는 자로 다 달랐다. 이상이 저 유명한 **'지록위마(指鹿爲馬)'**의 고사이다.

조고는 사슴이라고 말한 사람들을 기억해 두었다가 무고한 죄를 씌워 죽였다. 이 일이 있는 뒤로 신하들은 조고가 무서워 그가 하는 일에 다른 의견을 말하지 못했다. 2세의 무능과 조고의 폭정 때문에 천하는 소용돌이쳤다. 더 이상 2세를 속일 수 없게 된 조고는 2세까지 압박하여 죽이고, 부소의 아들 자영(子嬰)을 황제에 앉혔으나 자영에게 죽임을 당했다. 그로부터 얼마 뒤인 기원전 206년 진나라는 통일 후 불과 15년 만에 멸망했다.

'기상압하'는 본래 봉건시대 간신들이 부리던 술수였지만 오늘날 사회에서도 여전히 씨가 먹힌다. 입으로는 좋은 말만 하고 몸으로는 나쁜 짓을 저지르는데 정통한 관료들은 상급자 앞이나 대중들 앞에서는 입이 마르도록 좋은 말과 칭찬만 일삼아 상급자와 대중을 홀린다. 그러나 등 뒤에서는 직권을 남용하는 등 못 저지르는 일이 없다. 이런 식으로 정직한 사람을 억누르고 공격하고 보복한다.

오늘날 시대는 과거와는 완전히 딴판이고, 불과 몇 년 전과도 다르다. '기상압하'라는 간사모략이 일시적으로는 통할 수 있지만 오래 가지 않아 대중들에게 들통이 나고, 대중은 가차 없이 침을 뱉고 이자를 버린다. 그다음은 법적 처벌이 기다리고, 그다음은 역사에 기록되어 공소시효 없는 역사의 법정에서 영원히 심판당한다.

2022년 9월 말부터 10월 중순까지 다른 곳도 아닌 우리나라에서 거의 한 달 가까이 계속된 '바이든'이냐 '날리면'이냐의 논란은 '지록위마'의 생생한 사례로 역사에 낙인찍힐 것이다. 자기가 한 말조차, 그것도 녹음과 영상까지 남아 있음에도 기억이 나지 않는다는 혼군(昏君)과 그것을 사슴이 아닌 말이라고 조작하고 우기는 간신들의 현대판 '지록위마' 사례로 말이다.

052
간신에게 은혜와 의리는
이용 수단에 지나지 않는다

간신은 언제든지 서슴없이 은혜와 의리를 헌신짝처럼 버린다. 이를 '**고은부의(辜恩負義)**'라는 성어로 나타낸다. '은혜를 배반하고 의리를 저버린다'는 뜻이다. 이 성어의 출처는 송나라 때 사람 악사(樂史)의 《녹주전(綠珠傳)》과 《봉신연의(封神演義)》 등인데, 《봉신연의》 86회에 보면 이런 대목이 있다.

"나 구양순(歐陽淳)의 목을 자르고 몸을 부술 수는 있겠지만 이 마음은 결코 성탕(成湯)의 은혜를 저버리지 않음으로써 '은혜를 배반하고 의리를 저버리는' 도적들에게 기꺼이 보여줄 것이다!"

'고은부의' 모략은 이익만을 좇고 의리를 잊어버리는 간사한 자들을 손가락질하고 있다. 이런 자들은 자신의 출세를 위해서라면 언제든 서슴없이 자신에게 베푼 타인의 은덕과 온정을 저버리고, 친구를 파는 등 불의한 일과 행동을 저지르기 때문이다.

명나라 때 영원총병(寧遠摠兵) 오삼계(吳三桂, 1612~1678)의 아비 오양(吳襄)은 명 왕조의 무장으로 여러 차례 작위와 벼슬을 받았다. 오삼계는 아버지의 자리를 이어 도독이 되었고, 이후 총병으로 승진했다. 이어 평서백(平西伯)이란 높은 작위까지 받았다. 명 왕조는 오삼계 부자를 이렇게 우대했다. 숭정제(崇禎帝)가 죽자 오삼계는 청에 투항하여 청의 군대를 끌어들여 산해관(山海關)을 넘게 했다.

오삼계는 명의 멸망과 청 왕조의 건립에 결정적인 공을 세웠다. 청 왕조의 은총을 구걸하기 위해 남명(南明) 왕조를 잔혹하게 진압하여 많은 사람을 죽였다. 심지어 지금의 미얀마까지 쫓아가서 신종(神宗) 만력제(萬曆帝)의 손자 영력제(永曆帝)를 죽였다.

오삼계는 그 뒤 청 왕조까지 배반하여 하마터면 청 왕조까지 뒤엎을 뻔했다. 만세토록 욕을 먹고 있는 오삼계라는 간적(奸賊)은 정말이지 일신의 영달을 위해 오로지 '고은부의'라는 간계로 일관한 불의한 모리배의 전형이었다.

춘추시대 초나라의 태자 건(建)은 정쟁의 와중에 오자서(伍子胥)의 도움으로 평왕(平王)과 간신 비무기(費無忌)의 박해를 피해 정나라로 망명했다. 정나라 정공(定公)과 자산(子産)은 건의 망명을 받아주었을 뿐만 아니라 빈객의 예로 우대하고 편히 머무를 수 있는 따뜻한 거처까지 마련해 주었다. 비열한 품성의 건은 은혜와 의리를 저버리고 진(晉)나라와 결탁하여 정나라를 차지하려 했다.

건은 초나라를 도망쳐 나올 때 가져온 재물 따위를 정공의 신하들에게 뇌물로 주었고, 또 정나라의 간신들을 매수하여 진나라와 내통한 다음 안팎에서 정나라를 공격하자는 날짜까지 약속했다. 일은 누군가의 고발로 들통이 났고, 정공과 자산은 은혜를 원수로 갚으려 한 신의 없는 건을 가차 없이 죽였다.

간신은 간사한 위장술로 상대를 속이고 신의를 버린다. 그들은 도덕이나 양심의 가책을 느끼지 않는다. 늘 비열한 수단을 동원한

오삼계는 '고은부의'의 전형적인 인물로 끊임없이 준엄한 역사의 심판을 받고 있다.

다. 자신과 가까운 사람과 도움을 주는 사람에게 한껏 의지하여 목적을 이룬 다음 이들을 팔아넘긴다. 이런 간사한 수법은 옛날 사람만 써먹은 것이 아니다. 오늘날에도 간사한 자들은 물론 많은 사람이 이 수법의 유혹에 넘어간다. 따라서 공적인 일을 할 때는 반드시 함께하는 사람과 그 사람의 마음을 잘 살펴서 '고은부의'하는 소인배를 피해야 한다.

간신은 입만 열면 은혜니 보은이니 의리와 같은, 사람들이 혹하는 단어와 말을 강조하고 앞세운다. 이런 말을 자주 올리는 자는 일단 경계해야 한다. 은혜에 보답할 줄 알고, 신의와 의리를 지키는 사람은 이런 말을 앞세우거나 강조하지 않는다. 은혜와 보은의 진정한 가치를 전혀 모르는 자들이기 때문에 아무런 생각 없이 이런 것들을 앞세우는 것이다. 잘 살펴야 한다. 간신은 은혜와 의리를 앞세우지만 이들에게 은혜니 의리니 하는 가치는 애당초 없다.

053
간신은 관료판의 속성을
철저히 이용한다

중국 관료판의 속성과 일 처리 방식을 가리키는 용어로 '**거전보과 (鋸箭補鍋)**'라는 것이 있다. '거전보과'란 '화살대를 썰고, 솥을 때우다' 는 뜻이다. '거전보과'는 '거전'과 '보과'(또는 고과敲鍋)를 합친 용어이 다. 민국 시기(1911~1949)에 활동한 이종오(李宗吾, 1897~1943) 선생의 명저《후흑학(厚黑學)》에 각각 관련 우화와 그에서 비롯된 두 가지 일 처리 요령이 실려 있다.

'거전'의 내용은 이렇다. 어떤 사람이 화살에 맞아 외과의사에게 치료를 부탁했다. 외과의사는 화살대만 톱으로 썰어내고는 치료비 를 요구했다. 화살촉은 왜 뽑지 않냐고 묻자 의사는 "그건 내과 일 이니 내과를 찾아 뽑으시오"라고 했다.

'보과'와 관련한 우화는 이렇다. 솥이 깨져 땜장이를 불러 수리 를 부탁했다. 땜장이는 쇳조각으로 솥 바닥의 그을음을 벗겨내면 서 주인에게 "아궁이에 불 좀 지피게 땔감 좀 갖다 주시오"라고 부 탁했다. 땜장이는 그사이 망치로 솥의 갈라진 곳을 몇 번 두드려 깨진 틈을 더 벌려놓는다. 주인이 오자 그 틈을 가리키면서 "이 솥 은 금이 아주 많이 갔어요. 솥 위에 기름때 때문에 보이지 않았는 데 내가 그을음을 벗겨내니 훤히 드러났소. 못 여러 개로 땜질하지 않으면 솥을 쓸 수 없겠소"라고 했다. 주인은 솥 안을 살핀 다음 놀란 목소리로 "정말 그렇군요. 오늘 선생을 만나지 않았다면 이 솥을 다시 쓸 수 없을 뻔했소이다"라고 했다. 땜질이 끝나자 두 사람은 모두 기쁜 마음으로 악수를 나눴다.

이종오 선생은 관료판의 일 처리 폐단에 느끼는 바가 있어 이 '거전'과 '보과'의 우화로 관료판의 교묘한 일 처리 방법을 비유하고 있다.

첫째, '거전법'이다. 이는 다음과 같은 공문서 서식을 보면 쉽게 확인된다.

"보고된 문서의 내용에 따르면 그 사안은 기준에 아주 어긋난다. 해당 기관의 책임자에게 명령하여 조사한 다음 엄정 처리하겠다."

'기준에 아주 어긋난다'는 말은 바로 꽂힌 화살대를 가리킨다. '해당 기관의 책임자'는 내과의사이다. 또 흔히 '상사에게 보고한 뒤 처분을 하겠다'는 문구에 나오는 '상사에게 보고' 역시 내과의사다. 어떤 사람이 사건 처리를 나한테 부탁하면 나는 이렇게 말한다.

"그런 일이라면 내가 발 벗고 나서고 싶지만 다른 사람과 좀 더 상의할 필요가 있네."

'발 벗고 나선다'가 곧 화살대를 가리킨다. '다른 사람'은 내과 의사를 의미한다. 이런 경우 누구는 이렇게 말한다.

"어떤 부분은 내가 처리해 줄 테니 나머지는 이후 다시 이야기합시다."

'처리한다'는 화살대를 톱으로 자르는 것을 가리킨다. '이후'는 내과를 말한다. 이 밖에 화살대를 톱으로 자른 뒤 내과로 가라는 얘기를 해주지 않거나, 아예 화살대조차 잘라주지 않고 내과를 찾아가라고 호통을 치는 등 여러 유형이 있다.

둘째, '보과법'이다. 이 방법은 부추기고, 끌고, 때리고 하는 등의 수법으로 일을 확대한 다음 다시 그 일을 처리하여 자신의 공로를 드러내는 모략이다. 춘추시대 정나라 장공(莊公)이 동생 공숙(公叔) 단(段)의 불의한 짓을 짐짓 모른 척하고 시간을 끌다가 결정적인 순간에 군대를 일으켜 친 것이 전형적인 '보과법'의 하나이다. 역사상 이런 사례는 아주 많았다. 이를 두고 혹자는 이렇게 분석했다.

"중국의 역대 개혁은 대개 좋은 살코기를 먼저 베어둔 다음 상황이 아주 악화되기를 기다렸다가 치료하는 방법을 취했다."

근대 중국 사회를 어지럽혔던 방파(幇派) 조직은 부두 같은 요충지를 장악하기 위해 먼저 유랑자나 부랑아를 보내 한바탕 사건(솥 두드리기)을 벌인 다음 피해를 입은 사람들에게 누구에게 가서 부탁하지 않으면 안 된다고 암시한다. 피해자들은 그 누구에게 애걸복걸하고, 그 누구는 '의로운 행동'을 앞세워 난을 평정하고 일과 사

이종오가 내건 《후흑학》은 당시 중국 전반의 병폐를 신랄하게 지적하면서 그 해결책을 제시한 탁월한 주장이자 치열한 논리였다.

람 모두를 잠재운다(솥 땜질).

이종오 선생은 가슴을 치며 "이상 두 가지 묘법은 일을 처리하는 일종의 대원칙이다. 동서고금을 막론하고 이 원칙에 맞으면 성공하고 틀리면 실패했다"고 통탄했다. 따라서 이 두 가지 방법의 실체를 제대로 파악하면 과거 중국 관료판의 기풍과 사회의 병세를 통찰하는 데 도움이 될 뿐만 아니라, 현실 생활에 아직도 존재하고 있는 이런 풍조에 대해 그 실상을 폭로하고 극복하는데 소홀히 할 수 없는 귀감이 된다.

'거전'과 '보과'는 간신들이 즐겨 쓰는 수법과 일맥상통한다. 자신에게 유리한 지 불리한 지를 계산해서 대충 일을 처리하여 자신의 책임은 피하고 다른 사람에게 책임을 떠넘긴다. 또 요란하게 일을 키워 사람들의 이목을 자신에게 집중시킨 다음 마치 영웅처럼 등장하여 그 일을 처리함으로써 한 몸에 각광을 받고, 그 여세를 몰아 권력을 장악한다. 또 다른 사람이 처리한 사건이나 처리하지 않고 있던 사건을 다시 끄집어내서 마치 '터럭을 불어 흠을 찾아내는' **'취모구자(吹毛求疵)'**의 먼지 털기 식으로 요란을 떠는 수법도 간신의 상투적인 수법이다. 검간들이 하는 짓이 딱 이렇다.

054

가짜를 진짜로,
불량품을 우량품으로 속인다

'양고기를 내걸고 개고기를 판다', 즉 '가짜를 진짜로, 불량품을 우량품으로 속여서 판다'는 뜻을 가진 **양두구육(羊頭狗肉)**은 정치판에서 자주 오르내리는 고사성어이자 간신들이 흔히 써먹는 수법의 하나이다. '양 머리를 내걸고 개고기를 팔다'는 뜻으로 정확하게는 **괘양두매구육(掛羊頭賣狗肉)**이다. 이 고사성어의 출처이자 원전은 춘추시대 제나라의 명재상 안영(晏嬰, ?~기원전 500)의 언행록인 《안자춘추(晏子春秋)》〈내편(內篇)〉이다. 그런데 여기에는 양과 개가 등장하지 않는다. 먼저 관련 고사의 내력부터 한번 보자.

(춘추시대) 제나라 영공(靈公)이 남장을 한 여자를 좋아했다. 이 때문에 전국 각지의 여자들이 남자 옷을 입고 남자 행세를 하고 다녔다. 이 때문에 남녀를 구별하기 어려워졌다. 그제야 영공은 문제의 심각성을 깨닫고는 "이제부터 남장한 여자가 발각되면 옷을 찢고 허리띠를 잘라 버릴 것이다"라고 엄명을 내렸다.

영공은 이 정도면 남장 유행을 근절할 수 있을 것으로 생각했다. 그러나 전혀 그렇지 않았다. 남장 유행은 여전했고, 영공은 어찌할 바를 몰라 고민하다가 결국 재상 안영을 찾아 까닭을 물었다. 안영은 이렇게 말했다.

"궁중의 여자들은 그냥 놔둔 채 궁 밖 여자들의 남장만 금지시키셨습니다. 이는 마치 문밖에다 '**소머리를 내걸고 말고기를 파는**' 것과 같습니다. 그러니 사람들이 믿겠습니까? 궁 밖의 여자들에게 명령을 따르게 하려면 먼저 궁중의 여자들부터 남장을 못하게 하십시오. 그러면 자연스럽게 이런 유행이 사라질 것입니다."

위 대목에서 보다시피 '양두구육'은 원래 '양머리와 개고기'가 아니라 '소머리와 말고기'였다. '**현우수매마육(懸牛首賣馬肉)**'으로 압축해서 표현할 수 있고, 더 줄여서 네 글자로 '**우수마육(牛首馬肉)**'이라 할 수 있다. 이것이 훗날 송나라 때 와서 '**현양두매구육(懸羊頭賣狗肉)**'으로 변형되었고(《오등회원五燈會元》), 이것이 더 많은 사람들의 입에 오르내리면서 '양두구육' 사자성어로 정착되었다. 원전에는 소와 말이 었던 것이 훗날 양과 개로 바뀌었는데, 그 까닭은 알 길이 없다.

1913년 10월 6일, 중화민국 국회가 대총통을 뽑을 때 원세개(袁世凱, 1859~1916)는 당당하게(?) 정식 대총통에 당선되기 위해 공민당(公民黨) 당원을 국회 회의장에 몰래 앞잡이로 보내는 한편, 민간 복장을 한 군경과 불량배 수천 명을 자칭 공민당으로 속여 회의장을 엄밀하게 포위했다. 그런 다음 "공민당 소속이 아닌 자로서 총통을 선출하려는 자는 회의장에 한 발자국도 들여놓지 못하게 할 것이다"라고 으름장을 놓았다. 이렇게 의원들을 협박하여 원세개는 총통이 되었다. 의원들은 하루 종일 치욕을 참으며 아침 여덟 시부터 밤 열 시까지 세 차례나 투표에 임하여 끝내 원세개를 총통으로 선출했다.

총통이 된 원세개는 제왕 제도를 복구하기 위해 자신의 앞잡이들을 동원하여 '주안회(籌安會)'니 '전국청원촉진회'니 하는 사조직을 만들어 여러 차례 이른바 '청원' 소동을 벌였다. 이렇게 해서 군주제를 지지하는 전국 '국민대표' 1993명을 끌어모으고, 만장일치로 '추대서'를 만들어 대총통 원세개를 중화제국 황제로

원세개는 '양두구육'의 수법으로 역사의 시계를 거꾸로 돌렸지만 불과 100일 만에 다시 공화국으로 회귀할 수밖에 없었고, 그로부터 석 달이 채 되지 않아 사망했다.

추대했다. 참의원은 즉각 그날로 '국민대표대회 총대표'의 명의로 원세개에게 황제 즉위를 '권고'했다.

원세개는 그날 짐짓 "지금 다시 내가 황제가 된다면 맹서를 저버리는 것이고, 이렇게 되면 신의를 잃는다"며 그 권고를 돌려보냈다. 그날 참의원은 다시 권고했고, 이튿날 원세개는 명령으로 황제 제도를 승인했다. 원세개는 '양두구육'의 모략으로 마치 인민이 자신에게 황제 자리에 오르라고 권하여 마지못해 황제 제도를 복구한다는 추태를 연출했고, 인민들의 거센 반대의 목소리 속에서 이 연극은 막을 내렸다.

모택동은 〈신민주주의의 헌정(憲政)〉이란 글에서 "지금 중국의 완고파들이 바로 이렇다. 그들은 입으로 헌정을 이야기하지만 '양두구육'에 지나지 않는다. 저들이 내건 헌정은 양고기였지만 판 것

은 일당 독재의 개고기였다. 나는 저들을 그냥 욕하는 것이 결코 아니다. 나의 말에는 근거가 있다. 그 근거는 그들이 한편으로는 헌정을 이야기하면서 한편으로는 인민에게 전혀 자유를 주지 않는 것이다"라고 했다(《모택동선집》 제2권 694쪽).

모택동은 '침 한 방으로 피를 보는' '일침견혈(一針見血)'로 항전 기간에 장개석 국민당 집단이 '헌정'이란 깃발과 구호로 인민을 속였다는 것을 폭로했다. 즉, 한편으로는 "우리는 일관되게 헌정을 주장해왔다"고 외치면서 또 한편으로는 여전히 일당 독재로 일관함으로써 헌정은 그림자조차 보이지 않는 진면목을 드러냈다.

'양두구육'은 좋은 물건이라며 내걸어 놓고는 실제로는 그보다 못한 물건, 심지어 나쁜 물건을 판다는 뜻이다. 양고기를 개고기보다 좋은, 즉 비싼 고기로 보거나, 양고기를 진짜로 개고기를 가짜로 본 것이다. 정치판으로 비유하자면 좋은 명분을 빌려 앞세웠지만 실제와 맞지 않는 경우를 말한다.

선거에 비유해 보자면 훌륭한 지도자라고 칭찬하며 표를 달라고 해서 당선시켰는데, 알고 봤더니 그게 아니라 영 엉터리에 불량이었다는 것이다. 겉과 속이 다른 사기행위나 그런 사람, 언행의 불일치를 가리키는 성어로 보면 되겠다. 따라서 '양두구육'은 간신의 전매특허처럼 이용된다. 간신의 수법 중 가장 대표적인 것이 속임수라는 사실을 상기하자.

'양두구육'은 '겉 다르고 속 다르다'는 **표리부동(表裏不同)**에 딱 어울리는 명언이다. 사람들로부터 믿음과 인정을 얻으려면 겉과 속이 달라서는 안 된다. 흔히 하는 말로 '명실상부(名實相符)'해야 한다.

간신의 간행을 비롯하여 정치판의 공약 남발이나 정쟁은 물론 상업광고의 과장 광고에서 흔히 이런 '괘양두매구육' 현상을 흔히 볼 수 있다.

그런데 '양두구육'이란 고사성어와 이 성어가 가리키는 자, 그것을 거론한 간신들의 작태를 가만히 새겨보면 양고기도 개고기도 아닌 죄다 가짜인 경우가 대부분이다. 이를 사자성어로 돌려주자면 모두가 '이가난진(以假亂眞)'에 열을 올리고 있다고 하겠다. '가짜로 진짜를 어지럽힌다'는 뜻이다. 모쪼록 눈 밝은 국민들은 이 가짜들의 '야단법석(野壇法席)'에 홀리지 말고 냉정하게 그 진면목(眞面目)을 꿰뚫어 보아야 한다.

055
사탕발린 포탄

간신의 수법 중에서 돈, 자리, 여자를 이용하여 정적을 유혹하는 꼬드기기가 매우 중요하다. 인성의 약점을 파고드는 전형적이고 원초적인 수법이다. 그런데 간신의 이런 수법에는 모두 폭탄이 감추어져 있다. 말하자면 '사탕발린 폭탄'인 셈이다. 이를 **당의포탄(糖衣砲彈)**'에 비유한다.

'당의포탄'은 줄여서 '당탄(糖彈)'이라고 한다. 적이 무기가 아닌 온갖 다른 방식으로 상대를 회유하고 파먹어 들어가는 수단을 비유한다. 모택동은 1949년 3월 중국공산당 중앙전체회의에서 이렇게 예언한 바 있다.

"적의 무력은 우리를 정복할 수 없다. 이 점은 이미 증명되었다. 프롤레타리아의 조력자들은 우리 대오에서 의지가 박약한 자를 정복할 수는 있다. 총을 든 적에게도 정복당하지 않은 공산당원들은 이 적들 앞에서 영웅이란 칭호가 부끄럽지 않다. 그러나 '사탕발린 포탄' 공격에도 견디지 못하는 자들은 사탕발린 포탄 앞에서 패배할 것이다."

모택동의 예언은 현실로 입증되었다. 사탕발린 포탄의 포로들은 잘려도 다시 살아나는 부추처럼 자라났다. 중국의 현대사를 예로

들자면 1982년 이래 부패로 처벌 받은 자는 100만 명이 넘었고, 매년 탐관오리로 처벌 받은 자는 12,000명을 넘었다. 1988년에는 5만 명 이상으로 1982년보다 5배가 늘었다. 통계에 따르면 하남성은 1989년과 1990년 2년 동안 감사기관에 의해 조사된 공산당 내 기율 위반자가 23,304건에 처분을 받은 공산당원은 19,245명에 이르렀다. 그중 3,033명이 당적에서 제적되었다. 대부분 뇌물과 부패였다.

간신은 요행을 바라고, 남들보다 빨리 출세하고 싶어 하는 사람의 심리를 한껏 이용한다. 이런 느슨한 심리를 파고들어 유혹하여 자기 편으로 만든 다음 다 쓰고 나면 내다 버린다. 이런 사탕발린 폭탄이 떨어진 탄착점(彈着點)에는 예외 없이 분열이 따른다. 또 같이 뜯어먹으려는 파리 모기떼도 달려든다. "모기는 틈이 없는 달걀을 물지 않는다"는 중국 오랜 속담이 딱 이 뜻이다. 그러면 간신은 파리채를 들고 이 모기와 파리 떼를 마음껏 유린한다. 따라서 이 '당의포탄'을 막아 '분열'을 방지하는 일은 간신을 방지하는 과정에서 대단히 중요한 고리가 된다.

이런 점에서 《사기》〈순리열전〉에 나오는 춘추시대 노나라 재상 공의휴(公儀休)의 청렴과 관련한 고사는 유혹에 어떻게 대처하는가의 전형을 보여주고 있다. 공의휴는 법도를 받들어 지키고 원칙에 따라 일을 처리했다. 그는 변칙적으로 규제를 바꾸는 일이 추호도 없었기 때문에 모든 관리들의 행동은 자연스럽게 단정해졌다. 그가 이렇게 노나라를 다스리자 나라의 녹봉을 받는 공직자들은 백성들과 이익을 다투지 않았고, 높은 벼슬아치들은 작은 이익도 취하지 못했다.

공의휴와 관련해서는 몇 가지 일화가 전한다. 누군가 공의휴에게 생선을 선물했지만 받지 않았다. 생선을 좋아하면서 왜 받지 않냐고 그 까닭을 묻자 공의휴는 이렇게 말했다.

"생선을 좋아하기 때문에 받을 수 없습니다. 재상으로서 나는 생선을 얼마든지 살 수 있습니다. 그런데 생선을 받았다가 파면되면 앞으로 누가 제게 생선을 선물로 주겠습니까? 그래서 받지 않는 것입니다."

이런 일화도 있다. 하루는 공의휴가 식사 중 채소를 먹는데 너무 맛이 좋았다. 어디 채소냐고 물었더니 자기 집 텃밭에서 난 채소라고 했다. 공의휴는 바로 밭의 채소를 뽑게 하고 밭을 갈지 못하게 했다. 또 자기 집에서 짠 베가 품질이 좋자 서둘러 베 짜는 아낙들을 내보내고 베틀을 불태웠다. 그러면서 공의휴는 "나와 내 집에서 이렇게 하면 농부와 전문적으로 베 짜는 아녀자들은 어디다 채소와 베를 내다 팔아야 하는가"라고 했다.

인간은 약한 존재다. 많은 약점을 갖고 있다. 이런 약점을 보완하기 위한 평소의 공부와 훈련이 없으면 간신에게 판판이 당한다. 사람의 약점을 공략하는 간신의 공략법은 보통 사람으로서는 감당하기 힘들 정도일 뿐만 아니라 상상을 초월한다. 수단의 비열함을 넘어 악독하다. 사상의 훈련을 비롯하여 확고한 의지로 단단히 무장해야만 막을 수 있다.

056
간신은 '피뢰침(避雷針)',
즉 속죄양(贖罪羊)을 늘 준비한다

앞에서 나왔듯이 간신은 자신의 잘못을 대신 뒤집어쓸 **'속죄양 (scapegoat)'**을 늘 준비해둔다. 간사모략에서는 이런 수법을 벼락을 막는 '피뢰침'에 비유하여 **'피뢰침술(避雷針術)'**이라 한다. 이 수법은 정치가나 군사가들이 조직 내의 충돌 가능성을 완화하거나 방지하기 위해 고의로 어떤 사람에게 자신을 대신하여 책임을 지우는 것이다. 자신을 대신하여 잘못을 받아 자신의 속죄양이 되게 함으로써 자신의 명성과 생명의 안전을 지키는 책략이다. 군사 용어로는 **'투차보수(投車保帥)'**라고도 한다. '전차를 버리고 장수를 지킨다'는 뜻이다.

《삼국연의》 제17회에 기록된 조조가 '머리를 빌리는' 장면은 왕후 (王垕)가 조조의 피뢰침 역할을 한 대목이라 할 수 있다. 앞에서 잠깐 소개했지만 여기서 좀 더 상세히 소개한다. 당시 원술과 대치하고 있는 조조의 17만 군사는 부족한 식량에 불만을 잔뜩 품고 있었다. 왕후가 이 상황을 보고하자 조조는 "됫박을 줄여서 나누어 주어 우선 급한 불을 *끄라*"고 했다. 왕후가 군사들의 원망을 걱정하자 조조는 그 문제는 자신이 알아서 하겠다고 했다. 왕후는 조조의 명령에 따랐고, 군사들은 모두 승상(조조)이 자신들을 속였다며 원망했다. 이 사실을 안 조조는 왕후를 불러 이렇게 말했다.

"내가 자네한테 물건 하나를 빌려 그것으로 군심을 가라앉히려 하는 데 인색하게 굴지 말고 빌려주게나."

"어떤 물건을 쓰려 하십니까?"

"군사들에게 보여주게 자네 머리를 빌리고 싶네."

"소인은 아무 죄도 없습니다."

"나도 자네가 죄 없는 것은 알지만 자네를 죽이지 않으면 변이 생기고 말 것이야. 죽은 뒤 자네 처자식은 내가 잘 보살펴 줄 것이니 걱정 말게나."

조조는 왕후의 말도 기다리지 않고 그를 문밖으로 끌어내 단칼에 목을 베었다. 그리고는 장대 위에 왕후의 머리를 높직이 달아 놓고 방을 붙여 "왕후가 함부로 됫박을 줄이고, 식량을 훔쳤기에 군법으로 처단했다"고 하자 그제야 모든 사람의 원망이 풀어졌다.

해리 홉킨스(1890~1946)는 프랭클린 루즈벨트 대통령의 이런저런 문제에 있어서 '피뢰침' 역할을 했다. 정부 관리들이 문제들을 들고 대통령을 찾으면 홉킨스는 그들을 막았다. 홉킨스는 늘 "내가 방법을 생각해낼 터이니 이런 쓸모없고 의미 없는 일을 가지고 대통령을 귀찮게 하지 말라"고 했다. 사람들은 뭐라고 항의하고 꾸짖기도 했지만 실제로 홉킨스는 루스벨트에 대한 나무람을 받아들이는 일종의 욕받이였다.

리처드 닉슨 대통령 때는 비서실장을 지낸 홀더만(1906~1993)이 닉슨의 피뢰침이었다. 그는 이렇게 말했다.

"모든 대통령은 다른 사람에게 욕을 대신 얻어먹는 개를 기를 필요가 있고, 내가 바로 닉슨 밑에서 이런 역할을 하고 있다. 나는 그를 위해 완충작용을 하는 사람이고, 그를 대신해서 욕을 먹는 잡종이다. 나는 방법을 찾아 그가 하고 싶은 일을 성공시키는 동시에 그를 대신해서 욕을 먹고 얻어맞는 사람이다."(빌 켈리,《백악관 비사》)

그러나 워터게이트사건으로 홀더만이라는 이 피뢰침도 대통령의 퇴진을 막을 수는 없었다.

'피뢰침술'과 '투차보수'는 뜻은 다르지만 본질은 같다. 바둑이나 장기를 조금이라도 아는 사람이라면 어쩔 수 없는 상황에서는 장수를 보호하기 위해 차를 버릴 수밖에 없다는 것을 안다. 세상사도 장기와 같다. 리더가 치명적인 난관에 처했을 때 '투차보수'는 왕왕 가장 좋은 선택이 될 수 있다. 곤경 때 전차를 버릴 수 있으려면 몸 가까이 큰 전차를 마련해 두어야 한다. 이는 장기에서 차의 역할이 그냥 버리는 것이 아닌 것과 같다. 리더 신변의 전차 역시 그냥 버리는 것이 아니다. 주로 리더에 대한 보호 역할을 위해서이다. 그러나 '장수'의 이익이 위협을 받아 전차를 버리지 않고는 장수를 보호할 수 없을 때 하는 수 없이 전차를 버려 장수를 지킨다.

소련의 대숙청 기간에 스탈린은 모든 일을 예조프(1895~1949)에게 처리하도록 했다. 이 일이 끝나고 원성이 모조리 예조프에게 몰리자 스탈린은 그에게 잘못을 물어 숙청함으로서 원성을 잠재웠다. 송나라 고종 조구(趙構)는 간신 진회(秦檜)를 손을 빌려 명장 악비(岳飛)를 해쳤다. 이 일로 백성의 분노가 풀리지 않자 훗날 무릎 꿇은

스탈린은 '피뢰침술'의 고수였다. 간신의 수법은 스탈린보다 더 했으면 더 했지 결코 덜하지 않다.

진회의 철상을 악비 무덤 앞에 세워 분을 풀게 했다.

어떤 중대한 일은 아무리 잘해도 모든 사람을 만족시키지 못할 때가 있다. 게다가 불확실한 요소까지 영향이 미치면 잘못된 판단과 결정은 피할 수 없다.

이 때문에 모략가들은 늘 큰 전차를 마련해둔다. 그렇지만 이 큰 전차의 작용 역시 무한한 것이 아니다. 버틸 수 있는 압력을 넘어서면 장수는 위험을 피할 수 없다. 워터게이트사건이 그런 경우였다.

간신은 누가 뭐라 해도 피뢰침술의 고수다. 늘 자신을 대신해서 잘못을 뒤집어쓸, 심하면 대신 죽어 줄 속죄양을 만들어 놓는다. 없으면 억지로라도 만들어 내세운다. 이 과정에서 간신은 온갖 술수를 다 동원한다. 특히 자신에게 우호적이거나 자신의 힘으로 통제하고 있는 사이비 여론을 총동원한다. '검간'과 '언간'이 바로 이런 관계다. 동원은 물론 조작도 예사로 한다.

거듭 말하지만 간신은 못할 짓이 없는 자다. 간신이 곤경에 처했을 때 무슨 짓을 어떻게 하는지 잘 살피면 간신의 수법은 물론 그약점도 찾아낼 수 있다. 피뢰침술은 간신이 잘못을 저질러 놓고 속죄양을 찾는 수법이기 때문에 그 과정이 결코 정당할 수 없고, 무리수를 쓰기 마련이기 때문에 파탄을 드러내는 경우가 많다. 방심하지 말고 잘 살피고 분석하면 얼마든지 찾아낼 수 있다.

057
언제든 제거할 수 있는
꼭두각시를 잘 세운다

간신은 속죄양을 잘 내세울 뿐만 아니라 필요에 따라서는 자신이 바로 나서지 않고 꼭두각시를 잘 내세운다. 이를 **'시거수위**(尸居守位)'라 한다. '시거수위'는 시체인 강시(僵尸)로 하여금 이름만 있는 자리를 지키게 한다는 뜻이다. 실제로는 꼭두각시를 세워 중요한 자리를 차지하게 한 다음 막후에서 통제하는 모략이다. 이 꼭두각시가 속죄양이 되기도 한다.

역사상 대권과 보좌가 비면 예외 없이 군웅들이 각축을 벌였다. 시기가 무르익지는 않았지만 사람들의 마음을 어느 정도 얻었다면 옹립자의 신분으로 꼭두각시를 내세우고 자신이 실제로 국면을 통제하는 것이 효과적인 상황이 왕왕 나타난다. 모략에 능한 자라면 이런 상황을 잘 파악하여 '시거수위' 모략을 활용한다. 대표적으로 진나라의 간신 조고(趙高)가 이 모략을 아주 잘 써먹었다. 중복되는 부분이 있지만 그 과정을 다시 보자.

진시황은 기원전 210년 동쪽을 순시하다가 병이 나서 쓰러졌다. 진시황은 중거부령(中車府令) 벼슬에 있던 환관 조고에게 몽염(蒙恬)의 군중에 가 있는 큰아들 부소(扶蘇)에게 유서를 전해 서둘러 수도 함양(咸陽)으로 돌아오게 하라고 명령했다. 그러나 조고는 딴마음을 품고 유서를 가로챘고, 진시황은 결국 사구(沙丘)에서 일어나지 못했다.

조고는 천한 출신으로 일찍이 궁형을 당했지만 진시황의 작은아들 호해에게 형법 등을 가르친 인연 덕에 호해와 가까운 사이였다. 조고는 호해를 황제로 세우기 위해 먼저 호해를 책동했다. 그는 호해를 찾아 설득을 시작한다.

호해는 아버지 진시황의 유언을 어길 수 없다며 버텼다. 이런 호해에게 조고는 큰일을 할 때는 작은 일은 염두에 두지 않는 법이며, 덕이 있는 자라면 받아야 할 것을 사양하지 않는 것이라며 호해를 부추긴 다음,

"작은 것에 매여 큰일을 잊는다면 뒷날 반드시 해가 돌아옵니다. 의심하고 머뭇거리면 뒷날 반드시 후회할 것입니다. 과감하게 결행하면 귀신도 피할 것이며, 성공할 것입니다. 공자께서는 어서 이 문제에 대해 결단을 내리십시오."

라며 거의 위협조로 호해를 다그친다. 호해는 승상 이사(李斯)와 상의해서 결정하라며 틈을 만들어 주었다. 조고는 이사를 찾아가 이사의 라이벌인 몽염을 거론하고, 이런 몽염이 후견하고 있는 부소가 황제가 되었을 경우의 득실을 따져가며 설득했다. 그러면서 자신과 함께 호해를 옹립하여 영원히 부귀를 누리라고 꼬드겼다. 출세지상주의자였던 이사는 한숨을 쉬며 조고의 꼬드김에 넘어갔다.

호해, 조고, 이사 세 사람은 이렇게 모의하여 승상의 이름으로 사구에서 진시황의 유언을 받들어 호해를 태자로 세운다고 발표했

다. 유서에는 여기서 한 걸음 더 나아가 태자 부소를 불효로 몰고, 몽염은 불충으로 몰아서 자결을 명했다. 유서를 받아 든 부소는 이 유서의 진위 여부를 가리지 않고 바로 자살했다. 몽염은 자결을 거부하다가 감옥에 갇혔고, 결국 핍박을 못 이겨 독약을 먹고 자결했다. 이렇게 조고의 획책으로 호해는 황제 자리에 올랐다.

조고는 대권을 독차지하기 위해 죄목을 날조하여 이사를 모함하고 해쳤다. 이사에게 씌운 죄목은 황제를 핍박하고 도적과 내통하여 반란을 일으키려 한다는 것이었다. 이렇게 해서 이사와 2세 호해를 이간질한 다음 이사를 살해했다(기원전 208년).

이사가 죽자 2세는 조고를 승상으로 삼았다. 조고는 조정의 실권을 장악했다. 조고는 나아가 2세를 완전히 확실하게 통제하기 위해 2세에게 "폐하는 아직 젊고 이제 막 즉위하셔서 모든 일을 일일이 다 알지 못합니다. 그러니 조정에서는 공경들과 대사를 의논하여 처리하는 것이 마땅하지 않습니다"라고 건의했다. 2세는 궁 깊숙이 들어가 조정에 거의 나오지 않은 채 향락에 몸을 맡겼다. 모든 일은 당연히 조고가 처리했다. 이로부터 조고가 '사슴을 가리켜 말이라(지록위마指鹿爲馬)' 우겨도 감히 누가 하나 나서지 못했고, 2세는 '시거수위'의 신세가 되었다. 조고의 모든 음모는 그 목적을 완전히 달성했다.

그러나 그로부터 불과 얼마 뒤 농민봉기가 폭발했고, 기원전 206년 유방의 군대를 이끌고 무관(武關)에 진입했다. 대세가 기울었음을 안 조고는 유방과 연락을 취해 안팎에서 호응하기로 했다. 그사이 조고는 2세를 압박하여 자살하게 했다. 2세는 그제야 조고가 음흉하고 악랄하며 간사하기 짝이 없는 음모가였음을 알게 되었다. 자영이 뒤를 이어 조고를 죽이고 유방에게 항복함으로써 진나라는 통일 후 15년 만에 망했다.

조고가 대제국 진나라의 실권을 장악하는 과정은 치밀했다. 특히 내부적으로 정적들을 하나하나 제거해나가는 과정은 악랄하고 독하면서도 정교했다. 2세를 권력에서 밀어내고 꼭두각시로 만든 대목은 훗날 거물급 간신들이 예외 없이 권력의 지팡이, 즉 제왕을 철저하게 통제하여 꼭두각시로 만들기 위해 반드시 참고해야 할 전형적인 선례로 남아 있다.

058

악어의 눈물에
속지 말라

간신들의 수법은 상상을 초월한다. 보통 사람으로는 도저히 할수 없고, 이해조차 못할 짓을 서슴지 않는다. 필요하면 눈물을 흘리는 것은 기본이고, 심하면 통곡도 아무렇지 않게 한다. 물론 다가짜이자 거짓이다. 눈물은 쥐어짜는 것이고, 통곡은 그냥 소리치는 것이다.

간신의 이런 수법을 '눈물로 간사함을 판다'는 뜻으로 '**이읍수간**(以泣**售奸**)'이라 한다. 이 간사모략을 나타내는 성어는 청나라 때 사람 심덕부(沈德符)의 《야획편(野獲編)》에 보인다. 천박하고 떳떳하지 못한 자가 울며불며 사람을 속여 그 간계를 실현한다는 것이다.

명나라 때의 유근(劉瑾, 1451~1510)이란 거물급 간신은 이 수단으로 어린 황제의 연민을 불러일으켜 속임수로 황제의 신임을 얻은 다음 사사로운 욕심을 한껏 실현한 대단한 음모가이자 야심가였다.

중국 역사상 환관들 대다수가 비천한 출신인데다 깊은 궁궐에서 오랫동안 살았던 관계로 견문이 좁았다. 그저 자신들이 모시는 최고 권력자 황제의 눈치만 살피고 비위를 맞추면 그만이었다. 이렇게 해서 권세를 얻어 그 힘으로 일을 처리하게 되면 한쪽으로 치우치는 경우가 많았다. 이 때문에 대부분 조정 대신들과 권력을 다툴 수밖에 없었고, 따라서 권력 다툼에 아주 능숙했다.

환관 유근은 어린 황제를 농락하여 권력을 장악한 다음 고영성 (高永成), 곡대전(谷大田) 등 대표적인 8명의 환관들과 어울려 백성의 땅과 재산을 빼앗고, 조정 관리들을 억압하는 등 가혹한 정치를 일삼았다. 당시 사람들은 이자들을 '팔호(八虎)'라 불렀다.

정덕(正德) 원년인 1506년 6월, 15세의 어린 황제 무종(武宗)은 이미 제시간에 조회에 나오지 않을 정도로 나랏일에 무관심했다. 전임 황제인 효종(孝宗)이 임명한 대신들도 얼굴을 볼 수 없었다. 올라오는 상소와 보고서는 한참이 지나도 결재를 받지 못했을 뿐만 아니라 내각의 6부에서 검토조차 하지 못했다. 황제의 명령은 중지(中旨)라는 이름으로 직접 내려왔고, 늘 잘못된 곳이 많을 수밖에 없었다.

대신들은 더 이상 침묵할 수 없었다. 어느 날 벼락이 쳐서 하늘에 제사를 올리는 건축인 교단(郊壇)의 대문을 때려 부수는 일이 터졌다. 유가에서는 이를 하늘이 노하여 천자에게 경고하는 표시라고 생각해왔다. 대학사 유건(劉健), 사천(謝遷), 이동양(李東陽)은 글을 올려 황제가 '팔호와 지나치게 어울려 놀기' 때문이라고 비판하면서 '팔호'를 제거하십사 청했다. 어린 황제는 관리들의 사치를 금하고 신하들에게 자성하라는 상투적인 조서만 내리고 여전히 팔호와 어울려 놀았다.

두 달 뒤인 8월, 유근 일당은 황제의 혼례를 틈타 남경 지역에 황가에서 사용할 비단을 짜라는 명령을 내렸다. 이른바 '직조(織造)'사건인데, 이 때문에 남경의 백성들은 엄청난 부담에 시달렸다. 백성들의 원성이 이만저만이 아니었다.

팔호에 대한 2차 공격은 상서 장
승(張升)과 어사 몇몇이 들고일어나
면서 시작되었다. 이들은 먼저 팔
호를 세차게 꾸짖었다. 신혼의 황
제는 쾌락에 빠져 낮과 밤을 구별
하지 못했고, 이들의 호소와 비판
에 관심조차 주지 않았다. 화가 난
호부상서 한문(韓文)은 관아 문 안

간신의 눈물은 치명적인 독극물이다.
유근은 눈물을 잘 활용했던 간신이었
다. 영화 속 유근의 모습이다.

에서 끊임없이 울었다. 호부시랑 이몽양(李夢陽)은 그를 격려하며
대신들을 이끌고 장승의 뒤를 이어 죽을 각오로 대들었다.

늙은 상서 한문도 부하들의 건의를 받아들여 "죽지 않으면 나라
에 얼굴을 들 수 없다"며 분연히 떨치고 일어났다. 또 대학사들의
동의를 얻어 이몽양이 기초한 탄핵 상소를 짧고 간략하게 자신이
직접 고치며 "글이 너무 어려우면 황제가 이해하지 못하고, 너무
길면 황상이 다 읽지 못한다"고 했다. 황제는 여전히 못 본 체했다.

10월, 한문이 조정에서 2품 이상 모든 대신을 집합시켜 모두가
서명한 글을 올리면서 '팔호'에 대한 제3차 공격에 나섰다. 어린 황
제는 다 듣고 난 다음 바로 울음을 터뜨렸고, 저녁밥조차 먹길 거
부했다. '팔호'는 이런 상황까지 대비하지는 못하고 있었다. 조정
대신들을 적으로 생각하지 않는데 갑자기 장승의 공격을 받자
겁을 먹고 서로 눈물을 흘렸다. 대신들이 다 들고일어나 그들을 죽
이라고 하자 그들은 더 크게 울며불며 난리를 쳤다.

어린 황제는 환관기구인 사례감(司禮監)의 여덟 환관과 원로 내각

대신들로 하여금 내각 회의를 열도록 했다. 하루 만에 오전, 오후, 저녁까지 연이어 세 차례 회의가 열렸다. 사례감의 태감 왕악 등은 대신들에게 설득되어 "대신들의 의견이 옳습니다"라고 보고했다. 어린 황제는 하룻밤 노는 것을 그만두었다. 하지만 그는 '팔호'를 죽이길 결코 원하지 않았다. 아비 어미보다 가까운 '친구'들 아닌가? 그럼에도 여론과 논리상 '팔호'가 나라를 어지럽히는 근원임을 인정하지 않을 수 없었다.

이튿날 황제는 조정 신하들을 불러들였고, 자신을 대신하여 사례감 태감 이영(李榮)을 보내 신하들과 담판하여 "차분하게 시간을 조금 주면 황상이 처리할 것"이라고 했다. 그러면서 '팔호'의 자청에 따라 그들을 남경에 안치하려고 했다. 대신들은 '팔호'를 제거하지 않으면 안 된다고 버텼다. 왕악(王岳), 범향(范亨), 서지(徐智) 세 명의 사례태감도 대신들 편에 섰다. 황제는 하는 수 없이 이튿날 '팔호'를 체포하겠다고 승낙했고, 대신들은 그제야 집으로 돌아갔다.

그러나 누가 알았으랴? 유근의 친구이자 이부상서인 초방(焦芳)이란 간신이 비밀리에 결정된 이 일을 유근에게 일러바칠 줄. 상황이 위급하게 돌아가는 것을 알게 된 '팔호' 중 칠호는 땅바닥을 치며 대성통곡을 했고, 유근은 이런 칠호를 거느리고 한밤에 황제 앞에 무릎을 꿇고 울며불며 애걸복걸하여 황제의 동정을 끌어냈다. 유근은 다시 한 번 그 말재주를 동원하여 이렇게 황제를 자극했다.

"왕악 등이 신료들과 저희들을 모함하고 해침으로써 황상을 통제하려는 것입니다. 이는 황상이 어리다고 기만하는 것 아닙니까? 사례감과 황상이 한마음이 된다면 아무리 기고만장한 신료들이라도 어찌 황상의 말씀을 안 듣겠습니까?"

팔호들은 계속 바닥을 구르면서 통곡을 해댔다. 어린 황제는 본래 유건, 한문 등과 같은 노땅들을 좋아하지 않았다. 그럼에도 뜻과 다르게 팔호를 제거하는 데 동의한 것은 성난 많은 사람들의 심기와 비등한 여론을 거스르기 어려웠기 때문이었다. 그런데 지금 유근의 말을 듣고 보니 그 말이 진짜처럼 들렸고, 순간 불같이 화를 내며 당장 유근에게 사례감을 관장하는 한편 나아가 동창(東廠), 서창(西廠), 삼천영(三千營)까지 감독하게 했다. 그날 밤으로 왕악, 서지, 범향을 체포하여 남경의 군대로 보내버렸다.

이튿날 조회에 참석한 대신들은 갑자기 바뀐 상황에 놀란 입을 다물지 못했다. 대세가 이미 기울었음을 직감했다. 황제, 아니 '팔호'는 대학사 유건과 사천을 물러나게 하는 한편, 상대적으로 태도가 온건한 이동양으로 하여금 내각을 이끌게 했다. 대신들을 팔아넘긴 초방과 그의 부하 시랑 왕오(王鰲)는 대학사로 승진했다. 11월에는 한문이 파면되었다. 12월에는 급사중에게 명령하여 매일 12시간씩 당직을 서게 하는 한편 금의위(錦衣衛) 사람을 보내 이를 감시하게 했다. 이어 남경으로 보낸 왕왕, 범향을 죽이고 서지는 한쪽 팔을 잘랐다.

자신들을 포위하여 소탕하려는 세력을 분쇄하는 과정에서 유근은 음모가의 두 얼굴인 남다른 재주와 잔인한 본성을 유감없이 드러내어 '팔호'의 우두머리가 되었고, 이로부터 46개월 동안 유혈통치가 시작되었다.

목적을 이루기 위해서라면 눈물까지 기꺼이 짜내는 '이읍수간'은 간사한 소인배가 사람의 감정을 이용하는 수단이다. 얼핏 보아서는 별것 아닌 것 같지만 실은 치명적이다. 인간이라면 누구나 갖고 있는 연민과 약자에 대한 동정심을 한껏 농락하여 자신을 불쌍하게 꾸며 자신에 대한 연민과 동정 및 너그러움을 불러일으키는 원초적인 수법이기 때문이다. 간신은 이렇게 해서 자신의 죄악과 추악함을 덮고 처벌을 피한다.

신념이나 사상이 확고하지 않은 선량한 사람들이 이 '이읍수간'의 간사한 모략에 잘 걸려든다. 이런 암초에 걸리지 않고 순조롭게 배를 몰아 목적지에 이르려면 이런 간사하고 음험한 계략에 결코 걸려들어서는 안 된다. 그러려면 암초를 가려낼 수 있는 안목과 장애물을 돌아갈 수 있는 실력을 갖추어야 한다.

간사한 소인배의 가짜 겉모습을 꿰뚫어 '여산(盧山)의 진면목'을 드러내는 통찰력도 장착해야 한다. 그래야만 이런 간사하고 음흉한 계략이 우리의 건강한 육체와 건전한 정신에 침투하지 못하도록 효과적으로 방비할 수 있다. 간신의 눈물은 인간의 눈물이 아니다. 먹이를 잡아먹기 전에 흘리는 악어의 눈물이며, 그보다 더 사악하고 치명적인 독극물이다.

059
간신은 서로를 속인다

고대 성어의 하나로 '**이우아사**(爾虞我詐)'란 것이 있다. "너도 속이고 나도 속이다"는 뜻이다. '이우아사'는 《좌전》 선공(宣公) 15년(기원전 594년) 조에 보이는 대목을 이 네 글자로 압축한 것이다. 관련한 역사 사실을 보면 이렇다.

춘추시대 초나라가 송나라의 도성을 포위하고 공격했으나 함락시키지 못하고 있었다. 초나라는 진퇴양난이었지만 호랑이 등 위에 올라탄 상황이라 내리기도 쉽지 않았다. 초 장왕(莊王)은 더 끌어봐야 좋을 것 없다고 판단하여 송나라에서 철수할 생각이었다. 장왕의 전차를 몰던 손숙시(孫叔時)는 이런 건의를 올렸다.

"제가 보기에 송나라는 우리가 철수하길 간절히 바라고 있습니다. 우리가 철수하지 않고 진지 위에 군영을 세우고 병사들에게 황무지를 개간하게 하면서 지구전에 대비하는 모습을 보이면 송나라 군민은 분명 두려워 손을 들고 투항할 것입니다."

장왕은 손숙시의 말대로 했다. 아니나 다를까, 송나라는 당황해서 어찌할 바를 몰랐다. 어느 날 밤, 송나라의 대신 화원(華元)은 밤을 틈타 초나라 진지에 잠입하여 초나라 군대의 주장 자반(子反)의 막사로 들이닥쳤다. 그리고는 비몽사몽의 자반을 잡고는 이렇게 위협했다.

"우리 국군께서 나를 보내 우리의 생각을 당신에게 설명하게 하셨소. 우리는 식량도 장작도 다 바닥이 났소. 하지만 우리는 초나라 군대를 끌어안고 함께 죽을지언정 결코 투항하지 않을 것이오. 초나라 군대가 30리 뒤로 철수한다면 모든 일이 다 잘될 것이오."

자반은 화원의 위협에 겁을 먹고는 그 자리에서 정전 담판을 받아들였다. 그 뒤 초나라 군대는 30리 밖으로 후퇴했고, 두 나라는 평화에 합의했다. 이 합의 조항에 "내가 당신을 속이지 않을 테니, 당신도 나를 속이지 않는다"는 항목이 들어 있었다. 쌍방이 서로를 침범하지 않겠다는 뜻이다.

훗날 사람들은 이 대목을 '**이우아사**(爾虞我詐)', '**이사아우**(爾詐我虞)'로 압축하여 표현했다. '사'와 '우'는 모두 속인다는 뜻으로, 서로 믿지 않고 의심하고 속인다는 것이다. 원래 뜻과는 완전히 반대인 셈이다.

'**병이사립**(兵以詐立)'이란 성어가 있다. '군대는 속임수로 성립한다'는 뜻이다. 적을 상대하려면 모략과 속임수에 의존해야 한다는 뜻이고, 특히 방법을 강구하여 적을 속이되 적은 나를 속이지 못하게 한다는 것이다. 역대 군사가들이 높이 평가한 중요한 모략사상이다. 《한비자》〈난일(難一)〉에 이런 내용이 있다.

진나라 문공(文公)이 초나라와 전쟁을 하려고 구범(咎犯)을 불러 "내가 초와 전쟁을 하려고 하오. 저들은 수가 많고 우리는 적으니 어찌하면 좋겠소"라며 의사를 물었다. 구범은 "신이 듣건대 예의를 번잡하게 따지는 군자는 충성과 믿음을 싫어하지 않고, 전쟁에서는 진을 쌓는 사이에 속임과 거짓을 마다하지 않으니 주군께서는 그 속임수를 쓰면 그만입니다"라고 답했다.

건전한 사회나 정상적인 사람이라면 '이우아사'해서는 안 된다. 진심으로 서로 마음을 터놓고 교류해야 한다. 공자의 수제자 안연(顔淵)은 "다른 사람이 내게 잘하면 나 역시 그 사람에게 잘하고, 다른 사람이 내게 못해도 나는 그 사람에게 잘한다"고 했다. 이는 안연이 인간관계를 처리하는 태도로 어떤 상황에서도 '이우아사'해서는 안 된다는 뜻이기도 하다.

간신은 이런 정상적이고 바른 태도와는 거리가 멀다. 간신은 어떤 속임수도 꺼리지 않는다. 상대를 속이는 것은 물론 같은 편끼리도 서슴없이 속인다. 수없이 강조했듯이 '이우아사'는 모든 간신의 공통된 특징이자 보편적이고 일상화된 짓거리라는 사실을 한시라도 잊어서는 안 된다.

동서고금을 통해 속임수의 방법으로 성공한 사례는 헤아릴 수 없이 많았다. 전쟁에서 이 속임수는 지극히 당연했다. 정치투쟁에서도 마찬가지였다. 예컨대 '홍문연(鴻門宴)'의 술자리는 명분이었고, 속임수가 실제였다. 어느 경우든 적이 존재하는 한 전쟁과 투쟁 및 경쟁은 없어질 수 없고, '이우아사'의 모략사상도 영원히 부가가치를 가질 것이다.

간사한 간신들이 구사하는 이 간사모략은 결코 정당하지 않다. 정상이라면 내가 이 모략을 사용해서는 안 되겠지만 이 모략에 당해서도 안 된다. 그러나 정말 필요한 상황이라면 간신을 대상으로

이 모략을 활용할 수도 있다. 수단과 방법이 목적을 정당화하지 않는다고 하지만, 반드시 성공시켜야 할 절박한 목적을 위해서라면 이 수단과 방법의 사용을 꺼려서는 안 된다. 간신박멸이라는 목적은 역사적 과제로서 모든 수단과 방법을 정당화할 수 있기 때문이다. 물론, 그 대상은 간신에 한정되어야 한다.

060
간신은 미리 알아서 대령하는 데 귀신이다

간신하면 눈치다. 귀신도 울고 갈 정도로 눈치 하나는 기가 막히다. 권력자의 심기와 비위를 바로 헤아려 필요로 하는 것을 즉각 대령한다. 웬만큼 냉정하지 않으면 다 넘어간다. '미리 알아서 대령하는' 것을 '선의승지(先意承旨)'라 하고 예로부터 간사모략의 하나로 취급되었다. 이 모략은 《한비자》〈팔간〉 편의 다음 대목에서 나왔다.

"이들은 군주가 명령을 내리기도 전에 예, 예 하고, 시키기도 전에 네, 네 한다. 군주의 뜻을 미리 알아서 대령하고, 군주의 낯빛과 기분을 살펴서 먼저 군주의 비위를 맞춘다."

위 대목 중 '군주의 뜻을 미리 알아서 대령하고'가 바로 '선의승지(先意承旨)'다. 이 모략은 무엇인가 공을 세우고 이익을 얻으려는 색채가 농후하다. 상사나 리더의 안색을 살펴 그 의도를 적당히 주무르고, 그 마음을 알아채는 것이다. 이렇게 모든 언행을 리더가 좋아하는 쪽으로 맞추어 그가 필요로 하는 것을 만족시켜 총애를 얻거나 크게 쓰이고자 하는 목적을 이룬다.

예로부터 이 모략은 관료사회에서 널리 사용된 아주 인기 있는 수법이었다. 많은 사람이 밧줄을 잡고 위로 오르고, 승진을 하고,

돈을 벌기 위해 이 수법을 디딤돌로 삼았다. 따라서 달콤한 말과 면전에서 알랑거리는 이런 수작에 넘어가지 않고 냉정한 태도를 유지하느냐 여부가 명군과 혼군, 청백리와 탐관오리를 가르는 경계선이 되기도 한다.

전국시대 제나라의 대신 전영(田嬰)이 구사한 '일곱 개 귀걸이로 군주의 속내를 헤아리는' **'칠이측군(七珥測君)'**이 바로 이 모략의 본보기로 남아 있다. 제나라 위왕(威王, 기원전 378~기원전 320)의 부인이 죽었다. 전영은 위왕에게 부인을 정하여 민심을 안정시키라고 청했다. 그런데 위왕 신변에는 젊고 아름다운 여성이 일곱이나 있었고, 그들 모두 위왕의 사랑을 받고 있어 그들 중 누가 가장 사랑을 받고 있는 지 가려내기가 어려웠다.

전영은 생각 끝에 방법을 찾아냈다. 사람을 시켜 일곱 쌍의 귀걸이를 구하게 했는데, 그중 한 쌍만 가장 화려하고 아름답고 귀한 걸로 구하게 했다. 전영은 이 귀걸이 일곱 쌍을 위왕에게 바쳤고, 위왕은 아니나 다를까 일곱 명의 미녀에게 귀걸이를 나눠주었다. 다음 날, 전영은 가장 화려하고 아름답고 귀한 귀걸이를 한 미녀를 찾아냈다. 전영은 바로 그 미녀를 부인으로 세우십사 청했다. 전영은 위왕이 가장 총애하는 미녀에게 그 귀걸이를 줄 것으로 예상했고, 전영이 그 미녀를 부인으로 추천하자 위왕은 당연히 기쁜 마음으로 받아들였다. 이런 사례들은 역사에서 비일비재하다. 대표적인 사례들을 소개하면 이렇다.

• 진시황이 천하를 통일하자 이사(李斯)가 여러 사람의 견해를 물

리치고 분봉제를 폐지하고 군현제를 실행하십사 건의한 것이나, 진나라 책만 남기고 제자백가의 책을 불태우게 한 분서(焚書)를 제안한 일.

• 가충(賈充)이 성제(成濟)를 자극하여 조모(曹髦)를 죽이게 함으로써 사마염(司馬炎)이 황제 자리에 오르는 순조로운 길을 닦은 일.

• 조보(趙普)가 미리 진교(陳橋) 쿠데타를 획책하여 조광윤(趙匡胤)에게 곤룡포를 입힌 일과 훗날 조광윤에게 절도사들의 병권을 회수케 한 일.

• 화신(和珅)이 건륭제(乾隆帝)의 비위를 맞추어 군기대신으로 승진한 일.

• 양도(楊度) 등이 주안회(籌安會)를 조직하여 원세개(袁世凱)의 황제 즉위를 위한 유리한 여론을 조성한 일.

이 모략은 자신의 속마음을 들키길 바라지 않는 권력자에 대해서는 역효과를 내기도 한다. 간사한 자들은 당연히 이런 변수까지 헤아려 술수를 부린다. 진(晉)나라 때 사람 갈홍(葛洪)은 《포박자(抱朴子)》〈신절(臣節)〉 편에서 이 모략을 두고 "군주의 뜻을 미리 알아서 대령하는 '선의승지'는 아첨배 무리들이 하는 짓이다"라고 했다. 역사를 보면 간신이 확실히 이 모략을 많이 사용했다. 사례 하나를 더 보자.

명나라 정덕 16년인 1521년, 무종(武宗)이 죽고 헌종(憲宗)의 손자이자 효종(孝宗)의 조카 주후총(朱厚熜)이 즉위하니 이가 세종(世宗)이다. 세종은 무종의 사촌 동생으로 적통이 아니었다. 이 때문에 이른바 호칭 문제인 '대례의(大禮儀)사건'이 터졌다. 세종은 죽은 황제 무종의 사촌 동생이었고, 서로 얼굴을 본 적도 없는 사이였다. 인륜과 상식으로 판단할 때 호칭 문제가 발생할 가능성은 없었다. 그런데도 조정 대신들은 유가서의 규정을 들먹이며 소종(小宗)이 대종(大宗)을 계승할 때는 당연히 대종이 주체가 되어야 한다고 주장했다. 말하자면 세종이 무종의 아들이 될 수는 없으므로 효종의 아들이 되어야만 비로소 대종의 맥이 끊어지지 않게 된다는 것이었다. 논리가 기이하다 보니 방법도 기이할 수밖에 없었다. 세종은 큰아버지인 효종을 아버지라 불러야 하고, 효종의 아내인 큰어머니를 어머니로 불러야 한다는 논리다. 자기 친아버지는 작은아버지, 친어머니는 작은어머니로 불러야 한다는 것이었다.

정부의 모든 관리들의 견해도 완전 일치되었다. 재상 양정화(楊廷和)와 모징(毛澄)은 문무백관에게 "모두들 이것을 근거로 행동할 것이며, 감히 이의를 다는 자들은 간사한 자들이다"라고 선언했다. 자신들의 견해에 반대하는 사람들은 모조리 소인배들로 몰겠다는 것으로, 전통적이고 낡은 수법에 다름 아니었다. 그런데 새로 과거에 진사로 급제하고 예부(교육부)에서 실습하던 젊은 장총(張璁)이란 자가 황제 세종의 마음을 헤아렸던지 시랑 왕찬(王瓚)에게 이의를 제기하고 나섰다. 그가 제기한 이의의 내용은 다음과 같았다.

세종은 사촌 형님 무종의 황제 자리를 계승한 것이지, 큰아버지 효종의 황제 자리를 계승한 것이 아니다. 황제 법통을 이었다고는 할 수 있겠지만 대종을 승계한 것은 아니다. 효종에게는 아들이 있으므로 대종을 꼭 끊지 않겠다면 효종의 뒤를 잇게 해서는 안 되고, 무종의 뒤를 잇게 해야 한다. 따라서 지금 황제 세종은 아버지에 대한 호칭을 바꾸어서는 안 된다.

왕찬은 장총의 논리에 근거가 있다고 생각하여 여러 사람들에게 이런 내용을 조금 흘렸다. 양정화는 즉각 성난 소처럼 씩씩거리며 감찰부 관리들을 사주하여 왕찬의 약점을 들추어내 탄핵하게 했다. 왕찬은 더 이상 입을 열지 못했다. 호랑이를 무서워하지 않는 갓 태어난 어린 송아지 같은 장총은 바로 황제에게 글을 올려 자신의 주장을 밝혀버렸다. 크게 화가 난 양정화는 장총을 남경으로 내쫓으면서 "듣기만 하고 딴소리를 지껄여서는 안 된다"고 경고했다.

이때 공교롭게도 궁중에 불이 났다. 양정화는 엄숙하게 이 화재는 하늘이 예교를 어긴 자들에게 내리시는 징벌이라면서 황제 세종이 아버지를 작은아버지로 어머니를 작은어머니로 불러야만 하늘도 기뻐하실 것이라고 목소리를 깔았다. 세종 모자도 하늘의 뜻은 거역할 수 없다면서 마지못해 그대로 따랐다.

세종 모자의 굴복은 오래가지 않았다. 화재로 인한 소동이 가라앉은 지 얼마 뒤 과거 일이 다시 제기되었다. 세종은 정상적인 호칭을 회복하려는 자세를 고집했고, 양정화는 사직이라는 수단으로 황제를 압박했다. 세종은 기다렸다는 듯이 양정화의 사직서를 수리해버리고는 장총을 북경으로 불러들였다. 커다란 반전이었다.

이부상서(내무부 장관) 교우(喬宇)를 필두로 한 고급 관리 전원이 장총을 죽이려고 음모를 꾸몄다. 우선 너도나도 나서 장총을 공격하는 주장을 올리는 것이었다. 사법부 장관(형부상서) 조감(趙鑒)은 부하에게 장총을 조사하라는 글이 한 장이라도 내려오면 바로 장총을 체포하여 심문도 하지 말고 바로 정장을 가해 죽이라는 명령을 내렸다. 세종은 이런 음모를 풍문으로 듣고는 장총과 관련된 어떤 조서도 내리지 않았을 뿐만 아니라 장총을 한림학사로 승진시킨 다음 바로 재상까지 초고속 승진시켰다.

장총의 방법이 꼭 간신의 그것과 일치하는 것은 아니지만 권력자인 황제의 심기를 헤아려 그 비위를 맞춤으로써 중용되었다는 점은 다를 바 없었다. 사실 전임 황제에 대한 호칭과 같은 것은 문제가 될 일이 아니었다. 어느 쪽이든 코에 걸면 코걸이 귀에 걸면 귀걸이와 같은 사건이었다. 관료들은 유가 경전에서 얼마든지 근거를 찾아낼 수 있었다. 이런 상황에서 관건은 바로 황제의 의중이었다. 관료들은 의례를 꺼내 신임 황제를 압박했고, 황제는 이런 관료들에 불만을 가졌다. 장총은 이 점에 주목하여 황제의 심기를 헤아렸고, 때맞추어 다른 의견을 냄으로써 바로 황제의 마음을 사로잡았다.

'선의승지'는 의례를 놓고 벌어진 지극히 비생산적인 소동이었지만 장총은 권력자의 의중을 헤아려 초고속 승진을 얻어냈다. 간신에게 이런 상황에서 이익을 챙기고 정적을 제압하는 일은 속된 말로 식은 죽 먹기나 마찬가지다. 간신의 수법은 훨씬 더 치밀하고 철저하며, 때에 따라서는 잔인하기 이를 데 없다. 간신의 수는 보통 사람보다 몇 수 더 앞서간다. 미리 알아서 대령하는 일에 있어서 초고수다. 경계하고 경계할지어다!

061

간신은 어디다 숟가락을 얹어야 하는 지를
기가 막히게 안다

《국어(國語)》〈주어(周語)〉(하)에 보면 "요리하는 자를 도우면 음식 맛을 보고, 싸우는 자를 도우면 상처를 입는다"는 대목이 있다. 여기서 '**좌옹득상(佐雍得嘗), 좌투상언(佐鬪傷焉)**'이란 성어가 나왔고, 앞의 '좌옹득상'은 누군가를 도와 성취하면 자신도 부귀영화를 누릴 수 있다는 뜻으로 사용되고 있다.

모략의 하나로서 '좌옹득상'은 역대 개국 장상들이 많이 활용했다. 가장 이름난 사례가 서한을 개국한 유방을 도운 평민 출신의 장상들로 소하나 한신 등이 대표적인 인물들이다. 또 동한의 개국 황제인 광무제 유수를 도운 '운대이십팔장(雲臺二十八將)'과 '365 공신'도 있다. 역사 사례로 볼 때 충신도 간신도 모두 이 모략을 사용했는데, 새 주인을 옹립하거나 권력을 찬탈하는 데 힘을 보태면 성공 이후 왕왕 지고무상한 재상 자리를 차지하기도 했다.

이 모략은 간신들이 더 정교하고 치밀하게 활용했다. 대표적인 사례를 하나 보자. 간신 정원진(程元振, ?~764)은 당 숙종(肅宗)과 대종(代宗) 때의 환관이었다. 숙종의 병이 심각해지자 태자 이예(李豫)에게 국정을 챙기게 했다. 장(張)황후는 권신 이보국(李輔國)과 어울려 간행을 저지르고 있는 정원진에게 불만이 많았다. 황후는 태자에게 이 두 간신을 죽이라고 요구했다. 겁이 많은 태자가 머뭇거리자 황후는 월왕(越王) 이계(李系)와 일을 꾸몄다. 이 일이 정원진에게 새어나갔다. 정원진은 서둘러 이보국과 함께 궁궐을 수비하는 군대인 금군(禁軍)을 움직여 태자가 입궁하는 길을 봉쇄한 다음 태자를 현무문 밖에 숨기고 철통같이 지키게 했다. 정원진은 직접 금군을 거느리고 입궁하여 월왕 이계와 복병을 체포했다. 이렇게 해서 장황후와 이계 및 이에 연루된 자들은 모두 죽임을 당했고, 중병의 숙종도 뜻밖의 소식에 놀라서 충격을 받아 죽었다.

장원진과 이보국은 이예를 옹립하여 황제로 세우니 이가 대종이다. 이 정변에서 가장 큰 공을 세운 장원진은 당연히 대종의 총애를 독차지했다. 이후 두 사람은 힘을 합쳐 이보국까지 내쳤다. 장원진은 "이보국이 차지하고 있는 군정 대권이 너무 커서 폐하께서 통제하지 않으면 안 됩니다"라고 자극했다. 대종은 계획에 따라 이보국의 직무를 정지시키는 한편, 사람을 집으로 보내 그를 죽였다. 정원진은 표기대장군에 분국공에 봉해져 금군 전체를 통솔하게 되었다. 정원진의 아비와 어미도 작위를 받았다.

금나라 희종(熙宗)이 재위하는 기간에 금 태조의 손자인 해릉왕(海陵王) 완안량(完顔亮, 1122~1161)은 몹시 불만이 많았다. 이를 눈치챈 소유(蕭裕)는 완안량을 미리 차지해두면 좋을 기이한 물건, 즉 '기화가거(奇貨可居)'라 판단하고는 그 문하에 몸을 맡겼다. 그리고는 이런 말로 완안량을 사주했다.

"지금 황상은 술주정이 심하고 마음이 불안하여 위태위태합니다. 이런 군주에게 누가 몸을 맡길 것이며, 맡겨봐야 얼마나 오래가겠습니까? 대인은 덕과 명망이 높아 인심과 천심이 대인께 쏠리고 있습니다. 천심과 민심을 따르십시오. 대사를 벌일 뜻을 갖고 계신다면 소인이 있는 힘을 다해 따를 것입니다."

완안량은 소유를 병부시랑으로 발탁하여 군권을 통제하게 하고 거사를 약속했다. 소유는 밖에서 군대를 통제하며 정세를 안정시켰고, 이 틈에 완안량은 희종을 죽이고 자신이 황제가 되었다. 이후 두 사람은 태종 완안성(完顏晟)의 자손 70여 명을 죽이는 등 만행을 일삼았다. 소유는 또 종친 20여 명을 모함하여 죽이고, 남은 태종의 자손 50여 명을 죽여 완안량의 황제 자리를 단단히 다지는 데 있는 힘을 다했다.

노비는 목숨을 팔고, 주인은 상을 준다고 했다. 소유는 이런 간행의 공을 인정받아 좌승상이 되었고, 그밖에 엄청난 재물을 상으로 받았다. 소유는 얼마 뒤에는 조정 전반을 완전히 장악하는 세상에 둘도 없는 자리에 올랐다. 소유는 그 옛날 은나라의 '폭군 주임금을 도와 악정을 일삼았다'는 **'조주위학(助紂爲虐)'**처럼 걸리는 모든 사람을 짓밟았고, 그 대가로 최고 자리를 꿰찼다.

역사 사례로 보면 이 모략을 실행하려면 때와 형세를 잘 살피고, 그 주인을 잘 골라야 하며, 시세의 변화와 인심의 향배를 제대로 살펴야만 '토사구팽'이란 비극을 피할 수 있었다. 공신들 중 상당수가 큰 공을 세운 다음 현명하게 처신하지 못해 숙청당했기 때문이다. 명장 한신이 그 대표적인 사례였다.

역대 간신들은 '좌옹득상'의 이 모략을 운용하는데 가장 뛰어난 실력을 발휘했다. 간신은 '촉(觸)'이란 면에서 타의추종을 불허한다. 맛난 음식을 얻어먹으려면 어디다 숟가락을 올려야 하는지, 즉 누구를 도와야 하는지 기가 막히게 알아낸다. 간신의 공통된 특성이기도 하다.

간신은 권력자를 도와 자리를 차지하는 경우가 대부분이지만, 자리를 차지하고 권력을 잡고 난 다음에는 권력자조차 무시하거나 심지어 권력자 자체를 제거하는 일도 적지 않았다. 행여 권력투쟁이나 대업을 성취하는 과정에서 어쩔 수 없이 간신 부류의 도움을 받았다면, 성취 이후 이런 간신의 간행에 철저히 대비해야 할 필요가 있다. 그가 간신과 같은 부류의 나쁜 권력자가 아니라면 말이다. 또 대업을 이루기 위해 필요하다면 과정에서 간신 부류를 역이용하는 방법도 충분히 고려할 만하다. 간신에게 넘어가지 않을 자신만 있다면.

062

간신은 꼭두각시를 세울 뿐만 아니라
만들어낸다

《신당서》〈이보국전(李輔國傳)〉에 보면 이런 대목이 있다.

"이보국은 갈수록 함부로 날뛰었다. 급기야 황제에게 '폐하께서
는 궁중에 앉아 계시고, 바깥일은 이 늙은 노비에게 처리하게 하십
시오'라고 했다."

노비란 환관 이보국 자신을 말한다. 여기서 **'좌궁외청(坐宮外聽)'**이
란 성어이자 모략이 나왔다. (권력자는) 궁중에 앉아 있고, 궁중 밖
에서 (간신이) 일을 처리한다는 뜻이다. 권력자를 한쪽으로 밀쳐두
고 권신이 정사를 처리하는 경우를 가리키는데, 쉽게 말해 권력자
를 꼭두각시로 만들어 놓고 자신들이 권력을 좌지우지하는 것이
다. '좌궁외청' 모략의 선구자는 **'지록위마(指鹿爲馬)'**의 조고이고, 이
후 한·당·명 세 왕조의 환관들이 모두 이 모략을 전수 받아 군주
를 술, 약물, 놀이, 여색에 취하게 만들어놓고 자신들이 정사를 오
로지 했다. 이 세 왕조 때는 환관들이 권력을 농단하며 국정을 어
지럽히는 환관현상이 두드러졌다.
　당 왕조의 구사량(仇士良, 781~843)은 순종(順宗)부터 무종(武宗)까
지 무려 여섯 황제를 40년 넘게 모신 거물급 환관이자 간신으로 국

정을 농단했다. 그는 당 왕조 후반에 여섯 군주를 모셨는데, 두 명의 군주를 옹립하여 20년 넘게 전권을 휘두르면서 왕 둘, 비 하나, 재상 넷을 죽였다. 835년에 터진 감로사변(甘露事變) 때는 다수의 공경대신을 죽였을 뿐만 아니라 그 수를 헤아릴 수 없을 만큼 많은 백성들을 죽였다. 무종은 황제를 끼고 재상을 능멸하고 자신의 좋고 싫음에 따라 사람을 마구 죽이는 구사량에 대해 경계심을 품었다. 무종은 겉으로는 그를 존중했지만 속으로는 그를 증오했다. 이를 알아챈 구사량은 나이와 병을 핑계로 물러났다.

언젠가 구사량은 자신의 후배 간신들에게 권력을 움켜쥐는 술수를 전수한 바 있는데, 그 내용이 참으로 간악하다.

"천자를 한가롭게 만들어서는 안 된다. 놀이 따위로 눈과 귀를 가려야 한다. 해가 뜨고 달이 차도 다른 일을 돌볼 틈을 주어서는 안 된다. 그래야만 우리가 뜻을 이룰 수 있다. 책을 읽지 않도록 해야 하고, 유생들을 가까이하게 해서도 안 된다. 지난 왕조의 흥망 따위를 알게 되면 두려움과 걱정을 갖게 되고, 그러면 우리는 배척당한다."

이 술수의 요지는 간단하다. 권력자를 타락시켜야만 나랏일에 관심을 보이지 않게 되고, 그러면 그사이 자기들이 권력을 좌우할 수 있다는 것이다. 단순한 술수이지만 이를 차단하기란 결코 쉽지 않다. 권력의 속성이 권력자를 부패 타락시키기 때문이다. 힘을 가지면 누리고 싶어진다. 술과 여자, 그리고 놀이라는 유혹을 뿌리치기가 쉽지 않다. 간신은 인간, 특히 권력자의 약점을 노린다.

역사는 이 모략을 경계하지 않으면 큰 화를 당할 수밖에 없음을 잘 보여준다. 당 소종(昭宗)이 그 두드러진 사례를 남겼다. 900년, 소종은 놀이터로 사냥을 나갔다가 만취하여 돌아왔다. 그런데 도중에 시녀 몇을 죽이는 끔찍한 짓을 저질렀다. 이 일로 환관들은 분노했다. 이튿날, 소종은 아직 술에서 깨어나지 못하고 있었다. 환관 유계술(劉季述)이 금군을 앞세워 문을 부수고 쳐들어오는 바람에 놀라 침상에서 떨어졌다. 소종은 일어나 달아나려 했지만 유계술 등이 침상을 에워싸고 "나랏일을 돌보지 않아 민심을 크게 잃었으니 동궁에서 휴양하면서 태자에게 나랏일을 맡김이 마땅할 것이오"라고 외쳤다. 황제를 비롯하여 하황후 및 비빈 10여 명이 동궁으로 내쫓겼다.

유계술은 그래도 화가 덜 풀렸는지 동궁에서 은으로 만든 채찍을 휘두르며 소종을 향해 "모년 모월 모일 어떤 일에서 우리말을 듣지 않은 것, 그것이 가장 큰 죄요"라면서 소종의 죄목 10여 가지를 줄줄 늘어놓았다. 그리고는 궁문을 걸어 잠근 다음 쇠를 녹여 아주 단단히 막아 버렸다. 병사의 감시는 당연했고, 담장 구멍을 통해 음식만 들이게 했다. 무기가 될 만한 것은 바늘조차 들이지 못하게 하여 돈도 옷감도, 종이도 붓도 얻을 수 없었다. 때는 겨울이라 추위가 뼛속까지 파고드는데 갇힌 비빈들은 겉옷도 못 얻어 입어 추위에 엉엉 우는 소리가 궁 밖에까지 들렸다. 소종은 갈아입을 옷조차 없는 죄인과 같은 신세가 되었다. 유계술은 소종을 감금한 다음 조서를 위조하여 태자를 세우고 소종의 측근들을 모두 죽였다.

이런 역사 사례를 거울삼아 청 왕조의 통치자들은 환관이 정치에 개입하는 것을 엄격하게 금했고, 이로부터 환관이 포악한 정치를 일삼는 일은 끝이 났지만, 역사는 환관의 정치개입은 봉건시대 황제 독재정치의 나쁜 결과들 중 하나임을 잘 보여주고 있다.

환관의 시대는 끝났고, 또다시 돌아올 일도 없다. 그러나 간신으로서 환관이 보여준 간행의 술수와 방법은 하나 달라지지 않고 여전히 벌어지고 있다. 지금 권력자 주변 인간들의 행태를 잘 보면 환관 출신 간신들의 그것과 판박이임에 놀라지 않을 수 없다. 이 때문에 필자는 간신을 하나의 현상이자 특수하면서도 보편적인 역사현상이라고 거듭거듭 강조하면서 경고하고 있는 것이다.

063
간신은 함정을 파서 해치는 데 귀신같다

모략을 꾸며 자기와 다른 정적에게 죄를 씌워 상대를 해치는 것을 '**구함좌폐**(構陷坐廢)'라 한다. '구함'은 함정을 판다는 뜻이고, '좌폐'는 죄를 얻어 파직당하거나 그냥 버려진다는 뜻이다. 간신이나 포악한 자들이 많이 썼다. 특히 간신은 함정을 파서 선량한 사람을 빠뜨려 해치는 데 귀신같은 자들이다. 이들에게 해를 입은 사람은 대부분 유능하고 정직한 사람들로 가볍게는 명예를 훼손당하거나 자리를 잃었고, 심하면 죽임을 당하고 그 화가 가족과 친구들에까지 미쳤다.

이 모략을 사용할 때는 왕왕 구실을 찾고, 일을 일부러 만들어 낸 다음 마치 대의(大義)를 위하는 것처럼 꾸며 거꾸로 몰아붙인다. 서진(西晉)의 혜제(惠帝) 사마충(司馬衷, 259~307)은 백치였지만, 서모 소생인 태자 사마휼(司馬遹)은 총명하고 용감했다. 태자 사마휼은 황후 가남풍(賈南風)이 권력을 휘두르며 교만하게 구는 것을 몹시 미워했다. 이 때문에 가황후의 측근들은 사마휼이 황제로 즉위하면 어쩌나 두려워하며 그를 원수처럼 여겼다. 간사한 자들은 목숨을 부지하려고 가황후에게 태자를 빨리 폐위시켜 후환을 없애라고 졸라댔다.

가황후 역시 태자가 즉위하는 날에는 자신의 권력이 통제당할 것이 걱정이 되었다. 299년, 가황후는 태자가 아들의 병이 낫길 기원하고 복을 비는 일을 기회로 삼아 음모를 꾸몄다. 가황후는 황제가 병이 낫다는 거짓말로 태자를 궁으로 불러들였다. 가황후는 태자를 접견하지 않고 사람을 시켜 술 한 병을 보냈다. 그러면서 황제가 직접 내리신 것이니 당장 다 마셔야 한다고 했다. 평소 주량이 많지 않았던 태자는 정신을 못 차릴 정도로 크게 취했다. 가황후는 준비해둔 기도문을 내놓았다. 그 안에는 태자 자신의 정변과 황제 폐위의 성공을 비는 내용이 포함되어 있었다. 가황후는 측근을 시켜 황제의 조서라고 속이며 술 취한 태자에게 이 내용을 그대로 받아 적게 했다. 정신이 혼미한 태자는 내용이 무엇인지도 모른 채 그대로 받아 적었다.

태자가 직접 쓴 '모반의 증거'를 확보한 가황후는 이를 바로 황제에게 보내 태자가 대역무도한 짓을 꾀하고 있다고 보고했다. 혜제와 대신들은 처음에는 믿지 않았지만 태자의 필적을 확인하고는 바로 태자를 폐위시켰다. '구함좌폐' 모략이 성공할 수 있는 것은 무고를 그대로 믿고 따르는 어리석은 군주가 있기 때문이다. 남송 때의 사례를 한번 보자.

간신 만사설(萬俟卨, 1083~1157)이 진회(秦檜)와 함께 죄목을 날조하여 악비(岳飛) 부자와 장헌(張憲)을 사지로 몬 일은 관료판에서 일어난 '구함좌폐'의 전형이었다. 만사설은 속이 좁고 간사하며 교활한 인간이었다. 아부에 능하고 남의 비위를 잘 맞추었다. 그는 악비에게 잘 보여 악비를 뒷배로 삼아 출세할 요량으로 이런저런 건의를 올렸다. 군대를 자기 힘을 키우는 기반으로 삼으려 하는 만사설의 의도를 꿰뚫어 본 악비는 그를 내쳤다. 만사설은 악비에게 원한을 품고는 조정에다 악비가 반역을 꾀할 수도 있으니 철저히 방비해야 한다고 모함했다.

1141년, 진회는 금나라 장수 김올술(金兀術)과의 화의를 위해 함께 악비를 제거하여 일을 서둘러 성사시키려 했다. 만사설은 자신이 당한 치욕을 갚을 기회가 왔다고 판단하여 바로 진회에게 꼬리를 치며 악비를 모함하기 시작했다. 만사설은 악비가 높은 벼슬에 많은 녹봉을 받고 있음에도 마음만 앞선 채 군은 지지부진 사기가 떨어지고 민심이 흔들려 산음(山陰)을 지킬 수 없다는 등등의 보고를 올리며 탄핵했다.

고종(高宗)은 만사설과 진회의 말만 듣고 악비를 추밀부사(樞密副使) 자리에서 파직시켰다. 이어 진회는 장준(張俊), 악비의 부장인 왕준(王俊)과 결탁하여 악비와 그 아들 악운(岳雲)이 부장 장헌과 반란을 꾀한다고 모함했다. 장헌과 악운이 붙잡혀 옥에 갇혔고, 만사설은 몸소 나서 지금 황제를 공격했다는 등 악비의 3대 죄상을 나열했다.

물론 증거도 근거도 없는 날조였다. 여기에 진회까지 나서서 '이 일은 있을 수도 있다'며 거들었다. 이것이 저 유명한 진회가 창안해낸 '꼭 그렇지는 않지만 있을 수도 있다'는 '**막수유(莫須有)**'라는 죄명이다. 어리석은 군주 고종은 악비에게 죽음을 내림으로써 만사설과 진회 두 간신의 소원을 들어주었다. 1142년 1월 28일, 음력으로 한 해의 마지막 날 하루 전에 악비는 항주(杭州)의 대리시(大理寺) 옥중에서 파란만장한 39세의 생을 마감했다. 아들 악운도 처형되었다.

간신 진회 일당은 악비를 모함해 죽인 간행 때문에 준엄한 역사의 처벌을 받고 있다. 사진은 악비의 무덤 앞에 무릎을 꿇고 있는 간신 만사설과 장준의 철상이다.

간신은 몰래 함정을 파서 상대를 해치는 '구함좌폐'의 고수다. 간신이 파는 함정은 그 수법과 종류 면에서 상상을 초월할 정도로 치밀하고 악랄하다. 진회처럼 있지도 않은, 근거도 증거도 없는 죄목을 만들어내는데 탁월하다. 놀랍게도 이 수법은 지금도 여전하다. 검간의 별건수사, 혐의조작 등이 이와 똑같은 수법이다.

현명한 리더라면 이 모략의 본질을 제대로 파악한다. 리더는 역사 사례를 거울삼아 주위 의견을 두루 듣고 공정한 판단을 내림으로써 앞장서서 조직과 나라의 단결을 지켜야 한다. 그래야 억울한 일이 생기지 않는다. 이 방면에서는 당 태종의 처분을 본받을 필요가 있다. 태종은 위징(魏徵)과 방현령(房玄齡)을 모함하고 무고한 두 밀고자를 그 자리에서 목을 잘랐다.

064
간신은 아무리 작은 끈이라도
이용한다

간신은 권세가 있는 사람을 보면 그냥 스치는 안면이라도 바짝 달라붙는 속성을 갖고 있다. 빌붙기의 고수다. 치맛자락을 붙드는 것도 서슴지 않는다. 빌붙고 붙잡아서 기어오르는 것이다. 자신의 목적을 향해. 이런 수법을 '**지친탁고(指親托故)**'라 한다. '가까운 사람을 가리키고, 안면이 있는 잘 아는 사람에게 부탁한다'는 뜻이다. '가리킨다'는 '내세운다'는 뜻이다. 권세 있는 가까운 사람을 앞세워 자신의 몸값을 부풀리는 것이다.

'지친탁고'의 출처는 원나라 때 무명씨의 희곡 《어초기(漁樵記)》(제2절)다. '지친탁고'의 '탁고'는 어린 후계자를 부탁한다는 '탁고(託孤)'와는 다르다. '지친탁고'는 역대로 아주 폭넓게 운용되었고, 전형적인 사례가 헤아릴 수 없이 많다.

남송 시기의 가사도(賈似道, 1213~1275)는 비열하고 간사한 성품에 경박한 시정잡배 출신으로 재상이 된 특이한 이력의 거물급 간신이다. 그가 이런 대성공(?)을 거둔 데는 바로 이 '지친탁고'라는 술수가 크게 작용했다. 제법 높은 벼슬을 한 가사도의 아비 역시 교활하고 색을 밝히는 성품이었다. 한번은 길을 가다 아리따운 유부녀를 보고는 그 집까지 쳐들어가 끝내 그녀를 첩으로 삼았다. 이 첩이 바로 가사도의 생모이다.

이처럼 부패한 관료 가정의 환경이 가사도의 비열하고 방탕한 인간성을 기르는 거름이 되었고, 가사도는 어려서부터 술집으로 기생집으로 도박장으로 뛰어다녔다. 싸움질은 다반사였고, 이 때문에 얼굴에 상처까지 남아 부끄러운 표식이 되었다. 일찍부터 닭싸움, 경마, 주색잡기에 빠진 가사도는 아비 덕에 가흥(嘉興)의 창고를 관리하는 작은 벼슬아치가 되었다. 이 무렵 그의 누이는 궁녀가 되어 이종(理宗) 황제가 총애하는 귀비가 되는 경사(?)가 겹쳤다. 가사도는 황제의 인척이 되었고, 이로부터 관운이 형통하게 되었다.

가사도는 관직을 차지하기 위해 누이에게 황제와 동침할 때 베갯잇 송사를 하도록 부추겼고, 이종 황제는 가사도를 불러들였다. 1238년, 17세의 가사도는 누이의 치맛바람에 힘입어 조정에 들어왔다. 그리고는 뒷구멍으로 아무도 모르는 어설픈 '고시'를 거쳐 어엿한(?) 진사 급제자가 되었다. 배운 것 없는 방탕한 자가 군기감(軍器監)의 관리로 출세했다. 이후 가사도는 날개를 단 듯이 승진에 승진을 거듭하여 재상에 해당하는 평장정사(平章政事) 자리까지 올랐다. 그런데 정말이지 풍자적인 사실은 치맛바람에 뒷구멍을 통해 재상이 된 다음 가사도가 가장 앞세운 정책의 하나가 과거 시험을 엄격하게 시행하라는 것이었다. 당시 사람들은 그의 이런 후안무치를 두고 이런 풍자의 노래를 불렀다.

"무술년(1238년) 과거 시험이 엄격했다면, 지금 어찌 평장정사(가사도)가 있으리오!"

'지친탁고' 모략을 사용하는 방법으로는 직접과 간접 두 가지가 있지만 친인척, 지연, 학연, 동료, 친구를 비롯하여 조금이라도 아는 사회적 관계를 총동원한다는 점에서는 다를 바가 없다. 가까운 사람을 시작으로 관계로 관계를 엮고, 가까운 곳에서 먼 곳으로 한 단계 한 단계 관계를 한데 묶는다. 필요하면 궁중의 여자들까지 서슴없이 끌어들인다. 당나라 때 간신 양국충(楊國忠)이 양귀비(楊貴妃)를 발판 삼아 청운의 꿈을 이룬 경우, 명나라 때 간신 엄숭(嚴嵩)이 같은 고향 출신의 고위직 관료 하언(夏言)을 붙잡고 조정으로 들어온 경우 등이 전형적인 사례다.

더 전형적인 사례는 만안(萬安, 약 1417~1488)이다. 만안은 명나라 때 사천 미산(眉山) 출신이다. 그는 진사로 한림원편수을 거쳐 예부시랑에 되었다. 당시 황제 헌종(憲宗)은 자기보다 17세 연상인 산동 제성(諸城) 출신의 만귀비(萬貴妃)를 아주 총해하고 있었다. 만귀비의 오라비 만통(萬通)은 동생의 치마끈을 붙잡고 금의위 도지휘라는 벼슬까지 올랐다. 만안은 자신과 귀비의 성이 같다는 것을 내세워 사람을 보내 만통과 관계를 텄다. 이후 두 사람은 수시로 오가며 관계를 다졌다.

한번은 이런 일이 있었다. 만통의 아내가 한가한 틈에 친정어머니에게 "우리 집이 가난했을 때 어린 여동생이 어떤 집에 첩으로 갔다고 들었는데, 지금 그 애가 어디 있는지 아십니까"라고 물었다. 어머니는 "미산의 만 편수에게 시집갔다는 것만 안다"라고 했다. 이 이야기를 어찌 들은 만안은 마치 보물이라도 얻은 듯 "제가 미산 사람으로 과거 편수를 지냈지요. 말씀하신 그 첩을 맞아들인

명나라 정치의 가장 어두운 그림자는 환관 출신의 간신들이었다. 헌종은 철저히 간신들에게 농락당했다. 그림은 헌종의 〈행락도〉이다.

사람이 바로 저입니다"라며 갖다 붙였다.

집으로 돌아온 만안은 첩과 상의하여 만통의 아내가 말한 그 여동생으로 둔갑시켜 서로 만나게 했다. 느닷없이 오래전에 헤어진 여동생을 만난 만통의 아내는 너무 기쁜 나머지 이런저런 문제가 있음에도 이들의 속임수를 전혀 눈치채지 못했다. 만안과 만통은 동서지간이 되었다. 이 이야기는 만귀비의 귀에까지 들어갔고, 만귀비도 자연스럽게 만안을 다시 보게 되었다. 만귀비는 헌종에게 만안에 대해 좋은 말을 늘어놓았고, 헌종은 마침내 만안을 내각으로 불러들였다.

당시는 환관 왕직(汪直)이 권세를 휘두르고 있었다. 왕직은 어려서부터 입궁하여 만귀비를 모셨고, 당연히 헌종의 총애를 듬뿍 받았다. 왕직의 위세는 천하를 떨게 할 정도였다. 그는 동창(東廠)과 서창(西廠)이라는 막강한 두 권력기구를 마치 자신의 도구처럼 이용하여 죄를 날조하고 정적을 마구 해쳤다. 대학사 상로(商輅)가 죽고 그 자리가 비자 왕직은 만귀비의 눈도장을 찍은 만안을 재상으로 추천했다. 만귀비와 헌종은 두 번 생각하지 않고 허락했다. 만안은 마침내 바라던 대로 최고 자리에 올랐다.

인간관계에서 권세 있는 사람을 앞세우는 일은 결코 낯설지가 않다. 다반사다. 과시는 인간의 보편적 심리이기 때문이다. 그렇다고 이 관계를 자신의 출세를 위해 나쁘게 이용하는 경우는 드물다. 보통은 그렇다. 간신은 전혀 그렇지 않다. 간신의 여러 특징 중 하나는 이런 관계를 내세우고 과장하는 것이다. 조금이라도 안면이 있거나, 특히 가깝다고 생각하는 사람을 한껏 내세워 자신의 인맥을 자랑한다.

문제는 간신은 과장과 자랑에만 머물지 않는다는 사실이다. 간신은 이 관계를 사리사욕과 출세를 위해 서슴없이 악용하기 때문이다. 주위에 이런 성향을 보이는 자가 있다면 철저하게 경계해야 한다. 자칫 걸려들어 원하는 바를 성취하게 해주면 점점 간이 커져 끝내는 간신이 되고 만다. 간신은 태어나는 존재가 아니라 길러지는 존재다. 우리의 무관심과 무방비 내지 무경계를 틈타 그 몸집을 불려가는 괴물과 같은 자다. 무관심, 무방비, 무경계가 간신의 먹이라는 사실을 철저히 인식해야 한다.

065

돈은 간신의 육신이자
영혼이다

　예로부터 금전의 마력은 세상 어디에도 통했다. 모든 것을 지배할수 있다고도 말한다. 《진서(晉書)》〈노포전(魯褒傳)〉에 보면 〈전신론(錢神論)〉이라는 아주 특별한 기록이 남아 있다. 황금만능 풍조를 매섭게 풍자한 명문이다. 여기에 "속담에 '돈은 귀가 없더라도 귀신을부릴 수 있다'는 말이 있다"는 대목이 눈길을 끈다. '돈이면 귀신도부린다'는 **전가사귀(錢可使鬼)**라는 유명한 성어가 이로부터 나왔다.

　하나의 모략으로서 '전가사귀'는 과거 부상, 토호, 관리들이 앞을다투어 써먹은 수법이다. 간신 마사영(馬士英)은 1625년 우첨도어사겸 선화순무관으로 승진한 지 한 달 만에 창고의 공금을 빼내 조정의 권신, 환관들에게 뇌물을 먹이다가 고발되어 파직되었다. 마사영은 남경으로 달려가 위충현(魏忠賢) 사건 때문에 파직된 완대월(阮大鋮)을 만났다. 같은 처지의 두 사람은 바로 의기투합했다. 두사람은 돈으로 다시 벼슬길을 열기로 담합했다. 마사영은 은 2만냥을 냈고, 완대월도 거금을 뇌물 자금으로 마련했다. 완대월이 상경하여 신임 내각수보인 간신 주연유(周延儒)를 만났다.

　하얗게 빛나는 은자를 본 주연유는 당연히 무슨 뜻인 줄 알아챘다. 황제가 직접 처분한 사건이라 완대월을 바로 복직시킬 수는 없어 마사영을 먼저 돕기로 했다. 이듬해인 1626년, 주연유는 마사영을 원래 자리에다 총독까지 얹어 복귀시켰다. 마사영은 여러 요직을 겸한 고위직에 올라 백관의 반대를 무릅쓰고 완대월을 병부상서로 끌어올렸다. 이로부터 두 사람은 돈으로 권력을 좌우하며 간행을 일삼았다. 나라가 망한 상황에서도 이들은 이런 짓거리를 서슴지 않았고, 이로써 후대에 더러운 악취를 남긴 간신으로 남았다.

《후한서》와 《구당서》 등에는 관직을 팔아 정치를 더럽힌 기록이 남아 있다. 이 기록은 돈의 작용과 위력이 관료판을 적나라하게 지배했음을 보여준다. 명·청시대에 오면 권력층이 서로 결탁하여 돈이나 재물로 벼슬을 사고파는 짓이 더 극성을 부렸다. 과거를 통해 벼슬에 나가는 것보다 이 길이 더 빨랐다.

동한 말기의 십상시(十常侍)는 영제(靈帝)라는 못난 황제의 보호를 받으며 서쪽 뜰에다 아예 벼슬을 사고파는 별도의 장소까지 마련했다. 마치 경매를 하듯 값을 대놓고 부르며 공개적으로 벼슬을 팔고 샀다. 착취할 수 있는 거리가 많은 지방의 관직은 조정의 관직보다 값이 더 나갔다. 긁어모을 수 있는 양에 따라 지방관의 값은 서로 달랐고, 정해진 값이 있는 것도 아니어서 누구든 비싼 값을 부르면 바로 취임할 수 있었다. 외상도 허용하여 기한 내로 값을 채우면 되었다. 돈을 더 벌기 위해 판 지 얼마 되지 않아 웃돈을 얹어 다시 그 자리를 팔았는데, 어떤 지역의 벼슬은 한 달 안에 몇 차례나 바뀌었다. 벼슬을 산 자는 임기가 길지 않은 데다 본전을 뽑으려면 죽으라 빼앗는 수밖에 없었다.

십상시는 이것으로도 모자라 또 이런저런 명목으로 재물을 긁었다. 가난에 고통 받는 백성은 추위도 입을 옷이 없었고, 배가 고파도 먹을 것이 없는 지경이 되었다. 이런 상황에 내몰린 백성들은 위험한 길을 선택했고, 결국 황건 농민봉기가 터져 동한 왕조의 종말에 조종을 울렸다.

일반적으로 이 모략은 정권이 부패하고 몰락할 때 간신이나 권세가들이 많이 써먹었다. 예로부터 '청렴한 관리는 돈을 사랑하지 않는다'는 말이 있듯이 이 모략을 청백리들에게 써먹다가, 즉 번지수를 잘못 찾았다가 낭패를 본 경우도 적지 않았다. 이 모략이 효과를 볼 수 있는 근원은 관료판의 부패다. 즉, 관리들이 깨끗하게 일하지 않을 때이다.

이 모략을 쓰는 자는 마음 씀씀이가 바르지 못하다. 당연히 간신들이 많이 쓴다. 이런 자는 벼슬을 얻거나 승진하고 나면 백성의 재산을 마구 갈취하고, 나라 창고를 거덜 내서 사욕을 채움으로써 나라와 백성에게 엄청난 해악을 끼친다. 간신의 공통된 특징인 '사탐일무(四貪一無)', 즉 탐재(貪財), 탐권(貪權), 탐위(貪位), 탐색(貪色), 무치(無恥) 중에서도 돈을 밝히는 '탐재'는 간신의 진면목을 적나라하게 보여준다. 돈은 간신의 육신이자 영혼이나 마찬가지다. 역사상 돈을 특히나 밝혔던 탐관오리들 모두가 간신은 아니었지만, 간신은 하나의 예외도 없이 탐관오리였다는 사실을 기억하자.

문제는 이런 현상이 과거 왕조 체제에서는 물론 지금도 여전하다는 점에서 그 심각성이 더 하다. 돈의 마력은 어떤 면에서 과거보다 더 크다고도 할 수 있다. '돈이면 귀신도 부린다'는 '전가사귀', 이 간사한 모략에 대한 경계와 방비는 더 큰 의미를 갖는다. 금전의 유혹만큼 강력한 유혹도 없기 때문이다.

066
부추기는 자가
간신일 가능성이 크다

상대를 부추기거나 치켜세운 다음 제거하는 수법을 '**봉살술(捧殺術)**'이라 한다. '받들다가(치켜세우다가) 죽이는 술수'라는 뜻이다.

이런 옛날이야기가 있다. 성격이 고약한 어린애가 있었다. 이 아이는 늘 마을 밖 작은 산에 올라가 지나가는 사람에게 돌을 던졌다. 하루는 한 노인이 그 돌에 다리를 맞았다. 노인은 화가 나서 그 아이의 부모에게 달려갔다. 부모는 웃기만 할 뿐 나 몰라라 했다. 더 화가 난 노인은 방법을 내서 아이를 혼내기로 했다.

이튿날 아이는 노인에게 또 돌을 던졌고, 노인은 아이에게 다가가 "어린아이가 이렇게 뛰어난 실력을 갖고 있다니 정말 대단하구나. 백발백중이니 누군들 너를 겁내지 않겠니? 지금 내가 겉옷을 저 나무에 걸어 둘 테니 던져서 맞추면 돈을 1전씩 주마. 어떠니?"라며 칭찬과 격려를 아끼지 않았다. 아이는 수십 차례 돌을 던져 꽤 많은 돈을 얻었고 미칠 듯이 좋아했다.

노인은 산 밑으로 지나는 사람들 몇을 불렀고 아이는 하던 대로 사람들에게 돌을 던졌다. 노인은 일부러 "어린 호랑이! 나한테는 돌을 던지지 말거라 너무 무섭다. 내 너에게 5전을 주면 되겠니!"라고 고함을 질렀다. 아이는 더 광분해서 돌을 던지며 행인들을 위협했다. 그로부터 얼마 뒤 결국 일이 터졌다. 지나가던 또래의 어린 아이 하나가 돌에 머리를 맞아 피를 흘리다 죽는 큰 사고가 났다. 부모가 크게 후회했지만 이미 늦었다.

아이는 본래 천진무구하기 때문에 정식으로 교육하는 것이 옳다. 노인의 방법은 문제가 많았다. 자신이 피해를 입고 부모에게 알렸지만 듣지 않았다 해도 이런 수단은 옳지 않았다. 그 결과 지나가던 무고한 어린아이를 희생시켰을 뿐만 아니라 옳고 그름을 모른 채 돌 던지기를 즐거움으로 삼던 아이까지 해쳤으니 어찌 비극이 아닐까!

다른 측면에서 보자면, 이 노인의 이런 식의 칭찬은 어른들에 대한 경고이자 경계로 삼아야 할 점이기도 하다. 사람은 대개 칭찬을 들으면 기분이 들뜬다. 칭찬과 격려에 도취되면 그것이 자신을 해칠 때까지 깨닫지 못한다. '만세를 입에 달고 다니고, 주석 어록을 손에서 놓지 않았던, 앞에서는 사탕발린 소리를 하다가 등 뒤에서 독수를 날린' 두 얼굴의 전형적인 인물 임표(林彪)의 평생 좌우명이 바로 이것이었다.

"다른 선택이 없다면 치켜세우고 부추기는 방법을 이용하라. 그렇게 치켜세우고 부추긴 사람이 체면을 잃으면 그의 사다리를 치워버려라."

노신(魯迅) 선생은 추켜세운 다음 죽이는 이런 수단은 일부 중국인의 비열한 기술이라고 말한 바 있다. 정말이지 살 떨리는 무서운 수법이 아닐 수 없다. 사례 하나를 더 보자.

서양 어느 나라의 길거리에서 놀러 나온 사람들이 말을 탄 기사를 보고는 "와, 좋은 말이다! 달려, 더 빨리 달려!"라며 고함을 지르고 박수를 쳤다. 기사는 사람들의 환호와 칭찬에 으쓱해져 말에게 채찍을 휘둘렀다. 말이 속도를 내자 사람들의 응원은 더 커졌고, 그칠 줄 몰랐다. 기사는 더 채찍을 휘둘렀고, 말은 가쁜 숨을 몰아쉬며 입에서 허연 거품을 흘리기 시작했다. 기사의 귀에는 '잘한다, 잘 달린다! 더 빨리, 더 빨리'라는 고함 소리만 들렸다. 그는 더 힘차게 말을 재촉했고, 말은 기진맥진 땅바닥에 쓰러져 일어나지 못했다. 그제야 기사는 이 좋은 말을 죽인 사람이 길 가던 사람들임을 알았다.

진심에서 우러나는 칭찬과 격려를 일부러 추켜세우고 부추기는 것과 혼동해서는 결코 안 된다. 엄연히 다르기 때문이다. 그러나 이 둘을 바로 가려내기란 결코 쉽지 않다. 잘 살펴야 한다. 우선 지나친 칭찬과 격려는 의심해야 한다. 그리고 그 격려와 칭찬에 내 마음이 얼마나 흔들렸는가를 가늠해보아야 한다. 다음으로 그 추켜세움과 부추김이 가리키는 곳이 어딘지를 냉철하게 판단해야 한다. 앞서 본 바대로 사람에게 돌을 던지는 행위는 분명 잘못된 행동이다. 이런 행동을 부추기는 것은 결코 옳지 않다. 물론 간신의 부추김은 결코 이렇게 단순하지 않고 교묘하다는 점에 유의해야 한다.

〈대부(God Father)〉라는 영화에 보면 '화해를 권하는 자가 배신자'라는 대사가 있다. 간신의 입과 말에는 치명적인 독이 발려 있다. 그 독 위에 달콤한 사탕이 한 겹 더 발려 있다. 대개는 이 달콤한 사탕 때문에 덥석 물었다가 독까지 먹고 당한다. 말의 진정성을 가려내는 훈련을 끊임없이 해야 하는 까닭이다. 간신을 방비하고 물리치는 데 없어서는 안 될 훈련이자 자세다.

067
간신은 위장을 위해
모든 것을 이용한다

자신을 위장할 수만 있다면 간신은 이용하지 못할 것이 없다. 자신의 정체를 감추고 명성을 갈취하기 위해서라면 큰 대의명분(大義名分)을 앞에다 내걸고 충성(忠誠)과 효성(孝誠)으로 포장한다. 이를 '충효의 뒤에 숨는다'는 '은우충효(隱于忠孝)'라 한다.

간신 같은 자들은 겉으로는 군주나 부모를 극진히 받드는 등 자신의 충효를 과시하여 꾸미지만 내심은 진실하지 못하다. 실제로는 자신의 명성을 낚기 위해 이렇게 충효를 앞세우고 자신은 그 뒤에 숨어 음모술수를 꾸민다.

봉건적 전통 관념을 고수해온 옛사람들은 서한 왕조를 뒤엎고 황제 자리를 찬탈하고 신(新)이란 왕조를 세운 왕망(王莽, 기원전 45~기원후 23)에 대해 철저히 부정적인 태도를 취해 왔다. 이런 관점이 한쪽으로 치우쳐 있는 것은 사실이지만 왕망이 권력을 찬탈하는 과정에서 취한 전혀 다른 모습은 정말이지 세상과 사람들을 거의 완벽하게 속였다. 특히 왕망은 충효 뒤에 숨어 명성을 낚고 끝내는 한 왕조를 찬탈한 간신의 전형이었다.

왕망은 서한 원제(元帝)의 황후 왕정군(王政君)의 조카였다. 성제(成帝) 때 왕씨 집안은 큰 세도를 누렸다. 왕망은 아버지 왕만(王曼)이 일찍 죽는 바람에 작위를 받지 못했다. 왕망은 왕씨 집안의 자제들 중 상대적으로 가난하고 비천한 축에 들었다. 기록에는 "왕망은 고독하고 가난하고 보잘것없었으나 공손하고 겸손했으며, 또 학문으로 유생들의 존경을 받았다. 어머니와 과부가 된 형수를 모시고 형의 자식들을 돌보았다"고 되어 있다. 이 때문에 왕망은 사람들에게 겸손하고 성실한 인상을 주었다.

대사마이자 왕망의 큰아버지인 왕봉(王鳳)이 큰 병이 났다. 그 자식들은 매일 술판을 벌이는 등 노는 데만 정신이 팔려 아버지를 나몰라라 했다. 조카 왕망은 큰아버지 곁에서 탕약을 직접 맛보는 등 자신의 건강까지 해쳐 가며 병시중을 들었다. 이 일로 큰아버지 왕봉은 왕망에 대해 호감을 가졌고, 명망 있는 대신들도 글을 올려 왕망을 칭찬했다. 성제는 왕망을 신도후(新都侯)에 봉했다. 조정에 들어온 왕망은 더욱 겸손하고 공손하게 사람을 대했고, 일도 더할 나위 없이 신중하게 처리했다. 얼마 되지 않아 그는 대사마로 승진하여 조정의 일을 도맡게 되었다.

정권을 잡은 왕망은 좋은 일들을 많이 행하여 명성을 크게 날렸다. 우선 왕망은 각지의 인재들을 불러 모았다. 경학, 천문, 역술, 문자, 병법, 방술, 의학에 능통한 천하의 인재들을 수도로 집결시켜 임용했다. 이를 위해 왕망은 태학의 규모를 1만 명 이상 수용할 수 있도록 확대하여 천하의 지식인들로부터 호응을 얻었다.

둘째, 왕망 자신은 농복을 받지 않았다. 이로써 큰 인심을 얻었고, 무려 48만에 달하는 사람들이 연명으로 태황태후에게 글을 올려 왕망의 공덕을 칭찬하고 격려해야 한다고 아우성을 칠 정도였다. 왕망은 완강하게 이를 사양했다. 태황태후가 왕망을 안한공(安

漢公)에 봉했으나 왕망은 여전히 봉호와 봉지를 받지 않았을 뿐만 아니라 병을 핑계로 극력 거절했다. 태후도 체면이 있지 한 번 공포된 명령을 쉽사리 철회할 수 없었고, 왕공대신들도 강력하게 권했다. 왕망은 어쩔 수 없이 봉호는 받았지만 그에 딸린 땅은 한사코 사양했다.

셋째, 왕망은 친자식을 엄격히 징벌했다. 아들 왕획(王獲)이 노비를 무고하게 살해하는 일이 터지자 왕망은 '천지 생명들 중 인간의 생명이 가장 귀중하다'는 원칙을 위반했다며 아들 왕획을 자살하게 만들었다. 당시 노비에 대한 비인간적 대접은 이상스러울 것이 없었다. 이런 현실에서 왕망이 인도주의를 들먹이며 아들을 자살로까지 몰고 갔으니 다른 사람은 몰라도 노비나 빈민층의 호감을 얻은 것은 당연했다.

넷째, 근검절약을 강조하면서 빈민들을 도와주는 선행을 베풀었다. 한 평제 원시 2년인 기원후 2년, 중원 지구에 가뭄과 메뚜기 떼 피해가 발생했다. 왕망은 백성들의 세금을 줄이고 자신의 녹봉도 삭감해달라고 건의하는 한편, 관청에서 먹고 입는 것을 절약하자고 주장했다. 그는 집안사람들과 함께 솔선수범하여 채식을 하고, 자신의 돈 100만 냥과 밭 30경을 헌납하여 이재민을 구제했다. 관리들과 부호들도 너나 할 것 없이 왕망을 본보기로 따랐는데 230명이 밭과 집을 헌납했다. 왕망은 또 황가의 정원을 폐쇄하고, 안민현(安民縣, 지금의 감숙성 화정현)에 빈민을 구제하는 시설을 만들어 숙식을 제공하게 했다. 장안성에도 집을 지어 빈민들을 머무르게 했다.

왕망의 행동은 통치 계급들로부터 칭찬을 받은 것은 물론 백성들의 호평도 얻어냈다. 심지어 요·순의 덕과 성인의 행위까지 겸비했다는 전무후무한 평가까지 들었다. 왕망이 수단과 방법을 가리지 않고 명예를 추구하면서 인심을 농락하려는 조짐이 보였지만 사람들은 그를 의심하지 못했다.

왕망의 위장은 권력을 찬탈하는 과정에서 폭로되었다. 그는 평제를 보다 확실하게 조종하기 위해 아직 미성년인 딸을 후궁으로 들여보낸 다음, 황후로 만드는 동시에 평제의 생모인 위희(衛姬) 일

희대의 간신 왕망은 세상 사람은 물론 하늘조차 속이는 철저한 위장술로 황제 자리에까지 올랐다.

가를 몰살했다. 왕망은 평제에게 독주를 마시도록 핍박하면서도 그 옛날 주공(周公)의 행동을 모방하여 황제의 평안을 하늘에 빌기까지 했다. 또 기도문을 밀봉한 상자에 넣어 가지고 다니면서 다른 신하들에게는 퍼뜨리지 못하게 경고했다.

얼마 뒤 평제가 병사하자 왕망은 대성통곡하며 600석 이상의 녹봉을 받는 관리들에게 삼년상을 명령했다. 어린 유자영(孺子嬰)을 옹립하여 황제로 즉위시켜 놓고는 악독하게도 유자영이 다른 사람과 대화조차 하지 못하게 종일 방에 감금시켜 놓았다. 왕망이 섭정 황제가 되자 유씨 종친들은 군사를 일으켜 저항에 나섰다. 왕망은 민심을 수습하기 위해 정권을 다시 유자영에게 돌려주겠노라 하늘

에 맹서했지만, 유씨들의 저항이 실패하자 맹서를 어기고 결국을 서한 왕조를 뒤엎고 자신의 신(新)나라를 세웠다.

왕망이 정권을 찬탈하지 않았을 때는 겸손했다. 관료 사회에서 왕망처럼 충효의 뒤에 숨어 권모술수로 높은 자리에 오른 자에 대해 역대로 정직한 사람이라면 누구나 이를 갈았다. 그러나 일부 정치 야심가와 정치 투기꾼은 이런 모략으로 하늘조차 속이고 대중의 명성을 얻어 권력 장악이라는 목적을 달성하는 경우가 많다. 우리가 고도의 경계심을 한시라도 늦추어서는 안 되는 까닭이다.

당나라 때의 유명한 시인 백거이(白居易)의 '인재를 가려내다'라는 뜻의 〈변재(辨才)〉라는 시는 세인들에게 널리 알려져 있는 시다. 이 시에서 백거이는 인재를 분별하기가 쉽지 않다면서 "옥은 사흘을 구워 봐야 하고, 인재를 가리자면 7년을 기다려야 한다"고 했다. 한 사람의 시비와 선악을 제대로 살피려면 적어도 7년은 걸려야 한다는 뜻이다. 백거이는 또 주공(周公)과 왕망(王莽)을 예로 들어 사람을 알기가 얼마나 어려운가도 꼬집고 있다.

오늘날 시각에서 보면 왕망이 한 왕조를 찬탈하고 신 왕조를 세웠다고 해서 왕망을 100% 부정할 수는 없다. 왕망이 주도한 개혁 실패에 대한 책임도 왕망 혼자에게만 씌울 수는 없다. 그러나 누가 뭐라 해도 왕망 개인의 품성은 숱한 논란거리였고, 그 근거도 확실했다. 백거이의 말대로 하면 왕망이 왕조를 찬탈하지 않고 "그 당시에 죽었더라면 그 일생의 진위 여부를 어찌 알겠는가?" 왕망이 큰 명성을 날리면서 모든 사람들로부터 칭찬을 받고 있던 와중에 죽었더라면 그는 영원히 성현으로 존경을 받았을 수 있었을 것이다.

사실 한 인간의 언행과 본질에는 일정한 발전 과정이 따르기 마련이다. 타인에 대한 인식도 표면에서 내면으로, 얕은 곳에서 깊은 곳으로의 과정을 밟는다. 실천이란 관점에서 볼 때 왕망이 처음부터 야심가이자 소인이었던 것은 아니다. 사회적 환경이나 역사적 환경이 달랐더라면 성공한 개혁자나 개국 군주가 되었을지 모른다. 이와 관련하여 《한서》〈왕망전〉에는 "한나라가 쇠망의 길에 들어서고 나라의 통일도 어려움에 봉착했음에도 불구하고 태후의 잘못으로 소인이 권리를 장악하여 왕위를 찬탈하는 재앙이 일어났으니 누구의 탓이라기보다는 하늘의 뜻이라 하겠다"라고 기록하고 있다. 역사는 영웅을 낳고 간웅도 낳는다. 왕망의 개인적 품성만 나무랄 것이 아니다. 어쨌거나 개인적 요인보다는 객관적 시세가 중요하기 때문이다.

한 사람의 앞뒤 행적이 일치하지 않는다고 해서 이상하게 볼 것은 아니다. 사람은 누구나 변화하고 발전한다. 처음에는 뛰어났지만 뒤에 가서 잘못을 저지를 수도 있다. 또 사람은 변하지 않았는데 세상사와 환경이 크게 변하여 옳고 그름을 판단하는 기준이 달라지고 이에 따라 평가가 변하는 수도 있다. 왕망은 이 두 가지 요인을 다 갖춘 인물이었다.

왕망은 인간이 얼마나 어떻게 변해 가는지, 얼마나 변할 수 있는가를 극명하게 보여준 사례로 남아 있다. 영리하고 뛰어난 인재일수록 주변 환경이나 조건 변화에 따라 자신을 변신시키는 데 민첩하다. 따라서 인재라고 생각할수록 윤리나 도덕적으로 적절한 선에서 그를 견제하고 이끌어야 한다. 인재가 윤리와 도덕의 그물을 빠져나가거나 무시하는 순간, 그는 이성의 고삐를 내팽개친 채 자신은 물론 주변을 해칠 것이다.

거듭 말하지만 간신은 타고나는 존재가 아니다. 가정환경을 비롯하여 주변 인물, 관련 조직, 자기수양 등이 복합적으로 영향을 미침으로써 길러지는 존재이다. 심하게 말해, 우리 모두가 의식적 또는 무의식적으로 길러내는 존재이다. 이런 점에서 왕망은 간신의 성장과 변질과정을 극명하게 보여주는 본보기가 아닐 수 없다. 간신은 우리의 방심, 무관심, 무시라는 영양분을 먹고 자라는 존재임을 잊지 않아야 한다.

068

간신은 속죄양(贖罪羊)을
만들어내는 고수다

간신이 속죄양을 잘 만들어낸다는 점은 앞서 살펴보았다. 겹치기는 하지만 한 번 더 강조해본다. 우리가 흔히 쓰는 '**속죄양**(贖罪羊, scapegoat)'이란 단어는 《성경》에 나온다. 고대 유대교 제사에서 인간이 저지른 죄를 대신 부담하는 양을 말한다. 《성경》에 보면 이스라엘 관리와 백성이 죄를 지으면 제사장을 통해 여호와에게 속죄한다. 그 방법은 범죄자의 신분에 따라 소 또는 양을 제단으로 끌고 와서 제물로 바치며 죄를 용서받는다. 이때 사용된 소나 양을 속죄를 위한 희생이라 했다. 백성들이 죄를 지어 속죄할 때 바치는 희생이 양이었기 때문에 속죄양이란 표현이 나오게 되었다.

심리학에서는 이렇게 분석한다. 사람이 화가 날 때 그 화의 근원을 모르거나, 근원을 알기는 하지만 그것에 대해 감히 맞서 공격할 수 없는 상황이라면 왕왕 그 분노의 근원을 대체할 수 있는 어떤 것을 찾아 화를 발설하거나 분을 삭인다. 중국의 격언 '낮은 곳은 물을 쏟기가 쉽고, 약한 사람은 속이기 좋다'는 말이 그것이다. 이것이 인간의 '속죄양' 행위다.

마찬가지로 권력자가 정치 활동에서 좌절하여 전체 국면이 위태로워지거나 권력자 자신의 안위가 걱정되는 상황에 몰리면 흔히 한두 명의 관련 인물을 앞세워 죄를 물음으로써 정치적 위기를 모

'사마소의 속내는 길 가는 사람이 다 안다'는 말이 있다. 간신이 아무리 자신의 정체를 감추려 해도 민심은 이를 직감으로 알아낸다. 문제는 사심에 눈이 먼 지도층이 이를 외면하는 것이다. 이는 지금도 여전하다.

면한다. 이럴 때 동원되는 모략이 바로 '체죄양술(替罪羊術)'이다. 속죄양을 중국어 표현으로는 체죄양(替罪羊)이라 한다. 우선 관련한 역사 사례를 보자. 서한 문제 때 회남왕(淮南王) 유장(劉長, 기원전 198~기원전 174)은 민월(閩越), 흉노(匈奴)와 몰래 모의하여 반란을 일으키려다 문제의 소환을 받고 장안에서 체포되었다. 유장의 죄는 당연히 목을 잘라 저잣거리에 내거는 기시(棄市)였다. 문제는 자신의 너그러움을 과시하기 위해 사형 대신 왕의 작위만 박탈하고 사천으로 유배 보냈다. 유장은 죄인을 싣는 수레에 실려 사천으로 압송되었다.

문제의 본래 의도는 유장에게 교훈을 주려는 데 있었지, 배 다른 이 동생을 진짜 사천 벽지로 내칠 마음은 아니었다. 유장이 죄를 뉘우치기만 하면 다시 불러올릴 생각이었다. 강경하고 급한 성질의 젊은 유장은 유배 가던 도중 분을 이기지 못하고 먹기를 거부하다가 죽었다. 보고를 받은 문제를 불같이 화를 냈다. 누군가에게 '동생을 죽게 만든' 죄명을 뒤집어씌울 심산이었다. 아나나 다를까, 문제는 옹현(雍縣)에 이를 때까지 유장의 죽음을 발견하지 못한 지나는 길의 현급 우두머리 전부를 죽여 저잣거리에 내걸었다. 죄목은 먹을 것을 올려 안부를 여쭈지 않아 유장을 굶어 죽게 했다는 것이었다.

삼국시대 말기 위나라의 대권은 사마씨 수중에 들어갔다. 유명무실한 꼭두각시가 되길 원치 않았던 황제 조모(曹髦)는 몸소 궁정 시위와 관련 인원을 거느리고 상국 사마소(司馬昭, 211~265)를 치러 나섰다. 그러다 궁중 입구에서 사마소의 심복 가충(賈充)의 군대와 맞닥뜨렸다. 조모는 무술도 뛰어나지 않았고, 리더십도 부족했지만 사람들 눈에는 여전히 천자였다. 가충의 부하 병사들은 조모의 오합지졸과 몇 수를 겨루고는 더 이상 싸우려 하지 않았다.

성제(成濟)가 가충에게 "상황이 여의치 않은데 어쩌죠"라고 물었다. 가충은 "사마공께서 지금까지 너희들을 먹여 살린 것은 바로 이런 상황 때문이었다. 지금 어떻게 해야 할지 물어야 하겠느냐"며 호통을 쳤다. 성제는 바로 창을 들고 달려가서 단번에 조모를 죽였다. 일이 마무리되자 사마소는 먼저 비통한 모습을 연출한 다음 대신들을 소집하여 앞날을 상의했다. 그리고는 성제 형제를 '대역무도'의 주범으로 몰아 가족 전부를 죽였다.

승리자는 흔히 자신의 긍정적인 이미지를 지키고 음모의 내막을 감추기 위해 '속죄양'을 죽여 입을 막고 자신은 궁지에서 벗어난다. 역사 사례를 보면 일부는 오로지 정치적 위기를 벗어나기 위해서가 아닌 주도적 공격을 위한 정략의 하나로 이 모략을 활용하기도 했다.

'속죄양' 만들기는 간신의 주특기 중 하나이다. 역사상 이 모략을 구사하지 않은 간신은 없었다. 자신의 권세와 이익을 지키기 위해서라면 간신은 누구라도 희생시킨다. 조금이라도 불리하거나 비판에 직면하면 이를 회피하기 위해 서슴없이 '속죄양'을 만들어낸다. 가장 가까운 충복은 물론 가족까지 갖다 바친다. 이것이 간신의 속성이다. 간신은 결코 믿을 수 없는 자다.

069

간신은 자신에게 위협이 되면
상대의 자식까지 해친다

《한서》〈효성조황후전(孝成趙皇后傳)〉에 이런 동요가 실려 있다.

"제비가 날아와 황손을 쫀다. 황손이 죽으니 제비가 화살을 쫀다."

여기서 말하는 제비란 조비연(趙飛燕) 자매를 가리키며, 이들이
음모로 황손을 독살한 일을 풍자한 노래다. 이후 궁정의 후비들이
사리사욕을 위해 황자나 황손을 해치는 일을 '**연탁황손(燕啄皇孫)**'이란
네 글자로 개괄했다. '제비가 황손을 쫀다'는 뜻으로 황궁의 후궁들
사이에서 벌어진 암투를 비유한다. 알다시피 제왕을 정점으로 하는
왕조 체제에서는 최고 권력자의 총애를 받아 아들을 낳는 일이 가
장 큰일이었다. 이 때문에 제왕이 거느린 많은 후궁들 사이에 피 튀
기는 암투가 비일비재했다. 대표적인 역사 사례를 들어보자.

명나라 헌종(憲宗, 1447~1487) 때 만(萬)귀비가 가장 큰 총애를 받았
다. 만귀비는 좋은 피부와 낭랑한 목소리, 총명하고 무술에도 뛰어
나 갑옷을 입고 헌종을 모시며 술을 마셨다. 헌종이 밖으로 놀러 나
갈 때면 말을 타고 길을 안내할 정도였다. 용모는 평범하고 나이는
헌종보다 17년이나 위였지만 그녀에 대한 헌종의 총애는 시들 줄
몰랐다. 헌종의 어머니인 주후(周后)가 "예쁜 곳 하나 없는 그 애를

왜 그렇게 예뻐한단 말이오!"라고 꾸짖었다. 이에 헌종은 "그녀가 옆에 있으면 마음이 편해집니다. 외모는 상관없습니다"라고 했다.

만귀비는 아들을 하나 낳은 적이 있는데 뜻하지 않게 한 달 만에 요절했다. 만귀비는 분을 참지 못하고 그 뒤 다른 비빈이나 후궁이 임신하면 약을 써서 기어이 낙태시켰다. 다른 사람이 아들 덕에 귀해져 자신의 총애를 빼앗아 가는 것을 이런 식으로 막았다. 백(柏) 현비가 어찌어찌 아들을 낳자 빼앗아 자기 아들로 삼고 세 살이 되자 태자로 봉했다. 그러나 태자가 된 지 며칠 뒤 병으로 죽었다.

한번은 헌종이 총애하는 환관 장민(張敏)에게 머리를 빗기게 하면서 거울에 비친 자기 모습을 보고는 나이가 먹을 만큼 먹었는데 아들이 없다며 한숨을 쉬었다. 장민은 무릎을 꿇으며 "소인 만 번 죽어 마땅합니다. 폐하에게는 이미 아들이 있습니다"며 놀라운 이야기를 했다. 헌종이 놀라며 무슨 말이냐고 묻자, 장민은 바로 아이를 데리고 궁으로 들어오게 명령한 다음 엎드려 사건의 본말을 보고했다.

아이의 어머니는 기씨(紀氏)로 광서 하현(賀縣) 말단 관리의 딸이었다. 명나라 군대가 서남 지역을 정벌할 때 붙잡혀 황궁으로 들어와 여사(女史)가 되었고, 총명해서 내장(內藏)을 관장하기에 이르렀다. 어느 날 헌종이 내장을 찾아 이런저런 일을 물었는데 기씨가 제대로 답했다. 헌종은 기뻐하며 기씨에게 은총을 베풀었다. 기씨는 한 번의 은총으로 임신했다. 누군가 이 일을 만귀비에게 알리자 만귀비는 시녀를 시켜 이를 확인하도록 했다. 이 시녀는 만귀비에게 불만이 많았고, 기씨를 가엾게 여겨 임신이 아니라 배가 붓는

'연탁황손'이라는 궁중 암투의 사례를 남긴 조비연, 조합
덕 자매의 드라마 속 모습.

병이라고 보고했다. 만귀비는 이를 믿었지만 대신 기씨를 안락당(安樂堂)으로 내쫓았다. 그 뒤 기씨는 사내아이를 낳았다. 귀비가 이 사실을 알고는 장민에게 아이를 물에 빠트려 죽이게 했다. 장민은 헌종에게 후사가 없음을 안타깝게 여겨 귀비에게는 죽였다고 거짓 보고하고, 이 아이를 밀실로 옮겨 길렀다.

6년 뒤, 장민은 마침내 아이를 데리고 헌종에게 보였다. 아이는 바로 헌종의 품에 안기며 헌종의 옷자락을 잡고 즐거워했다. 전혀 낯설어하지 않았다. 헌종도 "이 아이가 내 아들이구나. 나를 닮았어"라며 기뻐 어쩔 줄 몰라 했다. 그 자리에서 우탱(祐樘)이라는 이름을 내리고, 기씨를 숙비로 봉하여 영수궁(永壽宮)으로 옮기게 했다. 귀비는 기씨에 한을 품고 틈을 타서 기씨를 죽였다. 장민은 두려워 자살했다. 그러나 우탱은 황제 자리에 올랐다. 이가 효종(孝宗)이다. 즉위 후 생모 기씨를 효목황태로 추증했지만, 기씨의 일생은 기구하여 결국 '연탁황손'의 희생물이 되었다.

이 모략은 대부분 황궁에서 못난 권력자의 총애를 다투는 과정에서 비롯되었다. 옛날에는 아들 덕분에 어머니가 귀해졌기 때문에 후궁에게 아들이 있으면 자연스럽게 체면이 섰다. 자신이 아들을 낳아 태자까지 된다면 생모는 황후나 황태후가 될 가능성 컸다. 본인은 물론 외척까지 귀하신 몸이 된다. 이 때문에 아들이 없는 후궁은 아들이 있는 후궁을 시기하고 질투할 수밖에 없었고, 서자의 어머니는 태자의 어머니를 질투했다. 이들은 자신의 처지를 바꾸기 위해 왕왕 수단과 방법을 가리지 않고 자기 자식이 아닌 태자를 해치려 했다.

심지어 아들이 있고 태자까지 되었음에도 권력을 독점하고 원한을 가진 사람에게 보복하기 위해 다른 후비의 아들을 해치기까지 했다. 한 고조의 아내 여(呂)태후가 척(戚)부인과 그 아들 조왕(趙王) 여의(如意)를 죽인 일이 전형적인 사례였다. 후궁들 사이의 이런 싸움 때문에 황자의 안전이 위협을 받았고, 어떤 때는 태자 선정까지 바뀌었으며, 심지어 황제가 후계자를 남기지 못하게 만들었다.

명 희종(熹宗) 천계(天啓) 6년인 1626년 한 해 동안 광종(光宗)을 모셨던 조씨를 비롯하여 희종의 유비 장씨, 풍귀인, 성비 이씨, 호 귀비 및 황후 장씨까지 모두 희종의 유모인 객씨(客氏), 객씨와 함께 간행을 일삼았던 간신 위충현(魏忠賢) 이 두 사람의 모함을 받아 희생되었다. 객씨와 위충현 두 사람은 희종의 총애를 끝까지 차지하기 위해 이들을 해쳤다. 헌종의 후손은 한 사람도 살아남지 못했고, 희종의 후계는 끊어졌다.

'연탁황손'은 대부분 후궁에서 벌어진 암투에서 사용된 모략이다. 그러나 이 암투에는 위충현의 사례에서 보다시피 간신들 역시 깊숙이 개입되어 있다. 권력자가 총애하는 여자에게 꼬리쳐서 신임을 얻고 권세를 얻은 간신은 헤아릴 수 없이 많았고, 지금도 여전하다. 이들은 자신들의 권세와 이익에 방해되는 자라면 권력자의 핏줄이라도 그냥 두지 않는다. 권력자의 여자가 권력욕이 강하면 이런 일이 벌어질 가능성은 훨씬 더 커진다. 간신은 이런 점을 기가 막히게 알아내서 힘 있는 쪽으로 붙어 '연탁황손'과 같은 모략과 수법을 서슴없이 써먹는다. 수없이 강조했듯이 간신에게는 못 할 짓이 없다. 그런 존재가 간신이다.

070
요지경 간신의
아부술

　고사성어 중에 '**유수박마**(溜須拍馬)'란 것이 있다. 글자 뜻을 풀자면 '수염을 쓸고 말 엉덩이를 두드린다'는 뜻으로, '알랑거린다' 또는 '아부한다'는 뜻으로 의미가 확대되어 사용되고 있다. '유수'와 '박마'가 합쳐진 사자성어다. 앞서 살펴본 '타마비술'과 비슷한 뜻이다. 이 중 '유수'란 단어가 나온 데는 나름대로 배경이 있다.

　《송사(宋史)》〈구준전(寇準傳)〉에 보면 당시 조정을 어지럽혔던 '오귀(五鬼)'라는 간신들이 나오는데, 그중에서 정위(丁謂, 966~1037)란 자가 가장 독했던 놈이다. 이자는 당대의 천재라는 평가를 들을 만큼 뛰어난 재능을 발휘했는데, 그 뛰어남 만큼 끼친 해악도 컸다. 역사가 생생하게 보여주듯이 재주 많고 영악한 간신일수록 그 폐해는 더욱 커진다. 정위는 한때 구준(寇準) 밑에서 일을 했는데 얼마나 지극히 공경스러운 태도로 구준을 모셨던지 이런 일화가 기록에 남아 있다.

　언젠가 모두들 관저에 모여 식사를 했는데 국을 마시던 구준이 수염에 국물을 흘렸다. 옆에 있던 정위가 얼른 일어나 구준의 수염을 닦아 주었다. 구준은 싱긋이 웃으며 "나라의 큰일을 다루는 대신이 어찌 장관의 수염을 닦는단 말이오?"라며 핀잔 아닌 핀잔을 주었다. 구준 정도가 되었으니까 이렇게 면박을 줄 수 있었지 보통 사람 같았으면 십중팔구 고맙게 생각했을 것이다. 여기서 '수염을 쓴다'는 '유수'가 탄생했고, 이후 '말 엉덩이를 두드린다'는 '박마'와 합쳐졌다. 모두 누군가의 비위를 맞추는 행위의 비유로 사용되고 있다.

비슷한 예를 하나만 더 보자. 남북조시대 남조의 송(宋) 문제(文帝)가 낚시를 했는데 한나절이 지나도록 한 마리도 잡히지 않았다. 옆에 있던 아첨꾼 왕경(王景)이란 자 왈 "고기를 낚는 분이 너무 깨끗해서 미끼를 탐내는 물고기란 놈이 감히 물지 못해서입니다"라고 아부를 떨었다.

잔인하고 악독하기가 말로 할 수 없는 간신들이지만 자신이 필요하다고 생각되거나 아직 힘이 없을 때는 상사와 동료는 말할 것 없고 심지어 부하들에게도 소름 끼칠 정도로 잘해준다. 그래서 누군가를 모함하려는 자보다 아첨하는 자를 더 경계하라는 것이다. 이런 자들은 아부는 기본이고 온갖 수단으로 마음을 얻으려 한다.

웃는 낯에 침 뱉지 못하고, 자기 칭찬하는 데 싫어할 사람 없다는 말은 인지상정을 아주 잘 나타내는 속담이지만, 한편으로는 인성의 약점을 아주 잘 꼬집고 있다. 간신은 인성의 이런 약점을 놀라울 정도로 잘 파고든다. 간신의 가장 큰 특징이자 공통된 장기이다.

역사를 보면 이런 싸구려 천박한 알랑거림에 정신 못 차리다가 간신들에게 당한 사례가 얼마나 많은지 한숨이 절로 나올 지경이다. 더러운 의도를 가지고 웃는 낯에는 침 뱉을 수 있어야 하고, 어울리지 않는 과분한 칭찬이나 아부에 대해 단호하게 꾸짖어 두 번 다시 그런 얄팍한 수작 부리지 못하게 해야만 간신이 더는 크지 못한다. 이는 공과 사를 구분할 줄 아는 반듯한 사회 기풍이 진작될 때 더 큰 효과를 발휘할 수 있다. 그리고 거기에는 우리 모두의 뼈 저린 자각과 역사적 자성이 반드시 전제 조건으로 동반되어야만 한다.

간신의 간행에서 예외 없이 두드러지게 나타나는
'엽기'와 '변태'에 대해 좀 더 알아본다.
'엽기'란 글자 뜻대로라면 '기이한 것을 사냥하다'가 된다.
여기서 비상식적이고 괴이한 일이나
사물에 흥미를 느끼고 찾아다닌다는 사전적 의미가 보태졌다.

제2부

간신의 엽기獵奇와
변태變態 천태만상千態萬象

간신은 인성과 품성이 열악하다. 돈과 권력에 집착한다. 돈과 권력이 있으면 남들이 자신을 깔보지 못할 것이라 믿는다. 간신의 보편적인 특성인 탐욕이 이렇게 해서 무럭무럭 자란다. 간신이 돈과 권력을 얻으면 잠재해 있거나 크게 드러나지 않고 있던 열악한 인성과 품성이 마치 물고기가 물을 만난 듯 수시로 거침없이 밖으로 터져 나온다. 생활은 문란해져 방탕과 사치는 기본이고, 술과 여자에 빠지기도 한다. 이런 상태에서 나오는 정치가 정상일 수가 없다. 백성은 생활에 허덕이고, 나라는 망가진다.

문제는 인성과 품성 자체가 열악하기 때문에 밖으로 터져 나오는 행위가 대부분 엽기이고 변태다. 심리도 변태성이 강한 데다 돈과 권력에 마취되면 행동은 더할 수 없이 극단적인 변태가 된다. 그 피해는 말할 것 없이 막대하고 막심하다. 간신이란 존재와 간신현상을 막고 나아가 뿌리 뽑기 위해서는 이런 짓거리와 그 배경을 정확하게 인식해야 한다.

간신의 간행에서 예외 없이 두드러지게 나타나는 '엽기'와 '변태'에 대해 좀 더 알아본다. '엽기'란 글자 뜻대로라면 '기이한 것을 사냥하다'가 된다. 여기서 비상식적이고 괴이한 일이나 사물에 흥미를 느끼고 찾아다닌다는 사전적 의미가 보태졌다. 중국의 대표적인 포털인 바이두는 '엽기'에 대해 이렇게 정의를 내리고 있다.

"절박하게 또는 탐욕스럽게 싫증 내지 않고 신기하고 이상한 것을 찾아다니는 행위를 말한다. 그러나 ACGN(Animation, Comic, Game, Novel)에서는 피비린내, 잔혹 등과 같은 뜻으로 넓혀서 인용한다."

앞으로 살펴보게 될 간신들의 행태에 비추어 보면 바이두의 설명 쪽이 훨씬 더 가깝다. '엽기'라는 단어의 출처는 확실치 않은데 바이두에 따르면 모택동(毛澤東)이 〈연안(延安) 문예좌담회에서의 강연〉 결론부에서 "그들은 때로 이런 것들을 좋아하기도 하는데, 그 것은 '엽기'를 위해, 자신의 작품을 장식하기 위해서이다"라고 한 대목에서 나온 것으로 인용하고 있다.

'변태'는 '원래의 형태가 비정상으로 바뀐다'는 뜻이다. 이 뜻의 '변태'는《순자(荀子)》를 비롯하여 역대 여러 기록에 보인다. 현대에 와서 '변태'는 사람의 생리와 심리가 비정상이라는 뜻으로 확대되었다. 심리와 행위가 보통 사람과는 다르고, 이것이 지나쳐 병적인 상태를 가리킨다. 정상적인 사람은 이해할 수 없거나 정상적인 이치와 위배되는 행위를 하는 사람을 가리키기도 한다. 이런 자들은 늘 사람들이 혐오하는 비정상적인 행동을 한다.

역사상 간신들의 엽기적 변태 행위 때문에 빚어진 웃지도 울지도 못할 일들과 엄청난 해악을 끼친 일들이 헤아릴 수 없이 많이 벌어졌다. '천태만상'이란 표현이 어울릴 것이다. 역대 간신들의 이런 엽기적이고 변태적인 간행들을 가만히 들여다보면 지금 우리 주위의 신종 간신들의 행태와 크게 다르지 않다는 사실을 발견할 수 있다. 역사의 데자뷔를 실감할 뿐만 아니라 우리가 줄곧 힘주어 이야기해 온 '역사현상'으로서 간신의 존재에 전율을 느끼지 않을 수 없다.

이에 역대 약 100명의 간신들이 남긴 엽기와 변태 행위, 즉 간신 '천태만상'을 골라 소개하고자 한다. 이를 통해 오늘날 신종 간신들의 행태를 찾아내서 세상에 고발할 수 있었으면 한다. 천태만상을 소개하기에 앞서 간신의 변태심리에 대해 좀 더 알아본다. 참고로 '천태만상'은 남조시대 양(梁)나라의 무제(武帝)가 쓴 〈용교사비(龍教寺碑)〉라는 문장이 그 출처이고, 모습이 '아주 많음'을 나타내는 표현이다.

간신의 엽기적 변태심리

역대로 많은 권력자들이 엽기적 변태심리를 보였다. 간신 역시 마찬가지다. 권력이 크면 클수록, 즉 큰 권력자일수록 변태심리의 정도도 심각했다. 권력자가 이런 변태심리를 보이는 원인에 대해서는 역사·사회·심리적으로 다양한 분석이 있다. 여기서 그 분석과 이론을 일일이 소개할 수는 없고, 그 핵심만 간추리면 간신의 엽기적 변태심리는 크게 다음 세 가지 요인이 복합적으로 작용하여 나타난다고 할 수 있다.

1. 타고난 심성

흔히 말하는 선천적, 유전적 요인으로 '자질(資質)', 즉 바탕이라 말할 수 있다. 절대적인 요인은 아니지만 불량한 후천적 요인들과 결합되면 억눌려 있거나 잠재되어 있던 나쁜 심성이 폭발하여 엽기적이고 변태적인 행동을 보인다.

2. 후천적 환경

자라난 환경, 즉 가정교육과 인간관계, 직업, 사회경험 등과 같은 후천적 요인들이다. 이 요인들이 불량하면 간신으로 변모할 가능성이 높고, 여기에 불량한 심성이 결합되면 당연히 엽기적 변태심리 형성에 큰 영향을 끼친다. 특히, 가정환경과 가정교육이 차지하는 비중이 가장 중요하고 크다.

3. 권력

1, 2의 불량한 요인들에 권력이 가세하면 엽기적 변태심리는 거의 100% 나타난다. 이는 역사 사례가 생생하게 입증하고 있다. 가장 두드러진 심리는 이른바 '자대심리(自大心理)'라는 것인데, 자신을 대단하게 여기는 심리로서 '과대망상(誇大妄想)'과 비슷하다.

이상 세 가지 요인이 부정적으로 결합하면 거의 예외 없이 대단히 폭력적인 권력자가 탄생한다. 이런 권력자의 언행은 엽기적이고 변태적일 수밖에 없다. 그 주요 행태는 크게 다음과 같은 것들로 나타난다.

- 정서불안(情緒不安)
- 의심(疑心)
- 고집(固執), 집착(執著)
- 기만(欺瞞)
- 폭력(暴力) : 가학증(加虐症, 새디즘), 자학증(自虐症, 마조히즘), 살생(殺生)
- 사치방탕(奢侈放蕩)
- 공감력(共感)과 동정심(同情心) 상실
- 무치(無恥)
- 망상(妄想)
- 주색(酒色)
- 도박(賭博)
- 탐재(貪財)

- 미신(迷信)

- 방어(防禦), 차단(遮斷), 폐쇄(閉鎖)

- 고립(孤立)

　수천 년 역사는 간신의 머리통에 해당하는 간군(奸君)을 포함한 대부분의 간신들이 위와 같은 행태를 특징으로 하는 대단히 엽기적이고 변태적인 존재였음을 너무나 생생하게 보여준다. 간신의 엽기 변태 행위를 특성을 종합해보면, 간신의 특성과 수법 쪽에서 언급했듯이 심리학에서 말하는 사이코패스(psychopath)와 소시오패스(Sociopath)를 합쳐 놓은 존재라 할 수 있다. 이 부분을 한 번 더 언급해둔다.

　사이코패스는 반복적인 반(反)사회적 행동을 일삼고, 사회적 공감과 죄책감이 없으며, 충동성과 자기중심 등을 특징으로 하는 전통적인 성격장애를 가리키는 용어다.

　소시오패스는 사회를 뜻하는 '소시오(socio)'와 병적 상태를 가리키는 '패시(pathy)'의 합성어로 반사회적 인격장애의 일종이다. 그 특징을 보면 흉악범죄를 저지르고도 자신의 행동에 대한 죄책감이 없고, 타인에 대한 동정심도 없다는 점에서 사이코패스와 비슷하다. 다만, 사이코패스의 경우는 잘못된 행동이라는 개념 자체가 없다.

　이제 살펴볼 간신의 엽기 변태의 천태만상을 통해 우리는 간신은 사실상 사이코패스와 소시오패스의 특성을 모두 한 몸에 다 갖고 있을 뿐만 아니라, 이 둘의 경계를 수시로 넘나들며 해악을 끼치고 있기 때문에 사이코패스와 소시오패스가 끼치는 해악보다 훨씬 더 심각하다는 사실을 확인할 수 있을 것이다.

간신들의 엽기와 변태 천태만상

언급했다시피 간신의 간행은 거의 예외 없이 변태적이고 엽기적이다. 간신은 고유한 특성이자 공통점 외에 또 저마다의 개성과 특징을 보인다. 이들의 간행은 정도의 차이에 따라 권력 집착형, 재물 집착형, 여색 집착형, 쾌락 집착형, 사치방탕 집착형, 폭력 집착형, 경쟁 집착형, 시기 질투 집착형, 패거리 집착형, 관계 집착형, 모함 집착형, 명성 집착형 등으로 나눌 수 있다. 물론 대부분의 간신은 이 중 여러 개가 겹친다. 이를 참고삼아 간행을 살피면 간신 각각의 특징을 잡아낼 수 있을 것이다.

이제 역대 간신이 보여준 엽기적 언행과 변태적 간행의 천태만상을 골라 소개한다. 역겹더라도 간신의 실체가 이렇다는 사실을 똑바로 보고, 이들을 막고 박멸하겠다는 의지를 다져야 할 것이다. 편의상 **연대순으로 특별한 간행의 핵심만 짚어서 인상을 강화**시켰다. 역대 간신의 엽기적이고 변태적인 행태를 부릅뜬, 그러나 냉정한 눈으로 하나하나 살펴보자.

자식을 삶아 갖다 바친 간신, 역아(易牙)

기록으로 보아 가장 오래된 간신은 춘추시대 초기인 기원전 7세기 제나라의 역아를 꼽을 수 있다. 그는 수조(豎刁), 개방(開方)과 함께 '삼귀(三貴, 세 사람의 귀하신 몸)'로 불리며 숱한 간행을 일삼았다. 이 때문에 간신 관련 책과 글에 빠지지 않고 등장하는 단골손님이 되었다.

역아의 간행들 중 가장 역겹고 끔찍한 것은 **자신의 어린 아들을 삶아 환공(桓公)에게 바친** 짓이다. 세상 좋은 음식은 다 먹어보았지만 사람 고기는 먹어보지 못했다는 환공의 말에 역아는 바로 어린 아들을 삶아 요리로 만들어 바쳤다. 역아의 이런 천인공노(天人共怒)할 만행은 간신은 못할 짓이 없다는 철칙을 잘 보여주고 있다.

성기를 스스로 자른 간신, 수조(豎刁)

역아, 개방과 함께 춘추시대 제나라 정국을 혼란에 빠트린 '삼귀'의 하나인 수조는 환공을 가까이에서 모시기 위해 자신의 생식기를 자르고 환관이 된 자였다. 수조가 환공에게 잘 보이게 된 것은 빠른 눈치와 치밀함 때문이었다. 그는 환공의 곁에서 시중을 드는 유리한 상황을 이용해서 환공에게 온갖 정성을 쏟았다. 환공의 모든 활동, 심지어는 내면의 활동까지도 유심히 관찰했다. 환공의 **생활·습관·각종 기호를 철저하게 헤아려** 환공이 원하고 좋아하는 것은

무엇이든 완벽하게 다 만족시켰다. 환공의 생활에서 수조는 없어
서는 안 될 존재였다.

부모 형제를 버린 간신, 개방(開方)

역아, 수조와 함께 춘추시대 제나라 정국을 혼란에 빠트린 '삼귀'
의 또 한 사람인 개방은 위(衛)나라 국군 의공(懿公)의 아들이었다.
태자라는 귀한 신분이었다. 위나라가 제나라와의 싸움에서 패하자
개방은 제나라 환공에게 사신으로 와서는 항복을 청했다. 개방은
제나라와 환공의 위세를 목격하고는 부모와 태자 자리를 버리면서
까지 환공에게 아부하여 제나라에 남았다. 이후 개방은 환공의 환
심을 사기 위해 자신의 두 여동생을 환공에게 바치는 짓도 서슴지
않았다. 개방은 **부모는 물론 누이들까지 자신의 출세를 위해 버리고 이
용한** 간신이었다. 개방은 또 부모가 죽었는데도 나 몰라라 했던 자
였다.

한 집안을 멸문시키고 온 성의 갓난아이를 몰살한 간신,
도안고(屠岸賈)

춘추시대 진(晉)나라 영공(靈公, 재위 기원전 620~기원전 607)은 폭정
을 일삼다가 명문가 조씨 집안과 갈등을 일으켰다. 영공은 조씨 집

안의 중추인 조돈(趙盾, 기원전 655~기원전 601)을 두 차례나 죽이려다 실패했고, 결국 조천(趙穿)에게 피살당했다. 이 사건은 잊히는가 싶었지만 영공의 앞잡이 노릇을 했던 간신 도안고가 재기함으로써 다시 불거졌다. 도안고는 영공이 죽은 뒤 즉위한 영공의 숙부 성공(成公)을 자극하여 영공을 살해한 **조씨 집안을 멸문**시켰다.

도안고가 조씨 집안을 멸문시킬 당시 진(晉) 경공(景公)의 아버지인 성공의 딸, 즉 경공의 누이인 장희(莊姬)는 조돈의 아들 조삭(趙朔)과 결혼하여 막 아들(훗날 조무趙武) 낳은 뒤였다. 도안고는 이 아이마저 찾아내기 위해 혈안이 되었지만 장희는 궁궐로 도망가 조무를 치마 밑에 숨겨 위기를 넘긴다. 도안고는 **전국에 그 무렵 태어난 갓난아이들을 모조리 찾아내 죽였다.**

이런 위급한 상황에서 조삭의 문객이었던 공손저구(公孫杵臼)와 정영(程嬰)은 서로 상의하여 조무를 구하기로 한다. 이들은 돈을 주고 아이를 산 다음 조무로 속여 도안고를 유인하여 아이를 데리고 산속에 숨어 있던 공손저구와 그 아이를 죽이게 했다(다른 기록에는 정영의 아들을 조무와 바꾸었다고 한다). 정영은 조무를 데리고 타지에서 살며 15년을 기다렸다.

그 뒤 경공이 한궐(韓厥)의 청을 받아들여 조씨 집안에 대한 명예회복을 명령하자 마침내 숨어 지내던 조무가 나서 도안고를 죽이고 복수함으로써 조씨 집안을 중심으로 진나라 권력층 내부 투쟁의 한 막이 마무리되었다. 조무를 키운 정영은 먼저 죽은 공손저구의 충절에 보답하기 위해 자살했다.

이 고사는 훗날 《조씨고아(趙氏孤兒)》라는 문학 작품으로도 각색

되고, 《중국고아》라는 이름으로 서양에까지 알려졌다. 이 사건은 춘추시기 진나라 공실과 귀족 가문 사이의 권력투쟁을 반영하고 있으며, 나아가 공실의 분열과 이어 전국시대의 개막을 알리는 한(韓)·조(趙)·위(魏) 세 집안의 '삼가분진(三家分晉)'으로 이어지는 진나라의 역사를 생생하게 투영하고 있다.

춘추시기 진나라에서 일어난 이 살육에서 우리는 **간신 도안고의 끈질긴 생명력에 주목**해야 한다. 간신은 상황이 여의치 않을 때는 어떤 치욕도 참고 견디며 몸을 굽힌다. 그러다 때가 되면 가차 없이 무자비하게 반격한다. 조씨 집안이 영공을 죽인 다음 도안고까지 제거했더라면 자기 집안의 비극은 물론 진나라의 혼란도 막을 수 있었다. 간신은 뿌리를 뽑는 것은 물론 씨를 말려야 한다.

사후 부관참시로 단죄된 최초의 탐관 간신, 양설부(羊舌鮒)

《간신 : 간신론》에서 기록상 최초의 간신으로 소개한 바 있는 춘추시대 진(晉)나라 귀족 집안의 서자 출신인 양설부는 몇 가지 남다른 특징을 남겼다(양설부는 대체로 기원전 6세기에 활동했다).

먼저 그는 기록상 최초의 탐욕스러운 관리라는 뜻의 **'탐관(貪官)'**으로 그 이름을 올리고 있다. 또 **'탐묵(貪墨)'**이란 별칭까지 얻어 간신과 관련한 명칭 하나를 보냈다. '탐묵'이란 탐관오리에 대한 다른 호칭이자, 이 탐관오리에게 내리는 형벌의 이름이기도 하다. 몇 번 강조했듯이 '모든 탐관이 100% 간신은 아니지만, 간신은 예외 없이

100% 탐관이다(물론 그자가 최고 권력자로서 간군奸君이라면 예외 없이 '탐군 貪君'이다).' 양설부는 여러 면에서 이 두 가지를 겸비한 거물급 간신의 반열에 오를 만한 인물이었다.

양설부는 심각한 간행에도 불구하고 제명에 죽었다. 그러나 **죽은 다음 단죄(斷罪)**되는 드물지만 의미심장한 사례를 남겼다. 양설부는 죽은 뒤 그 간행과 죄악이 드러났고, 이에 대한 처벌로 **시신이 저잣거리에 전시**되었다. 양설부는 역사의 치욕스러운 기둥에 못 박혔다. 양설부의 최후는 '역사의 법정에는 공소시효가 없다'는 명제이자 철칙을 확인시켜준 대표적인 사례였다.

부자 관계를 이간질하고 충신을 해친 간신, 비무극(費無極)

비무극은 기원전 6세기 춘추시대 초(楚)나라 평왕(平王)과 소왕(昭王) 시기의 간신으로 음모와 아첨의 대명사였다. 패거리와 작당하여 평왕의 즉위에 결정적인 공을 세운 투성연(鬪成然)을 죽이고 대부 조오(朝吳)를 추방한 일을 시작으로, 평왕으로 하여금 태자 건(建)의 아내가 될, 다시 말해 며느리가 될 여자를 차지하게 만들어 **부자 관계를 이간질**했다.

이어 이 일로 자신을 미워하던 태자 건을 송으로 도망가게 한 다음 끝내는 죽게 만들었다. 이 과정에서 비무극은 태자 건의 사부로서 충직했던 오사(伍奢)를 모함하여 오사와 그의 큰아들인 오상(伍尙)을 처형했다. 이어 좌윤 백극완(伯郤宛)마저 죽이고, 양(陽)·진(晉)

두 집안을 도륙하는 등 온갖 만행을 저질렀다.

비무극이 몰고 온 여파는 초나라뿐만 아니라 춘추시대 중기의 형세에 큰 영향을 미쳤다. 오사의 작은아들인 오자서(伍子胥)는 아버지와 형이 살해당하는 와중에 초나라를 탈출하여 오(吳)나라로 망명했다.

오자서는 공자 광(光, 훗날 오왕 합려闔閭)을 도와 그를 즉위시킨 다음 오의 군대를 움직여 초를 공격하여 초를 거의 멸망 직전까지 몰고 갔다. 초나라는 이런 혼란을 겪으면서 국력이 급격하게 기울어 남방 강국으로서 중원 패권의 의지를 접을 수밖에 없었다. 비무극은 결국 영윤 낭와(囊瓦)와 심윤술(沈尹戌)에 의해 처형되었으나 그가 초나라와 주변 나라들에 끼친 영향을 실로 엄청난 것이었다. 말그대로 **국제적으로 파문을 몰고 온 거물급 간신**이었다.

비무극의 등장은 시대적 상황이 낳은 산물이다. 춘추시대 거의 모든 나라들에서 빈번하게 일어났던 정변이 배태한 기형아라 할 수 있다. 여기에 권력욕과 색욕에 사로잡힌 평왕이 비무기를 후원함으로써 비무기는 마음 놓고 간행을 저지를 수 있었다.

또 한 가지 간과해서는 안 될 점은 **비무기의 독하고 치밀한 계략**이다. 간신들에게서 나타나는 공통점 가운데 하나는 다름 아닌 그들의 비상한 두뇌와 마음 씀씀이라는 사실을 한시라도 망각해서는 안 될 것이다. 역사상 수많은 충신과 청백리들이 간신에게 무참하게 당했던 것도 이들의 지능과 능력을 깔보았기 때문이다.

열등감에 사로잡혀 은인을 해치고
나라를 멸망으로 몰아넣은 간신, 백비(伯嚭)

망국의 간신 백비(?~기원전 473)는 아버지 백극완(伯郤宛)이 간신 비무극의 모함에 걸려 살해당한 뒤 초나라를 탈출하여 오나라로 건너와 오왕 합려(闔閭)에 의해 대부로 임명되었다. 이 과정에는 백비는 자신과 비슷한 비극을 당하고 오나라로 먼저 건너와 합려의 중요한 측근이 되어 있던 오자서(伍子胥)의 추천과 도움을 크게 받았다.

백비는 **험상궂은 외모에 탐욕스럽고 속임수에 능한 내면**을 가진 인물이었다. 독수리와 같은 눈에 원숭이 코, 이리와 같은 몸통에 호랑이 걸음걸이를 했다고도 한다. 재물과 여색을 밝혔고, **자기보다 나은 사람을 몹시 시기하고 질투하는 그런 성품**이었다. 물론 **이 모든 것을 철저하게 숨길 수 있는 위장의 명수**이기도 했다.

백비는 합려에 이어 왕이 된 부차(夫差)의 비위를 꼼꼼하게 맞추면서 서서히 오자서를 모함하기 시작했다. 또 부차의 총애를 믿고, 이를 이용하여 탐욕스럽게 재물을 긁어모으고, 닥치는 대로 뇌물을 받았다. 특히 다 망한 월나라를 살리고, 그 대가로 어마어마한 뇌물과 여자를 받아 챙겼다.

백비는 **자신의 이익을 위해 국익을 희생시키길 서슴지 않았고, 은혜를 잊고 의리를 저버렸다.** 어려울 때마다 자신에게 도움을 손길을 뻗쳤던 충신 오자서를 모함하여 끝내는 부차의 손으로 오자서를 죽이게 만들었다. 이제 막 강국으로 행세하려던 오나라의 패업을 순식간에 물거품으로 만들고, 결국은 월나라에게 망하는 데 결정적인 역할을 했다. 간신 하나의 해악이 어느 정도인지 똑똑히 보여주고 있다.

오나라가 망하자 백비는 월왕 구천(句踐)으로부터 큰 벼슬을 기대했다. 구천은 죽은 부차에게 가보라며 백비를 가차 없이 죽였다. 자신을 도운 오자서와 자신을 기용한 부차를 배신한 간신을 살려주고 받아들일 리 있겠는가? 배신자의 말로를 간신 백비가 잘 보여주고 있다. 구천은 배신자를 용납해서는 안 된다는 평범한 이치를 알고 있었을 뿐이다.

후궁까지 모함한 간신, 주파호(周破胡)

전국시대 제나라의 위왕(威王, 기원전 378~기원전 320)은 간신 주파호의 아부하는 말만 믿고 정치를 제대로 하지 못했다. 보다 못한 위왕의 후궁인 우희(虞姬)가 주파호를 내치라고 직언하며 북곽(北郭) 선생을 등용하라고 충고했다. 이를 안 간신 **주파호는 도리어 우희와 북곽 선생이 간통했다며 모함**했다. 왕은 옥리에게 이 일을 조사하게 했고, 주파호는 **옥리에게 뇌물을 주고 우희의 죄를 날조**했다.

날조된 조서를 본 위왕은 무언가 미심쩍어 우희를 불러 직접 심문했다. 우희는 "정성 어린 마음으로 (왕의) 행복을 기원하여 한마디 한 것이 모함하는 신하에게 걸려 백 길이나 되는 구렁으로 빠졌다"면서 이렇게 말했다.

"소첩에게 죄가 있다면 그것은 오이 밭에서 신을 바꾸어 신지 말고, 배 밭을 지날 때에 갓을 고쳐 쓰지 말라는 가르침에 따르지 않고 의심 받을 짓을 했다는 것뿐입니다."

우희의 직언에 위왕은 퍼뜩 깨달은 바가 있어 우희를 풀어주고, 간신 주파호와 그 패거리들을 삶아 죽이게 했다. 간신 주파호는 왕의 후궁 우희까지 모함했다. 다행히 우희는 현명했고, 위왕이 우희에게 말할 기회를 주었다. 주파호는 우희를 얕잡아 보았다.

마음에 들지 않으면 기어코 사람을 해친 간신, 석현(石顯)

서한시대의 간신 석현(?~기원전 32)은 법을 어겨 궁형을 받고 환관이 되어 입궁했다. 법조문에 밝았고, **궤변으로 중상모략에 능숙했다.** 외로운 황제 원제(元帝)의 비위를 잘 맞추어 신임을 얻었다. 석현은 민첩하고 음흉했다. 누구든 자신의 마음에 들지 않으면 기어이 그 사람을 해쳤다. 선량하고 충직한 조정 대신들이 많이 희생되었다. 그가 권력을 쥐고 간행을 일삼는 과정에서 **환관을 축으로 하는 간신 집단이 형성되어 본격적인 환관 간신시대가** 열렸다.

석현의 간행 수법에서 가장 눈에 띄는 **교묘하게 덫을 놓아 사람을 해치는 것과 여론 조작**이었다. 여기서는 당시 조야에 명망이 높았던 소망지(蕭望之, 기원전 114~기원전 47)를 해친 석현의 간행을 좀 더 살펴본다.

우유부단한 원제에게는 정상적인 방법이 통하지 않을 것임을 알았던 석현은 소망지의 정직함을 이용하여 속임수로 함정을 팠다. 이 술수는 못난 원제의 비호 아래 그 위력을 발휘하여 불과 세 단계만에 소망지를 비롯한 정직한 신하들 다수를 확실하게 옭아맸다.

첫 단계는 승진 문제 때문에 소망지에게 불만을 품고 있는 품행이 저급한 자들을 사주하여 소망지 등이 외척을 제거하려는 모의를 하고 있다는 고소장을 황제에게 올리게 한 것이었다. 대상이 황제의 친족으로 등한시할 수 없는 존재들인지라 고소장을 본 황제는 당연히 중서령에게 넘겨 심사하게 할 것으로 예상했기 때문이다. 원제는 이 고소장을 석현에게 넘겨주며 처리하게 했다.

이어 석현은 사건의 본질과 심각함은 덮어둔 채 외척에 대한 소망지의 의견을 슬그머니 끌어내는 교활한 수법을 부렸다. 소망지는 계략인 줄도 모르고 외척들의 사치방탕한 생활이 국고를 좀먹고 있으므로 나라를 위해 이를 바로 잡아야 한다는 의견을 피력했다. 석현은 소망지의 개인적 견해를 '진술'로 둔갑시켜 기록으로 남겨두었다.

'진술'을 확보하고 이를 기록으로 남긴 석현은 원제에게 구구절절 이 일에 대한 처리 결과를 보고했다. 석현은 보고서 끝에다 '진술자를 사법에 넘겨 처리하게 하옵소서'라는 의견을 첨부했다. 공문서에 익숙하지 않은 원제는 석현의 간사한 의도를 모르고 별생각 없이 결재했다. 소망지는 물론 유명한 학자인 유향(劉向)까지 감옥에 갇혔다. 얼마 뒤 이 사실을 알게 된 원제가 깜짝 놀라며 석방시키게 했지만, 이 일로 석현 등을 처벌할 수는 없었다. 자신의 손으로 결재한 보고서가 엄연히 존재하기 때문이었다.

석현 일당의 세 번째 단계는 소망지 등과 외척 사이의 모순과 갈등을 이용하여 다시 한 번 속임수로 원제를 농락하는 것이었다. 그리고는 소망지를 처벌하라는 원제의 친필이 든 조서를 받자마자 눈썹이 휘날리게 조서를 밀봉하여 소망지에게 보내 직접 확인하게 했다. 강직한 소망지는 자신을 처벌하라는 원제의 친필에 분통을 터뜨리며 감옥에 갇혀 치욕을 당하느니 차라리 스스로 목숨을 끊겠다며 독약을 먹고 자결했다.

소망지의 죽음은 조정 내 정파의 기를 크게 꺾어 놓았다. 반면 석현을 우두머리로 하는 환관 세력은 기고만장해졌다. 환관의 우두머리인 중서령의 권력이 갈수록 커졌음은 말할 것도 없다. 석현은 기원전 33년, 새로운 황제 성제가 즉위한 뒤 이듬해 실각하여 고향으로 돌아가는 도중 분을 못 이겨 먹기를 거부하다가 죽었다.

위장과 위선의 달인 거간, 왕망(王莽)

서한 왕조로부터 황제 자리를 **빼앗고** 신(新)이란 왕조(8~24년)의 첫 황제이자 마지막 황제가 되었던 왕망(기원전 45~기원후 23)은 명문 대가인 왕씨 집안 출신으로 철저하게 자신의 정체를 숨기면서 성인군자를 행세를 한 천하에 둘도 없는 위장과 위선의 간신이었다. **그가 본색과 정체를 드러내기까지 세상 사람들 모두가 수십 년 동안 그를 군자로 칭송**했으니 그의 위장과 위선이 어느 정도인지 짐작이 갈 것이다. 간신 왕망이 얼마나 철저하게 자신을 위장한 채 위선자로 행세했는지 그 사례들을 보면서 간신들이 얼마나 무서운 존재인가를 분명하게 인식했으면 한다.

성제 당시 왕씨 집안은 왕봉(王鳳)이 정권을 장악하면서 그 기세가 하늘을 찔렀다. 왕씨 집안 자식들은 가세를 믿고 사치와 향락에 빠진 채 설치고 다녔다. 왕망은 이들과는 전혀 달랐다. 숙부인 왕봉이 병에 들자 몸소 약을 다리며 왕봉을 극진히 모셨는데, 옷도 갈아입지 않고 머리를 풀어헤친 채 한 달 이상 병시중을 들었다. 감동한 왕봉은 죽기 전에 황후 왕정군(王政君)에게 왕망을 특별히 부탁했고, 왕망은 본색을 숨긴 채 중앙 정계에 등장했다.

조정에 들어와서도 왕망은 근검절약하며 청렴하게 살았다. 재산을 털어 가난한 서생들을 돕는 등 선행도 베풀었다. 세상 사람들은 너나 할 것 없이 그를 칭찬했다. 각계각층의 여론을 등에 업고 왕망은 마침내 숙부 왕봉에 이어 대사마라는 최고 자리에 올랐다. 그러다 대사마에서 물러나게 되었는데, 왕망은 조금도 원망하지 않고 아주 공손하고 조용히 처신했다.

그 무렵 아들 왕획이 노비를 죽이는 사건이 발생했다. 왕씨 집안의 위세로 보나 왕망의 명망으로 보나 충분히 무마될 수 있는 사건이었다. 그러나 왕망은 아들에게 자살을 강요했다. 이 일이 알려지자 사람들은 왕망의 공평무사(?)함에 탄복했고, 수많은 사람들이 들고일어나 왕망을 다시 대사마로 삼아야 한다고 아우성을 쳤다. 들끓는 여론을 등에 업고 왕망은 대사마에 화려하게 복귀했다. **자신의 아들을 죽여 벼슬을 되찾은 셈**이다.

334

왕망이 민심을 어떻게 매수하는지 한번 보자. 메뚜기 떼의 습격 때문에 백성들의 농사가 큰 피해를 입는 일이 있었다. 왕망은 주저 없이 자신의 논밭을 내놓아 백성들을 도왔다. 다른 조정 대신들도 울며 겨자 먹기로 땅과 돈을 내놓았다. 백성들은 그를 하늘이 내리신 성인군자라고 칭송했다.

황후를 간택할 때의 일이었다. 왕망의 딸도 당연히 황후 후보 명단에 올랐다. 왕망은 태황태후를 찾아가 딸의 이름을 **빼**달라고 요구했다. 이 사실을 안 대신들과 유생들은 볼 것도 없이 왕망의 딸을 황후로 삼아야 한다고 아우성을 쳤다. 이렇게 왕망은 절묘한 위장술로 민심을 농락하여 자기 딸을 황후로 만드는 데 성공했다. 황제는 황후 간택에 따른 폐백으로 많은 땅을 내렸으나 왕망은 이것을 사양함으로써 또 한 번 세상 사람들로부터 크게 칭찬을 들었다.

왕망은 권력을 완전히 장악하고 나자 돌변하기 시작했다. 권력 중독의 문제를 충고하던 큰아들 왕우를 별것 아닌 귀신 소동의 주범으로 몰아 사형시키고, 수많은 종친을 이 사건에 연루시켜 죽였다. 나아가 이에 불만을 품은 황제마저 독살했다. 이어 겨우 두 살 난 아이를 꼭두각시 황제에 앉힌 다음, 각계의 여론을 조작하고 패거리들을 동원하여 자신을 황제로 추대해야 한다고 아우성치게 했다. 이런 식으로 자신이 황제 자리에 오르기 위한 만반의 준비를 갖추고는 태황태후를 협박하여 스스로 황제가 되었다. 그제야 세상 사람들은 왕망의 정체에 경악했지만 때는 늦었다.

간신은 예외 없이 위장과 위선에 능숙하다. 간신의 본질이 철두철미 '속임수'에 기반을 두고 있기 때문이다. 왕망은 그런 간신들

중에서 특별히 뛰어난 위장과 위선의 대가였다. 하지만 왕망의 행동을 가만히 분석해보면 그 위선과 위장술을 어렵지 않게 확인해 낼 수 있다. 예컨대 **황후 간택에서 보여준 왕망의 행동은 겸손이나 사양이 아니라 자기 딸의 존재를 확실하게 드러내기 위한 한바탕 쇼**에 지나지 않았음을 알 수 있다. 결과적으로 그 딸이 황후가 된 사실만 보더라도 그것이 위선이었음을 알 수 있지 않겠는가? 간신들이 보여주는 위선과 위장의 이면을 간파하기 위해서는 날카로운 과학적 판단력이 요구된다. 간신들의 간행을 면밀히 살피고 분석하는 냉철한 연구 자세도 필요하다. 왕망은 그런 점에서 좋은 연구 사례다.

호랑이를 내쫓은 이리와 같은 간신, 단초(單超)와 '오후(五侯)'

동한시대의 단초(?~160)는 외척 간신 양기(梁冀)를 몰아낸 다섯 환관, 즉 '오후(五侯)'의 하나로 양기보다 더 포악하게 백성들을 괴롭힌 간신이었다(양기에 대해서는 《간신 : 간신전》 – '인물편'에서 자세히 다루었다).

단초는 양기의 발호에 불만을 품은 황제 환제(桓帝)와 양기를 없애기로 맹서했는데, 당시 **환제는 단초의 어깨를 물어 피를 내며 맹서했다.** 단초를 비롯한 환관 다섯은 양기를 제거하는 데 성공하여 모두 후(侯)에 봉해지고 '오후'로 불렸다.

'오후'의 기습적인 공격으로 양기 부부는 자살하고, 수십 명이 연루되어 피살되었으며, 무려 300여 명이 쫓겨나 조정이 한순간 텅 비었다는 말까지 나왔다. '오후'의 위세는 하늘을 찔렀고, 전국은 공포에 떨었다. 환관시대가 본격화되었다. 세간에서는 호랑이(양기)를 내쫓았더니 이리 떼(오후)가 왔다며 치를 떨었다.

단초를 비롯한 '오후'는 탐욕과 사치의 화신들이었다. 서로 **누가 더 호화롭게 집을 짓는가를 놓고 경쟁**했다. 여기에 친인척들까지 나서 백성을 괴롭히니 도적보다 더 심했다. 자신들을 고발하는 자는 모두 죽임을 당하니 조정은 더욱 혼란에 빠지고 정치의 부패는 끝 간 데를 몰랐다. 단초는 환관으로서 거기장군(車騎將軍)이란 자리까지 올랐으나 160년 '오후' 중 가장 먼저 죽었다. 남은 넷은 더 발광했고, 세상에서는 이들을 이렇게 비유하며 비꼬았다.

좌관(左悺)의 권력은 하늘을 능가하고
구원(具瑗)의 교만은 천하무쌍이며
서황(徐璜)은 아무도 못 건드리는 와호(臥虎)이고
당형(唐衡)의 해악은 하늘에서 내리는 비처럼 천하에 뿌려졌다.

단초를 비롯한 '오후'가 끼친 해악은 결국 동한의 멸망을 재촉했다.

집짓기에 집착한 간신, 후람(侯覽)

후람(?~172) 역시 동한시대 환관 출신의 간신이다. 당시 국고가 빈 것을 보고는 고급 옷감 5천 필을 바치고 벼슬을 받아 본격적인 궁중 생활을 시작했다. 그 뒤 외척 거물급 간신 양기를 제거하는

데 공을 세워 고향후(高鄕侯)에 봉해졌다. 후람은 교활한 성품으로, 득세하자 충직하고 선량한 신하를 모함하여 해쳤다.

후람의 가장 두드러진 간행은 **집과 건축에 대한 엽기적이고 변태적인 집착**이었다. 그는 온갖 통로를 통해 뇌물을 챙겼고, **381채의 집과 엄청난 땅을 강탈**했으며, 무려 **16구역에 건물**을 지었다. 그 건축의 규모가 황궁을 방불케 했다. 또 **생전에 자기 무덤을 축조**했는데, 돌로 관과 곽을 만들고 무덤 주위에 회랑까지 둘렀다. 심지어 **남의 집을 헐고 남의 무덤을 파헤쳐 필요한 물품을 빼앗았다.** 부녀자 납치 등 안 하는 짓이 없었고, 친인척을 비롯하여 식객, 노복들까지 나서 백성을 괴롭히니 원성이 천하에 가득 찼다.

172년 관부에서 권력을 빙자한 그의 사치와 교만을 고발하여 벼슬을 박탈당하자 자살로 생을 마감했다. 패거리들도 함께 파면되고 처벌되었다.

거물급 간신의 엽기적 아내, 손수(孫壽)

여기서 잠깐 18대 간신의 하나이자 '오후'로 대표되는 환관들에게 제거당했던 양기(梁冀, ?~159년)의 아내 손수의 엽기적 간행을 소개하고 넘어간다. 손수의 행적은 지금 우리 사회에 던지는 메시지가 만만치 않다.

요사이 누구(?)가 이런 옷을 입고 나타나면 그날로 그 옷이 완판되고, 또 그런 신발이나 장신구를 하고 나타나면 그 즉시 다 팔려나가는 해괴한 일이 벌어지고 있다. 이런 반응에 재미가 들렸는지 그 누구(?)는 하루가 멀다하고 새로운 복장과 장식을 하고 나타나 장안에 화제를 몰고 다닌다. '언간(言奸)'들은 신나게 나발을 불어대고, 그러면 멋도 모르는 우매한 '민간(民奸)'들이 우르르 달려가 옷이며 장식품을 완판시킨다. 정말이지 목불인견(目不忍見)이고 구역질 난다.

그런데 이와 똑같은 현상이 무려 2천 년 전에도 있어 **역사의 데자뷔 현상을 실감**케 한다. 쓸쓸한 심정으로 관련 자료를 찾아보았다.

지금으로부터 약 2천 년 전, 동한시대 양기와 그 아내 손수는 당대 최고 최악의 엽기적 간신 부부였다. 양기는 황제까지 독살할 정도로 막강한 권력을 행사한 간신이었고, 그 아내 손수는 요란한 몸치장으로 장안의 유행을 주도하며 부창부수(夫唱婦隨)로 간행을 일삼았다. 이 여자는 질투심이 하늘을 찔렀는데, 심지어는 **남편의 축재와 투기, 그리고 건축에도 질투**를 느껴 미친 듯 경쟁했다. 양기가 저택을 크게 짓자 손수도 거리를 사이에 두고 남편 집과 마주 보고 집을 지었는데, 장안의 건축자재를 모조리 사들이는 등 피 터지게 다투었다.

손수는 사채놀이 따위로 돈을 불리는 것은 기본이고, 사치의 여왕에다 장안의 유행을 주도하는 사교계의 큰손이었다. 《후한서》〈양기전〉은 이런 **손수의 요란한 몸치장**에 대해 다음과 같은 기록을 남기고 있다.

"손수는 얼굴이 잘난 데다가 요염한 자태를 잘 부렸는데, 수미(愁眉), 제장(啼粧), 타마계(墮馬髻), 절요보(折腰步), 우치소(齲齒笑)와 같은 자태로 아양을 떨었다."

이런 요염한 자태가 대체 어떤 것이었을까? 《풍속통(風俗通)》이란 책에 비교적 자세한 해설이 남아 있다. 먼저 '수미'란 눈썹을 가늘고 구부러지게 그려서 우수가 깃든 얼굴을 만드는 것인데, 말하자면 분위기를 강조하는 화장법이다. '제장'은 눈 아래 화장으로 한바탕 울고 난 다음의 모습으로 꾸미는, 엽기적인 화장법이다. '타마계'란 머리카락을 싹 빗어 한쪽으로 상투처럼 틀어 올리는 것인데, 말에서 떨어진 것처럼 흩어진 모습으로 꾸미는 것이라 한다. 이 또한 요상하다. '절요보'는 글자 그대로 걸을 때 허리를 비비 꼬면서 마치 체중을 이기지 못해 비틀거리는 것처럼 걷는 걸음걸이를 말한다. '우치소'는 웃을 때 이가 아픈 것처럼 찡그리면서 살짝 웃되 소리 내지 않는 것을 가리킨다. 모두 엽기 그 자체였다.

《풍속통》에는 한 걸음 더 나아가 이런 **"요염한 자태가 양기 집에서 시작되자 서울 사람들이 모두 따라했다"**고 기록하고 있다. 보아하니 손수는 패션계를 주도하는 톱스타였던 모양이다. 그녀의 일거일동이 모두 장안 여성들의 모방 대상이 되었으니. 정말이지 남의 이목을 한 몸에 끌고 뻐기고 다녔다는 말이다. 어디로 보나 비정상인데 간신들은 이런 짓거리를 자랑스럽게 하고 다니고, 어리석은 '민간'들은 멋도 모르고 이를 따르며, '언간'들은 이런 역겨운 짓을 침이 마르게 칭송한다.

이들이 사는 집을 한번 보자. 집은 수십 채에 이르는 누각들이 모두 회랑으로 연결되어 있었고, 기둥과 벽은 조각 장식으로 수를 놓앉다. 무지개 모양의 돌다리가 수로를 따라 이어지고, 금고에는 금은보화는 물론 온갖 진기한 물건들로 넘쳐났다. 정원은 비유하자면 베르사유궁전 앞마당을 방불케 했다.

손수는 집에서도 짙은 화장에 최고 호화스러운 차림으로 집안을 돌아다녔다. 여기에 잘 차려입은 무용수와 악단을 대동하고 이들이 연주하는 음악과 춤을 보면서 다녔다. 이때 손수가 타는 수레는 울긋불긋 양산이 달리고 금은으로 장식된 초호화판 수레였다. 손수는 여기에 느긋하게 몸을 맡긴 채 자기 집을 구경하며 다녔는데, 어떤 때는 밤새 먹고 마시고 놀면서 광란의 밤을 지새웠다.

이 정신 나간 간신 부부는 정말이지 미친 사람처럼 부와 권력을 탐했고, 또 자신들의 부를 온 천하에 떠벌리고 다녔다. 정말이지 엽기와 변태의 극을 달렸다. 양기가 집권한 약 25년 동안 이들에게 해를 입고 파멸한 집안은 수를 헤아릴 수 없을 정도였지만, 이들 부부는 남의 이목이나 불만에는 눈썹 하나 까딱하지 않았다. 사람들은 이들 부부의 행동을 눈을 부릅뜨고 노려보고 있었고, 마음에 씻을 수 없는 원한을 품은 채 이들이 그 미친 무대 위에서 내려올 날을 손꼽아 기다렸다.

20년 넘게 조정의 인사권을 장악하면서 양기 집안은 세 명의 황후와 6인의 귀인을 배출했다. 또 이들의 치맛자락을 붙들고 막강한 권력을 쥔 두 명의 대장군, 7명의 봉후, 3인의 부마 등 헤아릴 수 없을 정도로 많은 고관대작들을 배출해냈다. 동한시대를 통틀어 여러 집안의 외척들이 권력을 휘둘렀지만 양기를 능가할 집안은 없었다.

달도 차면 기울고, 붉은 꽃도 열흘이라고 했다. 권력의 본성에는 균형을 이루지 못하면 착시 현상을 일으키고 결국은 인간의 정상적인 판단력마저 왜곡시키는 마력이 내포되어 있다. 거의 모든 권력자들이 그렇듯 양기 역시 자신의 권력은 영원할 것으로 생각했다. 권력에 도취된 자들의 '자기확신'이다. 자신이 세운 꼭두각시 황제 환제 또한 영원히 자신의 말을 고분고분 잘 들을 것이라 철석같이 믿고 있었다. 150년, 양태후가 죽고 환제(桓帝)가 친정을 시작했다. 환제의 나이 이미 19세였다. 양기는 환제를 전혀 존중할 줄 몰랐다.

당시 눈 밝은 사람이라면 황제의 나이가 들어갈수록 양기의 위기도 깊어간다는 사실을 일찍감치 알아차렸다. 황제가 언제까지나 꼭두각시 역할에 만족하리라 믿는 사람은 거의 없었다. 양기는 전혀 개의치 않고 여전히 황제를 깔보고 무시하고 윽박질렀다.

159년, 환제의 나이가 28세가 되었다. 황제 자리에 앉은 지 13년, 친정을 시작한 지도 9년째 접어들었다. 환제의 머릿속에는 어떻게 하면 양기를 제거할 수 있을까 하는 생각뿐이었다. 말로는 '지고무상'한 권력을 가진 황제라면서 무엇 하나 제 손으로 자기 생각대로 할 수 없는 현실에 환제는 짜증이 났고, 급기야는 절망감에 시달렸다. 하늘이 무너져도 솟아날 구멍은 있다고 했던가? 환제의 의중을 간파한 환관들이 하나둘 환제 곁으로 모여들어 세력을 형성하기 시작했다.

태사령 진수가 양기 부하에게 고문을 당해 사망하는 사건이 발생했다. 여기에 이 사건의 진상을 조사하던 환제의 주변 인물을 양기가 자객을 시켜 해치려다 미수에 그친 사건까지 겹쳤다. 환제는 더 이상 참지 못하고 용상을 박차고 일어났다. 단초를 비롯한 측근 환관들과 대책을 논의한 끝에 공개적으로 상서들을 소집하여 궁중을 호위하게 하는 한편, 군대 동원을 위한 부절을 회수케 하여 군권을 장악했다. 양기의 대장군 직인도 회수하게 했다. 이상의 조치는 전광석화처럼 이루어졌다. 모든 것이 환제의 직접 지시에 따라 일사불란하게 진행되었고, 이 때문에 기밀이 새어나가지 않았다.

양기와 손수 부부는 미처 도망도 못치고 함께 자결했다. 두 집안의 친인척들도 모두 목이 잘렸다. 이 대숙청에 연루되어 죽은 고위 관료가 수십 명에 이르렀고, 파면된 관리는 300명이 넘었다. 하루아침에 조정이 텅 비게 되었다. **양기가 죽었다는 소식에 백성들은 모두 뛰쳐나와 만세를 부르며 서로 축하**했다. 조정에서는 양기 부부의 재산을 조사하여 모두 공적자금으로 압수했는데 그 액수가 무려 30억 전이 넘었다. 1년 국가 예산의 절반에 해당할 정도였다.

지금 우리 사회 곳곳에 온갖 부류의 간신 망령들이 어슬렁거리고 있다. 바야흐로 또다시 '간신의 시대'가 도래했다. 그리고 그 중심에 요상한 웃음을 흘리며 여기저기를 휘젓고 다니는 엽기 변태의 2천년 전 손수의 망령이 있다.

떼거지로 간행을 일삼은 환관집단 간신, 십상시(十常侍)

소설 《삼국연의》로 유명해진 '십상시'는 동한 말기 영제(靈帝) 때 권력을 휘두른 10명의 중상시(中常侍), 즉 환관 10명을 일컫는 표현이다. 《삼국연의》에는 10명으로 기록되어 '십상시'라 했지만, 정사 《후한서》에는 모두 12명이 그 이름을 올리고 있다. 장양(張讓)과 조충(趙忠)을 대표로 한다.

외척의 발호에 신물이 난 **영제는 외척을 견제하기 위해 환관들을 총애했는데 장양을 아버지, 조충을 어머니로 부를 정도**였다. 이들은 권력을 마음껏 남용하며 멋대로 세금을 징수하고, 공공연히 벼슬을 팔았다. 부모 형제와 친인척들은 천하를 누비며 백성을 괴롭혔다. 낭중 벼슬에 있던 장균(張鈞)은 오죽했으면 이들을 도적으로 규정했다.

외척 세력을 대표하는 하태후와 하진(何進)이 이들을 제거하려 하자 먼저 선수를 쳐서 태후와 하진을 죽였다. 결국 이것이 동탁 등 군벌 세력을 끌어들이는 빌미가 되었다. 원소와 조조가 군대를 이끌고 조정에 들이닥쳐 수염 없는 자들을 모조리 죽였다. 장양은 14세의 어린 황제 소제(少帝)를 끼고 도주하다가 북망산에서 추격을 당하자 황하에 투신하여 자살했다. 그해가 189년이었다. 이들은 한날한시에 태어나지 않았지만 죽기는 모두 한날에 죽는 진기록을 남겼다.

장양과 관련해서는 재미난 일화가 전한다. **장양의 권세가 하늘을 찌르자 집안일을 하는 감노(監奴)조차 위세를 부렸다.**

부풍(扶風) 지방의 부자 맹타(孟佗)란 자는 이 감노와 안면을 터서 수시로 뇌물을 먹였다. 감격한 감노가 필요한 것이 없냐고 물었다. 맹타는 많은 사람이 보는 앞에서 자신에게 절을 한 번 해달라고 했다. 이 모습을 본 많은 사람이 돈을 싸들고 맹타를 찾아와 장양과 연결해달라고 청탁했다. 간신의 위세가 어느 정도였는지를 잘 보여주는 일화였다.

죽음을 앞두고도 뇌물을 쓴 간신, 황호(黃皓)

황호(생졸 미상)는 삼국시대 촉한의 간신이다. 내력은 기록이 없고 환관 출신으로만 알려져 있다. 간사한 성품에 권력자의 비위를 잘 맞추어 받드는 데 남다른 능력을 발휘했다. 유비의 아들 후주(後主) 유선(劉禪)이 태자일 때 모셨던 관계로 권력에 접근했다.

황호는 제갈량(諸葛亮)과 그 후임 동윤(董允)이 국정을 주도할 때는 감히 나서서 설치지 못했다. 234년 제갈량이 죽고, 이어 246년 동윤마저 죽자 본격적인 간행을 벌였다. 그는 **권력의 지팡이인 무능한 후주의 안색과 비위는 물론 심기까지 기가 막히게 살펴서 방탕함을 부추겼고**, 후주는 놀이와 쾌락에 몸을 맡겼다.

대장군 강유(姜維)는 이런 황호의 간성을 간파하고 그를 빨리 죽이라고 권했다. 후주는 동윤 때부터 황호에 대해 나쁜 말을 해왔는데 무슨 참견이냐며 성을 냈다. 이 때문에 강유는 성도로 돌아오지 못했다.

262년, 위가 촉을 공격해왔으나 황호는 이 사실을 숨겼고, 촉은 무방비 상태에 놓였다. 이듬해, 등애(鄧艾)가 성도를 압박했고, 후주가 항복함으로써 촉은 망했다. 등애는 황호의 악명을 알고는 그를 죽이려 했다. 황호는 등애의 측근에게 뇌물을 먹여 죽음을 피했다.

황호는 **죽음을 앞두고도 태연하게 뇌물이라는 수단을 써서 살아난 기가 막힌 간신**이었다. **간신의 수단은 상상을 초월하며 그 수단이 끝이 없다는 사실**을 잘 보여주는 사례였다. 간신에 대한 방비와 척결에는 단 한 치의 소홀함도 없어야 한다.

기생을 두고 싸움을 벌인 간신, 완전부(阮佃夫)

완전부(427~477)는 남조시대 송나라의 이름난 간신이다. 말단 관리로 있다가 유욱(劉彧)과 손을 잡고 황제 유자업(劉子業)을 죽이고 유욱을 황제(명제明帝)로 옹립하여 권력을 잡았다. 이후 뇌물과 사치를 일삼으며 횡포를 부렸다.

완전부의 엽기 변태적인 간행의 으뜸은 사치였다. 수십 명의 기생을 두고, 온갖 보석과 비단으로 치장한 집은 황궁을 능가했다. 그의 집에서 옷 한 벌을 만들고 물건 하나를 만들어 선보이면 경성 전체가 다투어 이를 모방했다. 이 때문에 사치풍조가 전국을 휩쓸었다. 그의 권세는 노비들조차 벼슬할 정도였고, 철저히 측근정치와 심복정치로 권력을 휘둘렀다.

완전부의 간행으로 **가장 엽기적인 것은 하(何)황후의 동생 하회(何恢)와 기녀를 두고 벌인 싸움**이었다. 하회가 광주자사가 되어 부임하기에 앞서 완전부와 술자리를 가졌다. 술자리에 동석한 하회의 기녀 장요화(張耀華)를 본 완전부는 완전히 넋이 나갔다. 완전부는 하회에게 장요화를 자신에게 달라고 거듭거듭 졸랐다. 하회는 자신은 장요화를 가질 수 있지만, 너(완전부)는 장요화를 가질 수 없다며 거절했다. 화가 난 완전부는 담당 기관에 사주하여 하회를 탄핵하여 파면시켰다.

완전부는 나중에 **쿠데타를 모의하다가 발각되어 가죽을 벗기고 배를 가르는 형벌을 받고 죽었다.**

사방천지에서 뇌물을 받아 챙긴 간신, 여법량(茹法亮)

여법량(435~498)은 남조시대 제나라의 거간이었다. 여법량은 말단 관리를 하다가 여의치 않자 출가하여 도사로 변신했다. 이도 여의치 않자 당시 권력을 휘두르고 있던 완전부에게 달라붙어 철저히 꼬리치기와 아첨으로 신임을 얻었다.

482년 무제가 황제 자리에 오르자 여법량은 여문현 등 4인(사람들은 이들을 '사호'라 불렀다)과 함께 무제에게 아부하여 권력을 얻고 조정을 쥐락펴락했다. 권력을 얻은 **여법량이 벌인 가장 대표적인 간행이라면 단연 뇌물 챙기기**였다. 그가 권세를 얻자 사방에서 뇌물이 밀려들었다. 여법량은 사람들에게 **"무엇하러 다른 곳에서 돈을 구하는가? 내 집 한 곳에만 1년에 수백만 전이 들어오는데"**라며 큰소리를 쳤다.

당시 사람들은 아무리 높은 자리에 있어도 권세와 재물은 여법량에게 미치지 못한다고 했다. 여법량은 이 뇌물로 집에 연못을 파고 낚시터를 만들었다. 산처럼 높은 누각과 긴 회랑을 지었는데 황가의 원림도 이에 미치지 못했다고 한다.

10년 사이에 주인을 네 번 바꾼 간신, 후경(侯景)

간신의 많은 공통점이자 특성 중 하나는 필요하면 언제든 주인을 바꾼다는 것이다. 끊임없이 힘센 곳이나 힘을 가진 자를 찾아 몸을 맡긴다. 이런 특기를 가진 간신은 말하자면 **'투신형 간신'**이라 할 수 있다.

남조시대 양나라의 간신 후경(503~552)은 선비족 출신의 무장으로 사람 죽이기를 벌레 죽이 듯했던 잔인한 자였다. 혼란기에 후경은 547년부터 10년 사이에 위 – 동위 – 서위 – 양으로 국적을 바꾸어가며 간행을 일삼았다. 551년 후경은 쿠데타를 일으켜 양나라를 멸망시키고 스스로 한(漢)이라는 나라를 세웠다. 이 과정에서 그는 수없이 많은 무고한 사람을 죽였다. 오죽했으면 천 리에 밥 짓는 연기가 피어오르지 않고 백골이 산처럼 쌓인 채 사람의 흔적을 찾을 수 없었다고 했겠는가?

552년 후경은 양나라의 장수 진패선(陳覇先), 왕승변(王僧辯) 등에게 패하여 도망가다가 부하 양곤(羊鯤)에게 피살되었다. 양곤은 후경의 시신 뱃속에 소금을 넣어 썩지 않게 하여 도성 건강(建康)으로 보냈다. 왕승변은 후경의 머리는 강릉(江陵)으로 보내고, 두 팔은 잘라 북제(北齊, 원래 동위)로 보냈다. **나머지 시신은 저잣거리에 조리를 돌렸는데 성난 군중이 달려와 그 시신을 뼈째 뜯어먹었다.** 강릉으로 보내진 **머리는 장대에 높이 걸어 사흘을 조리돌린 다음 불에 그슬려 옻칠을 하여 무기고에 보관했다.**

익명의 투서로 충직한 사람을 해친 간신, 사마신(司馬申)

간신의 간행은 밖으로 잘 드러나지 않는다. 떳떳하지 않은 일을 꾸미기 때문에 늘 눈에 띄지 않는 은밀한 곳을 찾는다. 자신을 드러내지 않고 몰래 사람을 해친다.

남조 진(陳)나라의 간신 사마신(?~586)은 기품 넘치는 외모와 바둑의 고수로 이름을 떨쳤으나 성격은 잔인했다. 특히 **기밀을 관장하는 일을 맡은 뒤로는 익명의 투서로 충직한 사람을 여럿 해쳤다.** 그중에서도 간신 시문경(施文慶)과 짜고 비서감(秘書監) 부재(傅縡)가 고려 사신에게 금을 뇌물로 받았다고 무고하여 옥에서 죽게 만든 사건이 유명했다. 죽은 뒤 묘지명에도 좋은 신하를 많이 해쳤다고 기록되었다.

강남을 착취하여 공분을 산 간신, 시문경(施文慶)

앞서 소개한 사마신과 결탁하여 충직한 신하를 해쳤던 남조시대 진(陳)나라의 간신 시문경(?~589)은 어려서부터 배우길 좋아하여 많은 책과 역사서에 통달했다. 총명하고 기억력이 탁월하여 말을 그대로 문장으로 만들 정도였다. 이 때문에 후주의 신임을 얻어 권세를 누렸다.

권세를 얻은 시문경은 물을 만난 물고기 마냥 마구 재산을 긁어모았다. 진나라 조정의 기강은 풀어질 대로 풀어진 상황에서 시문경은 **온갖 명목으로 백성들을 착취했고, 이 때문에 천하의 공분을 샀다.** 589년, 진나라를 멸망시킨 양광(楊廣, 수 양제)은 불충과 아첨 아부로 황제의 눈과 귀를 가렸다는 죄목을 붙여 시문경의 목을 베어 강남 백성들에게 사죄했다.

멸망을 앞두고도 쾌락에 취해 있었던 간신, 공범(孔范)

간신의 유형은 정말 다양 다종하다. 모두 권력을 죽을 듯 쫓지만 권력을 잡고 난 다음 보이는 간행은 다 다르다. 남조시대 진(陳)나라의 간신 공범(?~약 595)은 박학다식하고 문장력이 뛰어나 늘 권세가와 황제의 술자리에 불려가 시를 지어 '압객(狎客, 아주 친한 손님)'으로 불리며 환대를 받았다.

진의 후주는 **궁궐 후원에서 술자리를 베풀어 서로 시를 주고받으며 놀았는데 위아래도 없었고 늘 밤을 새웠다.** 공범은 권력자의 성격과 기질 등을 정확하게 맞추는 기술로 권력자의 실수나 단점 및 잘못을 절묘하게 덮거나 꾸며주었다.

588년, 수나라 군대가 임강(臨江)을 압박해왔다. 신하들이 서둘러 방비해야 한다고 주장했지만 방범은 하나 걱정할 것 없다며 신하들의 경고를 가볍게 무시했다. 후주는 웃으며 방범의 말에 고개를 끄덕이고 태연히 술을 마시고 놀았다.

이듬해 수나라 군대는 도성을 압박했고, 방범이 나가 싸웠으나 한 번 싸움으로 궤멸되었다. 방범은 도망쳤다. 도성 건강을 점령한 수나라 군대는 방범을 잡아 장안으로 보냈고, 수 문제는 변방으로 방범을 유배 보내는 것으로 강남 사람들에게 사죄했다.

권력을 얻기 전과 후가 딴판이었던 간신, 원의(元義)

북조 위(魏)나라의 원의(?~525)는 교만하여 멋대로 횡포를 부렸던 간신이었다. 술과 여자를 좋아했고, 권력을 얻은 뒤로는 **세금을 마구 거두어 사리사욕을 채웠다.** 그 애비 어미까지 나서 욕심을 부렸다.

원의는 호(胡)태후 여동생의 남편으로 권력에 접근했고, 급기야 명망가 청하왕(淸河王) 원역(元懌)을 죽이고 태후를 감금함으로써 권력의 정점에 올랐다. 그는 안팎으로 패거리를 배치하여 샅샅이 염탐했고, 그 자신도 늘 궁중에 당직을 서면서 모든 일을 자신이 처리했다.

간신으로서 원의의 **가장 엽기적인 간행은 권력을 얻기 전과 후가 완전히 달랐다는 점**이다. 권력을 얻기 전에는 인심을 얻기 위해 모든 일에 관심을 보이며 겸손하게 처신했다. 권력을 장악한 다음에는 주색과 뇌물은 기본이고 천하의 재물을 모조리 다 차지하려는 듯 쓸어 담아 궁중 창고에 보관했다. 또 **민간 부녀를 가마에 숨겨 궁중으로 데리고 들어와 간통**을 일삼았다.

원의의 간행으로 조정의 기강이 문란해지고 백성이 곤궁해지자 천하가 그에게 한을 품었다. 급기야 그를 암살하려는 일까지 터졌다. 두려움을 느낀 원의는 자신의 거처 주위에 방어벽을 치고 군사로 하여금 철저하게 방어하게 했다. 누군가와 대화를 나눌 때는 멀찌감치 떨어져 이야기를 나누었다.

525년, 황제와 태후에 대한 감시가 소홀해지자 태후는 황제와 함께 다시 조정을 장악하고 원의를 잡았다. 태후는 원의를 차마 죽이지 못하자 신하들이 들고일어났고, 황제 역시 원의를 죽이라고 주장했다. 원의는 집에서 죽임을 당했다.

손에서 활을 놓지 않았던 포악한 간신, 이주영(爾朱榮)

북위(北魏)는 효명제(孝明帝) 이래로 해마다 정국의 혼란이 끊이지 않았다. 간신 원차(元乂)와 군대를 갖고 있던 또 다른 간신 이주영(爾朱榮, 493~530년)의 야심 때문이었다.

이주영은 효명제의 사인을 조사한다는 구실로 낙양으로 쳐들어가서 호(胡)태후와 어린 황제 원쇠(元釗)를 잡아 황하에 던져 죽였다. 이주영은 이 정도로 그치지 않았다. 동요하는 인심을 누르고 후환을 없애기 위해 문무백관을 하음도저(河陰淘渚, 황하와 낙양 사이의 지명)로 유인하여 재상 원옹(元雍, ?~528)을 포함한 무려 2천여 명의 왕공·대신을 죽였다.

대권을 장악한 이주영은 더 포악하게 굴었다. **감정기복은 종잡을 수 없었고, 늘 활을 들고 다니면서 자신에게 불만을 품고 있거나 나타내는 사람이 있으면 쏘아 죽였다. 이주영의 간행에서 가장 주목할 점은 다름 아닌 첩보망이었다.** 몸은 진양(晉陽)에 있으면서도 궁중 곳곳에 심어 놓은 졸개들이 조정의 동정을 낱낱이 첩보하여 보고했고, 이주영은 이 정보를 바탕으로 조정의 상황을 손바닥 들여다보듯 훤히 꿰뚫었다.

한번은 이주영이 자기 측근에게 벼슬을 주려고 황제에게 청했다가 거절을 당했다. 이주영은 "누가 그 천자 자리에 앉혔는데 내 말을 안 들어!"라며 벼락같이 화를 냈다. 이주영의 딸인 황후도 아비 이주영의 위세를 믿고 황제를 깔보았다. 견디다 못한 황제는 황자의 출생을 구실로 이주영을 입조시킨 다음 복병으로 그를 살해했다. **이주영이 죽었다는 소식에 조정 안팎이 환호성을 울렸고, 문무백관이 입조하여 황제에게 축하 인사를 올렸다.**

태후와의 간통으로 권력을 극대화한 간신, 화사개(和士開)

남북조시대 북조 북제(北齊)의 간신 화사개(524~571)는 "폐하는 단 하루에 천 년의 쾌락을 누리실 것입니다" 따위와 같은 달콤한 속삭임으로 무성제(武成帝) 고담(高湛)을 꼬드겨 쾌락에 탐닉하게 만들고 끝내는 나라를 망쳤다. 이러는 동안 **'안팎의 모든 벼슬이 화사개의 손을 거쳐 임명되었다'**고 할 정도로 권력을 혼자 좌지우지했다.

화사개가 황제를 능가하는 권력을 휘두를 수 있었던 데는 **호(胡)태후와의 부적절한 관계**도 큰 몫을 했다. 화사개는 뺀질한 외모와 악기 연주 솜씨로 호태후의 마음을 사로잡아 간통을 저질렀고, 황제 무성제도 자신의 음탕한 생활을 편하게 유지하기 위해 이 두 사람의 관계를 못 본 척했다고 한다. 이런 엽기적인 관계 속에서 화사개는 조정을 쥐락펴락했다.

화사개의 전횡은 조야의 불만을 샀고, 이에 불안을 느낀 화사개는 5일에 한 번만 조정에 들어오는 식으로 몸을 사렸다. 이 틈에 571년 낭야왕(琅邪王) 고엄(高儼)과 호태후의 매부 풍자종(馮子琮)은 화사개의 죄상을 탄핵하여 비준을 얻어 조정에 들어온 화사개를 바로 살해했다. **화사개가 죽었다는 소식이 전해지자 낙양의 모든 사람이 환호성을 질렀다고 한다.**

간신에게 꼬리친 새끼 간신, 고아나굉(高阿那肱)

북조 북제의 고아나굉(?~580)은 말 타고 활쏘기를 잘해 무성제 고담의 눈에 들어 권력권에 들어왔다. 그리고는 간신 특유의 아부와 꼬리치기로 거간 화사개에 찰싹 달라붙었다. 고아나굉은 말수가 적고 좋고 싫음을 잘 드러내지 않는 성격인데다 매관매직 같은 간행도 저지르지 않아 그 존재감을 제대로 파악할 수 없었다. 그는 **오로지 권력자를 기쁘게 하는 데만 몰두했다.** 무성제 고담을 이은 후주(後主) 고위(高緯) 때도 마찬가지였다. 그러나 북주의 군대가 북제를 공격하자 몰래 그들과 내통하여 후주를 잡는 일을 돕는 엄청난 뒤통수를 쳤다. 그 공으로 북주의 대장군이 되었으나 580년 익주총관 왕겸(王謙)의 모반에 가담했다가 피살되었다. 고아나굉은 권력자, 특히 **거물급 간신에게 기생하는 벌레와 같은 다양한 새끼 간신의 전형적인 모습의 하나로 남아 있다.**

살육으로 점철된 간신, 우문호(宇文護)

북조 북주의 거물급 간신 우문호는 서위(西魏)의 실력자 집안에서 태어나 할아버지의 사랑을 독차지하며 군대를 통솔하여 힘을 길렀다. 556년 서위의 공제(恭帝)를 폐위시키고 우문각(宇文覺)을 옹립했다. 이가 효민제(孝愍帝)이다. 그 뒤 우문호는 효민제와 명제(明帝)를 잇달아 살해하는 등 대권을 오로지했다. 명제에게는 떡에 독을 넣어 독살했는데, 동한의 거간 양기(梁冀)가 질제(質帝)를 독살한 방법과 똑같았다.

우문호는 황제 둘을 살해했을 뿐만 아니라 자신에게 반대하는 문무 대신들을 마구 살해했다. **하도 많은 사람을 죽여서인지 자기 집에 대한 경비는 황궁보다 더 삼엄**했고, 아들들을 비롯한 친인척의 간행은 하늘을 찔렀다. **간신이 권력을 잡으면 거의 예외 없이 친인척까지 간행을 저지르는 이른바 족간(族奸)의 횡포**를 또 한 번 확인할 수 있다.

명제를 이은 무제(武帝)는 그나마 영리한 군주라 겉으로는 우문호를 치켜세우고 받들면서 기회를 노리다가 그가 입조한 틈에 직접 돌로 우문호를 쳐서 쓰러뜨렸다. 그다음 미리 준비하고 있던 무제의 동생 우문직(宇文直)이 목을 베었다.

부귀에는 관심 없다던 간신, 양소(楊素)

581년부터 618년까지 불과 37년으로 단명한 수나라에도 간신들이 있었다. 양소(544~606)는 그중 대표였다. 그는 희대의 간군(奸君) 양제(煬帝) 양광(楊廣, 569~618)과 찰떡궁합(?)을 과시하며 나라를 확실하게 망쳤다.

양소는 외모와 실력을 모두 갖춘 자였다. 문무를 겸비하기까지 했다. 심지어 황제의 조서를 쓰는 일까지 맡았는데 북주(北周)의 무제가 이를 보고, '부귀는 걱정하지 말고 열심히 노력하라'고 칭찬했다. 양소는 천연덕스럽게 **"신은 그저 부귀가 저를 억누를까 겁이 날 뿐 부귀를 꾀할 마음은 없습니다"**라고 대꾸했다.

그 뒤 양소는 양광을 만나 전폭적인 신임을 받게 되었다. 수나라 건국 이후 문제 때인 584년, 양소는 성질이 고약한 아내 정씨에게 "내가 만약 천자였다면 당신은 황후를 감당하지 못할 것이오"라고 역정을 냈다. 정씨는 이 말을 발설했고, 양소는 이 일로 면직되었다. 그러나 오래지 않아 바로 복직되었다.

무장으로서 양소는 장병들의 목숨을 파리 목숨처럼 취급했다. 패하여 돌아오면 가차 없이 목을 베고 승리할 때까지 계속 적진으로 보냈다. 그러고도 그는 태연자약 웃었다. 공을 세우면 반드시 큰상을 내렸기 때문에 그를 따르는 장병들이 많았다.

양소의 본격적인 간행은 양광이 태자 자리를 빼앗으려는 음모에 적극 가담하면서 시작되었다. 양광은 이 일에 따를 사람은 양소 뿐이라며 그를 전폭 신임했고, 갖은 특혜와 권력을 주었다. 양광이 권력을 쥐자 동생, 아비, 친인척까지 죄다 벼슬을 받아 '족간'으로서 설치고 다니며 왕과 대신들을 닥치는 대로 모함하고 해쳤다. 양소는 수천 명의 노비, 천 명이 넘는 기녀와 첩을 거느리고 황궁을 방불케

356

하는 저택에서 희희낙락했다.

양광이 태자가 되고 604년 마침내 황제 자리에 오르면서 두 사람의 관계는 멀어지기 시작했다. 양소는 온갖 혜택을 다 누리다 606년 세상을 떠났고, 성대한 장례에 시호까지 받았다.

간신으로서 양소는 자질이 떨어지는 양광과 결탁하여 그를 황제에 앉힘으로써 멸망의 화근을 심었다는 잘못이 가장 크다고 하겠다. 또 권세를 밑천으로 탐욕스럽게 땅과 집, 그리고 재물을 긁어모아 백성들의 원성을 샀다. 부귀에는 마음이 없다던 말이 참으로 역겹다. 간신은 다 이렇다.

황제의 총애와 나라의 멸망을 바꾼 간신, 우세기(虞世基)

단명한 수 왕조의 또 다른 간신 우세기(?~618)에 대해 역사서에는 "(황제의) 우세기에 대한 총애가 깊어질수록 수나라의 정치는 더욱 나빠졌다"고 되어 있다. 말하자면 **권력자의 총애로 왕조의 멸망을 더 촉진한 간신**이었다.

우세기는 어려서부터 총명하고 침착하여 감정을 잘 드러내지 않는 성격이었다. 공부도 많이 했고 문장도 잘 썼다. 한때 실의의 날을 보내기도 했지만 재능을 인정받아 조정의 인사를 담당하는 등 권력을 장악해나갔다. 우세기는 특히 양제의 심기를 잘 헤아려 그 비위를 맞추는 일에 있어서는 누구도 따르지 못했다. 자신을 위장하는 데도 뛰어났다. 어미가 죽자 몸이 바짝 마를 정도로 슬퍼하며 양제의 관심을 끌어 자신에 대한 신임과 총애를 더욱 굳혔다.

우세기가 양제의 신임을 크게 받자 **돈과 재물을 들고 그를 찾는 자들로 문전성시(門前成市)를 이루었다.** 패거리들도 공공연히 뇌물을 챙겼다. **후처인 손씨의 사치와 방탕은 끝 간 데를 몰랐고, 엽기적이게도 손씨의 전 남편까지 우세기의 집에 살면서 재물을 마구 긁어 들일 정도였다.**

양제의 폭정은 갈수록 심해져서 바른말 하는 조정 대신들을 마구 해쳤다. 사방에서 봉기가 터졌지만 양제는 이런 소식을 듣지 않으려 했고, 우세기는 그럴수록 황제의 비위만 맞추었다. 결국 618년, 우문화급(宇文化及)이 궁중으로 들이닥쳐 양제를 죽였다. 우세기 역시 함께 죽임을 당했다. 못난 황제의 전폭적인 신임과 총애를 끌어안은 채.

권력이면 궤변도 통하는 것임을 보여준 간신, 배온(裴蘊)

수 왕조의 또 다른 간신으로 배온(?~618)이란 자가 있었다. 이자는 간사하고 음험한 성품에 악독하기까지 했다. 말재주와 실무 능력 등으로 조정에 들어왔고, 수 양제가 황제 자리를 찬탈한 다음 득세하기 시작했다.

배온은 철저히 권력자 양제의 취향과 기호를 헤아려 그 구미와 비위를 맞추었다. 특히 음주가무에 열을 올리던 양제를 위해 천하의 음악 좀 하는 집안 자제들을 죄다 긁어모아 말하자면 합창단과 교향악단을 구성했는데 **그 수가 무려 3만 이상으로 상상을 초월하는 엽기적 간**

행을 서슴지 않았다.

권력자의 엽기적 취향을 만족시키려면 당연히 돈이 많이 든다. 배온은 이를 위해 잔인한 방법으로 호구를 엄청나게 늘려 재정을 확보했다. 양제가 크게 만족했음은 물론이다. 배온은 그 공을 인정받아 조정의 인사권을 장악했다. 인사권을 쥐자 배온은 양제의 심기를 헤아려 처벌할 자와 용서할 자를 가렸다. 인사 추천은 반드시 배온에게 먼저 올라왔고, 반대하는 자가 있으면 온갖 궤변으로 입을 막았다. **간신이 권력을 잡으면 어떤 궤변도 통한다는 사실을 배온은 잘 보여주었다.**

배온은 자신의 권세를 더욱 확충하기 위해 전국 각지에 자기 패거리를 심어 백성들을 괴롭혔고, 이로써 조정의 기강은 더욱 문란해졌고 부패한 기풍도 판을 쳤다. 각지에서 저항하는 민중봉기가 들끓었고, 결국 우문화급의 반란으로 양제와 함께 피살되었다. 배온은 우문화급 등의 모반을 사전에 알아채고 또 다른 간신 우세기에게 서둘러 진압하자고 했으나 우세기의 반대에 막혔다. 배온은 죽기에 앞서 우세기가 일을 그르쳤다며 우세기를 욕했다.

최고 최대 최악의 간군(奸君), 수 양제

제왕으로서 간행을 저지른 자를 간군이라 부른다. 봉건시대의 경우 간신의 정점에는 늘 제왕이 있었다. 오늘날에는 한 조직이나 국가의 최고 리더가 그 정점에 있고, 중국 역사를 통관해 보면 놀라울 정도로 많은 간군이 출현했는데, 그중에서도 **최고이자 최대이자 최악의 간군을 꼽으라면 많은 사람들이 수 양제 양광(楊廣)을 꼽을** 것이다. 양광은 특히 자신의 야심을 이루기 전까지 부모는 물론 주위 사람들을 철저하게 속이는 놀라운 위장술을 보여주었다.

양광의 형이었던 태자 양용(楊勇)은 첩을 많이 거느리고 술과 놀이를 좋아하는 등 부모가 싫어하는 취향을 적지 않게 갖고 있었다. 양광은 형의 이런 점을 역이용하여 형의 태자 자리를 탈취하는 데 성공했다. 형과 달리 첩은 전혀 두지 않고, 유능한 선비들을 많이 사귀어 자신의 명성을 선전했다. 귀천을 막론하고 누구에게나 친절하게 대했으며, 손님은 반드시 아내인 소비와 함께 몸소 맞아들이고 배웅했다. 하인은 젊은 여자 대신 늙은 하녀를 부렸고, 방 한쪽에다 일부러 망가지고 먼지가 뽀얗게 앉은 악기를 두었다. 놀이나 주색과는 거리가 먼 사람임을 은근히 보여주려는 의도였다.

하루도 거르지 않고 문제(文帝) 양견(楊堅) 부부(부모)에게 문안을 드림으로써 효성을 과시했다. 양광의 이런 위장술은 부모를 감동시켰다. 궁중의 왕공과 대신은 물론 노비들까지도 양광의 인자함과 효성을 극구 칭찬했다. 마침내 양견은 양용을 태자에서 폐하고 양광을 대신 앉혔다.

양광은 태자가 된 순간부터 갑자기 태도를 바꾸어 사악한 본색을 드러냈다. 아버지 양견의 후궁을 건드리는 것은 물론 끝내는 아버지를 죽이고 황제 자리를 탈취했다. 그 뒤 수 양제 양광의 폭정은 잘 알려진 대로다.

최고 권력자나 리더는 간신의 숙주다. **리더가 간행을 저지를 경우**

간신은 더 활개를 친다. 그런 리더일수록 자기 맘에 들고 듣기 좋은 소리만 하는 간신들을 가까이 두기 때문이다. 간신이란 현상을 분석하고 비판하기 위해서는 간신의 숙주인 권력자란 존재와 그 진면목을 먼저 파헤쳐야 하는 이유도 여기에 있다.

간군 밑에 간신 없는 경우 없고, 간신이 득세하는 위에 간군 없는 경우란 없다. 이들은 숙주와 기생충의 관계이자 공생관계이며 이란성쌍둥이와 같기 때문이다. 이는 양제 양광과 앞에서 살펴본 수 왕조의 간신들이 생생하게 보여주고 있다.

고삐 풀린 '경박공자(輕薄公子)' 간신, 우문화급(宇文化及)

수나라를 멸망으로 이끄는 데 결정적인 역할을 했던 우문화급 (?~619)은 어려서부터 방탕하여 말을 타고 활을 맨 채 저잣거리를 휘젓고 다녔다. 사람들은 그를 가볍고 천하다는 뜻의 '경박공자(輕薄公子)'라 불렀다. 폭군 수 양제와 태자 때부터 어울려 다닌 인연 때문에 벼슬을 받아 출세했다. 그 뒤 죄를 지어 노비로 추락했다가 아버지가 죽자 장군으로 복귀했다. 양제의 폭정으로 천하가 큰 혼란에 빠지고, 양제는 놀이터 강도(江都)에서 돌아오려 하지 않았다. 우문화급은 쿠데타를 일으켜 양제를 죽였다.

우문화급은 **아부에 능숙한 기생형 간신의 전형**이다. 그는 젊어서부터 철저히 양제에 빌붙어 양제의 비위를 맞추고 충성을 다하는 것처럼 했으나, 결국은 '어차피 죽을 인생 하루만이라도 황제 노릇을 해보겠다'는 야심 아닌 야심에 들떠 양제를 죽였다. 619년 황제 자리에 올랐으나 몇 달을 버티지 못하고 동생 우문지급(宇文智及) 등과 함께 목이 잘렸다.

밀고로 출세하여 온갖 고문을 발명(?)한 간신, 색원례(索元禮)

당 왕조를 잠시 멸망시키고 주(周)를 건국한 중국 역사상 최초이자 마지막 여성 황제 무측천 시기의 색원례(?~691)는 **밀고로 출세한 간신**이다. 그는 죄수를 심문할 때 온갖 가혹한 고문을 가하여 수천 명을 죽인 **잔인무도한 혹리형 간신**이었다. 죄 없는 사람에게 죄를 뒤집어씌우는 것은 기본이었다.

이자는 특히 **온갖 고문을 창안(?)**하여 악명을 떨쳤다. 손발을 묶고 비트는 것은 기본이고, 무거운 물건을 허리에 묶어 놓고 걷게 하는 고문, 무릎을 꿇려 놓고 칼을 채운 뒤 그 위에 돌을 얹는 고문, 머리에 돌을 매다는 고문, 잠을 재우지 않고 심문하는 고문, 식초를 코에 붓는 고문, 머리를 쇠로 씌운 다음 압박을 가해 머리가 깨지고 심하면 뇌가 밖으로 쏟아지는 고문 등등 상상조차 할 수 없는 악랄한 고문법을 발명했다.

색원례는 죄수를 심문하기 전에 이런 고문 기구들을 죽 늘어놓고 직접 눈으로 보게 했다. 죄수는 식은땀은 물론 똥오줌을 지렸다. 잔인한 색원례에 대한 백성들의 원성이 높아지자 무측천은 그를 죽여 원성을 잠재웠다.

분노한 백성들에게 시신을 뜯긴 간신, 내준신(來俊臣)

내준신(651~697)은 당나라 무측천 통치기의 대표적인 혹리형 간신으로 유명하다. 내준신은 출생부터가 엽기적이다. 그 아버지가 노름판에서 남의 아내를 따서 자기 아내로 삼았는데, 이미 임신한 상태였고, 그렇게 태어난 아이가 바로 내준신이었다. 이자 역시 밀고로 무측천의 신임을 얻어 여러 벼슬을 거쳤다. 어사 후사지, 왕홍 등과 함께 많은 정치사건을 일으킨 다음 **기발하고도 전문적인 고문과 가혹한 형벌을 이용하여 천여 집안을 모함하고 멸족**시켰다.

내준신은 고문과 형벌의 전문가라는 악명을 얻었다. 무측천의 신임을 과신하여 뇌물수수와 부정부패 및 불법을 서슴없이 저질렀으며, 사사로이 자신의 당파를 만들기도 했다. 그 뒤 무씨 여러 왕과 태평(太平) 공주를 모함하다가 체포되어 처형되었다. 당시 백성들이 내준신에게 얼마나 이를 갈고 있었던지 **그가 죽자 원한 맺힌 사람들이 달려와 그 시신을 뜯어먹었다**고 한다.

내준신은 혹리가 어떻게 죄를 날조하는가를 전문적으로 기록한 《나직경(羅織經)》이란 책까지 썼다. 검간이 벌이고 있는 조작질 등 그 나쁜 수법의 원조라 할 수 있다.

동료 간신에게 당한 간신, 주흥(周興)

내준신과 함께 간행을 벌인 주흥(?~691)은 어려서부터 법률을 익혀 이를 간행에 마음껏 이용한 자였다. 그 역시 밀고를 통해 무측천의 눈에 들어 출세 길에 올랐다. 그에게 피살된 사람이 수천 명이었는데 대부분 모함과 가혹한 고문으로 희생되었다. 688년 누군가 태자가 학상현(郝象賢)이란 자와 반란을 꾀하고 있다고 밀고했다. 이 사건을 주흥이 맡았는데 학상현은 형벌을 받으면서도 궁중의 은밀하고 사사로운 일들을 들추며 욕을 해대다가 몽둥이를 빼앗아 옥리를 때렸다. 이를 본 병사가 학상현을 죽였고, 이후 **주흥은 사람을 죽일 때마다 먼저 나무로 만든 공을 입안에 쑤셔 넣어 말을 하지 못하게 했다.**

이후 누군가 주흥을 밀고했고, 동료인 내준신이 사건을 맡았다. 내준신은 모르는 척 주흥을 찾아가 죄인이 입을 열지 않을 경우 어떻게 하면 좋겠냐고 물었다. 주흥은 신이 나서 큰 항아리에 넣고 불을 때면 바로 불 것이라고 했다. 내준신은 "자, 그대가 항아리로 드셔야 할 것 같소"라고 했다. 주흥은 죽음은 면하고 영남으로 유배되었으나 가는 도중 원수 집안사람에게 맞아 죽었다.

무측천의 조카로 족간의 전형을 보여준 간신, 무삼사(武三思)

무삼사(?~707)는 무측천의 조카로 족간(族奸)의 전형이었다. 교활하고 남을 잘 속이는 성격이었고, 실세들에 아부하여 권력의 고삐를 잡았다. 패거리를 잘 지었는데 **조정 곳곳에 자신의 눈과 귀를 박아두고 정보를 캤다.** 사람들은 그중 대표적인 다섯을 '삼사오구(三思五

狗'라 불렀다. '무삼사의 다섯 마리 개'란 뜻이었다. 무삼사는 또 위후(韋后)를 비롯하여 무측천의 측근인 상관완아(上官婉兒) 등과 간통하는 등 중종 때 당의 조정을 문란하게 만들었다.

무삼사는 다섯 왕을 죽이는 등 그 권세가 황제를 능가했다. 무삼사는 늘 "나는 누가 착한 사람이고 악한 사람인지 모른다. 다만 내가 착하다고 하면 착한 사람이고, 내가 악하다고 하면 악한 자이다"라며 큰소리를 쳤다. 707년에 태자 이중준에게 죽임을 당했다. 710년, 예종이 즉위한 다음 무삼사 부자를 모두 반역으로 판결하고, 그 관을 뜯어 시신을 들어내고 무덤까지 없앴다.

염주 알을 굴리고 다니며 사람을 철저히 속인
간신, 이보국(李輔國)

당나라 중엽, 황제를 끼고 포악한 짓을 일삼았던 이보국(704~762)은 처음에는 사람들의 호감을 사기 위해 늘 염주를 들고 다니면서 비린내 나거나 구운 고기 및 귀한 음식을 입에 대지 않았다. 모든 일에 조심스러운 척, 성실한 척하며 인심을 속인 교활하고 음험하기 짝이 없는 간신이었다. 못난 외모에 몸도 허약했지만 글 공부도 좀 하고 말수도 적어 경계하는 사람이 거의 없었다.

권력을 잡은 이보국은 **수십 명의 정보원을 조정에 심어 관리들의 일거수일투족을 감시하고 비리 등을 수집**했다. 누구든 걸리면 아주 사소한 결점을 부풀려 몰아붙이니 결코 빠져나갈 수 없었다. **이보국이 한번**

출타하면 호위병이 수백에, 고관대작도 그를 보면 마치 스승을 만난 제자처럼 예를 올릴 정도였다. 이보국은 공공연히 황제 대종에게 "폐하께서는 그저 궁궐에 계시고 바깥일은 이 노복이 처분하게 하시면 됩니다"라고 했다. 대종은 이런 이보국의 이름조차 부르지 못하고 '상보(尙父)'라는 존칭으로 불렀다. 신하들은 궁정을 출입할 때 이보국을 먼저 찾아야 했다.

대종은 태자 시절부터 이보국의 행패에 불만이 많았다. 결국 어느 날 밤 사람을 보내 이보국을 죽이고, 그 머리와 팔을 갖고 오게 했다. 대종은 사건을 숨기기 위해 자객을 체포하게 하고, 나무로 이보국의 머리를 깎아 장례를 치르게 했다.

나라의 위기상황도 보고하지 않은 간신, 정원진(程元振)

정원진(?~764)은 대종을 옹립한 공으로 출세한 간신이다. 교만하기가 이보국을 능가했고, 자신을 따르지 않는 사람은 모조리 해쳤다. 이보국과 틈이 벌어져 밀고로 끝내 그의 권력을 빼앗고 군을 장악했다. 정원진의 간행에서 가장 놀라운 것은 외적 토번(吐蕃)이 수도 장안을 압박하는 데도 이를 보고조차 하지 않는 배짱(?)이었다. 장수들이 급하다고 보고를 올리고 병사를 늘려달라고 부탁했지만 모조리 묵살했다. 특히 명장 곽자의(郭子儀)가 대종을 만나 위급함과 군사 증원을 청하려 했으나 이를 막고 만나지 못하게 했다. 결국 토번이 장안 서북 편교까지 이르러서야 황급히 대종을 끼고 도망쳤다.

이후 정원진의 만행을 규탄하며 당장 목을 잘라야 한다는 보고서가 빗발쳤다. 대종은 정원진의 관직을 박탈하고 고향으로 돌려보냈다. 763년 12월, 대종이 장안으로 돌아오자 **정원진은 여자 옷으로 변장하여 몰래 장안으로 잠입하여 대종을 만나고자 했으나 체포**되었다. 이듬해인 764년 대종은 그를 강릉(江陵)으로 보냈고, 이곳에서 죽었다.

권력자의 종교를 한껏 이용한 간신, 어조은(魚朝恩)

당나라 때 간신 어조은(722~770년)은 현종(玄宗) 때 환관으로 입궁하여 안록산(安祿山)의 난 때 장안을 버리고 도망간 현종을 수행했고, 그 뒤 태자 이형(李亨, 훗날 숙종肅宗)을 모시며 신임을 얻었다. 그 뒤 즉위한 황제 대종(代宗)의 비위를 맞추기 위해 대대적인 토목공사를 벌여 백성과 국가에 막대한 피해를 입혀 놓고도 잘못은 남에게 씌우고 공은 자신이 가로챘던 전형적인 간신이었다.

어조은은 **특별히 황제의 종교 신앙을 잘 이용**하여 귀여움을 받는데, 대종이 불교를 독실하게 믿고 있다는 것을 알고는 자신의 별장을 절로 고쳐 장경사(章敬寺)라는 그럴듯한 이름까지 붙여 바쳤다. 그러면서 고인이 된 황제의 생모 오(吳)씨, 즉 장경태후의 명복을 비는 원찰로 삼으라는 사탕발린 아첨을 덧붙였다. 장경사라는 이름이 바로 장경태후의 시호를 그대로 갖다 쓴 것이다.

아나나 다를까? 대종은 어조은의 애틋한(?) 마음 씀씀이에 감동을 받아 어쩔 줄 몰라 했다. 어조은의 호의를 받아들인 것은 물론

이었다. 황제가 감동까지 하면서 자신을 믿어주었으니 무슨 다른 말이 필요하겠는가? 어조은은 황제라는 세상에 둘도 없는 막강한 배경, 즉 권력의 마술 지팡이를 믿고 대대적인 토목공사를 일으키기 시작했다. 그러면서 자기 별장 규모로는 황제의 격에 절대 어울리지 않는다는 지극히 상투적인 핑계를 대고는 장경사의 규모를 키우기 시작했다.

이렇게 해서 증축된 절은 엄청난 규모와 화려함의 극치 그 자체였다. **장안의 시장 규모로는 감당할 수 없을 정도로 엄청난 건축 자재와 관련 재료들이 들어갔다.** 인력은 강제로 동원했다. 목재가 모자라다 보니 멀쩡한 정자와 집들까지 뜯겨나갈 정도였다. 비용은 억 억 소리가 날 정도로 들었다. 이 때문에 백성은 신음했고, 나라의 창고는 텅 비어 먼지만 쌓여갔다. 공사장에서는 고통을 이기지 못해 질러대는 인부들 비명 소리가 하늘을 진동시켰다. 힘을 제대로 쓰지 못하면 따라다니면서 매질을 해댔기 때문이다.

간신은 단 하나의 예외도 없이 권력자의 비위를 맞추는 데는 귀신을 능가한다. 더러운 똥구멍이라도 서슴없이 핥는다. 어조은은 최고 권력자의 종교적 성향을 한껏 이용하여 나라 재산을 원 없이 축냈다. 황제를 위해 자기 별장을 바친 것은 이후 벌어질 세상에 둘도 없는 성전 건설을 위한 작은 주춧돌에 지나지 않았다.

권력을 갈취하는 술수를 후배 간신들에게 전수한
간신, 구사량(仇士良)

구사량(781~843)은 당 왕조 후기의 순종(順宗)부터 무종(武宗)까지 무려 여섯 황제를 40년 넘게 모신 거물급 환관이자 간신으로 국정을 농단했다. 이 과정에서 구사량은 두 명의 군주를 옹립하여 20년 넘게 전권을 휘두르면서 왕 둘, 비 하나, 재상 넷을 죽였다. 특히 835년에 터진 감로사변(甘露事變) 때는 다수의 공경대신을 죽였을 뿐만 아니라 그 수를 헤아릴 수 없을 만큼 많은 백성들을 죽였다. 무종은 황제의 권력을 빌려 재상을 능멸하고 자신의 좋고 싫음에 따라 사람을 마구 죽이는 구사량에 대해 경계심을 품었다. 무종은 겉으로는 그를 존중했지만 속으로는 그를 증오했다. 이를 알아챈 구사량은 나이와 병을 핑계로 물러났다.

언젠가 구사량은 자신의 후배 간신들에게 권력을 움켜쥐는 술수를 전수한 바 있는데 그 내용이 참으로 간악하다.

"천자는 한가롭게 만들어서는 안 된다. 놀이 따위로 눈과 귀를 가려야 한다. 해가 뜨고 달이 차도 다른 일을 돌볼 틈을 주어서는 안 된다. 그래야만 우리가 뜻을 이룰 수 있다. 책을 읽지 않도록 해야 하고, 유생들을 가까이하게 해서도 안 된다. 지난 왕조의 흥망 따위를 알게 되면 두려움과 걱정을 갖게 되고, 그러면 우리는 배척당한다."

이 술수의 요지는 간단하다. **권력자를 타락시켜야만 나랏일에 관심을**

보이지 않게 되고, 그러면 그사이 자기들이 권력을 좌우하겠다는 것이다. 단순한 술수이지만 이를 차단하기란 결코 쉽지 않다. 권력의 속성이 권력자를 부패 타락시키기 때문이다. 힘을 가지면 누리고 싶어진다. 술과 여자, 그리고 놀이라는 유혹을 뿌리치기가 쉽지 않다. 간신은 인간, 특히 권력자의 약점을 노린다.

황제와 같은 상을 따로 받은 간신, 전령자(田令孜)

환관 출신의 간신 전령자(?~893)는 진왕(晉王) 이현(李儇)을 황제(희종)로 옹립한 공으로 전권을 휘둘렀다. 희종과는 일찍부터 침식을 같이하는 등 동성애로 의심 받을 수상한 관계였다. 희종은 이런 전령자의 이름을 부르지 않고 '아보(阿父)'라는 존칭으로 우대했다. 희종이 즉위할 당시 14세였는데 놀이에만 빠져 모든 일을 전령자에게 떠넘겼다. **먹고 마실 때면 늘 전령자의 상을 따로 차리게 할 정도**였다.

어린 황제로부터 전권을 위임받은 전령자는 세상에 무서울 것이 없었다. 매관매직은 기본이고 부유한 상인의 재산을 강탈하여 배를 채웠다. 물론 이 모든 일은 보고조차 하지 않았다. 조정의 기풍은 타락했고, 천하는 난리가 났다. 당 왕조는 서서히 멸망의 길을 걷기 시작했다.

880년 12월, 황소의 군대가 동관을 점령하고 수도 장안으로 밀어닥쳤다. 백관들은 사방으로 흩어져 숨기 바빴다. 전령자는 희종을 끼고 밤을 틈타 달아났고, 백관들은 이 사실을 까맣게 모르고 있었다. 도망치면서도 전령자는 온갖 행패를 부렸는데, 희종의 동생 이엽(李曄, 훗날 소종)이 지쳐서 돌 위에 눕자 채찍으로 이엽을 때렸다.

희종은 장안으로 간신히 돌아오긴 했지만 젊은 나이에 요절했고, 이엽이 즉위했다. 과거 채찍으로 맞았던 치욕을 잊지 않고 있던 소종은 전령자를 견제하려 했으나 여의치 않았다. 그러다 전령자가 자신을 돕게 하기 위해 끌어들인 왕건(王建)이 되려 중앙정부를 공격하는 뜻밖의 사태가 터졌다. 왕건은 전령자를 처단하라고 요구했으나 희종은 그럴 힘이 없었다. 893년, 왕건은 사람을 보내 전령자를 죽였다.

황케의 꿈 때문에 백성을 크게 괴롭힌 간신, 왕흠약(王欽若)

송은 환관 때문에 망한 당의 선례를 거울삼아 환관을 철저하게 견제했다. 이 때문에 간신들 상당수가 과거에 급제한 진사 출신의 엘리트들이었다. 북송 초기의 대표적인 다섯 간신인 '오귀(五鬼)'들 중 유승규(劉承珪, 949~1012) 한 사람을 제외하고는 모두 진사 출신 아니면 학자였다. 참고로 '오귀'란 유승규를 포함하여 왕흠약(962~1025), 정위(丁謂, 966~1037), 임특(林特, 951~1023), 진팽년(陳彭年, 961~1017)을 가리킨다.

왕흠약은 진사 출신으로 재상이 된 인물로 외모가 추했다. 키는 작은데 목이 길고 목에 큰 혹이 있어 사람들은 '영상(癭相)', 즉 '혹부리 재상'이라 불렀다. 1004년 이래 요의 군대가 계속 남하하여 민심이 흉흉하자 왕흠약은 몰래 금릉으로 천도할 것을 진종(眞宗)에게 청했다가 재상 구준의 질책을 받았다. 이 때문에 구준과 사이가 틀어졌다. 그 뒤 왕흠약은 요와 맺은 굴욕적인 '단연지맹(澶淵之盟)'을 가지고 진종의 자존심을 일부러 자극하여 태산(泰山)에 봉선(封禪) 제사를 올리게 부추겼다. 즉, 진종이 꿈에서 신으로부터 **'천서(天書)'를 태산에서 받았다는 터무니없는 이야기를 듣고는 '천서'를 위조하고, 백성들의 엄청난 노동력과 재산이 드는 요란벅적한 봉선제를 기어코 거행했다.**

왕흠약의 간사함은 진종 황제도 익히 알고 있었으나 자신의 비위를 누구보다 잘 맞추는 왕흠약을 내치지 못했다. 인종이 즉위한 뒤 점점 권력에서 밀려나 1025년에 세상을 떠났다.

여 도사 때문에 몰락한 간신, 정위(丁謂)

'오귀'의 우두머리 격인 정위(966~1037) 역시 진사 출신의 엘리트였다. 왕흠약처럼 진종의 비위를 맞추려고 봉선 제사를 대대적으로 벌이고 다니면서 궁전과 도관 등을 짓느라 백성들의 재산과 노동력을 크게 축냈다. 성격이 음험하고 아부에 능했으며 이것으로 대신들을 해쳤다. 또 **기억력이 남달라 수천 자를 바로 외울 정도**였다. 대화를 즐겁게 잘 이끌었고, 시와 문장, 그림, 바둑, 음악에도 재주가 있었다.

재상 구준이 권세를 누리고 있을 때 이런 일이 있었다. 연회에서 국 국물이 구준의 수염에 흘렀다. 이를 본 정위는 바로 일어나 국물을 자기 손으로 닦았다. 구준이 웃으며 "다 같은 대신인데 장관을 위해 수염을 닦다니요?"라며 핀잔을 주었다. 이 때문에 정위는 구준에게 원한을 품었고, 훗날 기어이 그를 해쳤다. 당시 도성 사람들 사이에는 "천하를 평안하게 하려면 눈 안의 못(정위)을 뽑아야 하고, 천하를 잘 다스리려면 구준 만한 사람이 없다"는 말이 떠돌 정도였다.

간신 정위를 끌어내린 것은 뜻밖에도 유덕묘(劉德妙)라는 여 도사였다. 이 도사는 수시로 정위의 집에 드나들며 신단을 차려 기도를 올렸다. 정위는 정위대로 여 도사를 이용하여 자신이 모든 일을 다 알 수 있는 것은 노자 때문이라는 말을 퍼뜨리는가 하면 **자신이 보통 사람이 아니라는 노래까지 지어 선전했다**. 이 일이 들통이 나서 집을 수색해 보니 사방에서 들어온 뇌물이 헤아릴 수 없이 많았다. 정위는 유배형에 처해졌고, 1033년 그곳에서 죽었다.

일설에는 유배지에서 지난 일을 반성하고 불교에 귀의했고, 가족을 위해 원망하지 말라는 글까지 썼다고 한다. 그의 지난 간행을 미루어 볼 때 그것이 진심이었는지는 알 수 없다.

범죄사건 날조로 남의 자리를 빼앗은 간신, 채학(蔡碻)

북송 신종 시기의 간신 채학(1037~1093) 역시 진사 출신의 엘리트였다. 꿍꿍이가 많고 황제의 뜻을 잘 살펴서 늘 눈치를 봐가며 일을 처리했다. 사건을 맡으면서 여러 차례 다른 사람을 해치고 그 자리를 빼앗았다. **잔인한 고문과 겁박으로 확실한(?) 자백을 받아냄으로써 억울함을 호소하지 못하게 만들기로 악명이 높았다.**

1078년, 상주(相州)의 부잣집 아들이 벌인 살인사건이 대표적이었다. 그런데 이 사건에 판관 진안민(陳安民)이 연루되어 있었고, 진안민은 여러 사람에게 구원을 청했다. 진안민이 도움을 청한 사람 중에는 채확이 미워하던 오충(吳充)의 아들 등이 포함되어 있었다. 등윤보(鄧潤甫), 상관균(上官均) 등이 함께 사건을 맡았다. 채확은 신종황제가 등윤보에게 불만을 품고 있음을 알고는 법관 수십 명을 동원하여 범인을 가혹하게 심문하게 했다. 57일 동안 목에 칼을 채운 채 뙤약볕 아래에 세우는 등 그 심문 방법이 잔혹하기 이를 데 없었다. 이를 통제할 수 없었던 등윤보 등이 몰래 이를 황제에게 보고했다.

이 사실을 알게 된 채학은 등윤보가 "일부러 유언비어를 날조하여 신하를 중상모략하고 감옥을 흔들고 있으며, 일당과 몰래 결탁하여 권력을 넘보니 서둘러 파면해야 한다"고 아뢰었다. 그리고는 사람을 시켜 죄수들을 겁박하여 입을 막았다. 신종이 사람을 보내 죄수들을 심문하게 했으나 모두 두려워 입을 열지 못했다. 결국 등윤보와 상관균은 파면되었고, 채학이 그 자리를 대신 꿰찼다.

채학은 이런 수법으로 여러 차례 사건을 조작하여 다른 대신을 해쳐 그 자리를 차지했다. 그러나 신종이 죽고 철종이 즉위하자 조정 대신들은 채학의 죄상을 들추어내기 시작했고, 채학은 유배되어 1093년 57세로 죽었다.

개혁가 왕안석(王安石)이 이를 갈았던 간신, 여혜경(呂惠卿)

레닌이 중국 역사상 최고 개혁가로 평가한 왕안석의 개혁은 실패로 끝났다. 왕안석의 개혁이 실패한 까닭은 왕안석 자신에게도 있었지만 무엇보다 여혜경(1032~1111)이란 자의 배신이 컸다. 이 때문에 실각한 왕안석은 만년에 여혜경의 별칭인 '복건자(福建子)'를 되뇌이다 울분 속에서 생을 마감했다.

신법파 개혁 당시 왕안석은 여혜경의 일 처리에 감탄하며 다른 사람과 비교할 수 없을 정도로 뛰어나다고 칭찬을 아끼지 않았다. 왕안석의 오판이긴 했지만 성품과는 별도로 일은 잘했다. 당시 왕안석은 크고 작은 일을 모두 여혜경과 논의했고, 이 때문에 사람들은 '왕안석은 공자요, 여혜경은 안자'라고 할 정도였다.

구법파가 권력을 잡자 여혜경은 바로 얼굴을 바꾸어 구법파 밑으로 들어갔고, 다시 신법파가 득세하자 언제 그랬냐는 듯 신법파에 달라붙었다. 여혜경의 처신은 말 그대로 미꾸라지 저리 가라 할 정도였다. 구법파의 대표인 사마광(司馬光)은 이런 여혜경의 정체를 간파하여 신종에게 '여혜경은 마음이 바르지 못하니 잘 살피라'고 했으며, 심지어 왕안석에게 보낸 편지에서는 여혜경은 아부만 일삼는 자이니 지금이 그자와 결별할 때라고 충고했다. 사마광은 "세력을 잃으면 틀림없이 공을 팔아넘길 자"라고 경고했다.

간신에게 이를 가는 것은 맞다. 하지만 당한 다음 이를 갈아봤자 소용없다. 간신은 이를 갈면서 싸워 없애야 할 자다. 봐주거나 용서하거나 화해할 수 있는 자들이 아니다. **여혜경은 사마광의 경고대로**

왕안석이 실각하자 바로 등 뒤에다 비수를 꽂았다.

송조육척(宋朝六賊)의 엽기변태 간행

당을 이어 중국을 통일한 송 왕조는 북송(960~1127)과 남송(1127~
1279)으로 나뉜다. 북송 말기에 송 왕조는 북방의 강자 요(遼)와 금
(金)의 압박으로 고전을 면치 못했고, 결국 도읍을 변경(汴京, 지금의
하남성 개봉開封)에서 임안(臨安, 지금의 절강성 항주杭州)으로 옮기지 않
을 수 없었다. 송나라는 이렇게 한 차례 망했다.

송 왕조가 이렇게 맥없이 쇠망한 데는 북송 말기에 극성을 부렸
던 간신들 탓이 컸다. 훗날 이 당시 가장 큰 해악을 미친 여섯 간신
을 뽑아 '육적(六賊)'으로 지목했다. 채경(蔡京), 동관(童貫), 왕보(王
黼), 주면(朱勔), 양사성(梁師成), 이언(李彦)의 여섯 간신이다.

'육적'이란 표현은 1125년 당시 태학생 진동(陳東)이 올린 글에서
비롯되었다. 진동은 여섯 간신의 간행을 지적하면서 **"이들을 죽여 그
목을 사방에 조리돌려 천하에 사죄해야 한다"**고 주장했다. 이들 중 채경
과 동관이 우두머리 격이었다. 이들은 진동이 글을 올린 이듬해인
1126년 모두 제거되었지만 나라의 명운을 되돌릴 수는 없었다.

지금은 이들을 대개 **'북송육적'**이 부르는데 이들의 천태만상 간행
을 한눈에 파악할 수 있게 정보표를 만들어 보았다. 참고로 '적(賊)'
은 일반적으로 도적을 가리키는데, 구체적으로는 남의 물건을 훔
치는 자, 아주 나쁜 일을 저지르는 자, 사악하고 정의롭지 못함, 교

활함, 해를 입힘 등과 같은 뜻을 포함한다.

이름(생몰)	출신과 간성	주요 간행	최후
채경(蔡京) (1047~1126)	재상. 교활과 위선. '팔색조'와 같은 간성.	황제를 어마어마한 토목공사와 쾌락으로 이끌어 나라를 망침. 생일에 메추리탕 한 그릇에 수백 마리의 메추리를 희생시킴.	유배사
왕보(王黼) (1079~1126)	대신. 아부와 몰염치, 배은망덕	'짧고 좁은 적삼에 얼굴에는 푸르고 붉은 분을 바른 채' 음담패설로 황제의 기분을 맞춘 배알없는 인간.	피살
동관(童貫) (1054~1126)	환관. 음흉하고 꾀가 많음.	남의 공은 빼앗고, 자신의 잘못을 떠넘기는 수법으로 출세.	귀양 중 참수
양사성 (梁師成) (?~1126)	진사 출신. 탐욕	뇌물과 매관매직으로 권세를 누리고, 숱한 악행을 저지름.	좌천 도중 목을 졸라 죽임.
주면(朱勔) (1075~1126)	대신. 아첨, 교활, 사나움	백성의 사활을 팽개친 채 막대한 노동력을 징발한 '화석강' 사건을 주도.	피살
이언(李彦) (?~1126)	환관. 잔인, 탐욕	부유한 상인과 백성을 무수히 해쳐 엄청난 땅을 소유함. 맞아 죽은 양민이 천 명에 이름.	사사

크게 짖는 겁 많은 개와 같았던 간신, 왕보(王黼)

역대 간군이나 간신 중에는 겁이 많은 자도 적지 않았다. 목숨보다 소중한 지켜야 될 자리와 재산을 빼앗길까 늘 두려움에 시달리기 때문에 작은 일에도 겁을 먹는다. 그렇다고 그것을 티 낼 수는 없으니 '**적반하장(賊反荷杖)**'으로 큰소리를 친다. 북한 무인기 침투에 속수무책으로 당한 뒤 '확전'이니, '일전불사'니, '미국과 핵전쟁 연습'이니 '핵 보유'니 하는 되지도 않는 큰소리를 친 것이 이런 경우라 할 수 있다.

간신이나 간군이 큰소리를 치는 또 다른 이유는 그것을 통해 무엇인가를 얻어낼 수 있기 때문이다. 자신을 지지하는 어리석은 무리를 다독거림으로써 지지를 확인한다거나, 그렇게 해서 진짜 어떤 사태가 터졌을 경우 자신의 권력을 더 강화시킬 수 있거나, 그 사태를 통해 사욕을 챙길 수 있다고 판단해서이다.

앞의 표에서 보다시피 북송을 멸망으로 몰아넣은 '육적(六賊)'의 하나인 왕보라는 간신이 있었다. 그가 권력을 휘두를 당시 북송은 안으로는 농민봉기가 곳곳에서 터지고, 밖으로는 요(遼)와 금(金)이 국방을 위협하는 그야말로 '누란지위(累卵之危)'의 상황이었다. 이 상황에서 왕보가 취한 행보는 이랬다.

먼저 농민봉기에 대해서는 황제에게 보고조차 않고 구경만 하다가 그 기세가 커지자 갑자기 사납게 돌변하여 군을 동원하여 농민봉기를 진압하는 데 적극 앞장서서 수많은 백성의 피를 흘리게 했고, 나아가 이를 기회로 정적까지 제거하는 소득까지 올렸다.

대외적으로 요의 압박이 거세지자 왕보는 중신들의 반대를 무릅쓰고 금과 연합하여 요를 공격하는 '연금공요(聯金攻遼)'를 강력하게 밀어붙였다. '연금공요'는 불가피한 측면도 있고 해서 나름 타당성이 있는 전략이었다. 또 북방의 잃어버린 땅을 회복하겠다는 북송의 전통적인 대외전략이기도 했다. 문제는 왕보의 이 주장이 나라와 백성을 위하는 마음에서 나온 것이 아닌 보다 높은 자리로 가려는 목적에서 나왔다는 점이었다. 또 하나는 **전쟁을 핑계로 백성의 고혈을 빨아 사욕을 채웠다**는 사실이다.

부패한 정권의 간신들과 어리석은 간군이 대외 형세를 면밀히 검토하지도 않고 그저 요에 대한 강경 일변도를 고집했다. 더욱이 요를 꺾을 수도 없는 약체 전력이었다. 조정과 군의 기강은 무너져 저마다 저 하나 살기에 급급했다. **결국 금과 연합하여 요를 없애겠다는 전략은 금에 항복하는 '항금(降金)'으로 변질되었고, 1120년 금에게 엄청난 돈과 재물을 갖다 바치며 안전을 구걸하는 굴욕적인 협정을 맺었다.**

이 과정에서 왕보는 또 금과의 교섭을 서둘러 성사시켜 공을 세우기 위해 금의 무리한 요구를 앞뒤 재지 않고 고스란히 받아들였다. 그 피해는 오롯이 백성들 몫이었다. 어리석은 휘종 황제와 못난 패거리들은 이런 왕보에게 축하 인사를 건네며 만세를 불렀다. 이들이 북방의 땅을 수복할 수 있게 되었다는 헛된 희망에 도취되어 환호를 올리고 있을 때, 금나라 군대는 북송의 멸망을 알리는 조종을 두드리고 있었다.

역대 10대 간상(奸相) 일람표

재상 출신의 대표적인 거물급 간신 10명에 대한 정보를 일람표로 만들어 보았다. 표에서 보다시피 사마도자, 아합마 두 사람을 제외하고 나머지 여덟이 모두 《간신 : 간신전》 – '인물편'의 18대 간신에 그 이름을 올리고 있다. 권력이 클수록 미친 악영향도 컸음을 말해준다.

간상(생몰)	시대 (왕조)	주요 간행	비고(죽음)
조고(趙高) (?~기원전 207)	진秦	진시황의 유서를 조작하여 꼭두각시 2세 황제 호해를 자리에 앉히고 국정을 농단하나 멸망을 초래함.(18대 간신)	'지록위마(指鹿爲馬)'의 고사.(피살)
사마도자 (司馬道子) (364~402)	위진 남북조 (동진)	황족으로 아들과 함께 충직한 신하를 모함하고 조정을 사치와 부패로 이끌었음.	아들과 함께 **피살**됨.
이임보 (李林甫) (?~752)	당	현종 시기의 간상으로 변변히 배운 것 없었지만 속을 드러내지 않는 처세, 절묘한 응기응변과 비빈, 환관을 매수하여 권력을 장악.(18대 간신)	말은 달콤하지만 뱃속에는 검이 들어 있다는 '구밀복검(口蜜腹劍)'이란 별명을 얻음.(유배)
양국충 (楊國忠) (?~756)	당	현종 때의 외척으로 도박, 술, 무식이었지만 현종의 취향과 심기를 잘 헤아려 총애를 얻어 국정을 문란케 하다가 안록산의 난을 초래함.(18대 간신)	안록산의 난 때 현종의 피난을 수행하다가 병사들에게 **피살**당함.
노기(盧杞) (?~785)	당	덕종 때의 간신으로 교활하고 음험하여 자신에 반대하는 안진경 등 많은 신하들을 모함하여 해침.(18대 간신)	귀신같은 외모에 푸른 얼굴색을 함.(유배당해 죽음)
채경(蔡京) (1047~1126)	북송	철종 때의 간신으로 다섯 간신들과 함께 각종 토목공사와 재정 낭비로 국정을 파탄 냄.(18대 간신)	'육적(六賊)'의 우두머리로 행세함.(유배당해 죽음)
진회(秦檜) (1090~1155)	남송	휘종 때의 간신으로 적국 금나라에 아부하여 자리를 꿰차고 구국의 영웅 악비 장군 부자를 모함하여 처형시킴.(18대 간신)	악비 부자의 무덤 앞에 무릎을 꿇은 철상이 남아 있음.
가사도 (賈似道) (1213~1275)	남송	이종 때의 간신으로 누이가 황제의 총애를 받는 것을 이용하여 권력을 장악함. 뇌물, 약탈, 이권 농단, 사치로 나라를 위기에 빠뜨림.(18대 간신)	패거리와 앞잡이들은 그를 '주공(周公)'으로 부르며 칭송함.(맞아죽음)
아합마 (阿合馬) (?~1282)	원	원나라 초기 세조 쿠빌라이 때의 간신으로 재정 정책으로 총애를 얻어 정적들을 많이 해침.	일당과 함께 **피살**당함.
엄숭(嚴嵩) (1480~1567)	명	역대 간신들 중 가장 많이 배운 지식인으로 아들 엄세번과 함께 부자가 온갖 비리를 저지름.(18대 간신)	아들 엄세번이 **처형** 당하고 쓸쓸히 실각함.

꼭두각시 황제 자리까지 오른 간신, 장방창(張邦昌)

10대 '간상' 일람표를 보면 송 왕조 인물이 셋이나 포함되어 있다. 채경, 진회, 가사도가 그들이다. 채경과 진회는 북송을 망하게 만드는 데 큰 역할을 한 간신들이고, 가사도는 남송 정권을 끝장내고 완전히 망하게 만든 원흉의 하나였다. 모두 재상 자리에 있었던 자들이다. **간신의 자리와 권력이 클수록 그 영향과 폐해도 클 수밖에 없음을** 잘 말해준다.

장방창(1081~1127)은 거물급 간신 진회와 함께 **나라를 팔아먹은 간신**으로 그 이름을 올리고 있다. 무엇보다 금나라에 의해 꼭두각시 황제로 추대되는 희귀한 사례를 남겼다. 장방창은 진사 출신으로 휘종(徽宗)과 흠종(欽宗) 때 여러 자리를 거쳤다. 1126년, 금의 군대가 개봉을 포위하자 강화를 적극 주장했고, 이를 계기로 강왕(康王) 조구(趙構)를 금나라에 인질로 보내는 일을 주선했다. 이 일로 장방창은 금에 땅을 떼어주는 일을 담당하는 하북로할지사(河北路割地使)가 되었다.

1127년, 금나라 군대는 수도 변경(汴京, 지금의 하남성 개봉)을 함락시키고 휘종과 흠종을 포로로 잡아갔다(이로써 송은 망했고, 역사에서는 북송이라 부른다). 금은 초나라를 세우고 장방창을 꼭두각시 황제로 앉혔다. 금나라 군대가 물러가자 장방창은 분노한 군중의 압박을 못 이겨 황제 호칭을 없애고, 원우(元祐)황후를 맞아들어 수렴청정하게 했다. 장방창은 32일 황제 노릇을 했고, 강왕이 고종으로 즉위하자 재상 이강(李綱) 등의 주장으로 유배되었다가 죽임을 당했다. 당시 고종은 조서를 통해 **장방창에게 자결을 명했으나 장방창은 이러저리 피하면서 자결을 원치 않아 누각으로 올려보내 목을 매게 했다고 한다.** 47세였다.

죽어서도 온갖 부귀를 누린 간신, 왕백언(汪伯彦)

역사에는 허점이 적지 않다. 결함도 많다. 나라를 망친 간신으로 죽고 난 다음에도 그 친인척까지 부귀영화를 누린 경우도 있으니 말이다. 이렇듯 역사에는 안타까운 허점이 많다. 그렇다고 역사 평가까지 허점을 보여서는 안 된다. 평가는 하나의 오점도 남지 않도록 엄정하고 냉혹해야 한다.

송을 멸망의 구덩이로 몰아넣은 왕백언(1069~1141)이 바로 그런 간신이었다. 진사 출신인 왕백언은 강왕 조구(훗날 고종)가 금나라에 사신으로 가는 것을 막고는 상주로 맞아들여 신임을 얻고 부원수가 되었다. 1127년, 금은 송의 도성 변경을 함락시키고 휘종과 흠종을 포로로 잡아갔고, 북송은 이로써 망했다. 이 과정에서 왕백언은 철저히 저항을 포기하고 강화에만 매달렸다. 강왕이 고종 황제로 즉위하자 왕백언의 권세는 하늘을 찔렀다.

이후 왕백언은 황잠선과 재상이 되어 자신의 뜻과 다른 대신들을 따돌리고 반대파를 제거하여 권력을 오로지 하는데 온 힘을 다 쏟았다. 또 거물급 간신 진회, 장준 등과도 손을 잡고 온갖 간행을 저질렀다. **진회는 왕백언과 동문수학한 사이였고, 장준은 왕백언의 추천을**

받은 간신으로, 말 그대로 한 패거리가 되어 조정을 엉망으로 만들었다.

참으로 통탄할 일은 왕백언은 73세로 천수를 누리고 죽었는데, 벼슬이 추증되고 땅과 비단이 하사품으로 내려갔을 뿐 아니라 조정에서 장례까지 치러주고 시호까지 내려졌다는 사실이다. 그 친인척은 벼슬까지 받았다. 간신이 간신을 낳고 또 낳는다. 부귀영화가 따르기 때문에 기꺼이 간신 노릇을 한다. 그 부귀영화가 대물림되기도 한다. **지금 우리가 이 간신현상의 대물림이 너무 심각하다.** 이런 사실에서 간신현상의 심각성과 폐단은 아무리 강조해도 지나침이 없다.

매국간 진회(秦檜)의 앞잡이 새끼 간신, 만사설(萬俟卨)

만사설(1083~1157년)은 진사 출신으로 진회, 장준(張俊) 등과 함께 구국의 영웅 명장 악비를 해치는데 앞장섰던 간신이었다. 그는 애당초 악비에게 몸을 의지해 출세하려고 악비에게 "병사를 늘리고, 군수를 충분히 확보하며, 권위를 세우고, 사람을 심으라"는 네 가지 대책을 제안했다. 그러면서 악비에게 조정의 명령에 따르지 말고 군비를 확충하고, 그 군대를 바탕으로 한 지역을 차지하여 독립하라고 했다. 민족의 모순이 전에 없이 치열하고 백성은 전란의 고통 속에 허덕이고 있는 상황에서 악비는 국가와 민족을 중시하여 만사설의 분열책을 받아들이지 않고 그를 심하게 나무랐다. 만사설은 '닭을 훔치려는 뜻은 이루지 못하고 공연히 모이만 축낸' 꼴이 되고 말았다. 분노와 수치심에 사로잡힌 만사설은 조정에 글을 올려 악비가 반란을 꾀한다며 "양한(襄漢) 지방은 국가의 목구멍과 같은 요충지로 악비가 장기간 이 지역을 확보하며 민심을 얻는 날에는 언제든지 조정을 배반할 수 있으니 주의 깊게 방비해야 할 것입니다"라고 악비를 모함했다.

이는 얼마 뒤 등장한 '혹 있을 지도 모른다'는 '막수유(莫須有)'의 죄명을 씌워 악비를 해치기 위한 복선을 까는 첫걸음을 내디딘 것이었다. **만사설이 악비의 죽음을 설계한 설계자**였던 셈이다. 악비가 처형되고 송나라는 멸망의 구렁텅이로 떨어지기 시작했다.

만사설은 당초 진회에 달라붙어 출세를 구걸했다. 오로지 진회의 말만 들었고, 그가 하는 말 대부분은 진회의 지시에 따른 것이었다. 그 뒤 벼슬이 높아지자 만사설은 진회의 지시를 받지 않았고, 이 때문에 면직되었다. 진회가 죽자 복직되었지만 정치노선이나 주화의 주장은 진회와 하나 다를 것이 없었다. 75세로 천수를 누리고 죽었고, 시호까지 받았다.

악비가 죽었을 때 나이는 39세였다. 악비의 죽음은 중국 역사상 가장 비통하고 억울한 사건의 하나였다. 전제정치 밑에서 사람들은 공개적으로 주범 고종 황제를 욕하지 못하고 모든 죄악을 종범인 진회에다 갖다 씌웠다. 훗날 사람들은 항주 서호에다 악비를 위해 무덤을 만들고 무덤 앞에 쇠로 만든 진회, 진회의 아내 왕씨, 심판관이었던 만사설과 장준 이렇게 네 명의 상을 무릎을 꿇려 앉혀 놓았다. 이 철상들은 지금까지도 그 자리에 꿇어앉아 있다. 여행객들이 일부러 이들 얼굴에다 오줌을 누고 침을 뱉거나 뺨 등을 때림으로써 화풀이를 대신했다. 이 때문에 이 철상들을 계속 새로 주조해서 그 자리에 둘 수밖에 없었다.

북벌에 실패하여 저잣거리에 목이 내걸린
간신, 한탁주(韓侂胄)

한탁주(1152~1207)는 아버지를 배경으로 벼슬길에 나섰다. 1194년, 영종(寧宗)을 옹립한 공으로 출세 가도를 달렸고, 황제의 총애를 얻자마자 평소 자신과 사이가 좋지 않았던 재상 조여우(趙汝愚)를 파면시켰다. 성리학자 **주희(朱熹, 주자)는 일찌감치 한탁주의 정체를 알아보고는 간사한 자라는 글을 올렸다.** 한탁주는 궁중 연예인을 시켜 유학자를 희롱하는 연극을 영종 앞에서 공연하게 하는 한편 그 틈에 주희야말로 삐뚤어진 자라 기용해서는 안 된다고 모함했다. 주희는 파면되었다.

한탁주가 벌인 간행들 중 가장 황당한 일은 북벌 감행이었다. 금나라에 당한 치욕 때문에 끊임없이 북벌 이야기가 나오긴 했지만 당시 송의 국력으로는 언감생심이었다. 한탁주는 자신의 명성을 위해 이를 강행했다. **언론을 통제하며 북벌 여론을 조장했고, 이에 반대하는 유학자들을 거짓 학문을 하는 '위학(僞學)'으로 몰아 학문 자체를 금지**시켰다. 나아가 '위학'하는 역당들이라 하여 59명을 박해하니 역사에서는 이 사건은 '경원당금(慶元黨禁)'이라 한다. 이 때문에 유학자와 그 문생들은 옷을 갈아입고 외출할 정도였고, 1200년 **주희가 죽**

었을 때 문하생과 친구들은 장례조차 치르지 못했다.

북벌은 심각하고 중대한 일이었다. 한탁주는 이 중대한 일을 그저 사리사욕만 앞세워 단순하게 여겼다. 그는 적의 약점만 조사했지 자신의 약점은 점검할 줄 몰랐다. 북벌은 당연히 실패했다. 실패도 보통 실패가 아닌 처참한 실패였다. 한탁주의 꿈은 산산조각이 났고, 금에 급히 사람을 보내 평화를 구걸하는 수밖에 없었다. 금은 문제를 일으킨 장본인을 반드시 먼저 내놓을 것을 요구했다. 이에 영종의 황후 양황후는 함정을 파놓고 **한탁주가 입조할 때 화장실에서 그를 죽인 다음 그 목을 1,000km 밖의 금의 수도 중도(中都, 북경)로 보내 저잣거리에 내걸도록 했다.** 영종은 그 죄상을 안팎에 공표했다. 금은 그 뒤 그의 목을 다시 돌려 보냈고, 영종도 관을 열어 목을 꺼내 널리 저잣거리에 내걸어 다들 보게 한 다음 금으로 다시 보냈다.

초록 얼굴의 짖지 않는 개와 같았던 간신, 정대전(丁大全)

남송 시기의 정대전(1191~1263)은 진사 출신으로 입사하여 후궁 염비(閻妃), 환관 노윤승(盧允升), 환관 동송신(董宋臣) 등과 패거리를 지었고, 이를 발판으로 이종(理宗) 황제의 총애를 얻었다. 정대전은 얼굴색이 초록이어서 보기가 무시무시했다고 한다. 그가 한창 세도를 부릴 때는 군대를 동원하여 재상집을 포위한 다음 재상 동괴(董槐)를 끌고 나와 길에다 내동댕이쳤다. 그리고 동괴를 압박하여 자리를 내놓게 했다.

1255년, 정대전은 우사간이 되었는데, 이때 진대방(陳大方), 호대방(胡大方)이 정대전과 동시에 자리를 받았다. 사람들은 놀란 입을 다물지 못했다. 이들이 모두 별 볼일 없는 자들이었기 때문이다. 누군가는 **이 세 사람의 이름 모두에 들어 있는 '大' 자에 점을 하나씩 찍은 다음 '삼불폐견(三不吠犬)'이라 조롱했다.** '짖지 않는 세 마리 개'란 뜻이었다.

정대전의 간행은 조정은 물론 밖에서도 악명이 자자했다. 특히 아들의 아내, 즉 **며느릿감이 아름다운 것을 보고는 빼앗아 자기 아내로 삼은 패륜**은 모든 사람을 부끄럽게 만들었다.

그 뒤 1259년, 감찰어사 요호신(饒虎臣)이 정대전의 네 가지 죄악, 즉 언로를 끊은 짓(언론), 인재를 그르친 짓(교육), 백성의 힘을 바닥낸 짓(경제, 행정), 변방의 일을 그르친 일(국방, 외교)을 탄핵했다. 정대전은 벼슬을 내놓았고, 이듬해 이종은 그를 귀주로 귀양 보냈다. 1262년에는 빗발치는 탄핵 요구에 다시 해도(海島)로의 이송이 결정되었고, 배를 타고 가던 도중 등주(藤州, 광서성 등현)에서 누군가 정대전을 떠밀어 빠트려 죽였다.

동정해서는 안 되는 새끼 간신 요형중(廖瑩中)의 탄식

거물급 간신 밑에는 어김없이 새끼 간신들이 포진해 있다. 간신을 그 짓거리에 따라 소간, 중간, 대간, 거간, 매국노 등으로 나누는 것도 **간신에도 엄연히 등급**이 있기 때문이다. 소간급에 해당하는 새끼 간신들에는 뜻밖에 배운 것도 많고 벼슬도 꽤나 높은 지식인들이 상당히 많았다. 이들은 사마천이 일갈한 대로 '곡학아세(曲學阿世)'의 전형들이었다. 지금 우리 주변에서 벌어지고 있는 간신들의 온갖 간행이나 그 곁에 빌붙어 있는 많이 배운 '학간(學奸, 또는 문간文奸)'들을 보노라면 이런 유형의 간신들이 역사적으로 깊은 뿌리를 갖고 있음을 여실히 확인하게 된다.

남송시대 최악의 간신 가사도에 빌붙어 부귀영화를 누린 지식인 요형중(?~1275)은 전형적인 새끼 간신이자 지식을 팔아 일신의 영달을 추구한 학간이었다. 이자는 가사도를 가리켜 '주공(周公)'과 같은 성인이라고 찬양하는 등 지식과 영혼을 서슴없이 팔았다.

요형중은 당당하게 진사에 급제한 뒤 대리승, 지주 등과 같은 관직을 거친 앞날이 창창한 인재였다. 그가 편집을 주도한 당나라 때의 문장가 한유(韓愈)의 문집 《창려선생집(昌黎先生集)》은 신품(神品)이란 평가를 들을 정도였다. 하지만 그 인격이 재능이 따르지 못했던지 하루라도 빨리 출세하여 잘 먹고 잘살고 싶은 욕심에 기꺼이 재상 가사도의 노예가 된다. 그는 정말 낯 뜨겁게 가사도를 찬양하는 글을 여러 편 지어 가사도에 바치는 등 가사도를 위해서라면 무슨 일이든 다 할 것처럼 설레발을 치면서 조정을 휘저었다.

가사도가 파면되자 가사도 밑에 있던 문인과 문객들은 바람에 구름 흩어지듯 뿔뿔이 제 살길을 찾아 떠났다. 하지만 요형중은 가사도의 별장에 그대로 남았다. 어느 날 요형중은 가사도와 함께 만취하도록 술을 퍼마신 다음 자기 방으로 돌아와 애첩에게 한바탕 자신의 신세를 한탄하더니 빙뇌(氷腦)를 잔뜩 털어 넣고 자살했다. 약을 털어 넣는 요형중을 본 애첩은 큰 소리를 내어 엉엉 울었다. 요형중은 애첩의 등을 두드리며 이렇게 한탄했다.

"울지 마라. 내가 재상을 20년 따랐지만 이렇게 하루아침에 무너질 줄이야! 늙어서 이런 신세가 되었으니 감옥이나 형벌은 견디지 못할 것이고, 차라리 독약을 먹고 죽는 것이 나을 것이야."

비바람 몰아치는 처량한 밤, 출세와 개인의 부귀영화를 위해 영혼을 팔아버린 이 천박한 지식인은 이렇게 부끄러운 일생을 마감했다.

큰 간신을 따르던 졸개 간신들은 대개 자기 주인이 실각하거나 제거되면 뿔뿔이 흩어진다. 심지어 기회가 주어지면 등 뒤에서 칼을 꽂는 배신도 서슴지 않는다. 간혹 몰락한 주군을 죽으라 추종하면서 변치 않는 충성(?)을 다하는 별종도 있다. 사람들은 일쑤 이런 졸개 간신에게 의리가 있다면서 동정을 보내곤 한다. 그런 섣부른 동정은 절대 금물이다. 정말이지 가치 없는 싸구려 동정에 지나지 않는다. 졸개 간신의 마음에는 자기 모시던 주인의 재기와 그에 따르는 일신의 부귀영화 밖에는 없기 때문이다. 그것은 반성도 아니며 충성도 아니며 의리는 더군다나 아니다. 그저 오도 갈 데 없는 천하에 못난 졸개 간신에 지나지 않는다. 불쌍한 영혼이지만 동정은 금물이다. **동정을 얻어 재기하는 날, 자신을 동정했던 사람들을 맨 먼저 물어뜯을 자들이고, 그것이 간신들의 타고난 생리이기 때문이다.**

겉모습과 속이 딴판이었던 대표적 간신, 야율을신(耶律乙辛)

요나라의 대표적 간신 야율을신(?~1083)은 잘생긴 외모, 온화한 성격이었으나 그 속내는 교활하기 짝이 없었다. 길거리에서 태어난 통에 씻지도 못했다고 전한다. 1063년, 반란을 진압한 공으로 도종(道宗)의 신임과 총애를 얻었고, 1069년 무렵에는 그 위세가 하늘을 찌를 정도였다. 사방에서 뇌물이 끊임없이 쇄도했다. 자신에게 고분고분하고 아부하는 자는 벼슬을 주고, 충직한 사람은 내쫓거나 해쳤다.

소(蕭)황후와 사소한 일로 틈이 벌어지자 궁중 연예인 조유일(趙惟一)과 간통을 저질렀다는 추문을 날조하여 황후를 자결하게 만들었다. 이 일로 태자가 야율을신을 원망하자 태자까지 모함하여 죽인 뒤 병으로 죽었다고 거짓 보고했다. 태자의 편을 든 사람들은 지위 고하를 막론하고 죽이거나 내쫓았다. **여름날 죽인 사람이 너무 많아 다 매장하지 못해 시신 썩는 냄새가 천지를 진동**시켰다.

도종은 뒤늦게야 야율을신의 간행을 알게 되었다. 1081년, 야율을신은 외국에다 물건을 내다 팔면 사형에 처한다는 법도 무시한 채 이런 짓을 하다가 발각되었으나 죽음은 면했다. 1083년, 신변에 위협을 느낀 야율을신은 은밀히 무기 따위를 준비하여 송나라로 달아나려 했고, 도종은 사람을 보내 목을 졸라 죽였다. 1102년, 즉위 2년째 천조제(天祚帝)는 과거 야율을신과 일당의 죄를 다시 조사하여 그 자손들을 변방으로 보내는 한편 야율을신의 무덤을 파헤쳐 부관참시하고 그 가족은 야율을신에게 죽임을 당한 집안의 노비로 보냈다.

간신 야율을신의 새끼 간신들

간신 야율을신이 황후를 모함하여 자결케 하고, 나아가 태자까지 죽이는 엄청난 간행을 저지를 수 있었던 것은 황제의 어리석음이 컸지만 야율을신을 따르는 새끼 간신들의 도움도 있었기 때문이다. 거듭 강조했지만 간신은 거의 예외 없이 패거리를 짓는데 남다른 능력을 갖고 있다. 야율을신의 새끼 간신들 중에는 진사 출신의 한족 장효걸(張孝杰, 생몰 미상)이 대표적이었다. 장효걸은 탐욕스럽고 간사하여 야율을신과 잘 어울렸다. 특히 소황후를 음해하고 태자를 해치는 데 가장 앞장섰다. 못난 도종은 장효걸의 공이 크다면서 황족의 성씨인 '야율(耶律)'과 당나라 때의 명재상 적인걸(狄仁杰)에 비할 수 있다면서 '인걸'이란 이름까지 하사했다.

장효걸은 탐욕이 끝이 없어 친척들과 술을 마시면 "황금 100만 냥 정도 없으면 재상집이라 할 수 없지"라며 떠벌렸다. 야율을신이 축출되자 좌천되었고, 1081년 광제호(廣濟湖)에서 나는 소금을 사사로이 팔고 조서를 제멋대로 고치다가 들켜서 서인이 되었다. 그 뒤 낙향하여 1085년에서 1094년 사이에 죽었다. 천조제가 즉위한 뒤 야율을신 일당의 죄를 다시 조사한 다음 1102년 장효걸의 무덤을 파헤쳐 부관참시했다. 재산은 신하들에게 나누어 주고, 가족은 장효걸에게 죽임을 당한 집안에 노비로 보냈다.

야율을신의 또 다른 새끼 간신으로는 야율연가(耶律燕哥)가 있었다. 영리하고 꾀가 많아 야율을신과 함께 충직한 신하들을 해치는 데 큰 힘을 보탰다. 그 역시 소황후와 태자를 해치는 데 앞장섰다.

장효걸과는 달리 1095년에서 1101년 사이 별일 없이 사망했다.

소십삼은 다른 사람의 마음을 잘 읽고 그 비위를 맞추는 데 능숙한 새끼 간신이었다. 특히 태자를 죽이고 병사로 꾸미자는 계책을 야율을신에게 올린 자였다. 1079년 죽었으나 1102년 천조제에 의해 부관참시를 당하고 두 아들 역시 죽임을 당했다.

요의 천조제(1075~1128)는 도종의 손자로 1125년 금나라에 나라를 잃는 망국 군주였다. 하지만 1101년에 즉위한 이듬해인 1102년에 결행한 야율을신 일당의 간행에 대한 재조사와 처벌은 생각해볼 대목이다. 간신현상을 막고 그 뿌리를 뽑는 방법으로서 **한 번 저지른 간행에 대해서는 시간이 걸리더라도 결코 용서 받지 못할 뿐만 아니라 그 후손까지 처벌 받는다는 점을 확실하게 인식시키는 것이고,** 이런 점에서 천조제의 처분과 처단은 의미가 있다고 하겠다.

죽을 때까지 100리 밖으로 못 나간 간신, 소이(蕭諬)

소이(생몰 미상)는 금 왕조(1115~1234) 희종(熙宗)의 총애를 받은 간신이었다. 당시 도후(悼后) 배만씨(裴滿氏)가 국정에 간섭하며 조야에 기세를 올리며 희종까지 통제하고 있었다. 소이는 도후에게 아첨하며 불법을 자행했다. 1147년, 마침내 참지정사 자리까지 올라 그 위세를 떨쳤다.

소이의 가장 야비한 간행은 1149년에 발생한 천재지변을 이용하여 조야의 존경을 받고 있는 한림학사 장균(張鈞)을 처참하게 죽인 사건이었다. 당

392

시 천둥과 번개로 희종 침전의 장막이 불타고, 이어 큰 바람으로 민가와 관청이 무너져 수백 명이 죽거나 다쳤다. 희종은 자신에게 책임이 있다며 장균에게 그 문장을 짓게 했다. 평소 장균을 미워하던 소이는 문장의 몇 글자를 트집 잡아 "이는 한인(漢人)이 문자를 이용하여 주상을 저주하는" 것이라며 희종을 도발했다. 희종은 크게 노하여 장균을 잡아 백 대 매질을 하고 손발을 잘랐다. 장균의 숨이 넘어가지 않자 검으로 입을 찢고 시신을 썰어 젓갈을 담그게 했다. 소이에게는 상을 내렸다.

희종의 총애를 믿고 소이는 같은 급의 대신들을 깔보았고, 이 때문에 완안량(完顔亮, 훗날 해릉왕海陵王)과 등을 지게 되었다. 1149년, 완안량은 쿠데타를 일으켜 희종을 죽이고 자립했다. 그리고는 소이에게 "한림학사 장균이 무슨 죄를 지었길래 죽였나? 너는 또 무슨 공으로 상을 받았는가?"라고 다그쳤고, 소이는 대꾸하지 못했다. 완안량은 "짐이 너를 죽이는 것은 어렵지 않으나 사람들이 사사로운 원한 때문에 보복한다고 할 수도 있으니 참겠다"라며 고향으로 내려보내는 대신 100리 밖으로는 나가지 못하도록 했다.

여자의 미모를 이용하여 권력자를 꼬드긴 간신, 양충(梁珫)

금나라 해릉왕 때의 간신 양충(?~1161)은 노비 출신으로 원비(元妃)를 따라 궁에 들어와 환관으로 해릉왕을 모셨다. 양충은 현란한 말솜씨와 아첨으로 해릉왕을 사로잡아 권력 중심부로 진입했다.

해릉왕은 자신이 강하다고 착각하고는 남송을 정벌하여 천하를 통일하고 싶어 했다. 양충은 이런 **해릉왕의 뜻을 알고는 남송 고종이 총애하는 유비(劉妃)가 경국지색이니 송을 멸망시키고 유비를 차지하라고 부추겼다.** 해릉왕은 이 말에 혹하여 남송 정벌을 결심했다.

1161년, 해릉왕은 군대를 이끌고 남하하여 화주(和州)에 이르러 양충이 남송과 내통하고 있다는 보고를 받았다. 해릉왕은 노비 출신을 여기까지 출세시켜 주었더니 이럴 수 있냐며 "강남에 가서 이 일이 사실로 밝혀지면 너는 죽음을 면치 못할 것이다"며 양충을 구금시켰다. 그러나 그해 11월, 야율원의(耶律元宜) 등이 해릉왕을 살해하는 사건이 터졌고, 여기에 양충도 연루되어 피살되었다.

사람을 삶아 기름으로 썼던 간신, 이통(李通)

금나라 해릉왕의 남송 정벌을 부추긴 간신으로는 양충 외에 이통 (?~1161)이란 간신도 있었다. 어떤 면에서는 양충보다 더 적극적으로 정벌을 부추긴 자였다. 그는 남송이 위치한 강남은 부유하고 여자와 보물이 많다며 해릉왕을 꼬드겼다. 정벌을 준비하면서 이통은 함선을 만드는 일을 감독했는데, **일꾼을 7, 8일 동안 쉬지도 않고 부리고 민가를 헐어 재목으로 쓰는가 하면 사람을 삶아 기름으로 사용하기까지 했다.** 백성들의 원성이 하늘을 뒤덮었다.

1161년, 해릉왕의 폭정을 참다못한 금나라 사람들은 동경유수 완안옹(完顔雍)을 황제(세종)로 세웠다. 남송 정벌에 나가 있던 해릉왕이 다시 돌아와 내란을 평정하고자 했으나 이통은 성과 없이 돌아가면 민심이 인정하지 않을 것이라며 말렸다. 해릉왕은 다시 정벌에 나섰으나 남송에게 패하여 많은 사람이 강에 빠져 죽었다. 그해 11월, 완안원이 등이 해릉왕을 죽였고, 남송 정벌이 이통에서 시작되었다 하여 함께 죽였다. 이듬해인 1162년, 이통에게 내려진 관작을 모두 취소시키니 백성들이 환호했다.

학살로 출세하여 그 나름 비장(?)하게 죽음을 택한 간신, 소유(蕭裕)

완안량 해릉왕은 금나라 희종을 죽이고 황제 자리를 찬탈했다. 이 쿠데타를 부추긴 간신이 바로 소유(?~1154)였다. 그는 사람의 의중을 헤아리길 잘했는데, 완안량이 황제 자리에 욕심을 내고 있음을 알고는 "인심과 천심이 모두 뒤따르고, 대사에 진정 뜻을 갖고 계시니 있는 힘을 다해 따르겠다"고 맹서했다.

1147년, 완안량의 쿠데타는 성공했고, 소유는 그 공으로 비서감이 되었다. 해릉왕이 세력이 강성한 태종 완안성(完顔晟)의 아들들을 걱정하자 소유는 이들을 제거하라며 이들의 신임을 받고 있는 소옥(蕭玉)을 겁박하여 이들이 딴마음을 품고 있었다는 죄상을 안팎에 공표하게 했다. 이를 구실로 태종의 자손 70여 명, 개국공신 완안종한(完顔宗翰)의 자손 30여 명, 그 밖의 종실 50여 명을 학살했다. 이로써 태종과 완안종한의 후손은 완전히 끊어졌다.

1153년, 소유는 재상 자리에 올라 막강한 권세를 휘두르며 조정을 좌우했다. 이때 누군가 소유가 딴마음을 품고 권력을 오로지하려 한다는 말을 해릉왕에게 했다. 해릉왕은 믿지 않는 대신 이런 의심을 차단하려고 소유의 동생, 매부 등을 다른 곳으로 보냈다. 소유는 이를 더 오해하여 두려움을 느끼고 마침내 해릉왕에게 반기를 드는 모반을 꾸몄다. 그러나 이 일은 금세 새어나갔고, 해릉왕은 소유를 불러 "너는 어째서 짐에게 이런 짓을 저지르려 하냐"고 물었고, 소유는 부인하지 않고 인정했다.

해릉왕은 소유를 죽이지 않고 조상의 무덤을 지키게 하려 했으나 소유는 죄도 없는 태종의 자손들을 죽여 세상 사람들 볼 면목이 없고, 또 조상을 볼 면목도 없으니 죽여 달라고 했다. 해릉왕은 칼로 왼쪽 팔을 베어 그 피를 소유의 얼굴에 바르며, "너는 죽은 다음에라도 짐이 너를 의심하지 않았다는 것을 알라"며 통곡을 했다. 그리고는 소유를 내보내 죽이게 했다(1154년).

신동에서 풍기문란의 주역이 된 간신, 서지국(胥持國)

금나라의 서지국(?~1197)은 13세 이하 신동을 대상으로 치르는 경동과(經童科)라는 과거에 급제한 신동이었다. 이후 그는 자신의 꾀와 아첨, 그리고 방중술로 재상 자리에까지 올랐는데 그 과정이 사뭇 엽기적이고 변태적이었다.

서지국은 평소 장종(章宗)이 여색을 밝히는 것을 알고는 몰래 방중술을 전수하여 깊은 신임을 얻었다. 또 장종이 아끼는 후궁 이사아(李師兒)와 끈끈한 관계를 맺었다. 이사아는 총명하고 교활한 여자였다. 글도 읽고 쓸 줄 알았으며, 상대의 안색을 잘 살펴가며 일을 해냈다. 시와 문장, 그림과 글씨를 좋아하는 장종은 이런 이사아에 홀딱 빠졌다.

이사아는 출신이 비천하여 서지국을 뒷배로 삼으려 했고, 이로써 두 사람은 이런저런 자들을 긁어모아 조정을 휘저었다. 종실 완안영도(完顔永蹈)와 완안영중(完顔永中)의 피살, 완안수진(完顔守貞)의 파면 등과 같은 굵직한 사건들이 모두 이 두 사람에서 비롯되었다. 당시 사람들은 "경동과 출신은 재상 노릇을 하고, 비천한 시비가 황제의 비가 되었다네"라는 노래를 불렀다. 이로부터 이 두 사람의 집에는 문턱이 닳도록 사람들이 몰려들었고, 조정의 기강과 기풍은 갈수록 해이해지고 타락했다.

1197년, 서지국을 규탄하는 어사대의 상소가 빗발쳤다. **이 탄핵문에는 조정의 내놓으라 하는 대신들이 죄다 서지국에게 달려가 아양을 떨며 꼬리를 친 한심한 작태가 지적**되어 있었는데, 사람들이 이들 중 대표적인 10명을 지목하여 공자의 수제자 10명을 '공문십철(孔門十哲)'이라 부르는 것에 빗대어 '**서문십철**(胥門十哲)'이란 말로 비꼬았다고 한다. 이들 중에는 재상급 고위직은 물론 **여론을 전하고 관리의 비리를 탄핵하는 일을 하는 사간(司諫)까지** 포함되어 있었다.

서지국은 탄핵되어 낙향했다가 군대에 충원되었다. 재기를 위해 몸부림을 쳤지만 뜻을 이루지 못하고 1197년 군에서 죽었다.

시신을 개에게 뜯긴 간신, 아합마(阿合馬)

아합마(?~1182)는 회흘족 출신으로 세조 쿠빌라이 때 원나라 조정의 재정을 맡아 탁월한 세금징수로 권세를 얻은 간신이다. 그 과정에서 패거리를 모아 자신에게 반대하는 사람을 잔인하게 해쳤다. **밖으로는 가혹한 형벌로 권세를 과시하고, 안으로는 뇌물로 축재**했다. 또 백성의 땅과 집을 빼앗는 등 그 **간행이 도적보다 더 심각했다.**

아합마는 모든 간신들이 그렇듯 자신에게 반대, 대립, 비판하는 사람은 누가 되었건 수단과 방법을 가리지 않고 기어코 해쳤다. 1280년, 진장경이 글을 올려 아합마의 간행을 고발하자 이에 앙심을 품은 아합마는 진장경의 죄를 날조하여 죽였다. 또 명망이 높은 최빈(崔斌) 등 세 사람을 관청의 식량을 훔쳤다는 죄목을 씌워 죽였다. 태자 진금(眞金)이 이 보고를 받고는 서둘러 사람을 보내 막게 했으나 늦었다. 세상 사람들이 이 일로 아합마에 이를 갈았다.

1182년 3월, 평소 아합마를 원수처럼 여기던 왕저(王著)는 동으로 큰 망치를 몰래 만들어 아합마의 머리통을 부수겠다고 맹서하고는 80여 명을 모아 밤을 틈타 경성에 잠입했다. 왕저는 태자의 명령이라 속이고 아합마를 만나서는 동궁 앞에서 **아합마의 죄를 나열한 다음 망치로 아합마의 머리통을 박살**냈다. 아합마를 그 자리에서 죽었다.

왕저 일당은 죽거나 잡혔다. 왕저는 자진해서 나서며 큰 소리로 "왕저는 천하를 위해 해악을 제거했으니 지금 죽는다해도 언젠가는 나를 위해 진상이 밝혀질 것이다"고 외쳤다. 아합마의 간행을 제대로 모르고 있던 쿠빌라이는 진상을 듣고는 "왕저가 그놈을 정말 잘 죽였구나"며 아합마의 무덤을 파서 부관참시하게 하고 그 **시 신을 개에게 던져 뜯어먹게 했다.** 그 자식과 조카들도 모두 죽임을 당하고 재산도 모조리 압수했다. 집을 뒤졌더니 두 사람의 가죽이 궤짝에서 나왔는데 두 귀는 그대로 달려 있었다. 무려 일당 714명이 파면되었고, 빼앗은 백성의 땅과 재산은 모두 주인에게 돌려주게 했다.

뇌물로 벼슬을 얻고 새끼 간신이 되어 설쳤던
간신, 노세영(盧世榮)

큰 간신이 권력을 잡으면 그 아래로 새끼 간신들이 꼬인다. 아합마에게 뇌물을 써서 벼슬을 받은 노세영(?~1285)이 그런 새끼 간신이었다. 1284년 중서우승이 되어 나라 재정을 주관하면서 제멋대로 권력을 휘두르고 백성들의 피와 땀을 마구 긁어대는 바람에 세상의 원성을 한 몸에 받았다. 이듬해인 1285년 **탄핵을 당해 처형되었는데, 그 시신을 찢어 독수리에게 던져주었다.**

노세영의 간행과 그 최후에 이르는 과정에서 주목할 것은 그를 탄핵한 감찰어사 진천상(陳天祥)의 탁월한 논리였다. 처음 노세영은 지폐를 대량 발행해서 통행시키면 백성에게 손해를 끼치지 않고 세수가 증가할 것이라는 주장을 앞세워 재정을 관장했다. 그러나 불량 지폐의 남발과 통행 때문에 지폐 가치는 폭락하고 물가가 폭등했다. 진천상은 정확하게 이 문제에 초점을 맞추어 노세영의 간행을 조목조목 탄핵했다. 진천상의 탄핵문을 요약해 소개해둔다.

"노세영은 문장력도 없고 군공도 없는 자로 오로지 장사로 돈을 벌어 권세가에 빌붙어 벼슬을 얻었다. 늘 수레에 뇌물을 실어 권세가 집안에 보냈고, 이 때문에 맨 몸으로 큰 벼슬을 받았다."

"중대한 권한을 갖고 있지만 그 자리는 재상 밑임에도 불구하고 실제로는 혼자 일을 마구 처리했다."

"백성이 부유하면 나라도 부유해지고, 백성이 가난하면 나라도 가난해진다. 재물이란 땅에서 나고 백성이 힘을 써서 이를 거두는 것이다. 세상천지에 늘 변치 않는 상수라는 것이 있다. 거둘 때 절도가 있어야 사용하기에 모자라지 않게 된다. 그런데 노세영은 1년에 10년의 세금을 거두려 하니 이는 만민의 목숨을 자기 한 몸의 부귀영화와 바꾸는 짓이다."

"세금을 맡은 이래 100여 남짓 그 말과 행동이 하나도 맞지 않는다. 지폐는 갈수록 값이 떨어지고, 물가는 갈수록 폭등하고, 예상한 대로 세금이 걷히지 않자 전국 관청에 협박을 해대니 이런 짓은 불법으로 백성을 괴롭히는 것이나 다름없다."

쿠빌라이는 이 탄핵문을 여러 관리, 원로대신, 유생은 물론 노세영도 함께 듣게 했다. 다른 탄핵이 잇따랐고 노세영은 처형되었다. 이런 점에서 쿠빌라이는 잘못을 늦지 않게 바로 잡는 현명한 군주였다.

통역사 출신으로 살아 공적비를 세운 간신, 상가(桑哥)

상가(?~1291)는 여러 민족의 말을 할 줄 알아 일찍부터 서번(西蕃)의 통역사로 일했다. 성격이 교활했지만 호탕한 면도 있었다. 간신 노세영의 추천으로 조정에 들어왔다. 재물과 이익에 밝고 이를 말로도 잘 풀어내 세조 쿠빌라이의 신임을 얻었다. 1287년, 상가가 상서평장정사가 되면서 천하의 대권은 모조리 상서로 넘어갔다. 같은 해 상가는 종래의 지폐 '중통원보'가 통행된 지 오래니 '지원보초'를 다시 찍자고 건의하여 받아들여졌다. 이어 찢어진 낡은 지폐를 내놓게 했는데, 양거관과 곽우가 이의를 달자 부하를 시켜 양거관의 얼굴을 때리고, 곽우를 욕하면서 구타했다. 그리고는 기어이 이 두 사람을 비리에 연루시켜 기시형(棄市刑)에 처했다.

상가가 멋대로 세금을 무겁게 매기자 생활고를 못 이겨 자살하는 백성들이 줄을 이었다. 산속으로 도망가는 사람이 계속 늘어 천하가 어지러워졌고, 강회 지역은 더 심했다. 그런데 **아첨꾼들은 상가를 위해 공덕비를 세워야 한다고 열을 올렸다.** 보고가 올라가자 쿠빌라이는 속사정도 모른 채 "백성이 세우고 싶어 하면 세워야지"라고 했다. 비문이 지어졌고, 제목을 〈왕공보정지비(王公輔政之碑)〉라 했다.

1289년부터 상가의 만행을 탄핵하는 상소가 끊이지 않았고, 1291년에는 나라를 망친 남송의 거물급 간신 가사도와 상가를 빗대는 탄핵까지 등장했다. 쿠빌라이는 신하들에게 명하여 상가의 정책과 비리를 변론하게 했다. 상가는 궁지에 몰렸고, 보고를 받은 쿠빌라이는 지난 4년 **상가의 비리와 악행을 보고도 보고하지 않은 관련 기관의**

신하들을 모두 파면시켰다. 상가는 처형했다. 가산을 몰수해 보니 진기한 보물이 궁중 창고의 절반에 이르렀다.

태후의 철저한 비호를 받았던 무능한
간신, 철목질아(鐵木迭兒)

철목질아(?~1322)는 쿠빌라이 때 궁에 들어와 성종, 인종, 무종, 그리고 영종 때까지 약 30년 동안 이런저런 간행을 저질렀다. 별다른 능력이 없고, 근무지 이탈 등의 이유로 여러 차례 실각했지만 그때마다 복귀함으로써 오뚝이 같은 간신으로 남아 있다. 또 어떤 이유에서인지 **태후의 끝없는 비호를 받는 유별난 간신**이기도 했다.

철목질아는 1315년 이후 조정의 대권을 장악하여 탐욕과 포악한 간행으로 조정을 어지럽혔다. 무엇보다 전국 각지로부터 엄청난 뇌물을 받아 챙겼는데, 그 개인의 부가 급수로 보자면 한 수 위였던 아합마나 상가를 뛰어넘었다. 이 때문에 사방에서 원성이 높았고, 급기야 인종은 그에 대한 체포령을 내렸다. 철목질아는 든든한 태후의 측근 집으로 도망쳤고, 이를 안 태후는 담당관을 불러 꾸짖었다. 인종도 태후의 뜻을 차마 거스르기 어려워 자리에서 파면하는 선에서 마무리했다.

1319년, 철목질아는 화려하게 복귀했다. 이번에도 태후의 힘이 컸다. 탄핵의 목소리가 곳곳에서 터져 나왔지만 인종은 태후 때문에 결단하지 못했을 뿐만 아니라 1320년 인종이 죽자 태후의 뜻에 따라 재상 자리로 복귀했다. 재상 자리에 복귀한 철목질아는 **자신에게 반대하고 탄핵했던 대신들을 대상으로 대대적인 보복**에 나섰다. 이를 위해 심지어 태후의 가짜 교지를 앞세우기까지 했다. 사이가 나빴던 양타아지(楊朶兒只)를 모함하여 기어이 죽이고, 심지어 그의 아내까지 빼앗으려 했다. 양타아지의 아내 유(劉)씨는 스스로 얼굴을 훼손하고 머리카락을 잘라 저항함으로써 치욕을 면했다.

철목질아의 **보복은 꼼꼼하면서도 째째**했다. 이는 간신의 전형적인 특징이다. 조야의 존경을 한 몸에 받고 있던 백안(伯顏)을 해친 일이 대표적이었다. 철목질아는 백안이 평상복으로 조서를 받는 대불경죄를 지었다고 트집을 잡아 그를 죽게 했다. 백안이 죽던 날 백성들은 너나 할 것 없이 지전을 태우며 백안의 시신 옆에서 통곡했다(백안의 죽음은 중국 역사상 가장 억울한 죽음의 하나로 남아 있다).

1322년, 철목질아는 집에서 편안하게 죽었다. 그러나 그동안 그에게 해를 당한 사람들과 백성들이 가만있지 않았다. 사방에서 항의와 원성이 들끓었다. 영종은 무덤의 비석을 부수게 하고 관작을 박탈하는 한편 그 재산도 몰수했다.

궁중을 집단 섹스의 장으로 오염시킨 간신, 합마(哈麻)

원나라는 1271년 중국을 완전 정복했지만 100년을 채 버티지 못하고 1368년 명에 망하고 자신의 본거지로 돌아갔다. **원 역사 100년을 통해 가장 엽기적인 간신 중 하나가 순제(順帝)의 총애를 한 몸에 받**

앗던 합마(哈麻, ?~1356)라는 자였다.

합마는 그 어미가 영종(寧宗)의 유모였던 관계로 궁중에서 지낼 수 있었다. 1332년 영종이 일곱 살의 이른 나이로 즉위하여 불과 53일 만에 세상을 떠나고, 내란 끝에 1335년 순제가 즉위했다. 합마는 어릴 때부터 순제와 육박(六博, 주사위 놀이의 일종) 등 이런저런 놀이를 함께하던 사이라 바로 출세 가도를 달렸다. 사방에서 뇌물이 쇄도하고 합마의 권세는 하늘을 찔렀다.

합마의 간행 중 세상을 가장 시끄럽게 만들고 손가락질을 받았던 것이 바로 **민간의 부녀자들을 궁중으로 끌어들여 벌인 난잡한 성행위였다.** 이들은 목청각(穆淸閣)이라는 수백 칸의 건물을 따로 지어 부녀자들을 그 안에 넣고는 방중술 등 비법을 익히게 했다. 심지어 남녀가 집단으로 벌거벗고 성행위를 벌이기까지 했다. 이 과정에서 합마는 서역 지역의 승려를 끌어들여 순제에게 방중술을 전수하는 등 그 음란함이 끝 간 데를 몰랐다.

합마는 당시 조정의 실세였던 탈탈(脫脫)과 손을 잡고 서로를 돕다가 결국 등을 돌려 그를 죽음으로 몰았다. 1354년 11월, 탈탈은 장사성의 농민봉기군을 진압하러 나가 대승을 거두었다. 이듬해인 1355년, 궁중에 남아 있던 탈탈의 측근들이 합마의 비리를 탄핵하는 일이 발생했다. 두려움을 느낀 합마는 거꾸로 탈탈이 성과 없이 나라의 재정만 축내고 조정의 대신들 절반이 그를 따르는 등 그 권세가 황제를 능가하고 있다고 순제를 도발했다. 탈탈과 그 동생의 직위가 박탈되었고, 즉시 군을 해산시키라는 명령이 내려갔다. 이 명령이 전해지자 탈탈의 장병들은 통곡을 했다. 그해 12월, 탈탈은 사사되었다. 그의 나이 42세였다.

탈탈이 죽은 지 불과 한 달이 채 되지 않은 이듬해 1356년 1월, 합마는 자신의 비행을 감추기 위해 지금껏 자신을 도왔던 매제 독노첩목아(禿魯帖木兒)를 희생양으로 삼으려 했다. 그런데 여동생이 이 사실을 남편인 독노첩목아에게 알렸고, 독노첩목아는 선수를 쳐서 순제에게 "폐하께서 아직 정정한데 탈탈이 태상황으로 물러나게 하려 한다"고 합마의 속내를 일러바쳤다. 당시 순제의 나이는 36세였다. 화가 난 순제는 합마와 그 동생 설설(雪雪)을 파면했다.

상황은 이 정도로 무마되지 않았다. 2월, 어사대부 삭사감(搠思監)이 합마 형제의 죄상을 탄핵했고, 합마와 설설 형제는 유배되었다가 매를 맞아 죽었다. 탈탈이 죽은 지 55일 만이었다. 사람들은 속이 후련하다며 기뻐했다.

역사책에 망국의 원흉으로 지목된 간신, 삭사감(搠思監)

1356년, 간신 합마 형제를 탄핵한 주역 삭사감(?~1364)은 간신의 길을 걷기 전에는 대단히 유능한 인재로 관심을 한 몸에 받았다. 성격이 너그럽고 말수도 적었으며 정치에서도 남다른 성과를 내서 모두가 크게 될 재목으로 꼽았다. 1354년, 전투에서도 맨 앞에 나서 싸우다 얼굴에 화살에 맞았으나 전혀 동요하지 않았다. 이듬해 조정에 들어온 삭사감을 만난 순제가 그의 얼굴에 난 상처를 보고는 몹시 안타까워할 정도였다.

삭사감이 변절하기 시작한 시점은 1357년 우승상이 되고 나서였다. **막강한 권력을 행사하는 자리에 오르면서 감추어져 있던 간성이 표출**되기 시작했다. 이런 간신으로의 변신은 원의 멸망과 그 궤적을 같이 했다. 1357년, 각지에서 농민봉기가 터졌다. 밖으로는 군대를 매일 동원해야 했고, 안으로는 재정이 텅 비었다. 순제는 간신 합마 등과 함께 매일 음탕한 짓에 노는 데만 정신이 팔려 있었다. 삭사감은 이런 상황에 눈을 감았다. 그리고는 아예 대놓고 뇌물을 챙기기 시작했다. 1358년, 감찰어사가 삭사감의 측근이 가짜 지폐를 찍어내고 있다고 탄핵했다. **삭사감은 자신을 지키기 위해 측근을 자살로 위장하여 죽이고 사직을 청했다.** 노는 데 눈이 먼 순제는 이를 받아들이지 않았다.

1360년, 순제의 음탕한 짓은 날이 갈수록 더했고, 조정의 기강은 완전히 무너졌다. 삭사감은 고려 출신의 환관 박불화와 어울려 뇌물을 챙겼다. 사방에서 경보가 울리고 위급하다는 보고가 날아들었지만 삭사감은 황제에게 보고조차 하지 않았다. 심지어 **뇌물로 군부를 이간질시켰다.** 삭사감에게 당한 패라첩목아는 1364년 병권을 박탈한다는 명령도 거부한 채 종친의 도움을 받아 삭사감의 비리를 탄핵하고 나섰다. 그리고는 병력을 모아 경성으로 진격했다. 이쯤 되자 순제도 하는 수 없이 삭사감과 박불화를 패라첩목아에게 넘겼다. 패라첩목아는 삭사감에게 한바탕 욕을 퍼부은 뒤 바로 죽였다. 이어 감찰어사가 "나라를 망친 간신"이라며 삭사감을 탄핵했다. 삭사감의 무덤이 파헤쳐지고 부관참시되었다. 가산도 몰수되었다. 역사서는 삭사감에 대해 다음과 같은 평가를 남겼다.

"삭사감은 일찍이 재능과 명망이 남달랐다. 재상 자리에 오르자 사람들이 모두 그를 우러러보았다. 그런데 언제부터인가 일이 많아지자 비겁하게 자리만 지키고 탐욕을 부렸다. 그 결과 천하가 어지러워지고 멸망에 이르도록 아무것도 할 수 없었다. **사람들은 원의 멸망에 삭사감의 죄가 가장 크다고 말한다.**"

고려 출신으로 원을 멸망으로 이끈 간신, 박불화(朴不花)

몽고 제국 원의 마지막 황후는 놀랍게도 원에 공녀로 바쳐진 고려 여인 기(奇)씨였다. 그녀는 차를 따르는 시녀로 시작하여 순제의 눈에 들어 총애를 받았다. 그녀는 남다른 수완으로 순제를 사로잡았고, 끝내는 황후가 되었다. 이어 기황후는 자정원(資政院)을 중심으로 자신과 함께 끌려온 고려인 환관 및 그 동조자들을 결집시켜 막강한 권력을 휘둘렀다. 1368년 원은 명에게 망하여 북쪽 자신의 근거지로 돌아가 북원을 수립했고, 기황후는 자신이 낳은 아들을 기어이 황제(소종昭宗)로 즉위시켰다.

박불화(?~1364)는 기황후와 같은 고향 출신으로 원에 끌려와 기황후의 측근으로 권력을 휘두른 간신이었다. 또 앞서 소개한 삭사감과 한패가 되어 조정을 어지럽히며 원을 멸망으로 이끌었다.

박불화가 조정에서 이름을 알린 유명한 사건이 하나 있다. 1358년, 경성에 큰 굶주림과 전염병이 돌았다. 하남, 하북, 산동의 여러 군현은 전쟁 때문에 피난민이 대거 발생하여 이들이 경성으로 몰려들었다. 굶주림은 더 심해졌고, 시신 위에 시신이 쌓였다. 시신을 묻을 땅이 부족하여 사태는 더 심각해졌다. 이때 박불화는 땅을 사서 시신을 매장하자는 아이디어를 냈고, 황제부터 신하들에 이르기까지 모두 돈을 내서 매장지를 샀다. 박불화도 돈을 내서 남북 성에서 노구교(蘆溝橋)에 이르는 땅을 샀다. 그리고는 깊게 땅을 파서는 남녀를 따로 묻었다. 박불화는 여기에서 한 걸음 더 나가 시신을 지고 오는 사람에게 돈을 주자는 제안을 냈고, 이로써 20만에 이르는 시신을 묻게 되었다. 이 일로 박불화는 조정 안팎에서 유명세를 탔다.

삭사감이 단독으로 재상을 맡으면서 박불화의 간행은 날개를 달았다. 두 사람은 단짝이 되어 안과 밖에서 마구 뇌물을 긁어모았다. 사방에서 위급하다는 보고가 날아들었지만 모두 묵살되었다. **내외 백관 열에 아홉이 박불화에게 달라붙어 나라와 백성을 갉아먹었다.** 어사 이국봉(李國鳳)은 글을 올려 박불화가 뇌물을 받아 챙기는 상황을 고발하는 한편, 박불화의 간행은 마치 역대 환관 출신의 간신을 대표하는 "진나라의 조고, 동한의 장양, 당 말기의 전영자의 모습과 같다"고 비판했다. 그러나 순제를 비롯하여 황후, 황태자 모두가 거꾸로 화를 내며 이들을 유배 보냈다.

박불화와 삭사감의 기세는 하늘을 찔렀으나 앞서 살펴본대로 패라첩목아와의 갈등 때문에 결국 패라첩목아의 군대를 경성으로 불러들였고, 순제도 하는 수 없이 박불화와 삭사감을 패라첩목아에게 넘겼다.

개국공신으로 쿠데타를 꾸미다 최악의 학살을 초래한 간신, 호유용(胡惟庸)

호유용(?~1380)은 주원장(朱元璋)을 도와 원을 멸망시키고 명을 세우는 데 큰 역할을 한 공신이다. 호유용에 대한 주원장의 신임은 깊었고, 호유용도 조심스럽게 부지런히 주원장을 모셨다. 그러나 권력이 커지면서 호유용의 욕심도 간도 따라 커졌다. 일을 멋대로 처리하고 사람을 함부로 죽였다. **안팎에서 올라오는 보고서는 반드시 자신이 먼저 보고 불리하면 감추고 보고하지 않았다.** 권세가 커지자 사방에서 벼슬하려는 자들, 승진하려는 자들이 뇌물을 들고 그를 찾았다.

호유용은 자신의 간행을 좀 더 키우고 철저히 하고 싶어 같은 개국공신인 서달(徐達)과 유기(劉基)를 회유하려다 실패했다. 1377년 무렵, 그의 권력욕은 마치 타오르는 불처럼 절정에 달했다. 이와 동시에 그의 간행이 태조 주원장의 눈에 띄기 시작했다. 태조는 일을 무리하게 처리하거나 잘못 처리한 호유용을 나무라기 시작했고, 두려움에 위기를 느낀 호유용은 황제에게 문책을 당한 자들을 회유하여 반란을 꾸미기 시작했다. **한 걸음 더 나아가 호유용은 외적인 왜구, 북원과 내통**까지 했다.

1378년, 모반을 준비하던 호유용에게 뜻밖의 사건이 터졌다. 저잣거리에서 말을 마구 달리던 아들이 말에서 떨어져 마차에 깔려 죽었다. 호유용은 마차를 몰던 사람을 찾아내 바로 죽여 버렸다. 보고를 받은 태조는 분노하며 목숨으로 마부에게 보상하라고 했다. 호유용은 돈으로 보상하게 해달라고 했으나 거부당했다. 두려움에 사로잡힌 호유용은 일당들에게 반란을 준비시켰다. 1379년, 호유용은 점성(占城, 베트남 중남부에 있었던 나라)이 바친 조공을 보고하지 않았고, 이를 안 태조는 문책했다.

1380년, 호유용의 모반을 알리는 보고가 올라왔다. 태조는 조사와 심문을 명령하여 마침내 호유용과 그 일당을 찾아내 죽였다. 호유용 사건은 이것으로 끝이 아니었다. **10년이 지난 1390년, 호유용 역모의 전모가 밝혀졌다.** 거기에는 개국공신 이선장(李善長)도 연루되어 있었다. 태조는 역당을 모조리 색출케 했고, 사건은 몇 년이 걸렸다. 연루되어 죽임을 당한 사람만 3만이 넘었다. 개국공신이 권력에 취해 모반까지 꾀하다가 일으킨 최악의 학살이었다.

쿠데타에 공을 세우고 토사구팽당한 간신, 진영(陳瑛)

명 왕조는 개국 후 예의 병목 위기를 맞았다. 연왕(燕王) 주체(朱棣)는 쿠데타를 일으켜 조카 건문제(建文帝)를 죽이고 황제 자리를 찬탈했다. 이가 성조(成祖) 영락제(永樂帝)다. 진영(?~1411)은 성조가 연왕 때부터 내통하고 있었고, 이 때문에 광서에 유배까지 당했다.

성조는 즉위하자 바로 진영을 불러들여 벼슬을 내렸다. **잔인한 성격의 진영은 성조가 자신을 반대하는 사람들을 숙청하는 데 적격**이었다. 진영 역시 성조의 이런 속마음을 헤아리고 갖은 방법으로 따르지 않는 신하들을 잔인하게 해쳤다. 당시 그는 성조에게 이렇게 말했다.

"폐하께서는 천명을 따르고 백성은 순종합니다. 천명을 따르지 않는 신하들은 건문제를 따라 죽겠다는 자들로 반역의 마음을 품고 있는 것이나 다를 바 없으니 쫓아서 죽이면 됩니다."

잔인한 수법에 반대하는 사람에게는 "이들을 처단하지 않으면 우리라는 존재가 없다"며 단호하게 대했다. 이 때문에 건문제의 대신들은 단 한 사람도 남김없이 다 죽임을 당했고, 심지어 그 자손도 남기지 않았다. 정치적으로 어느 정도 목적을 이룬 성조는 차츰 진영을 멀리하기 시작했다.

1410년 무렵, 성조가 북방으로 순시를 나가고 황태자(훗날 인종)가 조정의 일을 대리했다. 이때 진영은 병부주사 이정이 노비 엽전 등 네 사람으로부터 뇌물을 받았다고 보고했다. 이정의 아내는 신문고를 통해 억울함을 호소했다. 태자는 조사를 명령했고, 그 결과 진영이 무고한 사람을 죽이고 진상을 덮기 위해서 벌인 일임이 밝혀졌다. 진영은 면직되었고, 그 뒤로도 태자의 명을 따르지 않아 잇따라 탄핵을 당했지만 성조의 신임 때문에 어쩔 수가 없었다. 1411년, 성조는 진영이 지금까지 벌인 모함과 불법 사건에 대한 보고를 받았고, 결국 진영을 옥에 가두어 죽게 했다. 천하 사람들이 후련해했다고 한다.

진영은 성조의 쿠데타에 도움을 준 공신이자, 성조의 통치에 반대하는 사람들을 숙청하는 데 앞장섰던 망나니 같은 간신이었다. 그리고 그 역할이 끝나자 토사구팽당했다. 달리 보자면 **성조는 간신을 잘 이용한 권력자**라 할 수 있겠다. 참고할 만하다.

호랑이보다 더 무서웠던 여덟 간신 '팔호(八虎)'

명나라는 개국 황제 태조 주원장부터 지독한 공안통치였다. 특무
기구인 동창(東廠), 서창(西廠), 금의위(錦衣衛), 진무사(鎭撫使), 내창(內
廠) 등이 잇따라 만들어지면서 말 그대로 공포정치의 시대가 되었다.
이 특무 기구는 주로 어리석은 황제의 총애를 받는 환관들이 맡았다.
어릴 때부터 환관들의 손에서 길러지다시피 한 황제들은 환관들이
이끄는 대로 온갖 놀이와 약물 따위에 빠져 정치를 나 몰라라 했다.

건국 후 약 100년이 지난 무종(武宗, 1491~1521) 때 오면 여덟 마리
의 호랑이 '팔호'가 권력을 휘두르며 정치를 암울하게 만들고 백성
을 힘들게 했다. '팔호'의 우두머리 격이었던 유근(劉瑾, 약 1451~1510)
은 항간에 "한 사람은 앉아 있는 황제요, 한 사람은 서 있는 황제
라. 한 사람은 주씨(朱氏) 황제요, 한 사람은 유씨(劉氏) 황제(유근)로
구나!"라는 말이 떠돌 정도로 그 위세를 떨쳤다. '팔호'에 관한 간략
한 정보를 표로 만들어 보았다(자세한 내용은 《간신 : 간신전》 – '인물편'에
소개된 유근 부분을 참고).

이름	생몰	행적	최후
유근(劉瑾)	약 1451 ~1510	환관 출신. 무종을 오로지 노는 쪽으로만 이끌어 국정을 놀이로 여기게 만들었다. 동·서창에 이어 내창까지 만들어 정적을 무자비하게 해쳤다.	백성들에게 맞아죽음.
마영성 (馬永成)	?~1518	환관 출신. 동창을 관장하며 내각의 대신들을 내쫓는 데 앞장섰다. 유근의 죄상을 탄핵하며 반발이 일어나자 이를 기회로 무종을 설득하여 유근을 제거했다.	자연사

고봉(高鳳)	생졸 미상	환관 출신. 없는 죄를 만들어 내는 조옥(詔獄)과 잔인한 고문인 정장(廷杖)으로 정적을 숱하게 해쳤다. 여러 차례 탄핵을 받고 파면되었다.	정장을 받고 거의 죽을 뻔함. 불명
나상(羅祥)	생졸 미상	행적이 제대로 남아 있지 않음.	불명
위빈(魏彬)	생졸 미상	유근의 수하로 삼천영(三千營. 신추영神樞營)을 관장했다. 유근이 피살되자 그를 대신하여 사례감(司禮監)을 관장하는 등 막강한 권력을 누렸다. 여러 차례 탄핵에도 처벌을 면했다.	불명
구취(邱聚)	생졸 미상	무종의 내시였다가 '팔호'의 하나가 되어 동창을 관장했다. 유근과 함께 갖은 행패를 부렸다. 세종 즉위 후 탄핵 당해 남경의 군대로 보내졌다.	불명
곡대용(谷大用)	생졸 미상	환관 출신. 서창을 관장하며 '팔호' 무리와 함께 권력을 휘두르며 설쳤다. 세종 즉위 후 탄핵 당해 무종의 무덤을 관리하는 자리로 보내졌다.	불명
장영(張永)	1465~1529	환관 출신. 무종의 태자 시절부터 가까이 모시며 총애를 받았다. 유근의 일당이 되었으나 유근을 제거하는 데 앞장섰고, 그 공으로 여러 벼슬과 사후 특혜를 누렸다.	병사

황제를 적의 포로로 만든 간신, 왕진(王振)

명나라 초기의 거물급 환관 출신의 간신 왕진(?~1449)은 영종이 어릴 적 동궁에서 그를 보살피며 깊은 신임을 얻었다. 영종이 즉위하자 환관의 조직인 사례감을 장악하게 되었다.

1442년 이후 권세가 갈수록 커져, 저택과 사찰을 멋대로 짓고 자기와 뜻이 다른 사람들을 무자비하게 배척하고 바른 신하들을 모함하여 해쳤다. 그 때문에 조정 대신으로서 옥에 갇히는 사람이 끊이질 않았다. 그럼에도 불구하고 그에 대한 영종의 신임은 놀라울 정도여서 **그의 이름을 부르지 않고 '선생'이라고 불렀다. 다른 사람들도 '옹보(翁父)'라는 존칭으로 불렀다.**

그는 와랄(瓦剌)의 좋은 말을 얻고 싶어 그 조공사를 우대했으며, 심지어 무기와 말을 바꾸기까지 했다. 1449년 와랄의 우두머리 야선(也先)이 대규모 침입을 감행했다. 왕진은 요행히 변방에서 작은 공을 세운 것만 믿고 영종의 친정을 권유했다가 결국은 토목보에서 영종이 포로로 잡히는 수모를 당했고(이것이 저 유명한 '토목지변土木之變'이다), 그는 흥분한 병사들에게 살해되었다.

왕진은 어리석은 군주와 환관의 밀착이 국가에 어떤 피해를 주는가를 아주 잘 보여주는 경우였다. 구중심처에서 외롭게 자라난 황제에게 환관은 기형적이지만 상당한 의미를 갖는 존재였고, 그것이 정치로 표출될 때 환관정치라는 파행이 초래되는 것이다. 명나라 정치는 대부분 환관정치로 인한 파행의 전형이었다.

원래 왕진의 집이었다가 사찰로 바뀌었고, 훗날 영종이 포로에서 풀려나 돌아와 그래도 죽은 왕진을 잊지 못하고 이곳에 사당을 짓고 그의 목상을 만들어 추모했다고 하는 북경시의 지화사(智花寺)가 관련 유적으로 남아 있다. 이 밖에 절강성 항주시의 옛집과 무덤, 그리고 사당 등이 남아 있다.

간신들끼리의 싸움

조길상(曹吉祥, ?~1461), 석형(石亨, ?~1460년), 서유정(徐有貞, 1407~1471)은 역사상 그다지 이름난 인물들은 아니었지만 그들 사이에서 벌어진 상호투쟁과 음모는 아주 흥미롭다. 이 셋은 모두 영종(英宗)의 복위를 추진한 공으로 중용된 인물들이었다. **세 사람은 처음에는 서로 돕고 이해하는 사이였지만, 성공한 다음에는 이내 격렬하게 싸우기 시작했다.** 서로 힘을 겨루는 중에 가장 먼저 우세를 차지한 자는 서유정이었다. 서유정은 지략이 뛰어나고 결단력이 있는 데다 천문지리, 음양술 등에도 조예가 깊었다.

영종이 복위한 다음 여러 대신들은 함께 상의하여 복위조서를 작성했다. 이를 본 영종은 매우 만족했다. 그런데 서명자들 가운데 서유정만 빠져 있었다. 영종은 마음이 영 언짢았다. 서유정을 불러 그 까닭을 물었다. 서유정은 아무 말 없이 소맷자락에서 그가 작성한 복위조서를 꺼내 올렸다. 조서를 다 읽고 난 영종은 기뻐 어쩔 줄 몰라 했다. 구구절절 자신의 심경을 그대로 담고 있는 것이 여러 신하들이 공동으로 작성한 복위조서보다 훨씬 강력했다. 그중에서도 특히 감국(監國)이란 자리를 빙자해서 황제 자리를 훔친 주기옥(朱祁鈺, 대종代宗)의 행위를 비난한 대목에서는 그만 넋이 나가고 말았다.

이렇게 해서 서유정은 영종이 가장 신임하는 인물이 되었다. 조정의 모든 일이 모두 그의 손에서 처리되었다. 석형과 조길상은 본래 영종의 복위 과정에서 두드러진 활약을 보여 공으로 말하자면

서유정과는 비교가 안 될 정도로 컸다. 그런데 서유정이 오히려 그들을 뛰어넘었으니 생각할수록 울화가 치미는 일이 아닐 수 없었다. 두 사람은 이런 심정을 늘 노골적으로 드러냈다. 이들의 갈등은 갈수록 격렬해졌다. 당시 영종은 툭하면 다른 신하들은 물리고 서유정만 불러들여 은밀히 의논하곤 했다.

조길상은 바로 그 점을 이용하면 서유정을 거꾸러뜨릴 수 있을 것으로 판단했다. 그는 수시로 태감으로 하여금 두 사람의 이야기를 몰래 엿듣게 했다. 조길상과 석형은 영종이 다른 사람은 모르길 원하는 은밀한 정보를 적지 않게 빼낼 수 있었다. 그런 다음 조회 석상에서 수시로 그 점을 들추어냈다. 영종은 의아해서 두 사람에게 누구한테서 들었냐며 다그쳤다. 두 사람은 이구동성으로 서유정이 알려주었노라 대답하면서 서유정이 자신들뿐만 아니라 여기저기 불고 다니는 바람에 바깥이 이미 시끄럽다고 덧붙였다. 어리석기 짝이 없었던 영종은 이 말에 서유정을 믿을 수 없다고 느끼고 그를 멀리하기 시작했다. 석·조 두 사람은 이 기회를 놓치지 않고 서유정이 자신들을 해치려 한다며 울면서 호소했다. 서유정은 투옥되었다가 조정에서 쫓겨나 광동참정(廣東參政)으로 좌천되었다.

일은 이 정도로 끝나지 않았다. 몰래 사람을 시켜 궁중으로 익명의 투서를 하게 했다. 투서 내용은 온통 영종이 남에게 알려지기 꺼려 하는 비밀스러운 일들뿐이었다. 석·조 두 사람은 조정 내의 평지풍파는 모두가 원한을 품은 서유정이 자신의 문객을 시켜 퍼뜨렸기 때문이라며 영종을 부추겼다. 화가 머리끝까지 뻗친 영종은 서유정의 관직을 완전히 박탈하고 평민으로 낮추어 요동 지방으로 내쳐버렸다.

　동서고금을 통해 볼 때 간신들은 꾀가 많아 왕왕 충간과 시비를 구별하기가 어렵다. 무고를 당하고도 그 억울함을 밝히지 못하는 군자들도 적지 않았다. 굴원(屈原)은 간신의 무고 때문에 멱라수(汨羅水)에 몸을 던졌고, 가의(賈誼)는 조정대신의 비방 때문에 장사(長沙)로 유배당했다. 간신 소인배들이 참언으로 이간을 도발하여 얼마나 많은 사람을 죽였던가?

재기하여 무자비한 보복을 일삼은 간신, 왕직(汪直)

　왕직(?~1460)은 명 왕조의 환관으로 요족(瑤族) 출신이다. 처음 만귀비(萬貴妃)를 모시면서 눈에 들어 태감으로 옮겼다. 1476년 헌종(憲宗)이 궁중 밖이 궁금하다며 변복을 하고 사찰을 나갔을 때 기막힌 아부와 일 처리로 총애를 얻게 되었다. 이듬해인 1477년 특무기구인 서창(西廠)이 설치되어 왕직이 주도했으며, 이후 막강한 권력을 휘두르는 실세로 부상했다.

　서창이 만들어지고 이를 장악하게 되자 왕직은 무자비한 탄압으로 권력을 휘둘러 조정대신의 비난을 불러일으켰다. 대학사(大學士) 상노(商輅) 등이 죽음을 무릅쓰고 죄악을 폭로했다. 한바탕 치열한 힘겨루기 끝에 헌종은 서창을 철폐하고 왕직을 어마감봉사(御馬監奉事)로 강등시켰다. 좌절을 맛본 왕직은 재기를 위해 조용히 기회를 기다렸다. 은밀하고 치밀한 수순과 음모를 통해 왕직은 다시 서창을 장악했다. 그리고는 즉시 상노 등 대신들을 조정에서 축출하거나 잡아 옥에 가두었으며, 심지어는 모진 고문으로 죽이기까지 했다. 반대하는 대신들은 남김없이 잔혹한 보복을 당했다.

대신들의 탄핵을 받아 서창이 없어지면서 권력이 축소되기도 했으나 황제의 명령을 받아 변방을 순시하는 등 여전히 위세를 떨쳤다. 그러다가 동창의 환관 상명이 궁중의 비밀을 누설하고 불법을 저지른 왕직의 비리를 고발함에 따라 남경 어마감으로 좌천되어 권력에서 멀어졌다.

왕직의 사례에서 보다시피 **간신은 한순간 권력을 잃거나 밀려나도 작은 틈만 보이면 파고들어 다시 일어서 권력을 탐한다. 다시 일어선 간신의 간행과 그 해악은 그 전보다 훨씬 더 심각**하다. 때문에 간신은 기회가 왔을 때 완전히 제거해야 한다. 다시는 일어설 수 없게 확실하게 밟아야 한다.

방중술로 권력자를 사로잡은 간신, 이자성(李孜省)

권력자의 취향은 간신의 주요 공략 대상이다. **기이한 취미, 주색은 간신의 가장 좋은 먹잇감**이다. 명 헌종(憲宗)은 방중술에 빠져 있었고, 이자성(?~1487)은 이 지점을 정확하게 공략하여 권세를 누렸다. 특히 이자성은 벼슬을 하다가 헌종의 취향을 알고는 방중술과 부적 따위를 직접 배운 자였다.

이자성은 환관과 요승(妖僧)까지 끌어들여 헌종의 음욕을 부추겼다. 헌종은 하루라도 이자성이 없으면 못 살 정도였고, 이자성은 막강한 권력을 휘둘렀다. 조정의 기풍은 갈수록 타락해서 하루에 수십 명이 벼슬을 얻고 한 부서에서 수백 명이 녹봉을 받는 기괴한 일까지 벌어졌다. 이 때문에 **글자를 모르는 문관과 활을 못 쏘는 무관이 넘쳐났다.**

대신들이 여러 차례 이자성을 탄핵했지만 헌종은 자리만 바꾸었을 뿐 그에 대한 신임과 총애는 변치 않았다. 많은 간신들이 안팎으로 떼를 지었고, **사대부들도 너나 할 것 없이 이자성에게 달라붙어 간**행을 일삼았다. 방중술로 총애를 받고, 부적으로 벼슬을 얻는 몰염치한 자들이 수를 헤아리기 힘들 정도로 넘쳤다.

1487년 8월, 헌종이 마흔의 나이로 죽고 효종이 즉위했다. 효종은 조정을 혁신하고자 칼을 휘둘렀다. 헌종이 총애한 간신들을 대거 죽이거나 내쫓았다. 이자성은 옥에 갇히고 아내와 자식들은 2천 리 밖으로 내쳤다. 옥에 갇힌 이자성은 채찍질을 견디지 못하고 죽었다.

쌍욕으로 대신들을 위협한 지역 차별주의자 간신, 초방(焦芳)

초방(1435~1517)은 성질이 흉악하고 늘 욕을 입에 달고 살아 조정의 신하들이 무서워 피해 다닌 간신이었다. 진사 출신이었음에도 학문은 보잘것없어 놀림을 당했다. 초방은 당시 세상을 흔들던 환관 출신의 거물급 간신 유근(劉瑾)과 그 일당 '팔호(八虎)'에게 착 달라붙었다. **유근을 '천세(千歲)' 자신을 유근의 '문하(門下)'라 부르며 아양을 떨었다**(유근에 대해서는 따로 상세히 소개했다).

초방은 또 주로 **자신과 대립했던 남방 출신의 대신들 때문에 남방 사람들을 극도로 미워했다.** 이 지역 사람이 쫓겨나면 그렇게 좋아할 수가 없었다. 아주 먼 옛사람들을 이야기할 때도 남쪽 사람은 헐뜯고 북쪽 사람들은 칭찬했다. 심지어 실록 편찬을 주도하면서 남쪽 출신의 청렴결백한 사람들조차 마구 헐뜯으며 "지금 조정에서 나만큼 정직한 사람이 있을까"라며 희희낙락했다.

그 뒤 초방의 측근 하나가 유근을 찾아가 초방이 엄청난 뇌물을 받아 챙겨놓고는 유근에게는 조금만 보냈다는 등 그 비리를 일러바쳤다. 화가 난 유근은 여러 사람 앞에서 여러 차례 초방을 욕했고, 초방은 하는 수 없이 자리에서 물러났다.

1512년, 반란을 일으킨 조수(趙燧)가 필양(泌陽)을 함락시키고는 초방의 집에 불을 질렀다. 초방의 집은 가까운 몇 개의 군에서 돈이며 인력을 동원할 정도로 어마어마하게 지어져 있었다. 반란군은 초방의 집 지하창고를 뒤져 금을 가져갔고, 심지어 초방 선조의 무덤을 파헤쳐 해골을 꺼내서는 소와 말 뼈다귀와 함께 태웠다. 반란군은 초방과 그 자식들을 찾았으나 찾지 못하자 초방의 옷과 모자를 찾아 뜰 나무 위에 걸어놓고는 검으로 '머리'를 베었다. 그러면서 조수는 "내가 내 손으로 초방 부자를 죽여 천하에 사죄하지 못했으니 죽어도 한이 될 것이다"하며 한탄했다. 초방은 1517년 별탈 없이 죽었다.

황제의 양아들이 된 희대의 간신, 전영(錢寧)

전영(?~1521)은 어려서 환관 전능(錢能)의 집에 노비로 팔려간 전력이 있어 전씨를 자신의 성씨로 삼았다. 그 뒤 실세이자 거물급 간신인 유근을 모시면서 점차 권력의 중심부로 들어섰다. 전영은 활을 잘 쏘았는데 두 팔 모두를 써서 활을 쏘는 기술을 갖고 있었다. 이 때문에 무종(武宗)의 눈에 들어 황족의 주(朱) 성을 하사 받고 무종의 양아들이 되어 위세를 떨치기 시작했다.

1505년, 유근이 죽었지만 전영은 수를 써서 화를 면했다. 그 뒤 계속 승진하여 전권을 휘둘렀는데, **자칭 황제의 서자라는 명함을 흔들고 다니니 그의 말이라면 듣지 않는 사람이 없을 정도**였다. 무종은 음탕한 황제였고, 전영은 궁중에 표방(豹房, 맹수 등을 가두어 놓고 즐기는 오락장) 등 온갖 오락장을 만들어 무종을 즐겁게 했다. 심지어 민간으로 미행을 나가 음욕을 채웠다. 무종은 표방에서 술에 취하면 늘 전영을 베고 누웠다. 문무백관들은 하염없이 황제를 기다렸고, 나중에 전영이 와야 황제도 나오는 줄 알게 되었다.

전영의 간행은 끝이 없었다. **대신이 죽으면 그 집의 처첩과 재산을 빼앗아 자기 것으로 만들었다.** 친인척도 죄다 벼슬을 받았고, 여섯 살 난 아들이 도독 벼슬을 받기까지 했다. 양자들도 황족의 성씨로 행세하며 벼슬을 받았다.

전영은 무종에게 아들이 없는 현실을 고려하여 자신의 부귀영화를 오래도록 지키려고 황족들과도 결탁했다. 죄를 지어 쫓겨난 영왕(寧王) 주신호(朱宸濠)와 결탁하여 뇌물을 받고는 그를 복직시켰는

데 결국 이 일이 화근이 되었다.

1519년, 주신호가 반란을 일으켰고, 무종은 전영을 의심했다. 전영은 장현(臧賢)에게 죄를 뒤집어씌운 뒤 입을 막기 위해 도중에 장현을 죽였다. 그런데 뜻밖에도 **한패라고 여겼던 강빈(江彬)이 전영의 간행을 죄다 고발**했다. 무종은 전영을 잡아들이고 그 재산을 몰수했다. 몰수한 재산을 보니 옥대 2,500개, 황금 10여 만 냥, 백은 3천 상자에 귀한 후추가 수천 석이었다. 그러나 무종은 전영을 죽이지 못했다.

1521년, 무종이 죽고 세종이 즉위했다. 세종은 전영을 저잣거리에서 책형(磔刑)에 처했다. **책형이란 뼈와 살을 분리하고, 사지를 절단하고, 인후를 자르는 형벌**이다. 양자 11명도 모두 목이 잘렸고, 처첩은 공신 집안의 노비로 보냈다.

조정의 문서를 집에다 감추어둔 간신, 강빈(江彬)

강빈(?~1521)은 명나라 무종이 아끼고 믿었던 마지막 간신이었다. 그는 선부(宣府)에서 태어난 무관으로 전쟁에서 아주 사납고 용맹했다. 어느 전투에서는 화살을 세 발이나 맞았고, 그중 한 발은 얼굴에 맞아 화살촉이 귀 뒤쪽으로 뚫고 나올 정도로 심각한 상처였다. 그런데도 그는 싸움을 계속했다. 이 일은 무종의 귀에도 들어갔다. 그 뒤 전영(錢寧)이 강빈을 데리고 와 표방(豹房)에서 무종에게 인사를 시켰다.

강빈은 간신배들과 함께 금세 무종의 귀여움을 받았고, 전영과 함께 황제의 양아들이 되었다. 강빈은 다른 간신들을 본받아 춤과 노래는 물론 온갖 오락으로 무종의 환심을 샀으며, 심지어는 한밤에 미복을 입고 밖으로 나가 밤새 놀다가 돌아오는 것도 잊도록 꼬드겼다. 민간의 아녀자들까지 강탈했다. 1517년 8월, 간신 강빈은 무종에게 연신 선부(宣府) 지방의 악공(樂工)을 추천하면서 동시에 그곳의 미인을 침이 마르도록 칭찬했다. 그곳에 가면 외족과 서로 맞부딪혀 양군이 서로 진짜 싸우고 죽이고 할 수 있어 궁궐 안에서 보다 훨씬 더 재미있을 것이라는 말도 덧붙였다. 무종은 몰래 황궁을 빠져나와 곧장 선부로 달려갔다.

그로부터 며칠 뒤 무종은 다시 밤을 틈타 슬그머니 황궁을 빠져나와 곧장 선부로 내달았다. 간신 강빈은 행궁으로 아녀자들을 들여보내 밤새 어울려 놀도록 했다. **남의 집 규방으로 쳐들어가 마음에 드는 부녀자가 보이면 강제로 행궁으로 끌고 와 욕보였다.**

1520년 8월, 무종은 주신호(朱宸濠)를 친다는 구실로 1년 가까이 놀다가 남경을 거쳐 돌아오는 길에 청강포(淸江浦)에 들러 연못에서 낚시를 했다. 그런데 배가 뒤집히는 바람에 못에 빠지고 말았다. 재빨리 구해내긴 했지만 놀라기도 했고, 찬물 때문에 그만 병이 나고 말았다. 무종은 시름시름 앓기 시작했다. 강빈 등이 선부로 놀러 가자고 꼬드겼지만 병세가 심각해진 무종은 더 이상 놀러 다닐 수 없었다.

1521년 3월, 무종은 끝내 깨어나지 못하고 세상을 뜨니 그때 나이 서른하나였다. 무종이 죽자 강빈은 병을 핑계로 집을 나오지 않고 심복들을 무장시켜 자신을 지키게 했다. 조정에서는 강빈을 제거하기로 하고 예복을 입고 황제의 제사에 참석하도록 명령했다. 강빈이 제사를 마치고 돌아가는데 태후가 강빈을 잡아들이라는 조서를 내렸다. 강빈이 서안문 쪽으로 급히 달아났으나 문은 닫혀 있었다. 다시 **북안문으로 달아났지만 문지기에게 수염을 죄다 뽑히며 붙잡혔다.**

4월, 세종이 즉위하여 강빈을 전영과 같은 책형에 처했다. 다섯 아들은 가장 어린 아들만 노비로 삼고 다 죽였다. 집 안을 수색하니 백은 2,200상자, 진귀한 보석과 장식이 헤아릴 수 없이 많이 나왔다. **황제에게 올린 보고서도 100장 넘게 감추어 놓고 있었다.**

거간(巨奸)의 정보망 역할을 한 새끼 간신, 조문화(趙文華)

명 왕조 최악의 간신 중 한 사람인 지식인 출신 엄숭(嚴嵩)에게는 조문화(1503~1557)라는 앞잡이 간신이 있었다(엄숭에 대해서는 《간신 : 간신전》 - '인물편'에서 상세히 소개했다). 간신들은 늘 자신의 간행을 대신하거나 감추어 줄 수 있는 대리인, 즉 새끼 간신을 기른다. 특히 **자신을 공격하는 사람들에 대한 정보를 미리 알려줄 수 있는 정보망을 관리하는 새끼 간신은 꼼꼼하게 챙긴다.** 조문화가 바로 그런 자였다.

조문화는 교활한 성격의 소유자로 국학에 있을 때 **간신 엄숭의 권세를 보고는 그의 양아들이 되기를 자청하여 엄숭의 수족이 되었다.** 엄숭은 조문화를 통정사(通政司)에 앉혀 황제에게 올라갈 보고서를 미리 보고는 대책을 마련했다. 통정사가 그런 일을 하는 자리였기 때문이다.

조문화의 치가 떨리는 간행으로는 왜구와의 전쟁에서 대승을 거둔 장경(張經)이 자신을 깔본다는 이유 하나만으로 그를 죽게 만든 일이었다. 조문화는 엄숭과 짠 다음 장경의 전공을 깡그리 무시하고 승리의 공을 자신에게로 돌리는 한편, 장경이 전기를 놓쳤다고 모함했다. 당시 조정 대신들은 누구나 장경의 억울함을 알고 있었으나 감히 나서지 못했다.

권세가 높아지자 조문화는 오만방자해졌다. 황제가 내리는 하사품을 무릎도 꿇지 않고 받는 등 안하무인이었다. 서원에다 누각을 새로 짓는 공사가 진척이 없자 하루는 세종이 직접 높은 곳에 올라가 공사 상황을 점검했다. 그런데 서쪽 장안가에 우뚝 솟은 집 한 채가 눈에 들어와 누구 집이냐고 물었다. 조문화의 집이라는 답이 돌아왔고, 그중 한 사람은 "공부의 큰 목재 절반이 조문화 집에 들어갔으니 새 누각을 지을 틈이 어디 있겠습니까"라고 했다. 세종은 몹시 불쾌해했다.

황제의 태도 변화에 겁을 먹은 엄숭이 병을 핑계로 조문화를 집으로 돌려보냈으나 대신들은 여전히 조문화의 간행을 고발하지 않았다. 화를 풀 곳을 찾지 못한 세종은 조문화의 아들이 청한 휴가 요청을 구실삼아 조문화를 평민으로 강등시켰다. 조문화는 집으로 돌아가는 배 안에서 병으로 죽었다. 이어 조문화가 군량미에 손을 댔다고 탄핵하자 그 가산을 몰수했다.

거물급 간신 위충현과 그 졸개들의 엽기적 간행

명 왕조 후반기는 환관들의 발호로 나라가 완전히 망가졌다. 1368년 나라를 세운 지 약 100년이 지나면서 거물급 간신 왕진(王振, ?~1449년)이 환관 간신의 시대를 활짝 열더니, 위충현(魏忠賢, 1568~1627)에 오면 초절정기를 맞이한다. 특히 위충현은 **비밀경찰 조직이라 할 수 있는 금의위나 동창 같은 특무 기구를 동원하여 공포스러운 공안 정국을 조성하면서 자신에 반대하는 사람은 가차 없이 제거했다**(위충현에 대해서는 《간신 : 간신전》 – '인물편'에서 상세히 소개했음).

위충현이 조성한 공안 통치 가운데 정말 기가 막힌 것은 **수도권에 사는 사람들로 위충현의 성씨인 '위' 자를 거론하는 자가 있으면 누가 되었건 잡아들여 '한 자씩 줄인다'는 엄포를 놓은** 일이다. 이 해괴망측한 명령은 대체 무슨 말인가? '한 자씩 줄인다'는 말은 신체의 일부 중 한 자를 없앤다는 뜻으로, 요컨대 목을 자른다는 의미였다. 태산과도 같은 위 태감의 이런 살벌한 위세에 눌려 사람들은 감히 '위' 자를 입에 올리지 못했다.

이뿐만 아니었다. 관부에서 올리는 문서는 위충현의 손을 거쳐야만 했는데, 여기에 '위' 자가 하나라도 들어가 있으면 황제의 성지를 빙자하여 즉시 잡아들여 죽였다. 이러니 문무 대신들 누가 감히 나서 위충현에게 맞서겠는가? 모두들 그 앞에 무릎을 꿇고 아들, 손자를 자처하며 몸보신에 급급했는데, **불과 1, 2년 사이에 위충현을 아버지로 모시겠다는 자가 백수십 명에 이르렀다고 한다.**

그중에서도 최정수(崔呈秀)라는 자가 가장 충실한 주구였는데, 하루는 글줄깨나 읽을 줄 아는 태감(환관)들을 좀 모으라는 위충현을 명령을 받고는 엉뚱하게 국자감으로 달려가 생원들을 잡아 불알을 까게 하는 소동을 벌였다. 혼비백산한 생원들 절반은 그날 밤으로 도망쳤고, 재수 없이 잡힌 20명은 실제로 불알을 깠는데, 12명은 그 과정에서 죽고 나머지만 살아 위충현에 보내졌다. 글줄깨나 하는 태감들 좀 모으랬더니 멀쩡하게 공부 잘하고 있는 예비 학자들의 생식기를 절단하여 고자를 만들어 버린 것이다. 뭐라 말이 안 나온다.

간신들의 언행은 이렇게 기발하다 못해 끔찍하다. 우두머리 말 한마디면 못할 일이 없다. 하기야 이와 비슷한, 아니 이보다 더한 작태가 21세기 우리 눈앞에서 버젓이 벌어지고 있으니 뭐라 할 말이 없다. 오로지 **권력자만 바라보며 무작정 바치는 과잉 충성, 이것도 간신, 그중에 새끼 간신의 특징 가운데 하나임이** 틀림없다.

충직한(?) 새끼 간신 최정수(崔呈秀)의 간행

명 왕조(1368~1644) 역사 약 400년 동안 최악의 간신이었던 위충현(魏忠賢, 1568~1627)과 그 졸개 간신들의 간행은 그야말로 요지경이었다. 지금 우리 현실과 판박이인 대목들도 적지 않다. **위충현은 역대 간신들 중 정말 경탄할 만큼 패거리를 잘 지은 간신이었다.** 이자는 자기를 따르는 구더기 같은 자들을 닥치는 대로 아들·손자로 받아들이는 것은 물론 이 자식(?)들을 중심으로 '오호(五虎)', '오표(五彪)',

'십구(十狗)', '십해아(十孩兒)', '사십손(四十孫)' 따위와 같은 사조직을 거느리고 온갖 악행을 일삼으며 주(朱)씨의 명 왕조를 사실상 자신의 왕조로 만들었다. 이 간신의 간행이 어느 정도였으면 사람들이 **'인성이 없는 악마'와 같다며 치를 떨었겠는가?**

위충현은 불과 7년 집권했지만 그 여파로 명 왕조는 빈사 상태에 빠졌고, 그로부터 17년 뒤 결국 멸망했다. 가장 흔하고 뻔한 수법이지만 그 위력이나 영향력만큼은 최강인 패거리 짓기의 명수 환관 위충현, 이자가 바로 그 간신이었다.

스스로 생식기를 제거하고 환관이 된 **위충현과 그 앞잡이들은 조정 내 모든 기구에 침투하여 나라를 순식간에 박살을 냈다.** 특히 나라의 정책을 세우고 집행하는 조정의 공식기구도 다 위충현의 졸개들이 장악했다. 더 큰 문제는 이 졸개들이 당당히 과거에 급제한 지식인들이었다는 사실이었다. 그중 가장 대표적인 졸개가 최정수란 자였다. 이놈의 간행을 소개할 테니 지금 우리 주변의 간신들 중 어떤 자에 해당하는지 점찍어 보면 더 흥미로울 것이다.

최정수(1584~1627)는 진사에 급제하여 조정에 들어와 어사 등의 자리를 거쳤는데, 뇌물수수로 면직되었다. 최정수는 위충현에게 달려가 울며불며 양자를 자청했다. 위충현은 이런 최정수를 애지중지하여 패거리의 으뜸인 '오호' 중에서도 우두머리로 삼았다. 이후 최정수는 병부상서(법무장관) 자리를 꿰차고 위충현의 공안정국을 주도했다. 이 과정에서 최정수는 정적들을 해치기 위한 블랙리스트 《동림동지록》을 작성하는 등 위충현의 간행을 앞장서서 도왔다. 그 과정을 보면 이랬다.

1625년 위충현의 충실한 개이자 고자당의 주요 멤버인 최정수와 서대화 등은 마침내 칼을 뽑아 들었다. 이들은 우선 **있지도 않은 죄명을 날조하는 비열한 수단으로 동림당의 영수 양련(楊漣)과 좌광두(左光斗) 등 6인을 잡아들였다.** 그리고는 상대가 미처 대비책을 세우기도 전에 엄청난 뇌물죄를 자백하도록 엄중한 고문을 가했다. 일은 뜻대로 진행되지 않았다. 여섯 사람은 하나 같이 허위 자백을 거부한 채 잔혹한 고문을 당해 옥에서 산 채로 죽어갔다. 그 처참한 광경은 차마 눈 뜨고 못 볼 지경이었다. 이것이 역사에서 말하는 '6군자'사건이다. 위충현은 이왕 뽑은 칼, 이듬해 똑같은 수법으로 동림당의 주계원(周啓元), 주순창(周順昌) 등 7인을 체포하여 고문을 가해 죽였다. 지독한 고문은 6군자 때보다 훨씬 더 했다. 이를 '7군자'사건이라 부른다.

위충현은 정적을 철저하게 제거하기 위해 **무고한 사람 천 명을 죽일지라도 정적 하나는 놓치지 않겠다**는 식의 잔인무도한 수단을 동원했다. 그는 앞잡이들에게 임의로 블랙리스트를 작성하게 한 다음 자신을 따르지 않는 사람은 모조리 동림당으로 지목하여 제거해나갔다. 이렇게 해서 최정수의 《동림동지록》이나 왕소징의 《동림점장록》, 완대성(阮大鍼)의 《백관도》 등과 같은 블랙리스트가 나타났다. 그것도 모자라 위충현은 황제의 명의로 《동림당인방》이란 **무려 309명에 이르는 자기만의 블랙리스트를 따로 작성**하여 반포했다. 이 명단에 따라 산 사람이면 관직을 박탈하고, 죽은 사람은 소급하여 관작을 박탈했다. 이미 관작을 박탈당한 사람은 다시는 벼슬에 나오지 못하게 만들었다. 정말이지 위충현이 조성한 특무 정치, 즉 공안통치는 그보다 더할 수 없을 정도까지 극을 치달았다. 그 맨 앞에 최정수라는 충실한 개가 있었다.

최정수의 최후는 더 엽기적이다. 위충현의 위세를 믿고 까불던 최정수는 위충현의 뒷배였던 희종이 죽고 위충현이 쫓겨날 위기에 몰리자 절망했다. 그는 목숨을 부지하기 어렵다는 것을 직감했다. 그는 첩들과 기생들을 모조리 불러 모으고 진기한 보물들을 깡그리 펼쳐놓은 다음 미친 듯 퍼마시고는 스스로 목숨을 끊었다. 죽음도 정말 엽기적이었다. 최정수는 죽는 순간까지도 위충현의 이름을 부르며 과거의 영화에 미련을 버리지 못했다.

간신, 특히 가장 악독한 간행을 일삼았던 최고 권력자 간신인 '권간(權奸)'은 패거리가 없으면 행세하지 못한다. 이 때문에 죽기 살기로 자신을 대신해서 간행을 저지르는 앞잡이 충견들을 기른다. 위충현의 사례에서 보았다시피 그 **충견들 사이에도 등급이 있고, 서열이 있다.** 최정수는 위충현이 가장 신임했던 1등급 충견으로 정적들을 마구 물어뜯었던 새끼 간신의 전형이었다. 그러나 보았다시피 끈이 떨어지자 가장 먼저 죽는 신세가 되었다. 그때 최정수의 나이 44세였다.

한 수 위의 간신에게 당한 간신, 주연유(周延儒)

간신 주연유(1589~1644)는 기민한 성격과 재빠른 눈치로 숭정제의 눈에 들었다. 권력을 나꿔챈 주연유의 간행은 하늘을 찔렀다.

그 자식들도 고향에서 온갖 만행을 저질렀다. 남의 재산과 민간 아녀자를 강탈하는 것은 보통이었다. 화가 난 백성들이 낫을 들고 그 노복을 죽이고 집에 불을 질렀다. 심지어 무덤까지 파헤쳤다.

1632년, 산동진수(山東鎭守) 이구성(李九成)이 난을 일으켜 등주(登州)를 손에 넣고 자립했다. 병부시랑 유우열(劉宇烈)이 병사를 이끌고 토벌에 나섰으나 별다른 공을 세우지는 못했다. 이 무렵에는 또 농민봉기가 각지에서 일어나고 후금(後金)이 끊임없이 세력을 확장하고 있었다. 이 와중에서도 탐관오리와 간신들은 눈에 불을 켜고 자신들의 배 채우기에 급급했고, 나라와 백성은 커다란 어려움에 빠졌다. 많은 사람들이 재보(宰輔)를 잘못 기용했다며 주연유의 '비리'를 들어 공격하기 시작했다.

때가 왔음을 눈치챈 또 다른 간신 온체인은 어부지리를 얻고자 다른 사람을 시켜 주연유의 '사사(四事)', 즉 네 가지 비리를 공격하도록 했다. 사실 두 사람은 얼마 전까지 꿍짝이 잘 맞는 그런 사이였지만, 상황이 바뀌자 온체인이 주연유를 공격하고 나선 것이다. 온체인이 지적한 주연유의 비리 중 가장 심각한 대목은 '폐하를 희황상인(羲皇上人)으로 보았다'는 것이었다. '희황상인'은 태고적 전설 속의 황제로 복희씨(伏羲氏)를 높인 이름이라고도 한다. 번잡한 세속을 버리고 뜻을 고상하게 가진 사람을 가리켜 부르기도 하는 이름이지만, 그런 뜻을 품고 편하고 게으르게 세월을 보내는 사람을 가리키기도 한다. 온체인은 주연유가 숭정황제를 두고 '희황상인'에 비유한 것을 꼬투리 잡은 것이다(온체인의 간행에 대해서는 《간신 : 간신전》 - '인물편'에서 상세히 살펴본 바 있다).

주연유는 이 말이 대역무도죄에 걸리는 치명적인 약점이 될 수 있다는 점을 잘 알고 있었기에 변명하려 했으나 증인이 나서는 바람에 꼼짝달싹도 못하고 파면당해 고향으로 되돌아갔다. **주연유는 이렇게 한 수 높은 간신 온체인에게 당한 간신으로 오명을 남겼다.**

주연유의 수모는 이걸로 끝이 아니었다. 주연유가 물러나자 탄핵이 잇따랐다. 주연유의 10대 죄악을 고발하는 글이 올라왔고, 숭정제는 처음으로 주연유를 죽이겠다는 뜻을 나타냈다. 신하들이 다시 나섰고, 황제는 주연유를 잡아들이게 하여 자살을 명하고 가산을 몰수했다. 그리고 1644년 이해에 명나라도 망했다.

숨만 붙어 있는 정권의 숨통마저 끊은 간신, 마사영(馬士英)

이런 말이 있다. '장성은 밖에서 무너진 적이 없다. 모두 안에서 무너뜨렸을 뿐.' 나라가 망하려면 내분이 일어나고, 같은 편이 싸운다. 1644년 명 왕조는 이자성의 농민 봉기군에게 망했다. 숭정제는 경산(景山)에서 목을 맸다. 마사영(약 1591~1646)은 강북의 여러 장수들과 함께 복왕(福王) 주유숭(朱由崧)을 황제로 세우고 남쪽으로 내려갔다. 이 정권이 남명(南明)으로 1662년까지 수명을 유지했다.

간신 마사영은 남명 수립의 공으로 권력을 장악했다. 이때부터 그의 간행이 빛(?)을 발하기 시작했다. 그는 일찍이 공금횡령 등으로 파직된 이력이 있으나 엄당의 간신 완대성과 인연을 맺어 재기에 성공했다. 1641년에는 내각의 수보 주연유의 추천을 받아 병부우시랑 겸 우첨도어사가 되어 군대 일을 관장했다. 그리고 1644년, 명의 멸망과 함께 남명 정권을 수립하여 권력자가 되었던 것이다.

간신히 목숨만 붙어 있는 남명 정권의 실세가 되자 마사영은 본색을 유감없이 드러냈다. **청의 군대가 코앞까지 닥쳤는데도 저항은커녕 매관매직에만 열을 올렸다.** 항청의 명장이자 우국지사인 사가법(史家法)을 고립시키고 배제시켜 결국 순국하게 만들었다. 또 대장 좌량옥(左良玉)과 권력다툼이 벌어져 좌량옥이 군함을 만들어 장강을 따라 동쪽으로 가자 군대를 동원하여 그를 공격했다. 이 틈에 청의 군대가 남하했고, 주유숭 정권은 무너졌다.

마사영은 황급히 남쪽으로 도망치다가 청군에게 포로로 잡혀 죽었다. 그해가 1646년이었다. 일설에는 마사영이 전당강을 건넌 다음 청군에게 잡혀 목이 잘렸다고 한다. 또 다른 설은 대주(臺州, 지금의 절강성 임해현臨海縣)의 산속으로 도망쳐 중이 되었으나 청군에 잡혀 연평(延平, 지금의 복건성 남평시南平市)에서 목이 잘렸다고 한다.

이 간신, 저 간신에게 꼬리 치며 나라를 망친 간신, 완대성(阮大鍼)

완대성(1586~1646)은 진사 출신으로 거물급 간신 위충현에 꼬리를 쳐서 권력의 핵심부에 진입했다. 1624년, 그는 **자신의 충성(?)을 보이려고 위충현의 정적 동림당을 공격하는 《백관도(百官圖)》를 만들어 바쳤다.** 그리고는 동림당의 공격이 두려워 벼슬을 내놓고 집으로 숨었다.

1625년, 동림당의 거물 좌광두(左光斗)와 양련(楊漣) 등이 죽임을 당하자 완대성은 크게 기뻐하며 다시 나올 준비를 했다(좌광두는 당초 완대성을 추천한 사람이었다). 오래지 않아 위충현은 완대성을 복귀시켰고, 완대성은 위충현을 극진히 모셨다. 그러나 위충현마저 믿지 못하고 몇 달 만에 사임하고 집으로 돌아갔다.

1627년, 숭정제가 즉위하자 위충현 일당은 죽임을 당했다. 이 소식을 들은 완대성은 두 통의 상소문을 써서 같은 패거리인 양유원(楊維垣)에게 보냈다. 하나는 오로지 위충현과 최정수를 탄핵하는 내용이었고, 또 하나는 위충현의 엄당과 동림당을 동시에 공격하는 내용이었다. 1624년 이후 국정을 어지럽힌 주모자는 위충현에 그 앞잡이는 최정수였고, 1624년 이전 국정을 어지럽힌 주역은 왕안(王安)이고 그 앞잡이는 동림이었다는 것이었다. 상황을 봐가며 거기에 맞는 상소문을 제출하라는 뜻이었다.

1629년, 위충현을 역적으로 인정하는 조치가 취해졌고, 완대성은 평민으로 강등되어 오랫동안 기용되지 못했다. 그 뒤 농민 봉기군이 안휘를 압박하자 남경으로 피신하여 간신 마사영과 인연을 맺게 되었다. 1641년, 또 다른 간신이자 실세 주연유가 내각의 수보가 되었다는 소식이 전해지자 완대성은 즉시 거금을 보내 신분 회복을 꾀했다. 주연유는 역모에 완대성의 명단이 있다는 사실을 들며 난색을 표하자 완대성은 자신을 대신하여 마사영을 추천했고, 마사영은 조정으로 진입했다.

1644년, 명이 망하자 마사영은 복왕을 추대한 다음 완대성을 불러들였다. **완대성은 마사영, 환관 집단과 함께 지난날 역모 사건을 뒤집기**

시작했다. 마사영은 모든 일을 완대성의 말에 따라 처리했고, 복왕 주유숭 정권은 2년 만에 무너졌다. 당시 상황은 앞서 마사영의 간행 부분에서 언급한 바와 같다.

1646년, 완대성은 청군에 투항했다. 일설에는 청군이 선하관(仙霞關)을 공격할 때 따라가다가 바위에 부딪혀 죽었다고 하고, 또 다른 설은 청군이 마사영처럼 연평에서 목을 잘랐다고 한다.

어린 명군 밑의 간신, 오배(鰲拜)

권력자가 아무리 현명해도 간신을 완전히 근절하지 못한다. 인간이 완벽한 존재가 아니기 때문이다. 간신이란 존재와 간신현상이 얼마나 무서운가를 똑똑히 인식해야 하는 까닭이다. **간신은 언제 어디서든 나타날 수 있는 끈질긴 악성종양과 같은 존재이다.** 청 왕조의 전성기를 연 강희제(康熙帝) 때의 오배(약 1610~1669)가 그런 간신이었다.

오배는 어린 나이에 즉위한 강희제를 보필하는 네 명의 보정대신(輔政大臣) 중 하나로 막강한 권력을 휘둘렀다. 어린 황제를 협박하여 자신이 싫어하고 미워하는 대신을 죽일 정도였다. 자기와 다르면 배척하고 죽이는 오배의 이런 행패에 사람들은 모두 두려움에 떨었다. **어린 강희제를 속이고 겁주기 위해 매번 강희제 앞에서 일부러 화를 내며 다투거나 대신들을 큰 소리로 꾸짖었다.**

1667년, 강희제가 열세 살의 나이로 친정을 시작했다. 오배는 자신과 원한 관계에 있는 소극살합(蘇克薩哈)을 포함하여 그 가족들까지 다 죽여야 한다며 소동을 일으켰다. 강희제가 이를 허락하지 않자 오배는 옷을 벗어 두 어깨를 드러내며 강희제 앞으로 나가 거의 협박조로 자신의 주장을 밀어붙이길 며칠 동안 계속했다. 강희제는 이를 통제할 수 없었고, 소극살합은 결국 목이 졸려 죽임을 당했다.

어린 강희제였지만 오배의 이런 행패와 만행에 깊은 충격과 원한을 품었다. 강희제는 그를 제거하기로 결심하고 놀이를 핑계로 소년들을 선발하여 궁중에서 격투기 훈련을 시키면서 때를 기다렸다. 1669년, 오배가 궁중의 씨름장에 들어와 구경을 했다. 강희제는 그 즉시 큰 소리로 명령을 내렸다. 격투기로 단련된 소년들이 벌떼 같이 우르르 오배에게 달려가 그를 사로잡았다. 오배는 종신형에 처해졌고, 그 일당은 모두 목이 잘렸다. 그해, 오배는 감옥에서 죽었다.

태평천국 최악의 간신, 위창휘(韋昌輝)의 두 얼굴

19세기 중반 중국 전역을 휩쓴 태평천국(太平天國, 1851~1864) 혁명운동은 중국 역사상 가장 진보적이고 규모가 컸던 농민운동이었다. 태평천국은 쇠퇴해가던 근대 중국사에 큰 활기를 불어넣은 일대 사건이었다. 이 운동이 성공했더라면 중국 근대사는 전혀 다른 방향으로 전개되었을 것이다. 그러나 안타깝게 태평천국은 내분으로 자멸했다. 그 자멸의 원흉으로 간신 위창휘(1826~1856)가 지목되

436

고 있다.

태평천국의 군대가 중국 전역에서 큰 승리를 거두고 있을 때 지도자 집단 내부에서는 홍수전(洪秀全)과 양수청(楊秀淸) 사이에 권력 투쟁이 벌어졌다. 이 무렵 태평천국 지도자 집단으로 섞여 들어온 위창휘가 비열한 야심을 드러내기 시작했다. 지주 출신인 위창휘는 내부 정쟁을 이용하여 권력을 잡아볼 요량으로 처음에는 최고 지도자인 홍수전과 양수청에게 머리는 있는 대로 숙이고 귀를 늘어뜨린 채 비굴하게 굽실거리며 모셨다. 특히 양수청을 극진히 떠받들었는데, 양수청의 가마가 저 멀리서 눈에 띄기만 하면 총알같이 달려가 인사를 하고, 양수청이 몇 마디 할라치면 황급히 무릎을 꿇고는 "넷째 형님의 가르침이 아니었더라면 지금의 소인이 있을 수 있었겠습니까?"라며 알랑거렸다.

위창휘의 형과 양수청의 처형이 집을 놓고 다투자 양수청은 위창휘에게 이 일을 처리하게 했다. **위창휘는 주저없이 자기 형을 '오마분시**(五馬分尸, 다섯 마리의 말이 신체의 다섯 부분, 즉 팔다리와 머리를 끌어 찢어 죽이는 극**형)'로 죽이고는 "이렇게 하지 않으면 경고가 되지 않는다."고 말했다.** 태평천국을 진압하는데 앞장섰던 증국번(曾國藩)은 이런 위창휘의 본색을 어느 정도 파악하고 있었으나, 정작 내부의 당사자들인 홍수전과 양수청은 전혀 눈치를 채지 못하고 있었다.

홍수전이 위창휘에게 지도자간의 갈등을 해결하라는 명령을 내지자 위창휘는 기다렸다는 듯 양수청과 주요 지도자들, 그리고 이들의 추종 세력들을 이 잡듯 도살해버렸다. 홍수전이 강한 불쾌감을 드러내자 위창휘는 스스로 곤장형을 자청하며 양수청의 부하들을 유인하여 도살했다. 살아 있는 생명체는 다 박멸하겠다는 기세로 살육을 저질렀다. 전쟁터에서 늘 선봉에 서서 큰 전공을 올렸던 익왕(翼王) 석달개(石達開) 일가도 몰살되었다. 태평천국은 기운이 크게 상했고, 결국은 처참하게 실패했다.

간신들의 내면에는 예외 없이 잔인함이 감추어져 있다. 간신들은 정상적인 인간의 심리를 가지고 있지 않다. 잔뜩 뒤틀려 있고 심하게 퇴행되어 있다. 다만 특유의 위장술로 이런 심리를 잘 감출 뿐이다. 권력을 얻거나 때가 되었다고 생각하면 주저 없이 잔인한 본성을 드러낸다. **그 본성이 드러날 때는 상식이고 인정이고 아무것도 통하지 않는다.** 자신의 지위와 사욕을 위해 온갖 궤변과 속임수와 협박과 공갈을 동원하여 모든 것을 다 희생시킨다. 간신은 정말 무서운 존재다. 한 번 그 간행이 발동하면 누구도 제동을 걸 수 없다. 끝까지 가야 한다. 그래서 더 무섭다. 그사이 나라가 망가지고 백성이 죽어나가기 때문이다. 간신의 싹을 알아보고 일찌감치 제거해야 할 절박한 필요성이 여기에 있다.

사치 향락의 아이콘으로 나라를 망친 간녀(奸女), 자희(慈禧)태후

우리에게는 서태후(1835~1908)로 잘 알려진 자희태후는 함풍제(咸豐帝)의 비로 궁에 들어가 아들 동치제(同治帝)가 6세의 어린 나이로 즉위하면서 수렴청정에 들어가 조카 광서제(光緒帝) 통치기까지 40년 가까이 권력을 휘둘렀던 철완의 여성이다. 그 기간에 청 왕조는 몰락의 길을 걸었는데, 이 과정에 자희태후가 큰 영향을 미쳤다. 그녀의 권력농단과 국정문란은 청 왕조 구석구석 안 미친 곳이 없었다. **국고를 마치 자기 개인 금고처럼 여기며 탕진했는데, 쓸 돈이 모자라면 매관매직은 물론 온갖 수단과 방법으로 백성을 수탈했다.** 무엇보다 **사치와 향락에 대한 탐닉은 역사상 따를 자가 없었다.**

그녀의 사치와 향락이 어느 정도였는지 몇 가지 사례를 들어보자. 자희태후는 자신의 복장에 매우 집착했다. 의복, 머리 장식, 신발 따위를 전문적으로 담당하는 환관만 6명이었다. 이들 환관의 일은 오로지 자희태후의 복장만 관리하는 것이었다.

복장을 장만하는 데 드는 비용은 천문학적이었다. 광서 20년(1894) 한 해에 135벌의 의복을 장만하는데 백은 38,000냥을 썼다(당시 청 왕조의 1년 예산이 1억 냥 정도). 생일 때 입을 옷 한 벌을 만드는데 400~500명의 공인이 동원되었고, 옷값은 백은 360냥이 들었다.

먹는 것도 가관이었다. 식사 때마다 100여 종의 요리가 올랐는데, 광서 20년 당시 영수궁(寧壽宮)의 자희태후 전용 식당에는 금, 은, 옥으로 만든 그릇이 1,500종 이상이었다. 이 중 금제 그릇의 무게가 5,800냥, 은제 그릇의 무게는 1만 냥 이상이었다.

건강에 대한 관심 또한 타의 추종을 불허할 정도였다. 자희태후는 매일 각종 보약을 복용했다. 전용 약방(의무실)에는 산삼, 녹용, 진주, 웅담 등 귀한 약재가 산더미처럼 쌓여 있었다.

오락에 대한 관심도 이만저만이 아니었다. 50세 생일 때는 보름 동안 하루도 쉬지 않고 연속 공연을 관람하기도 했는데, 공연을 위해 밝히는 등잔을 장만하는 데만 11만 냥이 들었다. 취미 활동도 다양했다. 정신적 공허함을 달래기 위해서였는지 미국 여성화가 칼을 궁으로 불러들여 초상화를 그리게 한 것은 물론 도박, 애완용 개를 데리고 놀기 등 온갖 잡기를 즐겼다.

자기 **머리카락을 얼마나 애지중지했던지 머리카락을 빗다가 머리카락 한 올을 빠지게 한 환관에게 곤장을 쳤다.** 감정의 기복도 심하여 수시로 화를 내고 아무것도 아닌 일로 사람을 죽이기까지 했다. 일설에는 **한 번 목욕하는 데 수건을 100장 이상을 쓰고 버렸다** 하니 그 사치가 어느 정도였는지 짐작조차 어렵다. 하기야 유럽 열강의 군대에 패하여 해군을 확충하기 위한 군비를 횡령하여 역대 최대 규모의 황가 원림인 이화원(頤和園)을 조성했으니 무슨 말을 더하겠는가?

권력자의 개인적 취향은 어느 정도 용납되고 또 때로는 존중받을 수 있다. 백성에게 해가 되지 않고, 국고를 축내지 않고, 공무에 방해가 되지 않는 한. 그래서 통치를 잘하기만 하면 후궁의 수가 많아도 흠 잡히지 않았고, 술이나 사냥 따위도 별 문제가 되지 않았다(우리 역사상 최고의 명군의 일컫는 세종대왕은 여섯 명의 부인에게서 자식이 18남 4녀였다). 문제는 늘 그렇듯 정도(定度)에 있다. 도를 넘으면 그것을 통제하거나 멈추기가 힘들어진다. 통치자에게 늘 자기 수양을 엄격하게 요구하는 것도 다 그 때문이다. 자희태후는 사사로운 욕망을 충족시키려고 사치와 향락에 탐닉했다. 이를 위해 공금횡령을 비롯하여 국고를 물 쓰듯 했고, 그것도 모자라면 매관매직은 물론 각종 명목을 붙여 세금을 긁어 들였다.

자희태후의 사치 향락의 기풍은 서양 열강의 침략으로 북경이 함락당해 서안(西安)으로 도망을 가서도 전혀 달라지지 않았다. 서안 지방은 풍족하지가 않아 입맛 까다롭고 진수성찬을 고집하는 자희태후를 만족시킬 수 없었다. 관리들은 백성들을 쥐어짰고, 그 결과 지금 서안의 명물로 남아 있는 수십 종류의 만두 정식이 탄생했다. 자희태후의 입맛에 맞추려고 만들어낸 고육책의 결과였다. **권력자의 사치와 향락은 단 하나의 예외 없이 백성과 나라를 피멍 들게 한다.**

마지막 싸움이 되길 간절히 바라면서

2023년 8월 20일 일요일 오후 5시 15분, 200자 원고지로 약 5천 장에 달하는 간신 3부작 대장정이 막을 내렸다. 그로부터 30일까지 열흘에 걸쳐 모든 원고를 다시 읽었다. 약 2년에 걸친 간신들과의 싸움을 여기서 끝내고자 한다. 또 싸울 일이 없기를 간절히 간절히 바라면서. 그리고 지금부터 책이나 글이 아닌 우리 안의 간신들과의 진짜 싸움이 시작될 것이다.

이 2년 동안 나는 우리 사회 곳곳에서 악취를 풍기며 나라를 망치고 있는 간신들을 새삼 확인하면서 역사가 참으로 무섭다며 몸서리를 쳤다. 무엇보다 적당히 타협하고자 하는 비겁함, 이쯤에서 다 포기하고 싶은 나약함과 싸우는 일이 가장 힘들었다. 내 안의 간성(奸性)과 싸우는 일이었다. 그리고 가장 화가 나는 일은 우리 안의 간신, 즉 내간(內奸)이란 존재였다. 간신과 치열하게 싸워도 힘이 부치고 시간이 모자랄 판인데 우리 내부를 찢고 서로를 헐뜯는 이 내간들은 결코 깨어 있는 우리와 역사의 편이 아니라는 점을 분명히 해둔다. 어쩌면 이들이 첫 청산 대상일지 모른다. 다만, 지금은 다른 간신들과의 싸움이 더 중요하니 잠시 유보해둘 뿐이다.

역사는 그 자체로 뒤끝이다. 청산하지 못한 역사가 지금껏 우리 민족의 발목을 세게 붙들고 있다. 친일, 종일, 부일의 역사는 매국과 매국노의 역사이고, 매국노의 역사는 곧 간신의 역사이다.

　간신은 하나의 역사현상이다. 간신현상이다. 간신현상은 역사적으로 가깝게는 친일 매국노의 역사와 물려 있고, 가깝게는 지금 우리 현재사와 붙어 있다. 역사는 무섭다. 역사의 평가는 매섭다. 역사의 심판은 인정사정없다. 역사의 평가와 심판은 잠시 유보하는 경우는 있어도 건너뛰는 법은 결코 없다. 역사는 그 자체로 뒤끝이다. 지금 준동하고 있는 간신 떼거리와 간신현상에 대한 청산은 식민잔재, 친일청산과 그 맥을 같이한다. 이참에 한꺼번에 씻어내자.

　역사의 시곗바늘은 때로 멈춰 있거나 뒤로 가는 것같아 보이기도 하지만 그 째깍거림에는 엄청난 동력과 추진력을 내재되어 있다. 때가 되면 그 째깍거림은 거대하고 엄청난 굉음과 함께 우리의 역사를 힘차게 앞으로 밀어 올린다. 이제 그때가 다 되었다.

　끝으로 앞에서도 잠깐 언급했지만 다시 한 번 강조한다. 앞으로 우리가 힘을 갖게 된다면, 구체적으로 이번 총선과 대선에서 국민으로부터 간신 집단과 간신 카르텔을 박멸할 힘이 주어진다면 가장 먼저 이 '간신 카르텔 정권'을 확실하게 단죄하는 특별법 제정이 반드시 이루어져야 한다. 엄정하게 선발된 특별재판소 수사관에게는 수사, 체포, 기소권을 부여하고, 재판관은 국민의 동의를 얻어 정의로운 사람들로 임명해야 한다. 사면, 복권은 불가능해야 하되, 비리와 불법 및 범죄행위를 고발하거나 자진 신고할 경우는 민심의 합의 하에 감형과 사면하게 한다.

거듭 말하지만 간신은 용서의 대상도, 타협의 대상도, 무시의 대상도 아니다. 간신은 처리해야 하고, 처단해야 하고, 처벌해야 하는 악의 근원이기 때문이다. 간신현상의 대물림을 끊기 위해서라도 철저하게 처절하게 단죄해야 한다.

2023년 8월 18일 처음 쓰고 8월 30일 마무리하다.

'언간'의 수법 분석

대안(代案)이 아니라 대체(代替)가 답이다

"**기자는** 국민의 알 권리를 충족시키고, 진실을 알릴 의무를 가진 **언론의 핵심 존재로서 공정 보도를 실천할 사명**을 띠고 있으며, 이를 위해 국민으로부터 언론이 위임 받은 편집·편성권을 공유할 권리를 갖는다. 기자는 **자유로운 언론 활동을 통해 나라의 민주화에 기여하고 국가 발전을 위해 국민들을 올바르게 계도할 책임**과 함께, 평화통일·민족화합·민족의 동질성 회복에 **기여해야 할 시대적 소명**을 안고 있다. 이와 같이 막중한 책임과 사명을 갖고 있는 기자에게는 **다른 어떤 직종의 종사자들보다도 투철한 직업윤리가 요구**된다. 이에 한국기자협회는 회원들이 지켜야 할 행동기준으로써 윤리 강령과 그 실천 요강을 제정하여 이의 준수와 실천을 선언한다."

위는 '한국기자협회 윤리 강령' 서두이다. 굵은 글씨로 표시된 기자의 소명과 직업윤리를 보노라면 탄식이 절로 나온다. 우리 '언론'들이 더 이상 제 기능을 발휘하지 못하고 있기 때문이다. 아니 발휘할 수 없다. 언론과 언론인의 기본정신과 자세는 이제 입으로만 읊조리는 낡은 '구호(口號)'가 되었다. 제정신인 언론인이라면 하루 빨리 언론사를 탈출하라고 권하는 어느 명망 있는 언론인의 권유에 절로 고개가 끄덕여질 정도다. 기존 언론의 기능은 이제 끝나가고 있고, 끝났다. 왜 이렇게 되었는가에 대해서는 지면이 아까워 생략하도록 하겠다. '기레기'라는 상징적인 단어 하나만으로 답은 충분하다고 생각하기 때문이며, 또 이미 수많은 분석들이 나오기도 했다.

'대안언론(代案言論)'을 이야기한다. 실제로 '팟캐스트'를 거쳐 '유튜브' 시대로 오면서 팟캐스터와 유뷰버들이 기존 언론의 대안으로 큰 역할을 했고, 지금도 하고 있다. 물론 이 동네에도 썩어빠진 자들이 넘쳐난다. 하지만 올곧은 분들이 어렵고 힘든 환경에서 꿋꿋하게 대안 언론으로서의 역할을 해내고 있고, 이제는 기존 언론의 영향력을 훌쩍 뛰어넘고 있다.

언론 지형의 이 같은 변화는 집단지성 시대의 도래와 함께 본격화되었다. 기사의 송출과 거의 동시에 그 기사에 대한 검증이 가능해졌다. 사실 확인은 기본이고 기사의 의도, 기자의 내력과 성향 및 자질, 사주의 정치성향 등등까지 언론사, 언론, 언론인과 관련한 모든 사항과 비교적 깊이 있는 정보들까지 파악된다. 어떤 면에서는 지금이 언론 본연의 기능과 역할을 제대로 할 수 있는 시대가되었다고도 할 수 있다. 하지만 이 역시 헛된 기대다. 거대한 자본에 잠식당해 오로지 자본논리에만 충실한 탐욕의 덩어리가 된 언론사에 종사하는 한 언론인은 그저 그런 일개 '회사원'에 지나지 않기 때문이다. 그래서 한 시대에 대한 최소한의 사명감으로 일하는 대안 언론이 더욱 더 소중하다.

언론인은 역사가이다. 적어도 역사가의 자세를 갖고 있어야 한다. 역사가는 사실(事實, fact)을 넘어 진실(眞實, truth)을 찾는 사람이다. '육하원칙(六何原則)'의 맨 마지막 '왜(why)'를 끊임없이 던져야 한다. '육하원칙'이란 단어의 '하(何)'가 어째서, 왜란 뜻이기도 하다. '육하원칙'의 when, where, who, what, how, why 여섯 항목 모두가 의문사로 시작되는, 다시 말해 물음표로 끝난다는 점도 의미심장하다. 역사가도 언론인도 끊임없이 물음표를 던지는 사람이다. 그런 사람이어야 한다.

역사를 공부하고 있는 사람으로서 '대안언론'을 넘어 '대체언론(代替言論)'을 꿈꾸어 본다. 언론과 언론인의 기본 정신을 지키되 새로운 시대에 맞는 다양하면서도 깊이 있는, 그리고 실용적인 정보를 제공하는 언론이면 어떨까? 이런 생각을 늘 해왔다. 나아가 이를 통해 우리 가까이에 있는 사람들, 특히 이른바 사회적 약자들에게 도움이 될 수 있으면 좋겠다는 희망도 품어 보았다.

위대한 역사가 사마천(司馬遷)의 무덤을 오르노라면 '사필소세(史筆昭世)'라는 현판을 올려보게 된다. '역사(가)의 붓이 세상을 환히 밝힌다'는 뜻이다. 세상을 밝힌다는 것은 인간과 인간사를 바로 드러내는 일이고, 환히 드러낸다는 말은 진실을 찾는다는 뜻이기도 하다. 필자는 이 정신과 자세로 한 글자 한 글자를 역사에 깊게 박아놓을 수 있도록 있는 힘을 다할 것이다.

'십일무(十一無)+삼반(三反)+양무(兩巫)'의 정권과 그 앞잡이 '언간'

왕조체제, 아니 동서양 역사상 어디에서도 없을 기도 안 차는 정권이 들어섰다. '무조건(無條件)'에 매몰된 '집단 반지성(反知性)' '민간(民奸)'이 선택(?)한 재앙이다. 하루빨리 끌어내려야 한다. 이 정권의 우두머리와 그 졸개들, '검간'을 필두로 한 '군간', '정간' 등 온갖 부류의 간신들이 하는 말과 행동을 보면 이들에게는 열한 가지가 없고, 그 때문인지 두 가지 미신에 빠져있다. 거기에 국민과 국가 그리고 국익에는 관심이 없다. 이 자들을 비판해야 할 언론은 비판은커녕 '언간'이 되어 앞잡이 노릇을 하며 국민을 이간질하고 있다. 이 '언간'의 폐해는 상상을 초월한다. 이 간신들의 특성과 언행에 '십일무+삼반+양무'라는 이름을 붙이고, 이것, 즉 '없는 열한 가지', '거꾸로 가는 세 가지', '미신(迷信) 둘'에 대해 좀 알아보았다.

1. 먼저 이 자들은 무지(無知)하다. 제대로 아는 게 없다. 무지(無智)는 언감생심(焉敢生心)이라 뺐다.(출처:《논어》〈자한〉;《춘추곡량전》외)

2. 아는 게 없으니 무얼 보아도 그저 멀뚱멀뚱 눈만 껌벅 거릴 수밖에 없다. 사물을 가려 낼 수 없는 무식(無識)이다.(출처:《손자병법》〈구지〉;《순자》〈법행〉외)

3. 아는 게 없고, 사물을 제대로 가려낼 수 없으니 무능(無能)은 당

연하다. 뭔 가를 할 수 없다.(출처 : 《예기》〈유행〉)

4. 여기에 자신의 이런 모습에 대해 부끄러워할 줄 모른다. 무치 (無恥)다. 부끄러움이 없으니, 부끄러워할 줄 모르니 못할 짓이 없 다.(출처:《예기》〈표기〉;《사기》〈관안열전〉외)

5. 어떤 일을 두고 계획을 세우거나 꾀를 낼 수도 없다. 무모(無謀)다.

6. 능력도 없이 일을 벌이니 실패는 불을 보듯 뻔하다. 그런데 이 실패에 대해 책임지지 않는다. 무조건 저질러 놓고 본다. 무책임(無 責任)이다.(출처 : 《좌전》 선공 12년조)

7. 이러니 시간이 지날수록 무기력(無氣力)해진다.

8. 설상가상(雪上加霜)으로 이 자들 대부분이 무례(無禮)한 무뢰배(無 賴輩)들이다. 무뢰배란 성품이 막되어 예의와 염치를 모르며, 불량 한 짓을 하며 돌아다니는 자들을 가리키는 단어다.(출처 : 《시경》 '용 풍' ; 《사기》〈진본기〉)

9. 이런 자들이 권력을 쥐고 있으니 제 멋대로 함부로 행패를 부린 다. 이를 무단(無斷)이라 한다. 나라의 중요한 정책도 우두머리의 비위에만 맞추어 마구 결정한다.《한서》〈광형전〉)

10. 이러니 이들의 모든 언행이 무도(無道)할 수밖에 없다. '무도'는 대개 대역무도(大逆無道, 순리와 상식을 멋대로 거스르는 짓이나 그런 자), 황음무도(荒淫無道, 음탕하기가 짝이 없다), 극악무도(極惡無道, 악하기가 이루 말할 수 없다), 혼용무도(昏庸無道, 더할 수 없이 어리석고 무능하다)처럼 아주 나쁘고 부정적인 단어에 붙여 쓴다. ('혼용'은 소동파의 〈사자대부思子台賦〉가 그 출처이고, '무도'는 《논어》 등 여러 책에 보인다. '혼용무도' 2015년 올해의 사자성어로 선정된 합성어이다.)

11. 그래서 세상 사람들은 이 자들을 무뇌(無腦)라 비꼰다. 뇌가 없다, 골이 비었다는 뜻이다. 대신 그 안에 온갖 욕심이 가득 차 있다. 탐욕의 덩어리 자체다.

무식하고 무지한 자의 문제는 아는 것이 없다는 데 있지 않고 알려고 하지 않거나 알 필요가 없다고 고집하는 데 있다. 이 때문에 무모해지고 무단으로 행동하는 것이다. 결국 무도할 수밖에 없다. '십일무'로 무장(?)한 이런 자들이 모여 나라를 이끈답시고 설치니 그 결과는 '삼반'으로 나타날 수밖에 없다. 반국민(反國民), 반국가(反國家), 반국익(反國益)이다. 하는 족족 민족과 국민과 국익과 반대로 나가는 것이다. 더 심각한 짓은 이 자들, 특히 우두머리와 그 처가 무당(巫堂)과 무속(巫俗)에 집착하고 있다는 풍문이 파다하다. '양무'다. 이러고도 나라가 제대로 운영될 수 있겠는가? 나라와 국민을 생각한다면 하루라도 빨리 끌어내리는 것이 상책(上策)이다. 서로에게 더 큰 불행이 닥치기 전에.

이런 '십일무+삼반+양무'의 정권을 비판하기는커녕 낯 뜨거운 아부로 꼬리치는 언간들 때문에 국민은 갈라지고, 나아가 나라가 골병이 들고 국민의 삶이 도탄에 빠지고 있다. 우리 '언간'은 이 '십일무+삼반+양무' 중 어디에 얼마나 해당할까? 스스로를 돌아볼 일이다. 돌아본다고 나아질 것 같지는 않지만 말이다. 결국 퇴출과 대체가 답이다.

'언간'의 실로 다양한 수법의 목적과 본질

필자가 《간신론》에서 분류한 17종의 간신 부류 중에서 가장 심각한 해악을 끼치는 부류가 기레기라는 멸칭으로 불리는 언론계의 간신 '언간'이다. 간신현상의 뿌리는 '사이비 엘리트 간신부류의 카르텔'이고, 이를 떠받치는 '앞잡이' '주구(走狗)'의 머리통은 단연 언론이다.

'언간'은 신문과 방송을 무기로 삼아 권력층의 간신 부류들과 야합하여 나쁜 권력자의 비위를 맞추고, 국민의 여론을 분열시킨다. 이를 위해 '언간'들은 온갖 수단과 방법을 동원하여 '혹세무민(惑世誣民)'한다. 이번 《간신학》 개정판을 준비하면서 '언간'의 못된 수단과 방법을 정리해서 부록으로 배치했다.

'언간'이 써먹는 수법의 가장 큰 특징은 왜곡, 날조, 조작, 기만, 사기의 다섯 가지다. 이 다섯 가지 아래로 다양한 방법들이 있다. 이를 몇 가지로 나누어 우리말로 나타내면 아래와 같다.

- 속이기, 거짓말하기, 비틀기, 만들어내기, 말 돌리기, 말 바꾸기, 가리기, 감추기, 부풀리기.
- 겁주기, 억지 쓰기, 잡아떼기, 두말하기, 갈라치기, 따돌리기, 골라 패기, 싸잡아 때리기, 시침떼기.
- 나 몰라라 하기, 떼쓰기, 떼로 때리기, 딴 데로 돌리기, 말꼬리 잡기, 덫 놓기, 덫에 빠뜨리기(모함), 훔치기(진화타겁, 화중취속), 불난 집에 부채질하기, 척하기.
- 굽신거리기, 추켜세우기, 핥기, 빨기, 비비기, 히히덕거리기(시시덕거리기), 비꼬기, 샘내기, 얻어먹기, 얻어 마시기, 달라붙기, 끈내세우기, 부스러기 주워먹기, 봐주기, 비위 맞추기, 알랑거리기, 엎드리기, 꿇기.
- 괴롭히기(스토킹), 우쭐거리기, 딴소리하기, 등치기, 뻔뻔하기, 갖다 붙이기, 짜깁기, 되풀이하기, 앵무새 노릇, 큰소리치기(허풍), 아닌척하기, 딴청피우기.
- 알아서 기기, 알아서 입 닥치기, 추켜세우기, 등 돌리기, 닥치기, 물 타기, 줄타기, 흐리기, 휘젓기.

이처럼 다양한 '언간'의 못된 수법들을 알기 쉽게 몇 글자의 성어 형태로 정리하여 우리 사회 '언간'이 얼마나 심각한 간신현상인가를 생각해보았다. 나아가 '언간'의 수법을 정확하게 알고 분석할 수 있으면 이들의 간사한 언행에 놀아나지 않을 뿐만 아니라 그들을 꾸짖을 수 있는 힘을 갖게 된다.

'언간'이 모든 사악한 수법을 총동원하는 목적과 본질은 간단하다. 목적은 '사리사욕(私利私慾, selfish desires)'을 채우는 것이고, 본질은 '탐욕(貪欲, greed)'이다. 이는 '언간' 뿐만 아니라 모든 부류의 간신들이 갖는 공통점이자 특징이다. 이들에게는 오로지 나 한 사람, 내 가족, 내 패거리의 이익만 관심이 있을 뿐이다. 이들에게 공익(公益), 봉사(奉仕), 의무(義務), 국민(國民), 국가(國家)와 같은 개념은 아예 장착되어 있지 않다. 그래서 부끄러움이 없는 '무치(無恥)'한 자들이기도 하다.

다시 말하지만 '언간'의 수법은 다양하다. 다양하기 때문에 홀리고 넘어가기 쉽다. 특히 전파력이 무한대에 가까운 네트워크를 거의 독점하고 있는 것이나 마찬가지이기 때문에 일상에 바쁜 일반 국민들이 그 허위와 거짓을 잡아내기가 만만치 않다. 여기에 포탈까지 가세한 상황이어서 이 '언간'을 비롯한 SNS 간신 부류들과의 싸움은 더욱 힘들어졌다. 물론 집단지성 시대를 맞이하여 이전보다는 훨씬 빠르고 쉽게 거짓을 잡아내고 그 수법을 파악할 수 있게 되었지만 그런 일을 할 수 있는 집단과 인력은 여전히 역부족이다.

'언간'의 다양한 수법과 핵심 총정리

이제 이런 현실을 염두에 두고 SNS(특히 유튜브)를 포함한 '언간'들이 부리는 수법의 핵심을 총 정리해 보니 모두 74개에 이르렀다(각 항목에 대한 자세한 내용은 서비스형 블로그 '얼룩소'에 연재되어 있으니 참고 바람).

1. 곡학아세(曲學阿世) '배운 것을 왜곡하여 세상(권력, 권력자, 민간民奸)에 아부하다.' '언간'과 결탁한 배운 간신 '학간'들의 주요한 수법이다. 이들은 지금이 '지식으로부터 해방된' 세상임을 모른 채 여전히 알량한 지식 따위로 세상과 국민을 홀리는 '혹세무민(惑世誣民)'에 열을 올리고 있다.(출처 :《사기》〈유림열전〉)

2. 곡의봉영(曲意奉迎) '자신의 뜻(소신)을 굽혀 (권력과 권력자)를 받들고 그 뜻에 맞추다.' '곡학아세'와 비슷한 수법이다. 출세와 돈을 위해 자신의 소신을 내팽개친 채 권력(자)에 줄을 서고 알랑거리는 수법이다. 기레기 '언간'들은 '곡의봉영'이 몸에 배었다.[출처 : 엽소옹(葉紹翁),《사조문견록(四朝聞見錄)》;《삼국연의(三國演義)》]

3. 지치득차(舐痔得車) '똥구멍 치질을 핥아 수레(돈과 권력 따위)를 얻다.' 소신을 꺾은 간신이 못할 짓은 없다. 권력과 돈을 쥔 자의 똥구멍까지 핥으며 사욕을 추구한다. 기레기 '언간'들의 짓거리를 조롱하는 비유이기도 하다.[출처 :《장자(莊子)》〈열어구(列禦寇)〉]

4. 면유퇴방(面諛退謗) '면전에서는 아부하고 물러나서는 비방한다.' '면종복배(面從腹背)'와 같은 뜻이다. 간신에게는 믿음이란 아예 존재하지 않는다. 필요하면 언제 어디서든 얼굴을 바꾼다. 배신과 배반은 모든 간신의 아이콘이다. 간신은 누군가와 손을 잡을 때도 등을 돌리고 잡는 자이다. 권력(자)의 힘이 빠지면 언제 그랬냐는 듯이 물고 뜯는 것이 '언간'의 전형적인 짓거리다.(출처 :《사기》〈하본기〉)

5. 협견첨소(脇肩諂笑) '협견'은 어깨는 쭈뼛 세우고 목은 움츠린 모습을 말하며, '첨소'는 알랑거리며 웃는 것을 말한다. 상대에게 머리를 숙이고 허리를 굽히며, 비위를 맞추어 아첨하고, 가식으로 공손한 태도를 가장하는 것이다. 목적을 위해서라면 기레기 '언간'들은 이런 짓쯤은 아무 일도 아니다.(출처 : 《맹자》 〈공손추〉)

6. 가공제사(假公濟私) '공적인 명의를 빌려 사리사욕을 취한다'는 뜻이다. '탁공보사(托公報私)'로도 쓴다. 기레기 '언간'들은 '공기(公器)'로 불리는 언론을 이용하여 개인의 욕심을 채운다. 권력과 권력자에 아부하여 자리를 얻는다. 타락한 우리 언론의 자화상이다.[출처 : 《한서》 〈두업전(杜業傳)〉]

7. 거두절미(去頭截尾) '거두절미'는 '머리를 없애고 꼬리를 자르다'는 뜻의 사자성어다. 일상에서 자주 사용하고 있다. '참두거미(斬頭去尾)'로도 쓴다. 어떤 일의 요점만 간결하게 말한다는 뜻이지만 자기 멋대로 잘라서 말하는 경우를 지적하기도 한다. '거두절미'는 취재하지 않고 기사를 쓰는 불량 기레기 '언간'의 주요 수법이기도 하다. 남이 쓴 기사나 글과 말 등을 카피하면서 앞뒤는 물론 아무 곳이나 잘라 붙이는 수법이 그것이다. 이렇게 몇 번 거치면 원래 기사와는 완전히 다른 기사가 되어 버리는 일이 적지 않다.[출처 : 엽검영(葉劍英, 1897~1986)의 〈위대한 전략결전〉]

8. 걸견폐요(桀犬吠堯) '걸의 개가 요 임금을 향해 짖다.' 폭군의 대명

사 걸 임금이 기르는 개가 성군의 표상인 요 임금을 향해 마구 짖는 다는 뜻이다. 나쁜 권력(자)에 길들여진 기레기 '언간'들이 나쁜 권력(자)이 지목하는 선량한 사람들을 물고 뜯는 현실이다. 언론이 권력을 감시하는 '왓치독(watchdog, 감시견)'의 역할을 내팽개치고 권력이나 힘 있는 자의 애완용 개(랩독 lapdog)', 심지어 '언론계의 창녀'라는 뜻의 '프레스티튜트(presstitute, 언창 / 언창녀)'로 전락했다. 창녀의 영어 표기는 '프라스터튜트(prostitute)'를 많이 쓰고, 멸칭으로 호어 (whore), 속어로 후커(hooker) 등이 있다. (출처 : 《사기》〈노중련추양열전〉)

9. 견강부회(牽強附會) '억지로 끌어다 갖다 붙인다'는 뜻이다. 말도 안 되는 논리를 어거지로 끌어다가 자기주장의 근거로 삼는 것을 비유한다. '언간'들과 '학간'들의 전형적인 수법의 하나이다. '견강부회'는 못된 학자들, 즉 '학간'들의 '곡학아세(曲學阿世)'와 함께 하루 빨리 뿌리 뽑아야 할 고질병이다.[출처 : 증박(曾朴), 김송잠(金松岑), 《얼해화(孽海花)》]

10. 경보불사(慶父不死), 노난미이(魯難未已) '경보가 죽지 않으면 노나라의 난리는 끝나지 않는다.' 춘추시대 노나라는 임금을 죽이는 등 경보의 갖은 만행 때문에 백성들이 치를 떨었다. 당시 패주였던 환공이 사람을 시켜 상황을 파악하게 했더니 "경보가 죽지 않으면 노나라의 난리는 끝나지 않을" 것이라는 보고를 받았다. '언간'을 비롯한 우리 안의 간신들을 제거하지 않는 한 우리들의 난리도 끝나지 않을 것이다.[출처 : 《춘추좌전(春秋左傳)》]

11. 구함좌폐(構陷坐廢) '함정을 파서 상대를 해치다.' 모략을 꾸며 자기와 다른 정적에게 죄를 씌워 상대를 해치는 것을 '구함좌폐'라 한다. '구함'은 함정을 판다는 뜻이고, '좌폐'는 죄를 얻어 파직당하거나 그냥 버려진다는 뜻이다. 우리 '언간'들의 간행이 '구함좌폐'하는 지경에까지 이르렀다. 이 수법에 당한 사람이 한둘이 아니다. (신조어)

12. 남우충수(濫竽充數) '악대에 불필요한 피리 연주자가 머릿수를 채우다.' 실력 없이 밥만 축내는 밥통 내지 밥버러지들이 다른 사람들에 묻어 그저 머릿수만 채우고 있는 상황을 비유한다. '언간'들이 딱 이런 자들이다. 문제는 밥만 축내는 것이 아니라 되지도 않는 기사로 무고한 사람을 해치고 국민들을 이간하는 것이다. 밥그릇을 빼앗아야 한다. [출처 : 《한비자》〈내저설〉(상)]

13. 단장취의(斷章取義) '문장이나 뜻을 멋대로 잘라서 취한다'는 뜻으로 자신의 생각이나 주장을 대변하기 위해 글쓴이의 원래 의도와는 상관없이 남의 문장 중 일부를 잘라내는 행위를 가리킨다. 우리 '언간'들이 잘 써먹는 수법이다. 이 '단장취의' 때문에 외교문제가 발생한 적도 있을 정도다. (출처 : 《좌전》)

14. 당의포탄(糖衣砲彈) '사탕발린 포탄'이란 뜻이다. 줄여서 '당탄(糖彈)'이라고 한다. 무기가 아닌 온갖 다른 방식으로 상대를 회유하고 파먹어 들어가는 간신들의 수단을 비유한다. '언간'의 기사와 말은 사탕발린 포탄과 같은 것이 많다. (출처 : 1949년 모택동 연설)

15. 대간사충(大奸似忠) '큰 간신은 충신처럼 보인다'는 뜻이다. '언간' 들은 자신의 언행을 마치 나라와 국민을 위하는 것처럼 위장하고 포장하고 한껏 부풀린다. 하지만 그 속내는 사주와 '언간' 개인의 사사로운 탐욕으로 가득 차있다.[출처 : 소박(邵博), 《문견후록(聞見後錄)》(권23)]

16. 대의대진(大疑大進) '크게 의심하면 크게 진보한다'는 뜻이다. 언론이라면 당연히 갖추어야 할 자세의 하나이다. 그러나 우리 '언간'들은 의심은커녕 질문도 하지 않는다. 당연히 의문도 품지 않는다. 그러니 진실은커녕 사실조차 제대로 말하지 못한다. 진실을 외면하는 것은 물론 사실도 못 본체 못 들은 척한다.[출처 : 육구연(陸九淵), 《육구연전집(陸九淵全集)》]

17. 도로이목(道路以目) '길에서 만나면 눈으로 뜻을 나누다.' 고대 권력자들은 백성의 여론을 통제하기 위해 '속으로 비방해도 처벌한다'는 '복비법(腹誹法)' 등과 같은 악법을 만들었다. 그러자 백성들은 '도로이목'으로 불만을 교환했고, 결국 왕이 내쫓기거나 나라가 망했다. 백성의 입을 막는 일은 홍수를 막는 것보다 힘들다. 기레기 '언간'의 술수는 이제 그 수명을 다하고 있다.(출처 : 《사기》〈주본기〉)

18. 동문서답(東問西答) '동쪽을 묻는데 서쪽으로 답한다.' 묻는 것에는 아랑곳하지 않고 엉뚱한 답을 말하는 것을 비유한다. '권간'과 '언간'의 상투적 수법이다. 그러면서 '일수차천(一手遮天)', 즉 '손바닥으

로 하늘을 가리려' 한다.(출처 : 우리 속담,《송남잡지》)

19. 동족방뇨(凍足放尿) '언 발에 오줌누기'를 한자로 바꾼 것이다. '동족방뇨'은 정치판의 간신 '정간'과 '언간'의 합작인 경우가 많다. '정간' 하나가 거짓말을 하다 들키면 '언간'들이 나서 그 거짓말에 당의 정 따위를 씌워 그 거짓말을 감추거나 함께 거짓말 행진에 동참하여 그 '정간'을 감싸준다. 망치로 언 발을 깨지 않으면 녹일 수 없는 지경에 이른다.(출처 : 우리 속담,《선조실록》외)

20. 막수유(莫須有) '꼭 그렇지는 않지만 있을 수도 있다.' 증거도 없이 추정만으로 누군가를 죄인으로 모는 수법이다. '언간'은 익명이나 관계자의 입을 빌려 '막수유'로 누군가를 지목하면, '검간'은 공권력을 동원해서 마구 탄압한다.(출처 :《송사》〈악비전〉)

21. 면종복배(面從腹背) '앞에서는 따르지만 돌아서서 배반한다.' 간신의 가장 특징들 중 하나가 아첨이다. 온갖 미사여구를 동원해서 앞에서는 아부·아첨하지만 돌아서면 헐뜯고 비방한다. 또 권력(자)이 힘을 잃으면 맨 먼저 나서 대놓고 비방한다. '언간'들의 작태가 딱 이렇다. 권력(자)이 힘이 있을 때는 낯 뜨겁게 알랑거리다가 권력(자)의 힘이 빠지면 하이에나처럼 달려들어 물어뜯는다. 앞에서 알랑거리는 자는 경계해야 한다.(출처 : 일본식 성어)

22. 명성과실(名聲過實) '명성이 실제를 앞지르다.' 간신은 이름(명성)과

실제가 결코 일치하지 않는다. '언간'은 자신에게 유리한 간신을 키우기 위해 갖은 수단으로 명성을 과장한다. 철저하게 검증하여 그 실제와 실질을 환하게 드러내야 한다.(출처 : 《사기》 〈한신노관열전〉)

23. 무중생유(無中生有) '무에서 유를 만들어낸다.' '언간'은 사실조차 제대로 보도하지 않는다. 사실을 왜곡하는 것은 물론 없는 사실도 만들어내는 '무중생유'로 권력(자)에 꼬리치고, 권력(자)가 지목하는 무고한 사람을 해친다.(출처 : 《노자》)

24. 발묘조장(拔苗助長) '모를 뽑아 자라기를 돕다.' 이제 막 자라고 있는 모를 빨리 키우려고 성급하게 뽑아 올리는 바람에 모를 죽이는 것을 비유한다. '언간'들은 자신들에게 유리하다고 판단되면 되지도 않는 자(권력, 권력자)를 무작정 치켜세운다. 쑥쑥 크는 것 같지만 결국은 말라 죽는다. '언간'들이 대놓고 칭송하는 자들은 잘 살펴보아야 한다. 대부분 빈 깡통이다.(출처 : 《맹자》 〈공손추〉)

25. 방민지구(防民之口), 심어방수(甚於防水) '백성의 입을 막는 일은 물(홍수)을 막는 것보다 심각하다.' '언간'은 들끓는 민심과 여론을 막거나 바꿀 수 있다고 착각한다. 백성들은 참을 수 있을 때까지 참는다. 그러나 그 마음은 이미 분노로 이글거리고 있다. 그것이 터지면 아무도 무엇으로도 못 막는다.(출처 : 《사기》 〈주본기〉)

26. 백년하청(百年河淸) 백년은 '무한한 세월'을 뜻하는 표현이고 '하'

는 황하를 이른다. '황하의 물이 맑아지려면 백년이 넘을 정도로 엄청나게 긴 시간이 걸린다'라는 뜻으로 보통 불가능한 일의 상징으로 비유한다. '언간'이 참 언론으로 거듭나기란 '백년하청'이다. '대안(代案)'도 아닌 '대체(代替)'가 답이다.(출처 : 《춘추좌전》)

27. 부화뇌동(附和雷同) '우레 소리에 맞추어 함께 하다.' 자신의 뚜렷한 생각 없이 그저 남이 하자는 대로 따라가는 것을 비유한 성어이다. 선현은 "비속한 사람은 옳고 그름을 가릴 줄 아는 마음이 없기 때문에 하는 말이 다 똑같다. 그래서 '뇌동'이라 한다"는 해석을 붙였다. 영락없이 기레기라는 모욕적인 이름으로 불리고 있는 지금 우리 '언간'의 짓거리를 지적하고 있다.(출처 : 일본식 또는 우리식 성어)

28. 비론제속(卑論儕俗), 여세침부(與世沈浮) '비천한 논리로 세속에 맞추어 세상과 더불어 부침하다.' 자신의 뜻이나 언행을 (어리석은) 세속(민간)의 기준에 맞추어 떨어뜨려 세속의 비위에 맞추어 부귀와 명성을 얻으려는 자들에 대한 비판의 성어인데, '언간'의 짓거리도 이와 판박이이다.(출처 : 《사기》〈유협열전〉)

29. 사서맹구(社鼠猛狗) '사직의 쥐새끼, (술집의) 사나운 개'란 뜻의 성어로 이런 자들이 소통을 막고 서서 권력자는 물론 백성의 눈과 귀를 가린다는 비유이다. '언간'이 이런 자들이다. 없애지 않으면 종묘사직이 위태로워진다.[출처 : 《안자춘추(晏子春秋)》]

30. 사이비(似而非) '같아 보이는 데 아니다'는 뜻이다. 맞는 것 같은데 틀리고, 옳은 것 같은데 그르고, 진짜 같은데 가짜인 경우, 뭔가 있어 보이는데 실은 비어 있는 등등을 가리킬 때 흔히 쓰는 단어다. 속된 말로 '짝퉁'이고 '가짜'고 '빈 깡통'다. 언론, 정치, 검찰, 사법, 관료, 지식인에 이런 '사이비'들이 흘러넘쳐 차라리 진짜를 골라내는 쪽이 빠르고 쉽다.[출처 : 《장자》 〈산목(山木)〉]

31. 삼인성호(三人成虎) '세 사람이 모이면 (없는) 호랑이도 만든다.' 근거 없는 말이나 거짓말이라도 여러 사람이 같은 말을 하면 곧이듣게 된다는 뜻의 성어로 '언간'의 상투적인 수법의 하나이다. '언간'들은 이런 수법은 나치의 괴벨스를 떠올리게 한다.[출처 : 《전국책(戰國策)》]

32. 선공후사(先公後私) '공을 앞세우고 사는 나중이다.' '언간'은 이와 정확하게 반대다. 사사로운 욕심을 채우거나 누군가의 사적인 탐욕을 채우기 위한 앞잡이 노릇을 서슴지 않는다. '언간'은 무조건 '선사후공(先私後公)'이다.(출처 : 《삼국지》 〈두서전〉)

33. 시위소찬(尸位素餐) '자리만 차지하고 밥만 축내다.' '언간'은 자리만 차지하고 밥만 축내는 존재를 벗어나 그 자리를 악용하여 온갖 '간행'을 서슴지 않는다. 차라리 아무 일도 하지 않는 것이 낫지만 밥값이 아깝다. 밥통을 빼앗아야 한다.(출처 : 《한서》 〈주운전〉)

34. 신구자황(信口雌黃) '아무렇지 않게 멋대로 말을 바꾸다.' 사실 관계는 확인도 않고 마구 헛소리를 내뱉거나 수시로 말을 바꾸는 것을 비유하는 흥미로운 성어인데, '언간'들에게 딱 어울리는 말이다.[출처 : 《문선(文選)》]

35. 신목자필탄관(新沐者必彈冠), **신욕자필진의**(新浴者必振衣) '머리를 새롭게 감았어도 꼭 갓에 앉은 먼지를 털고, 새로 몸을 씻었어도 꼭 옷에 묻은 티끌을 떨어버린다.' 애국시인 굴원의 처신이다. 제대로 된 언론이라면 취재를 통해 사실 관계를 확인했어도 또 체크하고 체크하여 행여 잘못된 것이 없는지 찾은 다음 기사를 써야 한다. '언간'은 사실 확인은커녕 취재조차 않는다.(출처 : 《사기》 〈굴원열전〉)

36. 심장적구(尋章摘句) '문장 몇 개를 뒤지거나 구절 몇 개를 가려내다.' 남의 글의 단편적인 단어 정도만 살피고 그 실질적 의미는 깊이 탐구하지 않는 것을 형용하는 표현이다. 표절(剽竊), 도절(盜竊)을 넘어서 '복붙'조차 마다 않는 '언간'들의 행태에 대한 비유다.(출처 : 《삼국지》 〈오서〉)

37. 아시타비(我是他非) '나는 옳고 남은 그르다.' 사회적으로 유행한 '내로남불'을 한자로 나타낸 것으로, 무조건 나만 옳고 상대는 그르다는 자세를 말한다. '언간'들은 권력(자)의 비위를 맞추려고 권력(자)이 지목하는 사람을 무조건 물고 뜯는다.(출처 : 신조어)

38. 아유봉승(阿諛奉承) '아첨으로 권력자의 뜻을 떠받들다.' 간신은 언제나 인성의 가장 취약한 부분을 사정없이 파고든다. 특히, 누구에게나 듣기 좋고 편한 아부는 역대 간신들 모두가 능수능란하게 써먹은 수법이었다. 권력(자)을 감시해야 할 언론이 권력(자)에 줄을 대고 정신없이 밑을 핥고 있다. 오늘날 우리 '언간'의 자화상이다.[출처 : 동노고광생(東魯古狂生), 《취성석(醉醒石)》]

39. 아전인수(我田引水) '제 논에 물대기.' 자기 이익만 생각하고 행동하는 것을 비유하거나, 자신에게만 이롭도록 억지로 꾸미는 것을 비유하는 표현이다. '언간'은 이제 국민 여론을 대변하지 않는다. 취재도 하지 않는다. 당연히 사실조차 있는 그대로 쓰지 않는다. 자기 이익, 사주의 이해관계, 권력자의 심기만 따져 기사를 꾸미고 심지어 조작한다. 오로지 '제 논에만 물을 대니' 그 물에 잠겨 죽을 것이다.(출처 : 일본식 성어)

40. 암전상인(暗箭傷人) '몰래 화살을 날려 사람을 해친다.' 간신은 뒤통수치기의 명수다. 수시로 등 뒤에서 화살을 날린다. 간신은 겉으로는 동정하는 척하고, 착하게 굴지만 등 뒤에서는 무서운 살기를 내뿜고 있다. 표면적으로는 관심을 나타내지만, 등 뒤에서는 죄를 조작해서 죽음으로 몰아넣는다. '언간'이 '검간'의 앞잡이가 되어 '암전상인'을 일삼고 있다.[출처 : 《이언(俚言)》]

41. 양령타고(揚鈴打鼓) 간신은 작은 일을 부풀리는데 고수다. 심지어

하찮은 일조차 어마어마하게 키우는 남다른 재주를 부린다. '부풀리기'와 '키우기' 수법이다. 이와 관련한 성어가 '양령타고(揚鈴打鼓)'다. '방울을 흔들고 북을 친다', 즉 요란을 떤다는 뜻을 가진 성어이다. '양령타고' 수법에는 크게 두 가지 장치가 내포되어 있다. 하나는 겉으로 드러나는 요란함으로 사람들의 주의를 다른 쪽으로 돌리는 것이고, 또 하나는 그 요란함에 감추어져 있는 은밀한 또 다른 장치들이다. 사실 '양령타고'의 핵심은 방울과 북소리에 숨겨져 있는 간신의 또 다른 은밀하고 악랄한 수법들에 있다. 따라서 방울과 북소리에 홀리지 말고 그 안에 감추어져 있는 진짜 의도와 동기 및 목적을 정확하게 간파해내야 한다.

간신들이 요란하게 북치고 나발 불 때는 무조건 의심해야 한다. 다른 의도가 있거나, 시선을 다른 곳으로 돌리려거나, 캥기는 것이 있거나, 권력(자)의 똥구멍을 핥아 귀여움을 받고 싶어서이기 때문이다. 최근 야당 대표를 살해하려 한 끔찍한 사건을 놓고 '언간'들은 사건의 본질을 파헤치려 하기는커녕 말도 안 되는 헬기를 걸고 넘어지거나, 수준 이하의 의사들이 거는 시비를 잔뜩 부풀려 요란을 떠는 짓거리가 딱 '양령타고' 수법이다. [출처 《홍루몽(紅樓夢)》]

42. 어목혼주(魚目混珠) '물고기 눈알과 진주를 혼동하다.' 물고기 눈알은 그 모양이 마치 진주 같아 보일 때가 있다. 그래서 가짜로 진짜를 충당하거나, 천한 것으로 귀한 것을 충당하거나, 또 열등한 것으로 우수한 것을 충당하는 것을 '어목혼주(魚目混珠)'라 한다. '어목혼주'는 언간들의 상투적 수법이다. 툭 하면 꺼내 드는 좌익 빨갱이

이니 반공이니 하는 구호는 자신들의 무능과 간사함, 즉 진짜 정체를 감추기 위한 위장용 카드다. 문제는 이런 가짜 카드에 길들여진 많은 사람들이 속아 넘어간다는 사실이다. 따라서 가면을 벗겨 그 정체를 완전히 드러내게 해야 하는데, 이 때 '어목혼주' 모략을 역으로 이용할 수도 있다.[출처 : 위백양(魏伯陽), 《참동계(參同契)》]

43. 엄이도종(掩耳盜鐘) '자기 귀를 막고 종을 훔친다.' 2011년 '올해의 사자성어'로도 선정되었다. 남의 집 종을 훔치려다 종이 너무 무거워 망치로 종을 깨서 가져가려 한 도둑이 있었다. 망치로 종을 때리자 소리가 날 수밖에 없었고, 도둑은 자기 귀를 막고 종을 두드렸다고 한다. 우리 '언간'들이 하는 짓이 딱 이렇다. 세상 사람 다 보고 듣고 있는데도 아무렇지 않게 거짓말하고 조작한다.[출처 : 《여씨춘추(呂氏春秋)》〈자지(自知)〉편]

44. 우어기시(偶語棄市) '두 사람이 이야기를 나누어도 (공개) 사형에 처하다.' 진시황 때 이사가 만든 유명한 악법이다. 백성들의 입을 막으려는 독재 권력의 전형적인 수법인데, 지금 우리 '언간'들은 백성을 대신해서 독재 권력을 비판하는 목소리를 내기는커녕 알아서 입을 닫고 있다. 대신 권력의 앞잡이가 되어 백성들을 이간질하고 있다. 이참에 나쁜 '언간'들은 아예 영원히 입을 닫게 만드는 것도 생각해봐야 한다.(출처 : 《사기》〈진시황본기〉)

45. 유언비어(流言蜚語) '근거 없는 떠도는 말' '유언비어'는 '유언'과 '비

어'의 합성어이다. '유언'은 글자 뜻 그대로 '떠도는 말'이고, '비어'는 '메뚜기 떼처럼 날아다니는 말'이란 뜻으로 '유언'과 같다. '유언비어'는 대단히 보편적인 사회심리 현상의 하나로서 일부 사람들이 특정한 '희망'에 근거하여 퍼뜨리는 것으로, 사실적 근거가 부족한 전해 듣는 말이다. 유언비어는 생활 속에서 간격과 차이가 크고 공격성을 갖춘 것으로 소극적인 사회적 기능을 발휘하며, 왕왕 아주 나쁜 사회적 영향을 조성하기도 한다. 그런가 하면 언론이나 여론이 강제적으로 탄압당할 때 나타나는 소극적 저항의 한 표현으로서 '유언비어'가 널리 퍼지기도 한다. 문제는 이런 '유언비어'를 찾아내서 그 사실 여부를 확인해야 할 언론들이 '유언비어' 유포에 앞장서고 있는 우리 현실이다. 그래서 기레기 '언간'이라 한다.(출처 : 《사기》〈위기무안후열전〉)

46. 이가난진(以假亂眞) '거짓 모습으로 진짜를 혼란시킨다.' 쉽게 말해 '가짜로 진짜를 어지럽히는' 짓을 가리킨다. 지금 우리 기레기 '언간'이 가장 잘 써먹는 수법이다. 우리 기레기 '언간'들은 가짜뿐만 아니라 쓰레기통에 버리기도 아까운 불량품, 불량인을 뭐 대단한 것처럼 꾸며댄다. 눈 밝은 국민들이 부릅뜨고 가려내서 폐기시켜야 한다.[출처 :《안씨가훈(顔氏家訓)》]

47.이식지담(耳食之談) '귀로 음식 맛을 보듯 하는 말.' 천박한 식견으로 하잘 것 없는 이 일 저 일은 물론 천하 정세까지 아무렇지도 않게 진단하고 단정하는 허울뿐인 '언간'과 지식인부류를 비꼬는 말

로 사용하는 참으로 절묘한 비유다.(출처 : 《사기》〈육국연표〉)

48. 이우아사(爾虞我詐) '너도 속이고 나도 속이다.' 간신과 '언간'은 이해가 일치하면 손을 잡지만 언제든 등을 돌리는 존재들이다. 간신은 등을 지고 악수하는 존재다. '언간'은 국민을 속일 뿐만 아니라 필요하면 자기들끼리도 속인다. 간신에게는 의리란 애당초 없다.(출처 : 《좌전》)

49. 이율배반(二律背反, antinomies) 서로 모순되어 양립할 수 없는 두 개의 명제를 '이율배반'이라 한다. '자가당착(自家撞着)'과 비슷하다. 자신이 하는 말과 행동, 자신이 앞에서 한 말과 나중에 한 말이 서로 다른 경우를 말하기도 한다. '언간'의 기사에는 이런 '이율배반'이 흘러넘친다.(출처 : 논리학)

50. 인두축명(人頭畜鳴) '사람 머리를 가지고 짐승 소리를 내다.' 간신과 '언간'이 하는 말이나 짓거리가 딱 이 꼴이다. 이들은 '인면수심(人面獸心)'이다.[출처 : 가의(賈誼), 《과진론(過秦論)》]

52. 입장마(立仗馬) '서 있는 말' 당나라 때 간신 이임보는 바른말 하는 간관(諫官)들에게 "너희는 입장마(立仗馬)를 보지 못했는가? 입장마는 하루 종일 단 한 번도 울지 않지만 삼등품 콩을 얻어먹는다. 한 번이라도 울었다간 바로 쫓겨난다."고 으름장을 놓았다. '입장마'는 무측천 때 생긴 것으로 매일 궁궐 문밖에 줄을 지어 있는 것이 그

역할이었다. 그 말들은 의장대의 출입에 따라 들어왔다 나가면 그만이었고 하루 종일 서 있기만 하면 맛있는 먹이가 제공되었다. 후대 사람들은 이 '입장마'란 표현으로 후한 녹봉만 축내고 아무것도 하지 않는 사람을 비꼬았다. 지금 우리 '언간'이 딱 입에 재갈 물고 있는 '입장마' 꼴이다.(출처 : 《신당서》〈이임보전〉)

53. 자가당착(自家撞着) '자가당착'은 '제 스스로 부딪치기도 하고 붙기도 한다'는 뜻의 성어로, 한 사람의 말과 행동이 서로 앞뒤가 맞지 않는 모습을 비유한다. '자가당착(自家撞著)'으로도 쓴다. 기레기 '언간'의 짓거리는 거의 모두가 '자가당착'이다. 어제 쓴 기사와 오늘 쓴 기사가 어긋나는 것은 물론, 불과 몇 시간 사이에 쓴 기사도 앞뒤가 맞지 않는 '자가당착'이 일상이 되었다.[출처 : 《선림유취(禪林類聚)》〈간경문(看經門)〉]

54. 자기기인(自欺欺人) '자기를 속이고 남도 속이다.' 국민들을 속이는데 이골이 난 기레기 '언간'들은 이제 그것이 곧 자신조차 속이는 짓이라는 사실도 모른 채 모두를 속여 댄다. '자기기만(自己欺瞞)'이 아예 골수에 배어 불치병이 되었다.(2007년 올해의 사자성어로 선정)[출처 : 《주자어류(朱子語類)》]

55. 자업자득(自業自得) '자기가 저지른 일의 과보가 자기 자신에게 돌아간다'는 일본식 성어이다. 같거나 비슷한 뜻의 성어로 '자업자박(自業自縛)', '인과응보(因果應報)', '사필귀정(事必歸正)' 등이 있다. 기

레기 '언간'이 손가락질을 받는 것이 바로 이것이다. 대안이 아니라 대체가 답이다.[출처 : 《정법염처경(正法念處經)》]

56. **장두노미(藏頭露尾)** '머리는 숨기고 꼬리는 드러내다.' '장두노미'는 진실을 숨겨두려고 하지만 거짓의 실마리는 이미 드러나 있다는 비유이다. 속으로 감추면서 들통 날까봐 전전긍긍하는 태도를 빗대기도 한다. 기레기 '언간'들의 거짓 기사가 딱 '장두노미'다. 자기 딴에는 감춘다고 감추었지만 머리만 처박고 꼬리는 드러내고 있기 때문이다. 머리가 나쁜 꿩이 머리를 땅에 처박고 자신의 몸을 숨겼다고 여기는 것과 같다.[출처 : 《점강순(點絳脣)》]

57. **적반하장(賊反荷杖)** '도둑이 도리어 몽둥이를 든다.' 잘못한 자가 오히려 잘한 사람을 나무라는 경우를 비유하는 성어이다. 거짓과 조작 기사를 써서 비판을 받아도 도리어 비판하는 사람을 나무라는 기레기 '언간'들의 짓거리가 딱 '적반하장'이다.(출처 : 우리 속담, 《순오지》 외)

58. **무의(毋意), 무필(毋必), 무고(毋固), 무아(毋我)** '억측하지 않고, 절대 긍정하지 않고, 고집부리지 않고, 자신만 옳다고 여기지 않는다.' 기레기 '언간'들에 대한 공자님의 쓴소리다. 그러나 기레기 '언간'들은 정확하게 이와는 반대로 하고 있다. 억측하고, 한쪽 편만 무조건 들고, 억지를 부리고, 자기들만 옳다고 우긴다.(출처 : 《논어》 〈자한〉)

59. 점입가경(漸入佳境) '경치나 문장 또는 어떤 일의 상황이 점점 갈수록 재미있어 진다.' 원래는 긍정과 칭찬의 뜻이었지만 기레기 '언간'들의 짓거리를 역설적으로 비판할 때도 쓸 수 있다. 같은 맥락으로 '설상가상(雪上加霜)'도 있다. '엎친 데 덮친 격'이란 뜻이다. 또 '볼수록 가관'이란 말도 비슷한 맥락이다.(출처 :《진서》〈고개지전〉)

60. 조변석개(朝變夕改) '아침에 바꾸고 저녁에 고친다.' 수시로 자기 주장을 바꾼다는 비유이다. 기레기 언간에게 지조(志操)란 없다. 권력과 자본에 아부하기 위해 언제든 자기주장을 바꿀 준비가 된 자들이다.[출처 :《논귀속소(論貴粟疏)》]

61. 조삼모사(朝三暮四) '아침에 세 개, 저녁에 네 개' 잔꾀로 남을 속이는 것을 비유하는 성어이다. 기레기 '언간'들의 전형적인 수법이다. 교묘하게 기사를 조작하여 마치 다른 것처럼 꾸미지만 알고 보면 그게 그것이다.(출처 :《장자》〈제물론〉)

62. 주객전도(主客顚倒) '주인과 손님이 뒤바뀌다.' 서로의 입장이 뒤바뀐 것이나 일의 차례가 뒤바뀐 것을 비유하는 성어이다. 기레기 '언간'은 주요한 것과 부차적인 것을 뒤바꾸거나, 핵심과 알맹이는 뒤로 빼고 빈껍데기를 부풀려 앞세운다. 그렇게 해서 진실을 흐린다.[출처 :《전운포우화종문(滇雲浦雨話從文)》]

63. 중구삭금(衆口鑠金) '여러 사람의 입은 쇠도 녹인다.' 기레기 '언간'

들은 거짓 가짜 정보를 끊임없이 되풀이 한다. 웬만한 사람들은 이 선동에 넘어간다. 불세출의 대중 선동가이기도 했던 파시스트 히틀러는 "유언비어도 1천 번만 반복하고 나면 진리가 된다!"고 했다. 우리 언간들과 히틀러가 뭐가 다른가?(출처 : 《사기》〈장의열전〉)

64. 지록위마(指鹿爲馬) '사슴을 가리켜 말이라 하다.' '언간'의 수법으로서 이 성어가 가리키는 핵심은 대중의 관심을 다른 곳으로 돌리는 데 있다. 이를 '호도(糊塗)'라고도 한다. '호도'란 풀을 바른다는 뜻으로, 사실을 감추거나 대충 흐지부지 덮어버리는 것을 비유한다. 언간들은 '지록위마'로 시선을 돌려 사실과 진실을 감추거나 덮으려 한다.(출처 : 《사기》〈진시황본기〉)

65. 지리멸렬(支離滅裂) '이리저리 흩어지고 찢기어 갈피를 잡을 수 없다.' 기레기 '언간'들의 기사가 딱 이렇다. '지리멸렬'은 정신병의 일종이기도 하다. 전문용어로 incoherence 또는Zerfahrenheit라 하는 사고 형식장애의 일종이다. 생각에 정리가 안 되는 증상이 주요한 징후이다. 그 말이나 문장은 모순되어 연관이 없는 무의미한 말이 나열되고 앞뒤가 일관되지 않고 이해하기 어렵다. 증상이 심해지면 말을 마구 뱉어내고, 언어를 새로 만들어내기도 한다. 지금 우리 기레기 '언간'들의 증상이 딱 이렇다.(출처 : 《장자》)

66. 진화타겁(趁火打劫) '불난 틈에 물건 따위를 훔친다.' 간신은 다른 사람이 위기에 빠진 틈을 타서 사욕을 채우거나 그 사람을 해친다.

'언간'은 나라와 국민의 안위는 안중에 없다. 나라가 혼란에 빠져도 자신들에 반대하는 사람들을 비방하고 해친다.(출처 :《삼십육계》)

67. 취모구자(吹毛求疵) '터럭을 불어서 흠을 찾아내다.' 무엇이든 '나올 때까지 턴다'는 검간들의 수법이 딱 이렇다. 검간의 앞잡이 '언간'은 검간의 사주를 받아 지목된 대상은 물론 그 가족, 친지, 관련된 사람까지 모조리 털어댄다. 이 과정에서 스토킹은 기본이다. 정말이지 극악무도한 자들이다.(출처 :《한비자》〈대체〉)

68. 치아위화(齒牙爲禍) '치아가 화근이다.' 치아란 입, 즉 입에서 나오는 말을 가리킨다. 기레기 '언간'은 글과 말로 온갖 재앙을 불러일으킨다. '언간'은 그 말과 글이 아니라 그 존재 자체가 화근이다.(출처 :《사기》〈진세가〉)

69. 침소봉대(針小棒大) 직역하면 '작은 바늘을 큰 몽둥이만하다고 하는 것'이란 뜻으로 작은 것을 크게 부풀려 말하는 것을 의미한다. 별것 아닌 일을 큰일인 것처럼 과장하여 떠벌리는 것, 사실을 있는 그대로 명확하게 밝히지 않고 일정한 효과를 얻기 위해 고의로 부풀려 해석하는 경우, 소수의 사례를 전체의 상황인 것처럼 확대해석하는 것을 뜻한다. '언간'의 전형적인 수법이다.(출처 : 일본식 성어)

70. 표리부동(表裏不同) '겉과 속이 같지 않다.' 기레기 '언간'의 말과 글은 앞과 뒤, 겉과 속, 어제와 오늘, 오늘과 내일이 다 다르다. 하

루에도 몇 번씩 뒤집기도 서슴지 않는다. 그 맥락을 조금만 신경 써서 살피면 그 사악한 의도를 바로 알아낼 수 있다. '언간'에게 속지 않기에 앞서 아예 믿지 않는 것이 답이다.[출처 :《일주서(逸周書)》]

71. 표절(Plagiarism, 剽竊 ; 문화어 : 도적글) 다른 사람이 쓴 문학작품이나 학술논문, 또는 기타 각종 글의 일부 또는 전부를 직접 베끼거나 아니면 관념을 모방하면서, 마치 자신의 독창적인 산물인 것처럼 공표하는 행위를 가리킨다. 다른 사람들의 생각을 훔치는 행동도 포함된다. 기레기 '언간'의 표절은 일상이 된 지 오래다. 표절은 도둑놈과 다른 말이 아니다. '언간'은 할 수만 있다면 자신의 영혼을 파는 것은 물론 남의 영혼까지 훔칠 사상 유례가 없는 도둑놈들이다.[출처 :《변문자(辯文子)》외]

72. 혹세무민(惑世誣民) '세상을 홀리고 백성을 거짓으로 속인다'는 뜻으로 잘못된 나쁜 글이나 말로 남을 꾀어 이익을 취하는 것을 말한다. '언간'의 혹세무민은 아예 그 몸과 정신 전체에 배어버려 불치병이 되었다. 나쁜 '정간'과 그 사냥개 '언간'이 찰싹 달라붙어 혹세무민을 일삼는 현상 또한 고질병이다. 함께 청산해야 한다.[출처 :《작중지(酌中志)》]

73. 혼수모어(渾水摸魚) '물을 흐려 물고기를 잡는다.' '언간'은 불리하다 싶으면 판을 흐려 나쁜 권력(자)과 사악한 정간에게 아부하고 그 대가로 사욕을 취한다. '언간'들이 판을 흐릴 때는 그 의도가 무엇

인지를 냉철하게 파악해야 한다. 그 의도에 문제의 핵심이 관통하고 있기 때문이다.(출처 : 《삼십육계》)

74. 후회막급(後悔莫及) '나중에 뉘우쳐도 어찌 할 바가 없다.' '언간'들의 짓거리를 그대로 두거나 나 몰라라 한다면 정말이지 '후회막급'일 것이다. 나라가 망한 다음이기 때문이다. '언간'은 대안이 아니라 대체의 대상이다. 아니, 소멸시켜야 할 거악(巨惡)이다.(출처 : 《후한서》〈광무제기〉)

부끄러움 관련 명언명구 모음

간신의 가장 큰 특징이자 공통점 중 하나는 '무치(無恥)'다. 간신은 '부끄러움이 없을' 뿐만 아니라 '부지치(不知恥)', 즉 '부끄러움 자체를 모른다.' 잘못을 하고도 잘못을 뉘우치기는커녕 무엇을 잘못했는지조차 모른다. 부끄러움이 없고 부끄러움을 모르기 때문이다. 부끄러움, 잘못, 뉘우침에 관한 명언명구들을 통해 간신의 특성, 간신에 대한 방비와 처단의 필요성 등을 짚어 보았다.

간신은 부끄러움을 모른다.

《성리대전(性理大全)》〈학구(學九)〉 편 '교인(敎人) 조항에 이런 대목이 있다.

"무치즉무소불위(無恥則無所不爲)."
"부끄러움이 없으면 못할 짓이 없다."

부패한 공직자나 간신의 부도덕하고 부정한 언행의 원인을 파고 들면 예외 없이 개인이나 패거리의 사욕, 탐욕과 만나게 된다. 이런 현상은 이들이 부끄러움이 무엇인지를 모르는 데서 비롯되는데, 옛 현자들은 이런 문제의 근원을 가정과 교육에서 찾았다. 《성리대전》의 관련 대목 앞뒤를 함께 인용해 보면 이렇다.

"교인(教人), 사인필선사유치(使人必先使有恥). 무치즉무소불위 (無恥則無所不爲)."
"사람을 가르치려면 반드시 부끄러움이 무엇인지를 먼저 가르쳐야 한다. 부끄러움이 없으면 못할 짓이 없다."

자신의 언행이 남과 사회에 피해를 주는 것을 부끄러워할 줄 알아야만 그릇된 언행을 일삼지 않는다는 것이고, 그러기 위해서는 어려서부터 부끄러움이 무엇인지 가르쳐야 한다는 뜻이다. 참으로 옳은 말씀이다. 이 대목에서 계시를 받은 청나라 때의 학자 고염무 (顧炎武, 1613~1682)는 한 걸음 더 나아가 이렇게 말했다.

학자 고염무

"불렴즉무소불취(不廉則無所不取), 불치즉무소불위(不恥則無所不爲)."
"청렴하지 않으면 받지 않는 것이 없고, 부끄러워할 줄 모르면 하지 못할 짓이 없다."

간신의 본질과 행태를 정확하게 지적하는 명구가 아닐 수 없다.

간신은 잘못을 절대 인정하지 않는다.

청나라 초기의 유학자이자 사상가이며 교육가로도 명성이 높은
안원(顔元, 1635~1704)의 《안습재선생언행록(顔習齋先生言行錄)》(권상)
에 이런 구절이 있다.

"악인지심무과(惡人之心無過), 상인지심지과(常人之心知過), 현인지
심개과(賢人之心改過), 성인지심과과(聖人之心寡過)."
"악인의 마음은 잘못이 없고, 보통 사람 마음은 잘못을 알기만 하
며, 현명한 사람의 마음은 잘못을 고치고, 성인의 마음은 잘못을
적게 범한다."

안원은 평생 의술, 교학을 업으로 삼으면서 공자의 교육 사상을
전파했다. 그는 특히 덕육(德育), 지육(智育), 체육(體育)을 함께 중시
하여 문무를 겸비하고 배운 것을 세상을 위해 실천하는 인재를 기
르기를 주창했다. 그의 호를 딴 《안습재선생언행록(顔習齋先生言行
錄)》은 안원이 평생 지켜온 언행들을 모은 책이다.
안원은 위 구절에 이어 "잘못을 적게 하기 때문에 잘못을 하지 않

478

게 되고, 잘못을 고치기 때문에 두 번 잘못을 하지 않게 되는 것이다. 잘못을 알기만 하기 때문에 끝내 그런 잘못을 범하게 되고, 늘 잘못을 인정하지 않기 때문에 끝까지 그 잘못을 고치지 않아도 된다는 것을 믿는 것이다."라고 말한다.

뒷부분의 '잘못을 인정하지 않는다'는 대목은 간신의 특성과 정확하게 일치한다. 간신이 잘못을 인정하지 않는다는 말은 맨 앞의 "악인의 마음은 잘못이 없고"와 연계된다. '악인의 마음에 잘못이 없다'는 말은 악인이나 간신들의 마음에는 '잘못'이란 것 자체가 없다는 뜻이다. 그러니 잘못을 인정할 수가 없다. 마찬가지로 간신은 부끄러움을 모르고 부끄러움이 없기 때문에 아무리 크고 심각한 잘못을 저질러도 인정하지 않는다. 평소 자신의 잘못을 좀처럼 인정하려고 하지 않는 사람은 그 내면에 '간성(奸性)'이 강하게 도사리고 있을 가능성이 크다. 진지하게 자신을 돌아보아야 한다.

간신은 인간이길 포기한 자이다.

맹자는 사람이 부끄러움을 모르면 사람으로 갖추어야 할 최소한의 자격을 상실한 것으로 보았다. 그래서 이렇게 말한다.(《맹자孟子》 〈진심盡心〉 상)

"인불가이무치(人不可以無恥)."
"사람이 부끄러움이 없어서는 안 된다."

이 구절 바로 뒤에 따라오는 대목은 이렇다.

"무치지치(無恥之恥), 무치야(無恥也)."
"부끄러움 없는 것을 부끄러워하면 부끄러움이 없는 것이다."

이어 맹자는 이렇게 말한다.

"치지어인대의(恥之於人大矣). 위기변지교자무소용치언(爲機變之巧
者無所用恥焉). 불치불약인(不恥不若人), 하약인유(何若人有)!"
"부끄러움이란 사람에게 있어서 큰일이다. 임기응변하고 교활한
자는 부끄러움을 쓸 곳이 없다. 남보다 부끄러워하지 않고서 어찌
남만 하겠는가!"

맹자

맹자는 부끄러움에 관해 많은
어록을 남겼다. 특히 맹자의 사상
을 대표하는 '사단(四端)' 중 '수오
지심(羞惡之心)'이 대표적이다. 맹
자는 부끄러워할 줄 아는 이 마음
을 '의(義)', 즉 '의로움'의 범주에
넣었다. 맹자보다 앞서 관자(管子)
도 인간으로 가져야 할 네 가지
기본인 '사유(四維)'에 부끄러움을
포함시켰다(관자의 '사유'란 예禮, 의

義, 염廉, 치恥를 말한다).

맹자의 언어는 대단히 날카롭다. '부끄러움이 없다는 것을 부끄러워할 줄 알면 부끄러움이 없다'는 말은 부끄러움이 없다는 것을 부끄러워할 줄 모르면 사람이 아니라는 뜻이다. 또 남보다 나은 사람이 되기 위해서는 남보다 못한 것을 부끄러워할 줄 알아야 한다고 따끔하게 지적한다. 물론 맹자가 말하는 '남보다 나은 것'이란 재물이나 벼슬 따위가 아니라 인격(人格)을 결정하는 인간성이다.

송나라 때 사람 황륜(黃倫)은 "무릇 부끄러움이란 인간의 본심이다(부치자夫恥者, 인지본심야人之本心也)"라고 하면서 "대개 사람으로서 부끄러움이 없으면 다시는 사람이 될 수 없다(개인이무치즉무부성인의蓋人而無恥則無復成人矣)"라고 했다.(《상서정의尚書精義》)

사람이라면 자신의 언행(言行)을 진지하게 되돌아보는 성찰(省察)이란 자기반성을 할 줄 알아야 한다. 진지한 반성은 자연스럽게 부끄러움을 불러일으킨다. 자신을 돌아보아 부끄러움이 있으면 사람은 노력하게 된다. 부끄러움을 안다는 것은 이런 점에서 한 사람의 변화와 발전에 큰 힘으로 작용한다. 부끄러움을 모르고, 부끄러움이 없는 간신은 인간이길 포기한 자이다.

부끄러움을 모르는 '학간(學奸)'들

청나라 후기의 학자이자 정치가였던 공자진(龔自珍, 1792~1841)은 "배운 사람에게 부끄러움이란 것이 있으면 나라는 영원히 부끄러

공자진

워할 일이 없다(사개지유치士皆知有恥, 즉국가영무치則國家永無恥矣)"면서 이렇게 일갈했다.(〈명량론明良論〉)

"사부지치(士不知恥), 위국지대치(爲國之大恥)."
"배운 사람이 부끄러움을 모르는 것이야말로 나라의 가장 큰 치욕이다."

　배운 사람의 인격이 존엄한가 그렇지 않은가가 나라의 영욕을 가장 민감하게 반영한다는 뜻이다. 지식인과 지식인 사회는 한 나라의 정치나 정책의 일기예보와 같다. 나라에 어떤 일이 발생하면 그들이 가장 민감하게 반응한다. 그리고 정치와 정책에 관한 다양한 반응과 의견을 제기한다. 그 의견과 반응에 따라 나라의 영광과 치욕이 결정된다고 하겠다.

　지식인의 사회적 역할과 위상은 과거에 비해 많이 달라졌지만 지식인의 기풍은 여전히 그 사회적 기풍의 풍향계와 같은 작용을 한다. 지식인은 자신의 가치와 그 역할을 굳게 믿고 지키면서 올바른 역사와 문화를 전승하는 것을 자신의 소임으로 알고 사회와 시민에 대해 '양심(良心)'을 기꺼이 짊어져야 한다. 그런데 지금 우리 사회는 이른바 권세와 출세욕에 눈이 멀어 불의와 서슴지 않고 결탁하여 양심뿐만 아니라 영혼까지 파는 '배운 간신', 즉 '학간'들이 너무 많다.

잘못을 알고 고쳐야만 사람이다.

누구든 잘못할 수는 있지만, 누구나 그 잘못을 고치지는 않는다. 잘못을 인정하고 고치는 일이 그만큼 어렵다는 말이다. 간신은 잘못 자체를 아예 인정하지 않기 때문에 당연히 그 잘못을 고치려 하지 않는다. 간신이 보통 사람들과 구별되는 가장 큰 지점이다. 중국인의 바이블로 불리는 《논어(論語)》에는 잘못과 관련한 구절들이 곳곳에 보인다. 몇 구절을 소개한다.

"과이불개(過而不改), 시위과의(是謂過矣)."
"잘못을 하고도 고치지 않는 것을 잘못이라 한다."(〈위령공衛靈公〉)

"군자부중즉불위(君子不重則不威), 학즉불고(學則不固). 주충언(主忠信), 무우불여기자(無友不如己者), 과즉물탄개(過則勿憚改)."
"군자는 무게가 없으면 위엄이 없고, 배우면 고루해지지 않는다. 충정과 믿음을 으뜸으로 삼고, 자기보다 못한 자를 벗으로 삼지 않고, 잘못을 하면 거리낌 없이 고친다."(〈학이學而〉)

"안회라는 제자가 있어 배우길 좋아하고 노여움을 옮기지 않으며 '잘못을 두 번 반복하지 않는다(불이과不貳過)'."(〈옹야雍也〉)

"대부님(거백옥)은 '허물을 줄이고자 하시지만(욕과기과欲寡其過)' 잘 안 되는 것 같습니다.(〈헌문憲問〉)

"자하가 '소인은 잘못하면 반드시 꾸며댄다(소인지과야小人之過也, 필문必文)'라고 말했다."(〈자장子張〉)

간신은 잘못을 늘 떠넘긴다.

예로부터 고상하고 맑고 깨끗한 인재를 옥(玉)에 비유했다. 백옥(白玉)은 옥 중에서도 특히 깨끗한 옥을 상징한다. 백옥처럼 덕이 있고 고상한 사람도 얼마든지 잘못할 수 있다. 하지만 그것을 고치고 바로 잡으면 그 이미지에 손상이 가지 않을뿐더러 더 좋은 명성을 얻을 수 있다. 당나라 때 시인 위응물(韋應物, 737~792)은 〈답영호시랑(答令狐侍郞)〉이란 시에서 이런 말을 남겼다.

"백옥수진구(白玉雖塵垢), 불식환광휘(拂拭還光輝)."

위응물

"백옥에 먼지가 앉고 오물이 끼일 수 있으나 닦고 털어내면 빛이 난다."

이 대목의 핵심은 '잘못을 아는' '지과(知過)'에 있다. 즉, 잘못과 잘못한 것을 아는 데 있다. 잘못을 알면 부끄러워하게 되고, 또 부끄러우면 잘못을 인정하고 고치고 바로 잡을 수 있다. 이렇게 보면 '부끄러움을 아는' '지치(知恥)'와 잘못을 아는 '지과'가 별개가 아니라 거의 동시에 작용하는 양심의 기제이다. 바로 알고 기꺼이 고치면 더 많은 칭찬과 존경을 얻게 된다.

자신의 잘못을 알고 부끄러워할 줄 알면 타인의 잘못, 특히 자신과 관련된 '타인의 잘못을 끌어안는' '남과(攬過)'의 미덕을 발휘하게 되고, 이것이 그를 더 나은 사람과 더 좋은 리더로 성장하게 만든다. 간신은 '남과'와 정확하게 반대되는 행동을 일삼는다. '잘못을 아랫사람이나 남게 떠넘기는' '위과(委過)'이다. 지금 우리 주변의 온갖 간신들이 벌이는 추잡한 간행들 가운데 늘 잘못을 남에게 떠넘기는 '위과'가 시도 때도 없이 횡행하고 있다.

잘난 척과 뉘우침

중국인의 대표적인 처세서로 꼽는 《채근담(菜根譚)》에 이런 대목이 있다.

"개세공로(蓋世功勞), 당부득일개궁자(當不得一個'矜'字) ; 미천죄악(彌天罪惡), 최난득일개회자(最難得一個'悔'字)."

"세상을 덮고 남을 공을 세웠어도 '잘난 척'하지 않아야 하며, 천하에 큰 죄를 지었으면 '뉘우치는' 마음이 있어야 한다."

청나라 사람 김영(金纓)이 편찬한 또 다른 처세서인 《격언연벽(格

《격언연벽》

言聯璧)》〈지궁(持躬)〉 편에 보면 "잘못을 미루고 공을 가로채는 짓은 소인배들이 하는 짓이고, 죄를 덮고 공을 떠벌리는 것은 보통 사람이 하는 일이며, 양보의 미덕으로 공을 다른 사람에게 돌리는 것은 군자의 일이다"라고 했다.

좋지 않은 일을 저질러 타인에게 미안한 결과를 초래했다면 뉘우쳐야 마땅하다. 이는 양심의 발견이자 양지(良知)를 잃지 않았다는 것이다. 이를 '도덕의 자율'이라 할 수 있다. '양지(conscience)'란 타고난 본연(本然)의 무엇으로 배우지 않아도 얻는 지혜나 생각하지 않아도 아는 것을 말한다. 《맹자》(〈진심〉 상편)에 보면 "사람이 배우지 않아도 할 수 있는 것을 양능(良能)이라 하고, 생각하지 않아도 알 수 있는 것을 양지라 한다"고 했다.

간신은 '도덕의 자율'인 '양지'란 것이 없다. 타고나지 않기도 하지만 후천적으로 이를 말살시키는 경우가 훨씬 더 많다. 좋은 사람이 타고난 존재가 아니듯, 타고나는 간신도 없다. 가정과 사회, 그리고 환경(풍토)이 길러내는 존재다. 특히 어릴 적 교육과 환경이 가장 중요하다. 이를 통해 '도덕의 자율'이 몸에 배면 결코 간신의 길을 걷지 않는다. '잘난 척'보다는 '뉘우침'을 앞세우기 때문이다.

간신은 '잘난 척'은 기본이고, 성과 같지도 않은 아주 작은 성과만 있어도 사방팔방 마구 떠벌린다. 반면, 잘못한 일은 감추기에 급급하고 잘못이 드러나도 딱 잡아뗀다. 필요하면 울고불고 죽을죄를 지었다며 싹싹 빈다. 당연히 거짓이다. 간신에게 속아서는 안 되고, 기회가 오면 확실하게 처단해야 한다.

잘못은 온 세상에 드러난다.

《논어》〈자장〉 편에 이런 대목이 있다.

"군자지과(君子之過), 여일월지식(如日月之食)."
"군자의 잘못은 일식이나 월식과 같다."

지식인이나 사회 지도층 인사의 잘못은 일식이나 월식처럼 모든 사람이 다 볼 수 있다. 이어지는 대목을 보면 이 말의 뜻은 더욱 분명해진다.

"잘못을 하면 모든 사람이 다 볼 수 있다. 고치면 모두가 그를 우러러본다."
"과야(過也), 인개견지(人皆見之) ; 갱야(更也), 인개앙지(人皆仰之)."

공자의 수제자 자공(子貢)은 잘못을 고치는 일이야말로 큰 덕이라 했다. 송나라 때 사람 정강중(鄭剛中, 1089~1154)은 군자에 반해 "소인의 잘못은 나는 새와 같아 한 번 저질러 버리면 따라잡을 수 없다"(《주역규여周易窺餘》 권15)고 했다.

올바른 지식인이나 기본 양식을 갖춘 사람도 순간 잘못을 할 수 있지만 이내 잘못을 알고 바로잡는다. 어리석거나 못난 사람은 잘못을 하고도 잘못한 것인지 모르거나 알고도 고치려 하지 않는다. 명성이 높거나 존경받는 사람의 잘못은 일식이나 월식과 같아 누구나 다 볼 수 있기 때문에 그것이 한순간이라도 바로 고치지 않으면 크게 비난받을 수밖에 없다. 그래서 고치면 모두가 그를 우러러본다고 한 것이다.

간신은 아무리 큰 잘못을 저질러도 고치기는커녕 반성조차 않는다. 모든 사람이 그 잘못을 보고 있어도 시치미를 뗀다. 오늘날 세상은 한 사람의 언행이 거의 실시간으로 중계되다시피 한다. 지도자의 언행은 더 그렇다. 그럼에도 간신들은 잘못을 인정하지 않고 '도둑이 도리어 몽둥이를 드는' '적반하장(賊反荷杖)'으로 나온다. 간신을 용서해서 안 되는 까닭이다.

간신은 비판보다 처벌이 약이다.

송나라 때의 학자 호굉(胡宏, 1102~1161)은 대표적인 철학 저서 《지언(知言)》(권3)에서 이런 말을 남겼다.

"능공인실병자(能攻人實病者), 지난야(至難也); 능수인실공자(能受人實攻者), 위우난(爲尤難)."

"다른 사람의 잘못이나 실수를 진심으로 비평하는 일은 대단히 어렵다. 다른 사람의 진실한 비판을 받아들이는 일은 더 어렵다."

호광

　남을 판단하고 비판하기란 여간 어려운 일이 아니다. 상대의 반응과 그와의 관계를 생각하지 않을 수 없기 때문이다. 친한 친구 사이라도 비판은 어렵다. 누군가의 비판을 받아들이기란 더 어렵기 때문이다. 비판이 진심에서 우러난 참된 것일수록 받아들이기는 더 어렵다. 자신의 약점이, 자신의 잘못이 그만큼 더 적나라하게 드러나기 때문이다. 그래서 남을 비판하기는 쉬워도 비판을 받아들이기 어렵다고 하는 것이다. 사람의 마음이 참으로 약하고 변덕스럽기 때문이다. '잘못을 지적하는 말을 들으면 그 즉시 기뻐했다(문과즉희聞過則喜)'는 우임금과 공자의 수제자 자로(子路)의 허심탄회한 자세가 두고두고 칭찬을 듣는 것도 이 때문이다.

　간신은 상대를 비판하고 비난하는 일에는 기를 쓰고 달려들지만 자신에 대한 비판은 철저히 외면한다. 비판하는 사람을 갖은 수단으로 해치기까지 한다. 보통 사람도 누군가를 비판하거나, 자신에 대한 다른 사람의 비판을 받아들이기 여간 힘들지 않다. 그러니 간신에게 이를 바라는 것은 허망한 일이다. 불가능하다. 따라서 간신의 허점이나 실수가 발견되고 확인되면 비판과 비난은 물론 법적으로 확실하게 처벌해야 한다. 관련된 자들이 있다면 그자들 역시 엄하게 처벌해야 한다. 간신과 간신현상을 끊는 방법이다. 간신은 비판보다 처벌이 약이다.

간신은 말과 행동이 절대 일치하지 않는다.

공자는 말과 행동(실천)이 일치하지 않는 것을 무척이나 경계하여 말이 행동보다 지나치는 것을 부끄럽게 생각했다. 그래서 이런 말씀을 남겼다.

"군자치기언이과기행(君子恥其言而過其行)."
"군자는 자신의 말이 행동을 넘어서는 것을 부끄러워한다."《논어》〈헌문〉 편)

이에 대해 주희(朱熹, 1130~1200)는 다음과 같이 해설했다.(《논어정의》권7 하)

"행불엄언(行不掩言), 비직기인역이자기(非直欺人亦以自欺), 시이가치(是以可恥)."
"행동이 말을 가리지 않는다. 직접 남을 속이지 않더라도 스스로를 속이는 것이기 때문에 부끄러울 수 있다."

고인들은 말을 하지 않아도 행동이 따르지 못하는 것을 부끄러

490

위했다. 진정 부끄러움을 알면 침묵을 안다고 한다. 공자는 학문의 길은 말을 조심해야 할 뿐만 아니라 배워서 행동으로 옮기는 일이 귀하다고 보았다. 말하지 못하는, 말하지 않는 것을 두려워할 것이 아니라 행동하지 못하는 것을 두려워할 줄 알아야 한다는 것이다.

《논어》에 보이는 관련 대목들을 소개하면 이렇다.

1) 〈위정(爲政)〉 편에서 군자는 "자신이 말한 것을 먼저 실천하고 난 다음 입 밖으로 낸다(先行其言선행기언, 而後從之이후종지)"고 했다.

2) 〈이인(里仁)〉 편에서는 "옛사람들이 말이 적었던 것은 행동이 그 말을 따르지 못함을 부끄럽게 여겼기 때문이다(古者言之不出고자언지불출, 恥躬之不逮也치궁지불체야)"라고 했다.

3) 〈안연(顏淵)〉 편에서는 "어진 사람은 그 말이 느리다(仁者其言也訒인자기언야인)"고 했다.

4) 〈헌문(憲問)〉 편에서는 "그 말에 대해 부끄러워할 줄 모르면 그 것을 실천하기 어렵다(其言之不怍기언지불작, 則爲之也難즉위지야난)"고 했다.

《논어》

자신이 한 말을 실천으로 입증하거나 보증하지 않으면 그 말은 진실하지 못한 것이다. 말을 할 때는 행여 내가 그 말을 행동으로 옮기지 못하면 어쩌나 실천하지 못하면 어쩌나 겁을 내고, 혹시나 내 말이 앞서나간 것은 아닌가 부끄러워할 줄 알아야 한다. 양식 있는 군자(지식인)와 어진 사람이라면 그 말이 신중할 수밖에 없고, 이는 사람들이 보기에는 말이 느리거나 말을 더듬는 것처럼 보일 수도 있다.

간신의 언행은 일치는커녕 자신이 한 말 뒤에 숨고, 말을 꾸미고, 거짓말을 하고, 자신의 한 행동을 말로 꾸민다. 간신을 가려내는 여러 방법 중 그 언행을 철저히 살피는 일이 기본이다.

가장 무거운 처벌, 영원한 역사의 심판

동한 때 사람 순열(荀悅, 149~209)이 편찬한 《신감(申鑑)》〈시사(時事)〉 편에 이런 명언이 남아 있다.

"득실일조(得失一朝), 영욕천재(榮辱千載)."
"득실은 하루아침이지만, 영예와 치욕은 천년을 간다."

세속의 권세나 물질적 득실은 일시적이지만, 인격의 영예와 치욕은 영원하다는 뜻이다. 영예와 치욕에 대한 관점인 '영욕관(榮辱觀)'이란 영예와 치욕을 대하는 태도로부터 출발한다. 어떤 일을 하는 것이 영예이며, 어떤 일을 하는 것이 치욕인가를 보는 관점은 도덕적 지향이 선명하게 보이는 실질적인 가치관이자 도덕관이다. 마찬가지로 어떤 일을 해야 하며, 어떤 일은 하지 말아야 하는 것에 대한 가치 판단도 영욕관을 가르는 기준이 된다. 명예와 치욕의 문제가 추상적 개념이 아닌 까닭이다.

자랑스러움과 부끄러움을 모르는 자를 조직이나 나라의 리더로 선택해서는 안 된다. 스스럼없이 조직과 나라를 사유화하고, 나아가 조직과 나라를 망치는 간신이 바로 이런 자이다. 영욕관에 대한 인식이 확고하게 정립되어야 간신의 길로 빠지지 않을 수 있다. 부끄러움을 모르면 사람이 아니란 말이 괜히 나온 것이 아니다.

간신은 영예와 치욕은 아랑곳하지 않는다. 자신의 욕망을 채울 수 있다면 못할 짓이 없다. 악마와도 손을 잡는다. 그래서 간신에 대한 처벌은 가장 무거워야 하고, 그 역사적 평가는 영원해야 한다. 역사의 법정에는 공소시효가 없음을 확실하게 인식해야 하고 인식시켜야 한다.

간신은 용서의 대상이 아니다.

청나라 때 사람 가존인(賈存仁, 1724~1785)의 《제자규(弟子規)》에 이런 대목이 있다.

"무심비(無心非), 명위착(名爲錯) ; 유심비(有心非), 명위악(名爲惡)."
"고의가 아닌 잘못을 착오라 하고, 고의로 범한 잘못을 죄악이라 한다."

이어지는 구절은 이렇다.

"잘못을 고치면 없던 일이 되지만, 감추면 허물 하나가 늘게 된다."
"과능개(過能改), 귀우무(歸于無) ; 상엄식(倘掩飾), 증일고(增一辜)."

고의가 아닌 잘못된 언행에 대해서는 얼마든지 이해하고 용서할 수 있다. 또 그렇게 해야 한다. 단, 전제 조건이 따른다. 그 잘못을 인정하고 고치고, 피해를 본 사람이 있으면 사과해야 하며, 처벌 받을 일이면 기꺼이 처벌 받는 것이다. 그러나 고의로 한 잘못에 대해서는 결코 용서해서는 안 된다. 용서하면 그 용서를 악용하기 때문이다.

간신은 간행을 들켜 처벌 받을 것 같으면 납작 엎드려 싹싹 빌며 용서를 구한다. 온갖 구질구질한 방법으로 처벌과 위기를 모면하려 한다. 이럴 때 인정(人情) 때문에 이를 용서하면 그 후환은 더 심각해진다. 역사는 간신을 무시하고, 간신의 잘못을 봐주었다가 당한 엄청난 결과를 너무 생생하게 보여준다.

간신은 진정으로 뉘우치고 용서를 빌지 않는다. 잘못을 결코 고치지 않는다. 속이고 감추고, 덮고 떠넘긴다. 간신은 용서를 악용하여 더 치밀하게 더 악독하게 간행을 저지른다. 그것이 간신의 본모습이다. 간신은 용서의 대상이 결코 아니다.

간신을 단죄하기 위한 조건 I

《시경(詩經)》〈하인사(何人斯)〉라는 노래 중에 이런 가사가 있다.

"불괴우인(不愧于人), 불외우천(不畏于天)."
"사람에게 부끄럽지 않으면 하늘도 두렵지 않다."

이 시는 자신을 배반한 사람을 원망한 내용이라 하는데, 이 구절
이 나오는 관련 대목은 이렇다.

"피하인사(彼何人斯), 호서아진(胡逝我陳). 아문기성(我聞其聲), 불견
기신(不見其身). 불괴우인(不愧于人), 불외우천(不畏于天)?"
"저 사람은 어떤 사람이기에 내 뜰 안을 지나면서, 그 목소리만
들릴 뿐 그 모습 보지 못하게 하나? 사람들에게 부끄럽지 않나, 하
늘이 두렵지 않나?"

여기의 마지막 대목이 사람으로서
언행이 정정당당하고 떳떳하면 그 무
엇도 무서운 것이 없다는 뜻으로 변했
다. 그래서 현자들은 자신이 정당하면
설사 일이 잘못되거나 뜻한 대로 일이
풀리지 않아도 하늘을 원망하지 않고
남 탓을 하지 않았던 것이다.

《시경》

예로부터 중국인은 부끄럽다는 '괴(愧)'를 척도로 삼아 자신의 언행을 점검하곤 했다. 지식인이나 리더는 특히 그랬다. '괴'를 문명의 척도로까지 생각하여 이에 대해 진지하게 탐구하기도 했다. 말하자면 부끄러워할 줄 아는 사람과 그렇지 못한 사람의 경계와 차이에 대한 진지한 성찰을 해 온 것이다. 오늘날 우리가 배워야 할 참으로 소중한 동양적 가치이자 전통이 아닐 수 없다.

간신을 준엄하게 단죄하려면 내가 부끄러워서는 안 된다. 간신을 확실하게 처단하려면 때로는 그 수단과 방법이 정도를 지나칠 수도 있다. 그러려면 명분이 확실해야 한다. 명분이 확실하고 확고하려면 내가 세상과 사람에 부끄러워서는 안 된다. 《시경》의 말대로 "사람에게 부끄럽지 않으면 하늘조차 두렵지 않다."는 이 말씀이야말로 간신 단죄의 정당한 명분이자 전제 조건이다.

간신을 단죄하기 위한 조건 2

송나라 때 학자 육구연(陸九淵)의 《시나장부(示羅章夫)》라는 문장에 이런 대목이 눈에 띈다.

"부지기비(不知其非), 안능거비(安能去非)? 부지기과(不知其過), 안능개과(安能改過)?"
"무엇이 그릇된 것인 줄 모르고 어떻게 그 그릇됨을 제거할 수 있나? 무엇이 잘못인 줄도 모르고 어떻게 그 잘못을 고칠 수 있나?"

공자는 "아는 것을 안다고 하고, 모르는 것을 모른다고 하는 것, 이것이 아는 것이다(지지위지지知之爲知之, 부지위부지不知爲不知, 시지야是知也)."라는 명언을 남긴 바 있다.

육구연

그것이 무엇이든 알아야 그 실체를 바로 파악할 수 있고, 잘잘못을 가릴 수 있으며, 부끄러워하거나 자랑스러워할 수 있고, 고칠 수 있다. 이때 '안다'고 하는 말은 단순한 지식이나 '아는 것만큼 보인다'는 식의 오만한 생각이 결코 아니다. 사물과 언행의 본질을 안다는 뜻이다.

위 명구를 남긴 육구연은 무엇인가를 배움에 있어서 의문 품기를 몹시 강조했던 사상가다. 그는 이렇게 말한다.

"학문을 함에 있어서는 의문이 없는 것을 걱정해야 한다. 의문을 품으면 진보한다. 작게 의문을 품으면 작게 진보하고, 크게 의문을 품으면 크게 진보한다."

"위학환무의(爲學患無疑), 의즉유진(疑則有進), 소의소진(小疑小進), 대의대진(大疑大進)."

의문을 품어야 진보한다는 지적이다. 자신의 언행에 대해서도 마찬가지다. 내 언행이 과연 잘하고 있는 것인지, 잘못하는 것인지

의심해야 한다. 그래야 묻게 되고, 알게 되고, 부끄러워하게 되고, 고치게 된다. 그런 점에서 위의 명구는 안다는 것이 얼마나 중요한가를 잘 보여준다. 그 앞 구절을 함께 소개하면 이렇다.

"옳음을 드러내고 그릇됨을 없애며, 잘못을 고치고 선함을 향해라. 이는 경전의 말씀이다. 그릇됨을 없애지 않고 어떻게 옳음을 드러낼 수 있겠는가? 잘못을 고치지 않고 어떻게 선함으로 갈 수 있겠는가? 그러니 무엇이 그릇된 것인 줄 모르고 어떻게 그 그릇됨을 제거할 수 있나? 무엇이 잘못인 줄도 모르고 어떻게 그 잘못을 고칠 수 있나?"

간신을 단죄하기 위해서는 우선 부끄러움이 없어야 한다고 했다. 그러기 위해서는 끊임없이 자신의 언행을 반성해야 한다. 확신하는 일에 대해서도 그것이 진정 옳은 일인지 거듭 의문을 품어야 한다. 만에 하나 실수나 잘못이 있으면 바로 잡아야 한다. 물론 뉘우치는 것은 기본이다. 육구연의 말처럼 잘못이 무엇인 줄 제대로 알아야 잘못을 없앨 수 있기 때문이다.

간신을 단죄하고 제거하는 일은 결코 쉽지 않다. 아주 어렵고 힘들다. 사명감은 물론 치밀한 전략과 전술 및 구체적인 방법과 수단이 요구된다. 나 자신의 언행이 옳아야 하고, 명분이 정당해야 하며, 사소한 부끄러움도 없어야 한다. 그러려면 사소한 잘못이나 실수라도 즉시 뉘우치고 바로 잡아야 한다. 물론 자기 언행을 끊임없이 되돌아보는 반성과 의심도 따라야 한다.

바늘 도둑이 소도둑 되는 데는
바늘 도둑 때 처벌하지 않아서이다.

원나라 때의 이름난 정치가이자 문학가였던 장양호(張養浩, 1270~
1329)의 《삼사충고(三事忠告)》〈목민충고(牧民忠告)〉(상)에 이런 구절이
있다.

"소과무징(小過無懲), 필위대환(必爲大患)."
"작은 잘못을 징계하지 않으면 반드시 큰 우환이 생긴다."

원래 이 구절은 관리들에 대한 엄격한 통제와 상벌을 강조한 것
이지만 개인의 언행에도 얼마든지 적용할 수 있다. 그 기준이나 정
도는 다르겠지만 공직자, 특히 간신의 경우 관련 법령에 대해 숙지
하고 있기 때문에 그것을 알고도 저지르는 잘못은 거의 모두 고의
에서 비롯된 심각한 잘못이며 심하면 죄악이다. 그래서 사소하더
라도 엄격하게 징계해야 한다. 그냥
넘어갔다가는 이후 거리낌 없이 잘못
을 저질러 나라와 백성에 큰 해를 끼
치기 때문이다.

장양호

간신의 간행은 처음부터 그렇게 심
각한 것이 아니다. 작은 악행을 그냥
봐주거나 대충 처리하기 때문이다.
간신의 간덩이가 서서히 부어오르

고, 처벌을 피하는 요령을 터득하면서 갈수록 심각한 간행을 저지른다. 바늘 도둑이 소도둑으로 크는 까닭은 바늘 도둑일 때 따끔하게 벌주지 않아서이다. 노신의 말처럼 물에 빠진 미친개는 건져 줄 것이 아니라 몽둥이로 때려야 한다.

간신현상의 심각성을 일찍이 인식했던 법가 사상가 한비자는 다음과 같이 단호하게 간신 척결의 중요성을 지적했다.

"부간(夫奸), 필지즉비(必知則備), 필주즉지(必誅則止) ; 부지즉사(不知則肆), 불주즉행(不誅則行)."

"간신은 반드시 알아야만 대비할 수 있고, 반드시 없애야만 끝낼 수 있다. 모르면 방자해지고, 없애지 않으면 멋대로 설친다."(《한비자》〈육반六反〉)

- 가수우인(假手于人, P.100~104)

- 가화우인(嫁禍于人, P.143~145)

- 거전보과(鋸箭補鍋, P.237~240)

- 고은부의(辜恩負義, P.234~236)

- 곡의봉영(曲意逢迎, P.53~56)

- 과하탁교(過河拆橋) / 과하추판(過河抽板) P.172~175

- 교설황화(巧說謊話, P.165~167)

- 교토삼굴(狡兔三窟, P.126~133)

- 구밀복검(口蜜腹劍) / 구유밀(口有蜜), 복유검(腹有劍) P.65~67

- 구함좌폐(構陷坐廢, P.281~284)

- 기상압하(欺上壓下, P.231~233)

- 납대기작호피(拉大旗作虎皮, P.108~110)

- 농락인심(籠絡人心, P.219~211)

- 당의포탄(糖衣砲彈, P.246~248)

- 대간사충(大奸似忠), 대사사신(大詐似信) P. 28~32

- 제3부 《간신 : 간신학》 – '수법편'에서 살펴본 간신들의 주요 수법을 하나의 표로 정리했다.
- 수법 모두가 성어 형식으로 나타낼 수 있기 때문에 첫 칸에다 가나다 순서로 나열했다.
- 성어로 표현된 수법의 풀이와 그 핵심을 두 번째 칸에 설명했다.
- 그 다음 칸들에는 출처와 그 수법에 해당하는 우리말을 참고로 덧붙였다.

수법	풀이와 핵심	출처 사례 출처	우리말 수법
가수우인 (假手于人)	남의 손을 빌리다. 남의 손을 빌려 정적을 해치는 간신의 보편적 수법.	《병경백자》	빌리기
가화우인 (嫁禍于人)	화를 남에게 떠넘긴다. 자신에게 돌아올 화를 교묘하게 남에게 떠넘기는 수법.	《한비자》	떠넘기기 미루기
거전보과 (鋸箭補鍋)	화살대를 썰고, 솥을 때우다. 관료판 간신들의 속성과 일처리 방식.	《후흑학》	떠넘기기 내세우기 털기
고은부의 (辜恩負義)	은혜를 배반하고 의리를 저버린다. 간신에게는 은혜와 의리라는 개념이 없다.	《녹주전》 《봉신연의》	등지기 버리기 저버리기

곡의봉영 (曲意逢迎)	자신의 뜻을 굽혀 남에 뜻에 영합한다. 주로 권력자의 비위를 맞추기 위한 수법	《사조문견록》 《삼국연의》	굽히기 맞추기 알랑거리기
과하탁교 (過河拆橋) 과하추판 (過河抽板)	강을 긴넌 다음 다리를 부수다. 목적이나 원하는 바를 이루면 도운 사람을 없앰.	《관장현형기》 《원사》 외	떠밀기 얼굴 바꾸기
교설황화 (巧說謊話)	교묘하고 황당한 말. 이런 말로 진상을 가리고 문제를 엉뚱한 곳으로 돌리는 수법.	외교무대	돌리기 바꾸기
교토삼굴 (狡兎三窟)	교활한 토끼는 세 개의 굴을 마련해둔다. 빠져나갈 구멍을 여럿 만들어두는 수법.	《사기》	빼돌리기 빼놓기
구밀복검 (口蜜腹劍)	달콤한 입술, 칼을 숨긴 뱃속. 간신의 특징을 압축한 표현.	《자치통감》	숨기기 감추기 꾸미기
구함좌폐 (構陷坐廢)	함정을 파서 죄를 씌워 해치다. 간신의 상투적이지만 가장 지독한 수법.	《송사》 외	올가미 씌우기 덫 놓기
기상압하 (欺上壓下)	위를 속이고 아래를 억누르다. 권력자를 속여 그 힘으로 백성들을 억압하는 수법. '지록위마'.	《사기》	속이기 억누르기
납대기작호피 (拉大旗作虎皮)	큰 깃발을 꺾어 호랑이 가죽처럼 삼는다. 권력자의 힘을 빌려 설치다. '호가호위'.	《전국책》 《한비자》	빌리기 설치기 앞세우기
농락인심 (籠絡人心)	인심을 농락하다. 거짓 따위로 인심을 조작하는 수법.	《후한서》	가두기 매어두기
당의포탄 (糖衣砲彈)	사탕발린 포탄. 간신의 정체에 대한 비유로 독이 발린 사탕과 같음.	신조어	가짜 꾸미기
대간사충 (大奸似忠)	큰 간신은 충신처럼 보인다. 위장을 잘 하는 간신의 대표적인 수법.	《문견후록》	가짜 꾸미기
막수유 (莫須有)	혹 있을 지도 모르는 죄. 죄를 날조해내는 간신의 악할한 수법.	《송사》	거짓, 가짜로 만들어내기
면유퇴방 (面諛退謗)	앞에서는 아첨하고 돌아서서 비방하다. 간신의 두 얼굴과 진면목을 나타냄.	《사기》	바꾸기 두마음 뒤통수치기

506

명조암손 (明助暗損)	겉으로는 도우고 뒤에서는 해친다. 간신의 전형적인 수법.	《전국책》 《자치통감》	앞뒤가 다름 뒤통수치기
무대랑개점 (武大郎開店)	무대랑이 가게를 열다. 자기보다 나은 사람에 대한 시기와 질투를 말함.	《금병매》	내치기 따돌리기
무중생유 (無中生有)	무에서 유를 만들어낸다. 없는 것을 만들어내는 조작 수법이다.	《노자》	만들어내기
미인계 (美人計)	미녀(미남)를 이용한 계책. 색을 밝히는 자를 상대로 쓰는 수법.	《육도》 《삼십육계》	꼬드기기 꼬시기
반과일격 (反戈一擊)	창을 거꾸로 돌려치다. 결정적인 순간에 배신하여 공격하는 수법.	신조어	뒤통수치기 얼굴바꾸기
봉살술 (捧殺術)	떠 받들다가 죽이다. 비위를 맞추고 추켜세우다가 느닷없이 공격하는 수법.	신조어	추켜세우기 갑자기 치기
부상망하 (附上罔下)	위에 달라붙어 아래를 속이다. 권력자에 빌붙어 그 위세로 백성을 속이는 수법.	《설원》	달라붙기 빌붙기 속이기
부하망상 (附下罔上)	아래에 달라붙어 위를 속이다. 권세를 가진 신하에게 달라붙어 권력자를 속이는 수법. 오늘날은 대중의 여론을 조작하여 권력을 갈취하는 수법.	《설원》	위와 같음
사은소혜 (私恩小惠)	사사롭고 사소한 은혜를 베풀다. 사소한 은혜를 베풀어 민심을 농락하고 갈취하는 수법. '시혜계(施惠計)'.	《동주열국지》	거짓 베풀기
살처구장 (殺妻求將)	아내를 죽여 장수 자리를 구하다. 출세와 벼슬을 위해 가족까지 버리거나 해치는 수법.	《사기》	버리기
상하기수 (上下其手)	손짓으로 위아래를 가리키다. 넌지시 자신의 의중을 전달하는 수법.	《좌전》	넌지시 가리키기
선의승지 (先意承旨)	미리 알아서 대령하다. 권력자의 심기와 비위를 바로 헤아려 필요로 하는 것을 즉각 대령하는 수법.	《한비자》	미리 헤아리기 갖다 바치기
소리장도 (笑裏藏刀)	웃음 속에 비수를 감추다. 겉과 속이 다른 심기로 사람을 속이고 몰래 해치는 수법.	《한비자》	감추기 몰래 해치기
속죄양 (贖罪羊)	죄를 대신하기 위해 바치는 양. 자신의 잘못을 대신할 사람을 찾는 수법.	《성경》	뒤집어씌우기 따로 내세우기

시거수위 (尸居守位)	시체를 세워 자리를 지키게 하다. 꼭두 각시를 내세워 뒤에서 통제하는 수법.	《장자》 신조어	꼭두각시 세우기
암전상인 (暗箭傷人) 냉전상인 (冷箭傷人)	몰래 활을 쏘아 해치다. 몰래 등 뒤에 서 칼을 꽂거나 회살을 날리는 비열한 수법.	《좌전》	등 뒤에서 치기 뒤통수치기
양두구육 (羊頭狗肉)	양고기를 내걸고 개고기를 판다. 가짜 를 진짜로 속여 파는 수법.	《안자춘추》	바꿔치기 속이기
양령타고 (揚鈴打鼓)	방울을 흔들고 북을 치다. 작은 일을 부풀려 주의를 딴 데로 돌리거나, 문 제의 진실을 감추는 수법.	《홍루몽》	키우기 돌리기 감추기
양면삼도 (兩面三刀)	두 얼굴에 세 개의 칼. 간신의 다중성 을 가리키는 표현이자 수법.	《홍루몽》	감추기 꾸미기
양봉음위 (陽奉陰違)	겉으로는 떠받드는 척, 속으로는 배신 하다. 겉과 속이 다른 간신의 특성이 자 수법.	신조어	겉과 속이 다름 척하기
어목혼주 (魚目混珠)	물고기 눈과 진주를 뒤섞다. 진짜와 가짜를 뒤섞어 진실을 가리는 수법.	《한시외전》 외	뒤섞기 감추기 가리기
연탁황손 (燕啄皇孫)	제비가 황손을 쪼다. 필요하면 권력자 의 핏줄이라도 공격하는 수법.	《한서》	올려치기
요언공명 (謠言共鳴)	유언비어가 공명을 얻다. 유언비어를 되풀이하여 여론을 만들어 상대를 공 격하는 수법.	신조어	되풀이
원활세고 (圓滑世故)	세상사에 노련하고 잘 빠져나감. 세상 사에 노련하고 무슨 일이든 매끄럽고 약삭빠르게 잘 빠져나가는 간신의 처 세법이자 수법.	신조어	빠지기 엉덩이 두드리기
은우충효 (隱于忠孝)	충효의 뒤에 숨다. 그럴듯한 명분을 내세워 진실과 정체를 감추다.	신조어	숨기, 감추기 내세우기
이우아사 (爾虞我詐)	너도 속이고 나도 속이다. 누구든 속 이는 간신의 특성이자 수법.	《좌전》	속이기
이읍수간 (以泣售奸)	눈물로 간사함을 팔다. 필요하면 눈물 도 흘리며 동정심을 구걸하는 간신의 수법.	《야획편》	짜기 동냥질 빌기

이화접목 (移花接木)	꽃을 옮겨 나무에 접을 붙인다. 자신의 잘못이나 죄를 다른 사람에게 떠넘기는 수법.	《호구전》	떠넘기기 갖다 붙이기
이화제화 (以華制華) 이이제이 (以夷制夷)	중국인(오랑캐)으로 중국인(오랑캐)을 제압한다. 서로를 공격하게 만드는 내부 분열 수법.	모택동	갈라치기 쪼개기
전가사귀 (錢可使鬼)	돈이면 귀신도 부린다. 간신은 돈을 귀신처럼 떠받들고, 잘 써먹는다.	〈전신론〉	받들기 써먹기
절외생지 (節外生枝)	마디 밖에서 가지가 자라난다. 간신은 온갖 구실과 핑계로 일을 만들어낸다. 별건수사.	《주자대전》 외	새끼치기 트집 잡기
좌궁외청 (坐宮外聽)	(권력자는) 궁중에 앉아 있고, 궁중 밖에서 (간신이) 일을 처리한다. 간신이 권력을 쥐면 권력자를 꼭두각시로 만든다.	《신당서》	꼭두각시 만들기 허수아비 내세우기
좌옹득상 (佐饔得嘗) 좌투상언 (佐鬪傷焉)	요리하는 자를 도우면 음식 맛을 보고, 싸우는 자를 도우면 상처를 입는다. 간신은 붙어야 할 대상과 쳐야 할 대상을 귀신같이 가려낸다.	《국어》	눈치 보기 저울질하기 달라붙기 때리기
중구삭금 (衆口鑠金) 적훼소골 (積毁銷骨)	여러 사람의 입은 쇠도 녹이고, 여러 사람의 헐뜯음은 뼈도 깎는다. 간신은 끊임없이 헐뜯고 거짓을 날조한다.	《국어》	헐뜯기 거짓말하기 되풀이
중상모략 (中傷謀略) 중상제인 (中傷制人)	남을 해치는 모략. 중상으로 남을 통제한다. 간신의 상투적이고 보편적인 수법이지만 가장 잘 먹힌다.	《전국책》외	딴말하기 헐뜯기 빠뜨리기
지록위마 (指鹿爲馬)	사슴을 가리켜 말이라 하다. 간신은 뻔한 것도 우기고 바꿔치기 하여 속인다.	《사기》	우기기 바꿔치기
지상매괴 (指桑罵槐)	뽕나무를 가리키며 느티나무를 욕하다. 간신은 진상을 숨기기 위해 바꿔치거나 딴청부리는 데 능숙능란하다.	《홍루몽》	딴청부리기 바꿔치기
지친탁고 (指親托故)	가까운 사람을 가리키고, 안면이 있는 사람에게 부탁한다. 간신은 조금이라도 도움이 될 것 같으면 달라붙어 기어올라 자기 몸값을 부풀린다.	《어초기》	빌붙기 붙잡기 기어오르기 부풀리기

진화타겁 (趁火打劫)	불난 틈에 물건 따위를 훔친다. 간신은 자신의 이익을 위해 남의 위기를 한껏 이용한다.	《36계》	틈타기 훔치기 엿보기
차도실인 (借刀殺人)	남의 칼을 빌려 사람을 죽이다. 간신은 필요하면 수단 방법을 가리지 않고 모든 것을 이용한다.	《36계》	빌리기 써먹기 죽이기
참간(讒間)	근거 없는 모함이나 거짓말로 이간질하는 간첩. 간신은 수단과 방법을 가리지 않고 이간질하는 자다.	《진서》	갈라치기 떼어놓기 거짓말하기
첨유지술 (諂諛之術)	아첨의 기술. 간신의 특성이자 공통점은 힘 있는 사람에게는 눈치껏 알랑거리고 아양을 떠는 것이다.	신조어	알랑거리기 아양떨기 눈치보기
청군입옹 (請君入瓮)	그대는 항아리로 들어가시오. 간신은 의리 자체가 없다. 수틀리면 상대의 방법까지 써서 죽고 죽인다.	《자치통감》	되치기 빌리기
체죄양술 (替罪羊術)	죄를 대신할 속죄양 만드는 기술. 간신의 특기 중 하나로 누구든 언제 어디서든 희생양을 찾는다.	속죄양의 중국어 표현	떠넘기기 벗어나기 미루기
취경피중 (就輕避重)	가벼운 것으로 무거운 것을 피하다. 간신은 손해나는 일은 절대 하지 않는다. 필요하면 덮고 가리고 바꿔친다.	신조어	바꿔치기 덮기 가리기
타마비 (打馬屁) 박마비 (拍馬屁)	말 엉덩이를 두드리다. 간신은 어르고 달래기의 명수다. 그것도 안 되면 꼬리치고 아양을 떤다.	중국어	어르기 달래기 꼬리치기 아양떨기
퇴삼진일 (退三進一) 일퇴삼진 (一退三進)	세 걸음 물러났다 한 걸음 전진하다. 한 걸음 물러났다 세 걸음 전진하다. 간신은 그냥 물러서지 않는다. 반드시 더 치고 나오기 위해 물러난다.	신조어	물러나기 치고나가기 되치기 속이기
투기소호 (投其所好)	상대가 좋아하는 것을 던져주다. 간신은 눈치 보기의 고수다. 정확하게 상대가 원하고 좋아하는 것을 미끼로 던져 낚는다.	《장자》	미끼 던지기 맞추기 낚기
투차보수 (投車保帥)	전차를 버리고 장수를 지키다. 간신은 자신의 안위와 이익을 위해 누구든 무엇이든 서슴없이 버린다.	《삼국연의》	지키기 바꿔치기 버리기

투합구용 (偸合苟容)	은밀히 영합하여 총애나 자리를 구하다. 간신은 아무리 구차해도 원하는 바를 위해서라면 비위를 맞추고 훔친다.	《순자》	몰래 구하기 훔치기
피뢰침술 (避雷針術)	피뢰침 기술. '체죄양술'과 같은 수법으로 간신은 언제든 희생양을 만들 준비가 되어 있는 존재다.	신조어	떠넘기기 벗어나기 바꿔치기 미루기
함사사영 (含沙射影)	모래를 품었다가 그림자를 쏘다. 간신은 늘 몰래 감추었다가 느닷없이 상대를 공격한다.	〈독사〉	감추기 몰래 치기 뒤통수치기
협견첨소 (脇肩諂笑) 병우하휴 (病于夏畦)	허리를 굽히고 비위를 맞추어 아첨하는 짓이 여름날 땀 흘리며 밭에서 일하는 것처럼 고생한다. 간신은 필요하면 아무리 힘든 일도 마다하지 않는다.	《맹자》	아양떨기 맞추기
호가호위 (狐假虎威)	여우가 호랑이 위세를 빌린다. 간신은 남의 힘을 빌려 자기 것처럼 떠벌리고 상대를 억누른다.	《전국책》	빌리기 떠벌리기 자랑하기
혼수모어 (渾水摸魚)	물을 흐려 물고기를 잡는다. 간신은 늘 상황을 흐리게 만들거나 관심을 딴 곳으로 돌린 다음 원하는 바를 손에 넣는다.	《36계》	흐리기 휘젓기 돌리기
홍문연 (鴻門宴)	홍문의 연회. 간신은 상대를 유인하기 위해 술자리 마련 등 갖은 방법을 다 동원한다.	《사기》	꼬드기기 겁주기 마련하기
화상요유 (火上澆油)	불난 위에 기름을 붓다. 간신은 상대의 위기를 부추기는 등 철저하게 악용하여 어부리지를 얻는다.	신조어	부채질 부추기기 끼었기
황서랑 급계배년 (黃鼠狼給鷄拜年)	족제비가 닭에게 절하다. 간신은 본색을 감춘 채 필요하면 누구에게든 굽실거린다.	중국어	굽실거리기 속이기 감추기

부록 5

참고문헌

- 《관자(管子)》
- 《국어(國語)》
- 《남사(南史)》〈은행전〉
- 《남제서(南齊書)》〈행신전(倖臣傳)〉
- 《논어(論語)》
- 《논형(論衡)》
- 《맹자(孟子)》
- 《명사(明史)》〈간신열전〉〈영행열전〉
- 《북사(北史)》〈은행전〉
- 《북제서(北齊書)》〈은행전〉
- 《사기(史記)》
- 《사기(史記)》〈영행열전(佞幸列傳)〉
- 《삼략(三略)》
- 《설원(說苑)》
- 《송사(宋史)》〈영행열전〉,〈간신열전〉(4권)
- 《송서(宋書)》〈은행전(恩倖傳)〉
- 《순자(荀子)》
- 《시경(詩經)》
- 《신당서(新唐書)》〈간신열전(奸臣列傳)〉(상·하)
- 《여씨춘추(呂氏春秋)》
- 《역경(易經)》
- 《역대명신주의(歷代名臣奏議)》(明, 楊士奇)

- 《오월춘추(吳越春秋)》

- 《요사(遼史)》〈간신열전〉(2권)

- 《원사(元史)》〈간신열전〉

- 《위서(魏書)》〈은행전〉

- 《육도(六韜)》

- 《인물지(人物志)》

- 《장자(莊子)》

- 《전국책(戰國策)》

- 《정관정요(貞觀政要)》

- 《좌전(左傳)》

- 《춘추(春秋)》

- 《편의십육책(便宜十六策)》

- 《한비자(韓非子)》

- 《한서(漢書)》〈영행전(佞幸傳)〉

- 《회남자(淮南子)》

- 《中國人史綱》, 柏楊, 星光出版社, 1979.

- 《論衡注釋》, 中華書局, 1979.

- 《中國歷代昏君》, 朱紹侯主編, 河南人民出版社, 1988.

- 《中國大太監外傳》, 黃德馨, 湖北人民出版社, 1988.

- 《廉吏傳》, 周懷宇主編, 河南人民出版社, 1988.

- 《奸臣傳》(上·下), 高敏主編, 河南人民出版社, 1989.

- 《歷史的頓挫:古中國的悲劇-事變卷》, 范炯責任編輯, 中州古籍出版出版社, 1989.

- 《辨奸臣論》, 景志遠·黃靜林, 中國人民大學出版社, 1991.

- 《中國十奸臣外傳》, 張星久·楊果, 湖北人民出版社, 1992.

- 《奸謀, 奸行, 奸禍 - 中國古代十八大奸臣》, 畢寶魁, 春風文藝出版社, 1992.

- 《中國歷代貪官》, 周懷宇主編, 河南人民出版社, 1992.

- 《謀略家》, 〈奸佞謀略家〉, 柴宇球主編, 廣西人民出版社, 1993.

- 《中國奸臣要錄》, 鄒元初編著, 海潮出版社, 1993.

- 《否泰錄》, 劉定之, 北京大學出版社, 1993.

- 《大人物的變態心理》, 戚本禹, 時代文藝出版出版社, 1993.

- 《貪官之禍》, 吳文光·吳光宇, 廣西民族出版社, 1995.

- 《淸朝懲處的高官大吏》, 朱創平, 中國工人出版社, 1997.

• 《中國倡廉反貪史鑑事典》, 黃惠賢·金成禮, 四川辭書出版社, 1997.
• 《國史》, 易學金, 長江文藝出版社, 2001.

• 《간신은 비를 세워 영원히 기억하게 하라》, 김영수 편저, 아이필드, 2001.
• 《간신론》, 김영수 편역, 아이필드, 2002.
• 《淸官貪官各行其道》, 史式著, 重慶出版社, 2004.
• 《추악한 중국인》, 보양 지음, 김영수 옮김, 창해, 2005.
• 《관자》, 김필수 외 옮김, 소나무, 2006.
• 《中國廉吏傳》, 彭勃主編, 中國方正出版社, 2006.
• 《中國貪官畵像》, 夏日新主編, 湖北人民出版社, 2007.
• 《這樣讀史更有趣》, 漁樵耕讀編著, 中國城市出版社, 2007.
• 《中國歷史上的奸與詐》, 潘慧生編著, 中國檔案出版社, 2007.
• 《中國廉政制度史論》, 余華靑主編, 人民出版社, 2007.
• 《청렴과 탐욕의 중국사》, 史式 지음, 김영수 옮김, 돌베개, 2007.
• 《제왕지사》, 보양 지음, 김영수 옮김, 창해, 2007.
• 《다시 쓰는 간신전》, 최용범·함규진, 페이퍼로드, 2007.
• 《中國奸臣的末路》, 齊濤主編, 齊魯書社, 2008.
• 《순자》, 김학주 옮김, 을유문화사, 2008.
• 《치명적인 내부의 적 간신》, 김영수 지음, 추수밭, 2009.
• 《간신론, 인간의 부조리를 묻다》, 김영수 편역, 왕의서재, 2011.
• 《백양중국사》(전3권), 柏楊 지음, 김영수 옮김, 역사의아침, 2014.
• 《정관정요》, 오긍 지음, 김원중 옮김, 휴머니스트, 2016.
• 《역사의 경고-우리 안의 간신현상》, 김영수 지음, 위즈덤하우스, 2017.
• 《간신 : 간신전》, 김영수 지음, 창해, 2023

사마천 사기 100문 100답

독자 눈높이 맞춘 알기 쉬운 사마천《사기》
이제 사마천司馬遷과 《사기史記》에 대해 제대로 알게 되었다!

130권 52만 6,500자의 《사기》는 어떤 책일까?
– 위대하다는 말로는 부족한 역사가 사마천은 누구인가?

한국사마천학회 이사장 김영수 지음 | 신국판 | 2도 인쇄 | 480쪽 | 값 28,000원

간신론 奸臣論

간신의 개념 정의부터 부류, 특성, 역사,
해악과 방비책, 역대 기록 등을 살핀 '간신 3부작'의 '이론편!'

간신의 출현 배경은 사유제와 국가, 그리고 권력이다. 여기에 개인의 열악한
인성이 결합됨으로써 하나의 역사현상으로서 간신이 전격 출현했다. 간신은
인성이란 면에서 부끄러움을 모르는 저열하고 비열한 자로서, 사리사욕을
위해 권력을 탈취하는 것을 목적으로 삼는다.

차례

간신전 奸臣傳

인물편

역대 가장 악랄했던 중국 간신 18명의 행적을
시대순으로 상세히 다룬 '간신 3부작'의 '인물편!'

《간신전-인물편》에 소개된 18명은 모두 중국 역사를 더럽혔던 거물급 간신
이긴 하지만, 그 행적은 지금 우리 사회를 횡행하며 나라를 망치고 있는 다
양한 유형의 간신들과 판박이다. 다만 자료의 한계, 연구의 부족, 현실적 어
려움 등으로 과거 우리 역사의 간신들과 비교할 수 없었다는 점이 아쉬울 따
름이다.

차례

새우와 고래가 함께 숨 쉬는 바다

간신 – 간신학 奸臣學 개정증보판

편저자 | 김영수
펴낸이 | 황인원
펴낸곳 | 도서출판 창해

신고번호 | 제2019-000317호

초판 1쇄 발행 | 2024년 02월 16일
개정증보판 1쇄 발행 | 2024년 11월 12일

우편번호 | 04037
주소 | 서울특별시 마포구 양화로 59, 601호(서교동)
전화 | (02)322-3333(代)
팩스 | (02)333-5678
E-mail | dachawon@daum.net

ISBN 979-11-7174-013-0 (03910)

값 · 30,000원

Publishing Club Dachawon(多次元)
창해·다차원북스·나마스테